U0668229

对话构式语法：框架与应用

曾国才◎著

四川大学出版社
SICHUAN UNIVERSITY PRESS

图书在版编目（CIP）数据

对话构式语法 ： 框架与应用 / 曾国才著． — 2 版
． — 成都 ： 四川大学出版社， 2024.4
（语言与应用文库）
ISBN 978-7-5690-6579-4

Ⅰ．①对… Ⅱ．①曾… Ⅲ．①对话－认知语言学－研
究 Ⅳ．①H0-06

中国国家版本馆 CIP 数据核字（2024）第 051616 号

书　　名：对话构式语法：框架与应用
　　　　　Duihua Goushi Yufa：Kuangjia yu Yingyong
著　　者：曾国才
丛 书 名：语言与应用文库

丛书策划：张宏辉　黄蕴婷
选题策划：刘　畅
责任编辑：刘　畅
责任校对：于　俊
装帧设计：墨创文化
责任印制：王　炜

出版发行：四川大学出版社有限责任公司
　　　　　地址：成都市一环路南一段 24 号（610065）
　　　　　电话：（028）85408311（发行部）、85400276（总编室）
　　　　　电子邮箱：scupress@vip.163.com
　　　　　网址：https://press.scu.edu.cn
印前制作：四川胜翔数码印务设计有限公司
印刷装订：四川省平轩印务有限公司

成品尺寸：170mm×240mm
印　　张：23.25
插　　页：2
字　　数：447 千字

版　　次：2019 年 8 月 第 1 版
　　　　　2024 年 5 月 第 2 版
印　　次：2024 年 5 月 第 1 次印刷
定　　价：98.00 元

扫码获取数字资源

四川大学出版社
微信公众号

序一

1

Lakoff 和 Thompson 于 1975 年在 *Berkeley Linguistics Society* 期刊上发表了题为“Introducing Cognitive Grammar”的论文，率先用“认知语法”来代替“转换生成语法”。这标志着他们正式与 Chomsky 的 TG 理论分道扬镳，认知语言学（Cognitive Linguistics，简称 CL）问世。

在文中他们明确指出，认知语法是研究整体性认知能力的一部分。……语法因语言而异，尽管所有语法都共享某些普遍原则，所有正常人使用这些语法时的感知能力和生成机制都相同。这两句话向我们明确发出以下几条革命性信息：

（1）率先批判了主流语言学家 Chomsky 所大力倡导的“语言自治论”“句法自治论”，认为语法能力是人们整体认知能力的一部分，不存在如 Chomsky 所说的“心智中先天存在一个专管语言的机制”。

（2）承认语法具有部分普遍原则，但是更强调全人类语言之法的独特性和差异性，不能用同一套规则来简单而又武断地对它们作出充分性解释，这就形成了与 Chomsky 核心观“普遍语法”相反的理论。

（3）率先提出“认知语法”这一全新概念，且主张用它来取代时下流行的“转换生成语法”，始而倡导从人们的感知能力这一唯物主义角度来探索语法的生成机制，否定了语法能力的天赋性。

Lakoff 随后又发表了《认知语义学》这一重要论文（后收录在他 1987 出版的专著 *Women, Fire and Dangerous Things: What Categories Reveal about the Mind*（《女人、火和危险事物——范畴显示的心智》）中；他还与 Johnson 于 1980 年合作出版了震惊学术界的经典之作 *Metaphors We Live By*（《我们赖以生存的隐喻》），都明确声称坚决与 Chomsky 集团分道扬镳，决定“另起炉灶”，重构语言学研究的新方向。Langacker 于 1987 年和 1991 年分别出版了 *Foundations of Cognitive Grammar*（《认知语法基础》）上卷和下卷。这就形成了 CL 的两大主要板块“认知语义学”和“认知语法学”。此后世界各地的学者纷纷跟进，在这两个领域发表了一大批论著，使得这两个方向的研究逐步深入，影响也越来越大。特别值得纪念的是 1989 年在德国成立了“国际认知语言学协会”（ICLA），创办了期刊 *Cognitive Linguistics*，这标志着 CL 已作为一门独立的语言学流派正式登台亮相。

德国出版社 De Gruyter Mouton 出版了 *Cognitive Linguistics Research* 和 *Applications of Cognitive Linguistics* 两套系列丛书，前一套丛书已出版 63 卷，后一套丛书也已出版 43 卷，在全球语言学界吹响了全面进军 CL 的号角，CL 迅速传播到全世界，从而在学界形成了针对索绪尔结构主义革命和乔姆斯基转换生成革命的又一场 20 世纪语言学革命（王寅，2002）。从 20 世纪末至今，CL 主要经历了以下几个重要发展阶段：

（1）20 世纪末至 2006 年，Goldberg，Fillmore，Lakoff 等在 CL 理论框架中发展出“构式语法”（Construction Grammar）新方向，使其成为认知语言学界研究语法的概括性术语。

（2）自 2014 年 Du Bois 提出“对话句法学”（Dialogic Syntax）之后，CL 又出现了发展新动向，将仅关注语句中横向的结合关系扩展到句间的纵向对应关系，使得句法研究另辟新径。

（3）近 20 年来 CL 的分支学科不断健全和完善，国内外学者先后在这一领域建构了除上述两大板块之外的十几门分支学科，如认知语音学、认知词汇学、认知句法学、认知构式语法、认知语篇学、新认知语用学、认知修辞学、认知翻译学、应用认知语言学、认知传播学、认知社会语言学、神经认知语言学、认知多模态语言学、认知生态语言学、认知对比语言学等。

曾国才则尝试将 CL 的这三个最前沿方向有机地结合起来，写出了他的专著《对话构式语法：框架与应用》。基于这三个方向，曾国才率先提出了认知语言学中的“对话转向”和“问答对话构式”两个全新概念，在认知语言学（含构式语法）、体认语言学和对话句法的理论框架下建构“认知对话理论”，较为全面地分析了英语 WH-问答对话构式、否定答语型 WH-问答对话构式，以及汉语儿童话语中陈述式对话构式等的体认特征。不言而喻，他的这一研究具有前沿性特征。

2

我认为曾国才的这本专著主要有以下几个突出的优点：

（1）选题具有前沿性。

正如上文所说，21 世纪以来的 CL 研究主要出现了三个新方向：“构式语法”“对话句法”和“健全分支学科”，曾国才则兼顾这三个最前沿，尝试将“对话句法”置于“构式语法”的理论框架和研究方法下建构认知对话理论，这是对 Du Bois 等学者关于对话研究的最新拓展。不言而喻，能融三个前沿方向于一体的研究论文和课题并不多见，曾国才的这一课题无疑具有 CL 最前沿性这一特征。

该课题在 CL 研究领域中尝试建构认知对话理论，为 CL 分支学科建设作出了贡献，也拓展了体认语言学（Embodied-Cognitive Linguistics，简称 ECL）的研究内容。曾国才在研究 WH-问答对话构式之时，也或启迪学界同仁，继续研究其他若干类型的对话。如：

- 对比研究同一题材（或内容）的英汉两种语言的对话语料，以寻得这两种民族就某一专题的思维模式；
- 不同年龄段的儿童如何在与父母的对话中学得知识、学会思考；
- 师生如何通过对话进行教学活动；
- 领导与部下如何通过对话进行思想沟通；
- 买卖双方通过数轮对话之后如何达成协议；
- 辩论双方如何在对话中用各种方法驳倒对方；

……

这确实应了巴赫金和罗蒂的观点：对话是人类存在的方式。

（2）理论创新可走整合之路。

Fauconnier（1985，1997）以及 Fauconnier & Turner（2002）所提出的概念整合论（Conceptual Blending Theory，简称 CBT）认为，两个输入空间中的概念在类属空间的统摄下取得对应联结后，可映射进入融合空间，其间的新创结构可浮现出两个输入空间中所没有的新概念。他们创建这一理论的初衷是用来解释语言现象的，如两个词语在结合使用后为何会产生新义。我们认为，它还能解释语言之外的若干现象，如人类的创造力来自哪里，主观能动性是怎样发生的，跨学科和超学科（刘玉梅，2018）研究为何能出新成果，Kripke 所提出的可能世界是怎样产生的，等等。

我们知道，马克思具有远见卓识，巧妙运用了整合性的理论创新方法，将费尔巴哈的唯物论与黑格尔的辩证法相融合，创立了辩证唯物主义，使其成为共产党人的世界观和方法论。索绪尔将哲学界的“内指论”和经济学中“供给 vs. 需求”对立统一关系结合运用到语言研究之中，提出了“关门打语言”的策略和“横组合 vs. 纵聚合”结构主义语言学分析方法。Chomsky 将基于形式运算的数学原理与语言研究相结合，建构了轰动一时的“转换生成语法”。Lakoff 等将认知科学、体验哲学与语言研究相结合，建构了 21 世纪的主流理论“认知语言学”。

廖巧云（2005）将语用学中三大理论“Grice 的合作原则”（Cooperative Principle，用字母 C 代表），Sperber 和 Wilson 的关联理论（Relevance Theory，用字母 R 代表），Verschueren 的顺应论（Adaptation Theory，用字母 A 代表）相整合，建构了她自己的语用模型 C－R－A，既传承了三大理论中的主要观点，也弥补了三者的不足，这正是马克思研究方法的具体实践。刘玉梅（2015）整合了 CL 中的“认知参照点”“压制观”“传承观”，构建了一个全新的理论框架：“基于认知参照点的多重压传观”（CRP-Based Poly-Coercion-Inheritance Approach，简称为 CPCI 模型），且以此为理论框架较为详细地分析了现代汉语自改革开放以来所出现的新词语的形成机制。赵永峰（2014）尝试运用“认知参照点”和“自主－依存理论”来修补“概念整合论”之不足，创建了“基于认知参照点和自主－依存的概念整合模型”（Cognitive Reference Point and Autonomy-Independence-based Conceptual Blending，简称 RAB），并据此系统考察了现代汉语动词谓语句中谓语动词和动前成分结合使用的认知理据和分布规律。

曾国才正是灵活运用马克思的融合法之研究思路，基于体验哲学，将认知语言学中的“事件域认知模型”（Event-domain Cognitive Model）与“图式－例示原则”（Schema－Instance Principle）相整合，建立了他的 ESI（Event domain-based Schema－Instance Model）模型，然后基于此详细分析了 WH-问答对话中的句法共振现象（完全共振、部分共振、零共振），语义结构例示（完全例示、局部例示、零例示）和语用合作策略（完全合作、局部合作、无合作）。其研究表明，WH-问答对话构式以生活中的事件为识解单位。问话人在问句中提供了某事件域中的框架性结构，供答话人填入具体的例示性信息。因此，典型的问答对话中，问答双方同处一个事件域之中，问答话语形成一个“图式－例示”性的对应关系，这是问句和答话形成句法共振、语义定位和语用合作的基础。

（3）论点和论据兼而有之。

一篇论文主要由两部分组成：论点和论据。抛弃了这一写作方法，可能出现如下情形：有的论文只有论点，缺少充分的论据；有的论文照搬别人的论点，仅换换论据而已；还有的论文只有论据（如漂亮的数据统计）而没有论点。严格说来，这些都不能算是一篇完整的论文，更不能说是创新型论文。

还有些学者在提供论据时，常采用顺手拿来的方法，随意找几个例子或生造例句来说明自己的论点，这又能说明多少问题？语言学中几乎没有绝对的客观规律，这就是我们在语法课堂上经常讲的“Every rule leaks”（每条规则都有例外），意在强调任何一种语法规则都能找到反例。严格说来，汉语界所说的“例不十，法不立”并不科学，仅举十个例子就能确立一条规则，这是远远不够的，离“理论的充分性”差之甚远。在今天网络如此流行的大数据时代，几乎每条规则都能找到十个反例，据此也可说“例不十，法不破”。其实很多规则似乎就存在于这“立”和“破”之中。维特根斯坦和CL所倡导的“原型范畴理论”在文科研究中具有强大的解释力，这就是我们经常挂在嘴边上的口头禅“一般说来”“总的说来”“严格说来”等一类表达，实际上它们便是佐证原型范畴论的最好实例，文科研究者当善于为自己留有余地。因此，在当今时代若不借助语料库或大数据，采用原型范畴理论来分析语言现象，文章就会失去应有的说服力。

曾国才这本专著既有论点也有论据，且论点新，论据足。他所自创的ESI模型本身就是具有创新性的论点（参见上文）；此外，他基于COCA语料库中的口语WH-问答语料，对该类对话进行了较为详尽的数据分析（如本书第5章）。这样的研究方法自然具有较好的有效性，得出的数据也具有较高的可信度，符合语料库语言学的研究思路。因此，这部专著用理论解释实例，用实例说明论点，两者兼而有之，相得益彰。

3

语言的本质在于对话，对话是人类存在的基本方式。曾国才的专著紧扣这一论题，追踪学术前沿，兼顾构式语法和对话句法的视角，整合了CL中的事件域认知模型（ECM）和图式-例示（SI）认知原则，以英语WH-对话和汉语儿童参与的对话为语料，采用构式语法的三层次分析法，分别从“句法共振、语义定位、语用合作”三个层次较为全面地归纳和分析了此类语对的构式特征和用法特征，如英语中主要有9个常用的位于句首的WH-疑问词（见表4.1）。在“WH-疑问词+助词搭配”的结构中，由What和How引导的WH-问句相对较多（如表5.3）。这两个疑问词正好对应于ECM中的两大要素：事体（Being）和行为（Action）。这充分表明了事件域作为本研究的理论基础的合理性。他的研究还发现，在英语WH-问句中，疑问助词通常包括be，do，modal verb和have四类，且be和do的出现频率最高（参见表5.3，图

5.9，图5.10等），它们的基本功能与事件域中的两大要素也有密切的对应关系，表明了ECM对此类对话构式的解释力。

此外，从本书第5章的语料分析可见，直接例示型的WH-对话最常见，这表明Grice的“合作原则”（Cooperative Principle）自有可取之处，人们在问答对话中常采用“合作”的原则，直接为问话人提供具体信息。Grice的合作原则主要从质、量、方式、关联的角度建构了几条准则，而对话句法学和对话构式语法着重从句法形式的角度来论述对话合作。因此Du Bois和曾国才的研究是对Grice会话原则的一个补充（参见王天翼，2018；曾国才，2015）。

与时俱进是时代的主旋律，继承创新是科研的最强音，认知对话句法学或体认对话句法学、对话构式语法等认知对话理论研究（如：Zeng，2016，2017，2018）正是秉承这一学术精神的产物。曾国才这部专著无论从语言学（包括句法学、语义学、语用学），还是从（语言）哲学角度，或者是从具体研究方法上来说，都具有较好的参考价值。

是为序。

王　寅
四川大学、四川外国语大学
博士生导师、二级教授
2019年8月19日
横山观云庄

参考文献：

FAUCONNIER G，1985. Mental Spaces: Aspects of Meaning Construction in Natural Language [M]. Cambridge，MA and London：MIT Press/Bradford.

FAUCONNIER G，1997. Mappings in Thought and Language [M]. Cambridge：Cambridge Universtiy Press.

FAUCONNIER G，TURNER M，2002. The Way We Think：Conceptual Blending and the Mind's Hidden Complexitie [M]. New York：Basic Books.

LAKOFF G，THOMPSON H，1975. Introducing Cognitive Grammar [J]. Proceedings of the First Annual Meeting of the Berkeley Linguistics Society.

LAKOFF G，JOHNSON M，1980. Metaphors We Live By [M]. Chicago：University of Chicago Press.

LAKOFF G，1987. Women，Fire，and Dangerous Things：What Categories Reveal About the Mind [M]. Chicago and London：University of Chicago Press.

LANGACKER R W, 1987. Foundations of Cognitive Grammar, Vol. 1: Theoretical Prerequisites [M]. Stanford: Stanford University Press.

LANGACKER R W, 1991. Foundations of Cognitive Grammar, Vol. 2: Descriptive Application [M]. Stanford: Stanford University Press.

ZENG G, 2016. A Cognitive Approach to the Event Structures of WH-Dialogic Constructions [J]. Southern African Linguistics and Applied Language Studies, (4): 311-324.

ZENG G, 2017. Review: Meaning in Linguistic Interaction: Semantics, Metasemantics, Philosophy of Language [J]. Interaction Studies, 18 (2): 299-302.

ZENG G, 2018a. The Dialogic Turn in Cognitive Linguistics Studies: From Minimalism, Maximalism to Dialogicalism [J]. Cogent Education (Taylor & Francis), (5): 1537907.

ZENG G, 2018b. Review: The Routledge Handbook of Language and Dialogue [J]. Discourse Studies, 20 (6): 813-815.

廖巧云, 2005. C-R-A 模式：言语交际的三维解读 [M]. 成都：四川大学出版社.

刘玉梅，2015. 现代汉语新词语构造机理研究 [M]. 北京：中国社会科学出版社.

刘玉梅，2018. 外语学科专业建设的反思与超学科前瞻 [J]. 中国外语，(3)：4-12.

王天翼，等，2018. 对话句法学之再认识 [J]. 外语与外语教学，(6)：78-85.

王寅，2002. 认知语言学的哲学基础：体验哲学 [J]. 外语教学与研究，(2)：82-89.

曾国才，2015. 认知语言学前沿动态：对话句法学初探 [J]. 现代外语，(6)：842-848.

赵永峰，2014. 基于 RAB 的现代汉语动词谓语句动前构式的认知研究 [M]. 北京：高等教育出版社.

序二

国才2015年底博士毕业后，进入上海交通大学外国语言文学博士后流动站从事研究工作，参与我的课题研究。一年后的中期考核中，其研究进展以及所取得的研究成果受到考核小组全体成员的一致好评，之后他又以优异的成绩提前通过考核，顺利出站。在从事博士后研究期间，国才曾赴英国雷丁大学语言哲学与认知科学中心访学，在该中心主任、著名语言哲学家博格教授（Professor Emma Borg）指导下开展研究工作。国才博士在雷丁大学和上海交通大学开展研究工作期间，其刻苦钻研，勇于攀登学术高峰，将追求学问视作生命之要义的品格在了解他的师生中传为佳话。国才博士之所以能够出色地提前完成博士后研究工作，无疑要归因于他能一以贯之地坚持不懈，勤奋努力，坐得住冷板凳，在崎岖的学术之路上不断地奋勇登攀。

这部专著无疑是国才的智慧与汗水之结晶。

本书首先阐述了认知语言学研究中的“对话转向”，并以此为研究视角，论述了对话构式语法（Dialogic Construction Grammar）理论中的“对话”与“互动”思想，揭示了认知语言学，尤其是构式语法研究中的“对话”分析进路。

与传统话语分析主要关注单个话语相比，本书的对话构式语法研究结合认知构式语法理论和认知－功能视野下的对话句法学研究思路，考察了语对层面的话语的对话性特征，从而把话语的认知分析从单句层面引向语对层面，拓宽了构式的认知研究范围，同时也体现了构式从单句线性构式、对话中的构式到对话构式的演变特点。

作者为了统一概括阐释自然语言现象中“问答语对”的对话构式体认特征，首先整合了语言认知研究中的事件域认知模型（ECM）和图式－例示（Schema－Instance）认知原则，创建了关于“对话”的ESI（Event domain-based Schema－Instance Model）识解模型，并以此作为分析框架，探讨了英语中的WH-对话构式和否定答语型WH-对话构式的认知特征。除此以外，作者还以汉语中儿童与对话伙伴（儿童或成人）的日常对话为分析语料，进一步论述了 ESI 识解模型关于陈述式对话构式的解释力。

本书分为 7 章。在第 1 至 3 章，作者重点论述认知语言学研究中的“对话转向”特征，介绍了构式在对话中的变异，阐释对话构式的理论思想，并建构了“基于事件的图式 - 例示（ESI）模型”。作者在第 4 章主要分析英语 WH-对话构式的体认特征，第 5 章着重考察否定答语型英语 WH-对话的运作机制。除了分析问答式对话的 ESI 模型识解原理，作者还在第 6 章以汉语儿童的对话为语料，分析了儿童对话中的话语省略现象，论述了陈述式对话构式的体认特征。

本研究基于对话句法和认知构式语法的理论整合，为语法构式的认知研究开辟了新的疆域。针对英语 WH-对话构式在句法、语义和语用层面的体认分析，在一定程度上为汉语中的问答式对话、陈述式对话，英汉对话比较分析，以及人工智能对话的认知机理研究等可望提供理论与实践启示。总体而言，本书不啻对从事语言认知分析的研究者具有参考价值，而且对任何关注语言现象与言语行为认知与阐释的读者均不无裨益。

期待国才有更多的佳作面世！

是为序！

刘龙根

上海交通大学外国语学院

教授、博士生导师

2019 年 8 月 20 日

目　录

1 绪论：认知语言学研究中的对话转向

认知语言学[1]作为一门新兴的学科发端于20世纪70年代左右。经过半个世纪的发展，该学科已经成为语言学研究的主要理论范式之一，其研究成果涵盖自然语言现象在语音、词汇、句法、语篇等方面的认知分析。语言的认知研究旨在揭示语言现象背后人的认知机制，强调话语意义的体认观。基于认知语言学的"现实－认知－语言"分析总原则（王寅，2007：2；2013b：18；2014c：62），语言的结构体现了人类对客观世界的体验和识解方式；语言的产生、使用是人与客观世界互动的结果。

认知语言学是以意义为中心的语言学（王寅，2007：12）。在"语对"层面而非"单句"线性层面研究话语的意义是当前语言认知研究的前沿议题（如 Auer et al.，2011；Cienki，2015；Couper-Kuhlen，2018；Dancygier，2017；Du Bois，2014；Fischer，2015；Hancil，2018；Jaszczolt，2016；Langlotz，2015；Linell，2007，2009，2017；Linell et al.，2014；Oben et al.，2015；Verhagen，2005，2007；Weigand，2017a，2017b；Zeng，2016a，2016b，2017，2018a，2018b，2018c；Zima et al.，2015；高彦梅，2015，2018；胡庭山、孟庆凯，2015；刘兴兵，2015；王寅、曾国才，2016a，2016b，2016c；王德亮，2017，2018；曾国才，2015c，2015d，2017a，2017b）。语言的意义浮现于对话之中（Dąbrowska，2014；Du Bois，2007，2014；Giora et al.，2014）。

Bakhtin（1981）与 Voloshinov（1973）较早关注话语的对话性特征，并从文学与哲学方面揭示了"对话"是话语存在的根本形式。语词的概念体现在对话中（Bakhtin，1981：279）。克里斯蒂娃（2013：3）把某一文本与此前文本乃至此后文本之间的关系称为"互文性"（intertextuality），强调意义的理解

① 如非特别注明，本书中特指狭义的认知语言学，有别于广义的认知语言学［参见王寅（2007：XV）］。

需要考虑文本之间的联系，即意义的理解需要对话介入（dialogic engagement）。

Linell（2006）提出了语言研究中的对话语言学（dialogic linguistics）理论范式，强调考察语言交际中主体与主体、主体与语境的互动过程。人类的存在具有“对话性”特征，即，我们生存于同一个世界，“他者”让我们的生存具有意义（Linell et al.，2014）。Zima 等（2015）呼吁，认知语言学研究进入了“对话”研究时代，论述了“互动认知语言学”（Interactional Cognitive Linguistics）的分析思路，即在认知识解观、再语境化和基于语言用法的模型视角下分析人际互动中话语的认知特征。Linell（2017）指出，语言交际中特定话语的意义需要考察该话语出现之前和出现之后的语言结构特点和用法，以及该话语中语词之间的搭配关系，并较为全面地综述了语言学、心理学、社会学、哲学、伦理等领域中的对话理论，包括关注通过语言考察人际互动的外在对话（external dialogue）型对话理论（dialogue theories），如会话分析（Conversation Analysis）、互动语言学（Interactional Linguistics）、话语语法（Utterance Grammar）、互动语法（Interaction Grammar）、话语心理学（Discursive Psychology）、多维互动分析（Multi-aspectual Interaction Analysis）、婴幼儿互动分析（studies of infant interaction），以及聚焦人类在对话中影响意义建构和理解的社会、文化、心理、行为等要素的对话理论（dialogic theories），后者是有关“对话性”（dialogicality）的理论（theories of dialogicality），如 Dialogic Self Theory，Dialogic Action Theory，Dialogic Pedagogy，Dialogue Philosophy。Weigand（2017a）尤其从对话行为论和对话游戏论角度阐释了现代语言学从语言系统、语言使用到对话分析的研究转向。

在已有的语言对话性特征研究中，基于对话句法和构式语法的整合研究（如 Brône et al.，2014；Fried，2009；Nikiforidou et al.，2014；Sakita，2006）则代表了认知对话观视角下自然语言研究的前沿动态，充分揭示了认知语言学研究，尤其是构式语法研究中的“对话转向”[①] 特征（Dancygier，2017：213；Zeng，2018c：1）。

本书包括七章。笔者首先论述认知语言学研究中的“对话转向”趋势、构式的定义，以及构式在对话中的演变，进而阐释对话构式的理论观点，并整合认知语言学理论中的事件域认知模型和图式－例示认知原则，建构“基于

① Zima et al.（2015：485）在论述认知语言学迈入对话研究阶段的文章中采用的是另一术语“互动转向”（interactional turn）。

事件域的图式-例示模型”（Event domain-based Schema-Instance Model，简称ESI模型）。然后，以此为理论框架，笔者将分析问答式对话构式和陈述式对话构式的认知特征。在具体分析中，第四章聚焦英语WH-对话构式的认知特征，第五章重点考察否定答语型英语WH-对话构式的焦点定位机制。第六章则结合汉语儿童对话中的话语省略现象，分析陈述式对话构式的认知特征。第四章至第六章的内容旨在详述对话构式语法理论及其ESI识解模型在语言认知研究中的具体应用。

2 构式演变

2.1 构式的定义

构式语法研究[①]（如 Langacker，1987，1991；Goldberg，1995，2006；Croft，2001）是认知语言学领域的核心内容。以构式语法为理论视角的语言学研究拓宽了语言认知研究的疆域（参见王寅，2011a，2011b）。

构式是语言的基本单位（Goldberg，1995：4）。Langacker（1987：82）认为，一个语法构式是一个特定语法表达式的语义极和语音极经整合而成的复合结构。语法在本质上具有象征性（symbolic in nature）；一个象征结构（symbolic structure）是一个语音结构（phonologic structure）和一个语义结构（semantic structure）的配对体（Langacker，2008：5）；两者之间具有象征关系（symbolization）（ibid.：162）。构式是形式和意义（Goldberg，1995：4）或形式和功能（Goldberg，2006：3）的规约化配对体。根据 Goldberg（2006：5）的观点，语法分析的所有层面都关涉构式；构式包括语素或词汇、习语，以及由词汇部分或完全填充的短语结构。构式是象征单位，它包含形式、语义和语用等方面的信息（Croft et al.，2004：257－258）。一个构式的象征结构如图 2.1 所示：

① 构式语法在本书中特指认知功能视野下的语法构式分析路径，主要包括 Langacker（1987，1991）的认知语法（Cognitive Grammar，简称 CG），Goldberg（1995，2006）的认知构式语法（Cognitive Construction Grammar，简称 CCxG）以及 Croft（2001）的激进构式语法（Radical Construction Grammar，简称 RCG）等构式语法理论。

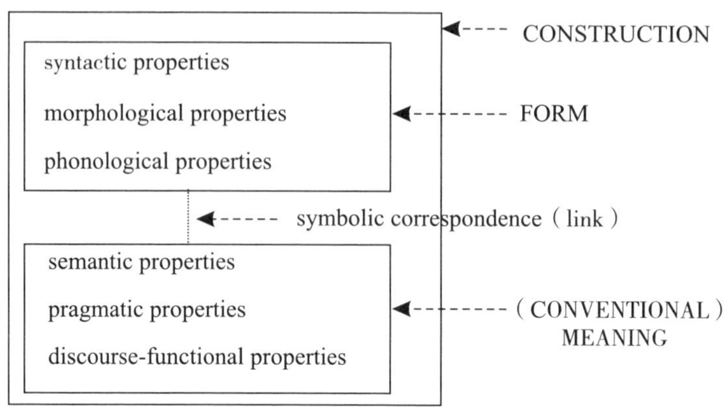

图 2.1　语法构式的象征结构（Croft et al.，2004：258）

图 2.1 表征了一个语法构式是形式与意义的配对体，两者通过象征关系连接起来。

2.2　对话中的构式与对话构式

与单句层面进行构式分析的路径不同①，近年来，对话或人际互动视角下的认知构式语法研究逐渐受到关注，研究的目的在于通过考察语篇拓展与语言结构的互动关系，探析意义在语篇中的动态建构过程，如 Auer（2009），Auer and Pfänder（2011），Boogaart et al.（2014），Brône et al.（2014），Deppermann（2007，2011），Fischer（2015），Fox et al.（2007），Fried et al.（2005），Günthner et al.（2014），Imo（2009，2015），Östman（2005），Silvennoinen（2018），Verhagen（2005）。

然而，对话与互动中的构式与对话构式有本质的区别，前者主张在对话哲学理论或人际互动的视角下考察话语的构式特征，如 Fried 等（2005）对捷克语中的连词和芬兰方言中疑问词等语用标记词的构式分析和 Fischer（2015）对感叹词“oh”的构式分析。该类分析范式主要整合了认知构式语法（Construction Grammar）的理论思想与会话分析（Conversation Analysis）的研究方法，以“互动构式语法”（Interactional Construction Grammar）为分析框架

① 国内外单句层面的构式研究成果不胜枚举（如 Croft et al.，2004；Goldberg，1995，2006；Hilpert，2014；Trousdale et al.，2008；刘正光，2011；牛保义，2011；王寅，2011；袁野，2017b），笔者在此不再赘述。

（参见 Imo，2015；Silvennoinen，2018；Wide，2009），着重考察语言表达式作为构式的用法或功能以及语法结构间的互动关系。

语言认知－功能研究视角下的“对话构式”特指语对中出现的图式性构式（参见 Brône et al.，2014）或具体的语对表达式（语对构式[①]，参见曾国才，2015c）。语对构式包括紧邻语对构式或远距语对构式，在具体的语言交际中体现为问答式话语语对或陈述式话语语对等，如普通话儿童对话（1）和（2）[②] 所示。

对话(1)：
@Loc:Chinese/Mandarin/LiZhou/6/05.cha
@ID:zho|LiZhou|CH1|6;00.|female|||Target_Child|||
@ID:zho|LiZhou|CH2|5;11.|male|||Target_Child|||
151CH2:这 是 什么 啊？
152CH1:这 是 厨房 间 的 锅子。

对话(2)：
@Loc:Chinese/Mandarin/LiZhou/3/03.cha

5@ID:zho|LiZhou|CH1|3;03.|female|||Target_Child|||
6@ID:zho|LiZhou|CH2|3;03.|male|||Target_Child|||
463CH2:这 个 是 我 买 的。
464 CH1:这 个 也 是 我 买 的。

对话（1）在句法上由一个含 WH-疑问词引导的问句和其一个答语构成，用于交际中对未知的事体特征进行提问，具有探索未知信息和求证已知信息的功能。该问答语对的形式和意义或形式和功能配对特性表明对话（1）表征了语言交际中的一个问答式对话构式。对话（2）中的两个话语有共享的句法结构“这个是我买的”，两个话语间基于句法部分对称性形成语义上的类比（semantic analogy）关系。对话（2）中话语间的形义配对特征表明，该对话

① 本研究在讨论对话构式理论的应用时同时考虑语对表达式的图式性构式和例示化构式的互动关系，而不仅仅聚焦具有图式性的对话构式。关于图式性构式的讨论，参见 Brône et al.（2014）。

② 本节选用的普通话儿童对话均来自 CHILDES 儿童语料库。

属陈述式“对话构式”。

对话构式中话语间的结构对称性或相似性表明，构成对话构式的（两个）话语有共享的图式结构，构成语对的两个话语的本质是同一个结构图式的（完全相同、部分相同或完全不同）例示。Brône et al（2014）把语对中抽象概括形成的结构图式称为“临时特定构式”（ad hoc constructions），以语对方式存现的话语是该图式的具体例示。而依据本研究的理论观点，对话中的图式性结构和例示性话语是单个“对话构式”的两个层面。其中，例示性的话语是具体的话语构式，而话语间激活的图式结构是抽象的图式构式。图式 - 例示认知原则是对话构式的基本识解机制（详见第三章）。局部对话语篇中的图式性结构和例示性结构均是构式网络中的节点，两者仅在抽象程度方面有差异。

2.3 对话构式语法的语言学理论基础

传统的话语分析主要关注单个话语的语言结构、信息内容、话题焦点、主体特征，或社会文化和语篇功能对话语意义的影响。对话构式语法（Dialogic Construction Grammar）结合认知语言学中的构式语法理论和认知 - 功能视野下的对话句法研究思路，主张考察话语的对话性特征（Brône et al.，2014；Nikiforidou et al.，2014；曾国才，2015c；王寅、曾国才，2016a，2016b，2016c），把会话中话语与话语之间的关系视为构式与构式的关系。对话构式语法把传统的话语语对视作对话构式，旨在分析语言结构、认知过程和人际交往的相互作用对话语意义推理的作用，进而把话语的认知分析从单句层面引向语对层面，为会话分析引入对话的构式研究范式，从而拓宽了构式的认知研究范围，体现了认知构式语法研究中的“对话转向”特征。

语法构式是形式和意义（Goldberg，1995：4）或形式和功能（Goldberg，2006：3）的配对体。构式是象征单位，它包含形式、语义、语用和语篇等方面的信息（Croft et al.，2004：257 - 258）。对话构式是实时交往中局部固化的形义配对体（Brône et al.，2014：458）。对话构式语法通过把对话中单个复现的平行结构视为浮现的语法构式，以解释对话中平行话语的句法、语义和语用特征。对话构式语法研究进路把口语现象的描写推向构式语法研究方向，关注较长语篇中意义的动态建构过程和语言使用中两个或多个参与者之间的互动协调能力，进而考察互动语篇中结构耦合时的认知现实性、认知过程和认知表征（参见 Verhagen，2005）。

John W. Du Bois（2003，2007，2013）基于语篇中的句法结构研究成果，于2014年在《认知语言学》期刊第三期（2014：359－410）发表题为《对话句法学》的论文，正式提出对话句法理论（Dialogic Syntax）。对话句法理论以对话中的语句为分析对象，揭示了语言、认知与人际交往的相互关系。对话句法现象（Du Bois，2014：359）指一个话语紧跟着另一个话语，它们之间的结构部分相同，形成平行结构，从而产生语对感知（a perception of pairings），并在（话语）事件中产生了新的信息，即特定的形式与意义的共振（resonance）。话语中的共振为解读话语的语用涵义提供了基础。

对话句法的基本概念包括平行结构（parallelism）、共振（resonance）、复用（reproduction）、选择（selection）、对比（contrast）、类比（analogy）、对话图示（diagraph）[①] 等概念。根据 Du Bois（2014）的观点，平行结构表明了话语语对之间的映射，进而引起对应成分之间的相似性感知。共振是话语间激活亲缘性（affinities）的催化剂。共振可以发生在语言的任何层面，包括符号、句型、语素、构式、音素、音韵结构、特征、意义、指称、言语语效、语用功能，以及交往的步骤等。复用指说话人再次使用先前已经用过的一个词语或结构。对话句法是建立在对先前话语某些方面的选择性复用之上的。复用意味着新话语的产生和对先前话语特定的选择。“选择”是传播语言变化进程中的一个因素，它影响着话语社团中语法的变革。在语篇中，有效的对比通常建立在结构框架共振（frame resonance）和信息焦点共振（focal resonance）的并置之上。对话句法在语言的每个层面建构了类比，包括语音、形态句法、语义以及语用。对话图示的本质是跨域映射（dia—向对面；graph—映射），该结构产生自两个或多个话语（或部分话语）形成的结构对称，它蕴含了话语平行结构间形成的映射。对话图示是更高层次的、超句法的句法结构。通过对话图示表征对话句法的结构特征是对话句法学的主要分析方法，如对话（3）所示：

对话(3)［摘引自(Du Bois，2014:362)］：

Joanne：	It	's	kind of	like	you	Ken	.
Ken：	That	's	not at all	like	me	Joanne	.

① 为避免与 schema（通常译为“图式”）的翻译有冲突，本研究把对话句法学中的术语“diagraph”拟译为“对话图示”，而非“对话图式”。对话图示表示对话的结构图解，与对话图式（表征对话的抽象框架结构）有区别。

该对话的结构图示表明，话语之间的对话共振建立在对话参与者对代词（it：that，you：me）、专名（Ken：Joanne）、副词修饰语（kind of：not at all）的平行性特征选择之上。另外就是形态的一致性（like：like，'s：'s）。意义通过共指进入对等的形式结构：you 和 me 指的是同样的指称（Ken），同样，it 和 that 也有共指。在短语结构层次，该对话有平行的系词谓语构式（X is Y）。韵律也具有平行特征，包括韵律相似性（如末尾的语调）和差异性（初始音的放置）。对话句法不是关于单纯的模仿、重复或一致描写，而是体现了对话中人与人之间关系的介入（engagement）。介入可以等同于认同或争辩；Ken 和 Joanne 的位置是平行的，但语用效力不同。Joanne 话语中的 Ken 是为了确定听话人，而 Ken 的话语中出现的 Joanne 却不是为了确定听话人，而处在末尾的位置是为了揭示出潜存的句法平行特征，引起共振，期望达成共识。

对话句法从认知 - 功能视角，聚焦语言使用中在线的句法结构（online syntax），并以对话共振（dialogic resonance）为基础对语法进行理论建构。对话句法关注社会交往中语言的角色（Du Bois，2007），以及话语间结构关系对人际互动的潜在反映。

对话句法描述的平行话语结构映射关系本质上具有临时构式的地位，即具有"对话构式"的地位。基于对话句法学的对话构式语法理论通过对话中的话语结构特征分析，最终实现在句法、语义、语用方面对"对话性话语"进行统一概括描写，从而解释语言结构如何反映主体介入对话过程的方式并影响对话中话语意义的识解或推理。

2.4　对话构式语法理论的体认哲学思想

认知语言学即坚持体验哲学观，以身体经验和认知为出发点，以概念结构和意义研究为中心，着力寻求语言事实背后的认知方式，并通过认知方式和知识结构等对语言做出统一解释的、新兴的、跨领域的学科（王寅，2007：封底）。认知语言学理论主张基于用法的语言模型，以分析现实生活中话语使用背后的认知理据。

认知语言学理论以人为本的研究视角，从语言观和方法论方面挑战了以转换生成语法为主流的传统语言研究范式。传统的语言研究关注语言自身的系统和结构，排除语言中人的认知作用。认知语言学观点则认为，语言、人和客观世界是互动的象似拟构关系。语言的结构映现了人对客观世界的认知方式。认知语言学结合第二代认知科学的研究成果，对语言的认知解释提出了诸多建设性的观点，揭示了人类语言背后多种认知方式，包括互动体验、范畴化、概念化、意象图式、认知模型（包括 CM、ICM、ECM、概念整合）、识解（图形－背景、突显、视角等）、隐转喻、关联等（ibid.）。

对话构式语法研究的研究对象超越实际使用的单个句子层面，把以语对形式组配的话语作为分析对象，以分析动态性对话中语对结构的构式特征及其背后的人类认识客观世界的认知方式，从而考察语言、认知、人际互动的关系对意义推理的作用，主张意义是对话主体与主体、主体与客观世界互动的结果。这与认知语言学的体验哲学观是一脉相承的。

2.5 对话构式语法理论中的后现代对话哲学思想

后现代是一种思维方式（王治河，2006：5）。作为当今风行的全球化现象，后现代追求标新立异，张扬个性的生活态度。后现代的“后”指以“后”超越某物（高宣扬，2005：22），即后现代是对现代性的超越和突破。与现代性以现实为中心不同，后现代更加关注事物发展中的“可能性”，尊重主体差异，强调主体互动，宣扬多元化，重视动态性，突显不确定性。

以后现代思潮为观察视角，不同学者因关注“对话”的不同方面形成了不同的对话理论。巴赫金（Bakhtin）的对话理论（1998）主要基于对话文本（小说等文学作品），指出对话是人类生存的本质，探析达成理想对话的要素，强调通过我与他者的对话走出封闭的自我。哈贝马斯（Habermas）的对话思想（1979，1994，2001）则强调对话是一种交往行为，并关注对话中达成理解的条件，特别指出，言语行为在满足话语可理解的前提下，要遵守命题真实性、态度真诚性和行为规范性等有效性要求，才能实现自身的有效性，从而在主体间达成共识，实现理想对话。马丁·布伯（Martin Buber）对话理论（1992，2002）基于关系哲学分析对话中的主体关系，认为通过“我－它”（我与客观外界）关系到“我－你”关系的转化，主体在关系中感知到自我的存在。戴维·伯姆（David Bohm）对话理论（1996）则以对话中的思维为分析对象，并聚焦对话的体验过程，强调主体在对话中的参与性，通过思维悬置（搁置差异性）为对话的连续性提供保障，倡导平等的对话氛围。克里斯蒂娃（Kristeva，2013：3）认为，某一文本与此前文本乃至此后文本之间具有“互文性”（intertextuality）特征，强调意义的理解需要考虑文本之间的联系。

对话哲学思想对主体互动的关注为语言研究聚焦话语的对话性特征提供了哲学基础。后现代思潮下主体与客体的多重互动关系（参见王寅，2009）是对对话哲学理论的进一步发展。以后现代哲学思想为研究视角，语言认知分析的任务就是要揭示语言现象背后人的认知特点，从而考察语言现象、人类认知与现实世界的互动关系。

基于对话哲学的思想，认知－功能视角下的语言研究主要是探究具体话语体现的人类认知机制和交际功能特征。自然语言是当下语言认知－功能视角的主要研究对象（如 Lakoff，1987；Langacker，1987，1991；Halliday，1994；Goldberg，1995，2006；Talmy，2000；Du Bois，2014）。认知语言学理论主张，语言的结构体现了人类对客观世界的体验和识解方式，语言的产生、使用是人与客观世界互动的结果。语言的认知研究范式强调话语意义的体认观。语言的对话性特征分析已成为当前认知－功能视角下的前沿课题（如 Du Bois，2014；Zeng，2018），其基本思想是：话语的理解需要对话介入（dialogic engagement）；对话分析要考察对话中主体互动对意义推理的作用。

对话构式语法吸纳后现代思潮下对话哲学和认知语言学中构式语法和对话句法学的思想，通过分析话语结构的构式特征揭示了语言、认知、人际互动的关系对意义推理的影响，体现了后现代强调主体互动，尊重主体差异，宣扬意义多元化，重视意义动态性等思维特征（曾国才，2017c）。对话现象中认知主体的介入（engagement）强调意义识解中主体的互动因素，折射了后现代思维对主体间性（intersubjectivity）的关怀和对主体差异性的尊重。实际话语交际中，话语理解的差异性体现了后现代思维中意义的不确定性，蕴含了意义识解的多种可能性。说话人和答话人根据对话交际场景的特征和交际目的，不断调用储存的语言知识以最佳方式表达主体的意图进而实现对话，彰显了后现代思维的动态性特征。以话语分析的人际互动观和意义的整合、传承与共识观为观察视角，对话构式语法理论是后现代思潮下语言对话性研究思想的产物。对话构式语法研究的后现代对话哲学思想主要包括语言研究中“意义建构”的认知对话观和“意义理解”的互动观。

2.5.1 “意义建构”的认知对话观

对话构式语法的“意义建构”认知对话观强调话语的“对话性”特征。现代语言学之父索绪尔把语言交际系统分为语言与言语两部分，并重视语言系统的结构分析。他对语言系统的分析最终导向了语言的形式化描写道路。而在结构主义语言学研究中受到冷落的客观言语事实则受到认知－功能语言学研究范式的青睐。认知－功能视角下的言语事实旨在探究具体话语体现的人类认知方式和话语的交际功能。然而，现有的语言形式、意义和功能研究主要体现在单句层面。在客观的言语交际活动中，自然的话语不是孤立存在的。传统句法注重句内关系研究（徐烈炯，1988：81）。单句层面的自然语言研究无疑在一定程度上忽略了实际言语交流中话语与话语之间的本质联系。言语的本质体现在对话形式的言语交际中。话语的认知和功能分析需要对话的介入。对话构式语法关照话语的句际关系，以自然发生的语对为分析对象，揭示了对话中语言、认知和人际互动的关系，为传统线性句法的单句研究模式带来新的挑战。

对话构式语法理论的出场也正好弥补了现有对话哲学理论研究的不足。布伯、伯姆 、巴赫金、哈贝马斯和克里斯蒂娃等分别从宗教学、物理学、文学、言语行为哲学、文本结构视角建构对话理论，但在研究内容方面尚有不足：重视对对话主体的思辨，忽视了对话客体（语言）的分析，从而在一定程度上忽视了主体与客体间的多重互动关系。

对话构式语法理论以对话的内容（即以对话形式出现的话语）为研究对象，以特有的分析视角（平行、映射、共振、对话图示等）和理论范式（认知＋功能）揭示对话中人的认知参与和话语功能，阐明话语的理解需要考察说话者与话语、话语与话语、说话者与说话者等之间的互动关系。现实中的话语是互动的公共话语，而非维特根斯坦批判的独白式私人语言。人类的交际和语言的理解存现于对话之中。对话构式语法是语言学中的对话理论。

对话构式语法理论的“意义建构”认知对话观尤其强调语用推理中主体间性（intersubjectivity）分析的重要性。Morris（1938）指出语用学研究符号与解释者的关系。对话句法现象的平行特征是在人的认知参与下建构起来的。说话人采用对比、类推、图式－例示等认知方式把两个话语联系在一起，使话语与话语之间产生形式上的类同性（相似性和差异性）。对话构式语法理论承袭对话句法学的主张，坚持认为对话中形式上的合作与语用上的颠覆同时存在，互为依存（参见 Du Bois，2014：363）。话语的平行并置体现了言语交际中话语、说话人、使用场景等因素的互动。话语平行特征和对话共振反映了说话人的认知操作。结构相似或相同的话语却可以表达相似、相反或完全不相干的立场。语用研究是“听－说”双中心模式，而非仅以发话人为中心（王寅，2013a：2）。对话构式语法理论关注话语与话语之间的互动，超越了语用现象的纯语境研究。基于话语形式上的关联、功能上的对等，对话构式语法研究揭示了结构和主体间性在语用推理中的介入过程，开拓了语用现象新的认知研究进路。

2.5.2 “意义理解”的互动观

基于语言的认知研究视角，对话中的语言结构表征了交际主体对客观世界的理解模式。语言交际中一个完整的对话话轮通常包括两个认知主体（说话人与答话人）①、两个话语结构，以及主客之间的多重互动关系。关系多元化是后现代思维的特征之一。在对话过程中，认知主体的主体间性通过话语间的互动得以体现。对话中的多重互动关系包含人与人、人与语言、语言与语言之间的多重互动。对话中的语言结构映射了认知主体在传递信息和理解意义的过程中形成的思维模型。对话构式语法理论视角下的“意义理解”互动模型可用图 2.2 表示：

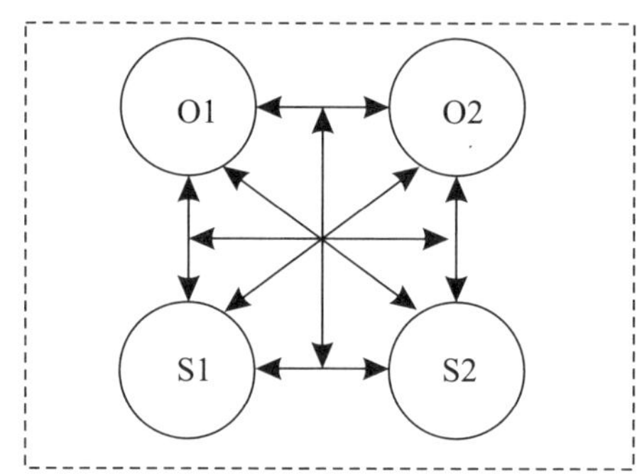

图 2.2　主客多重互动对话理解模型

（S1 = Subject 1　S2 = Subject 2　O1 = Object 1　O2 = Object 2）

图中的虚线框表示一个完整的、有内部组织结构的对话单位。实线双向箭头表示主客间的互动关系。在对话话轮中，第一个说话人（S1）言说了一个话语（O1），听者 S2（同时也是第二个说话人）言说了话语 O2，以表示对 S1 的话语（O1）做出回应，即形成 SOS 模型（参见王寅，2009）。在具体的语言交际行为中，当两个认知主体都言说了话语，则 SOS 模型描述的主客互动关系可拓展为 S1 - O1 - S2 - O2 互动模型（简称 SOSO 模型）。SOSO 模型中的主客多重互动关系主要包括：

（1）主主互动（S1 与 S2 互动）②：在一个对话话轮中，S1 是发话人，S2 是受话人且同时要对 S1 的话语做出回应。S2 对 S1 的应答彰显了 S1 的主体存

---

① 本研究主张，“独白”是一种特殊的对话类型，即说话人和听话人为同一认知主体。

② 随着现代科技的发展，主主互动的概念也将增加人机互动（胡开宝、李翼，2016；田艳，2015）的内涵。

在（S2 针对 S1 回答而非其他人）；S1 把 S2 视作听话人，并期待 S2 用话语对 O1 做出相应回应。一旦 S1 与 S2 进入话轮转换模式，表达对话性话语，则 S1 与 S2 建构起了瞬时性的主主交际互动关系。

（2）客客互动（O1 与 O2 互动）：在对话中，发话人的话语和答话人的话语可能存在结构上的一致或相似性。如图 2.3 所示，两个话语间表现出语词对应和结构相似特征。根据对话句法理论的观点，结构上的相似或部分相同表征了对话中的主体介入，影响对话表达的语用效果。

（3）主客互动（S1 与 O1、S2 与 O2、S1 与 O2、S2 与 O1 互动）：一个对话主要包含四个方面的主客互动关系：O1 和 O2 中的语词与结构选择分别与 S1 和 S2 主体的情感、态度、能力等有关；O1 的语音、形态、功能等特征对 S2 形成刺激，影响 S2 的应答话语特征。话语 O2 基于 O1 在语音、形态、功能等方面特征对 S1 表达新一轮话语有参照作用，进而影响 S1 在新一个话轮中的言语使用特点。

（4）主客主互动（S1 - O1 - S2、S2 - O2 - S1 互动）：对话中，S1 发起话语 O1，S2 对 O1 进行认知加工，S1 - O1 - S2 形成第一层主客主互动关系；当 S2 用话语（O2）做出回应，S1 对 O2 进行回馈评估，则形成了对话中第二层次的主客主互动关系（S2 - O2 - S1）（参见王寅，2009）。

（5）客主客互动（O1 - S2 - O2 互动）：在对话交际中，发话人的话语 O1 对听话人 S2 产生语音、形态、功能等方面刺激，S2 基于 O1 的信息特征表达出话语 O2，三者之间形成互动。

（6）主客与主客互动（S1 - O1 与 S2 - O2 之间互动）：在对话过程中，S1 与 O1 的关系揭示了 S1 的认知状态（如话语 O1 的语气体现了 S1 的情感态度），S1 与 O1 之间的映射关系影响 S2 表达 O2 时的认知状态（包括情感表达）。如：S1 以愉悦的心情表达 O1，S2 受到 S1 的情感特性影响可能以同样或相反的情感做出应答。如 S1 - Would you like to play games with me? S2 - Don't bother me.（漠然与不合作）；或：S2 - Yes, I'd like to.（愉悦与合作）。S2 与 O2 的关系影响 S1 对主体关系的评估，同时影响对话的进一步展开。因此，对话中的两个主客关系彼此影响，形成互动链条。

（7）主主与客客互动（S1 - S2 与 O1 - O2 之间互动）：在实际对话中 O1 与 O2 的结构特征，如对称或平行的结构映射了 S1 与 S2 介入对话时的人际特点（合作与抗议、赞成与反对、友好与冷漠等）。

SOSO 对话理解模型弥补和发展了传统的客主（OS）或主客（SO）单向

思维模型。基于主客主多重互动模型（SOS）（王寅，2009），SOSO 理解模型突显了互动关系的如下特征：

（1）SOSO 模型中第二个主客关系（S2O2）不是机械地复制第一个主客关系（S1O1），而是新型主客关系的建构。SOSO 模型中第一个主客关系是建构第二个主客关系的基础。SOSO 模型不是由两个主客关系叠加形成的，而是两个主客关系整合的结果。两个主客关系是 SOSO 模型不可分割的部分，忽视或排除其中任何一个主客关系，就失掉了话语交际的对话性特征。

（2）SOSO 模型超越独白式的主客互动方式（SO 或 OS），表征了对话式的主客多重互动关系。客主或主客单向思维模式是一个主体与话语的关系。主客主多重互动模式（SOS）是两个认知主体与话语的关系。然而，SOS 模型没有把 O 拆分为 O1 和 O2 以进一步详细考察客体与客体的互动，客主（OS）或主客（SO）单向思维模式以及主客主多重互动（SOS）模式未能刻画话语之间（O1－O2）的对话性特征。在 SOSO 模型中，两个认知主体和两个话语客体的相互作用建构了主客对话多重互动关系，即上述的主主互动、客客互动、主客互动、主客主互动、客主客互动、主客与主客互动、主主与客客互动等关系。

（3）SOSO 模型充分考虑听者的发言权，体现了认知主体平等的话语权利。在客主（OS）或主客（SO）单向思维模式和主客主多重互动模式（SOS）中，听话人的话语未被深入分析，从而未能突出考察听话人的话语权。在单向思维模式中听话人的主体身份完全被忽略。在 SOS 模型中，O 可以是说话人和答话人在量上的“话语总和”，也可以是说话人发话，但听话人仅仅“在听”，而在后者情形中，听话人没有产出话语，听话人可能处于被压制的地位，即听话人只有听的权利，而没有表达话语的权利。SOSO 模型进一步体现了交际中认知主体的平等对话地位，说话人和听话人均产出了话语，体现了主体间的信息共享特征。

（4）SOSO 理解模型关注交际中话语（客体）的互动，而非静态的单一话语。在实际的话语交际中，话语与话语互为认知背景，形成意义识解链条。单向思维模式和主客主多重互动模式未能突显话语与话语之间的联系，或对话语进行孤立分析（SO 或 OS 模式），因而不能充分揭示交际中话语结构互动特征对意义推理的作用。

（5）SOSO 理解模型反映了对话言语行为中的对称关系。在 SOSO 理解模型的互动关系中，主主互动、客客互动、主客互动、主客与主客互动、主主与客客的互动关系具有对称性。根据对话句法学的观点，结构对称性揭示了形式与功能方面的映射关系。话语的结构对称性是分析认知主体在话语理解中达成共识的依据之一。

“对话”是言语最根本的表征方式。在哲学层面，现有的对话理论分析了对话中的主体关系（布伯和巴赫金的对话理论）、对话中的思维（伯姆对话理论）、对话中达成共识的有效性要求（哈贝马斯对话理论）、对话中的文本互动（克里斯蒂娃的对话思想）。对话构式语法理论以对话中的言语结构为分析对象，弥补了上述对话理论在语言分析方面的不足，丰富了后现代思潮下对话哲学理论的研究内容。结合 SOSO 模型，对话构式语法理论视角下的对话性话语（客体）具有如下特点：

（1）话语存现的瞬时性：在实际言语交际中，对话的完成时间可以以“秒”为单位计算。说话人和听话人为达到在场即时传递信息、彼此快速理解对方意图的目的，会使用一些只为当下交际服务的语言资源（包括词语、句型、语调等的选择，如简称或缩略、特别的语调等）。因此，对话中语言资源的规约化程度仅存现于对话启动到对话结束的时段之内。对话中的语言结构处于流变状态。言语的固化度具有瞬时性。

（2）话语结构的平行性：对话句法研究（Du Bois，2014）聚焦话语的平行或对称结构。说话人和答话人使用的话语结构因具有相同或相似特征，话语间产生结构投射，形成对话共振，彰显了认知主体介入话语意义的建构过程，如对话（4）所示。

对话（4）［摘引自（Du Bois，2014：387）］：

S1（DAN）：I'm not smart?

S2（JENNIFER）：You're stupid.

在该对话中，S2 通过使用与 S1 的话语相似的结构，出现话语间的结构部分对称性（见图 2.3）。S2 对 S1 的话语做出回应，表达了“讽刺”语用效果。

S1：	I'm	not	smart	?
S2：	You're		stupid	.

图 2.3　对话（4）中的结构对称性

（3）话语意义的多重关联性：理解对话传达的话语意义要考虑认知主体、认知场景、所谈事件等因素。对话中的话语意义不仅与话语的字面意义相关，而且还与认知主体的认知状态（含情感、态度、能力等）、当下时空中的交际场景（如庭审现场、购物中心、家庭聚会）以及话题的内容有密切关联。

（4）话语建构的过程性：在对话进程中，对话主体可以不断地修复、调整自己使用的语言结构，以适应当下的交际需要。对话中的语言结构反映了认知主体在言语交际中不断做出决定，以选择最适合的语言资源用于表达主体的思想，实现成功的对话的过程。对话中的话语构建是认知主体动态决定和选择的结果。

（5）话语结构的构式性：Goldberg 认为构式是形义（1995：4）或形功（2006：3）配对体。把对话中的语对视为构式单位，意味着识解对话传递的意义必须考虑对话的结构形式和当下对话的交际功能。对话性话语在形式上包括两个或多个话语。对话性话语的结构形式经过高频使用后即成为规约化的、固定的对话结构配对体，形成对话构式，从而表征特定的意义。如英语或汉语中的 WH-问答现象具有特定的句式（一问一答等），以表示询问、求证信息等功能。其中，S1 – How are you? S2 – I am fine. 的问答形式已经规约化成相对固定的表达式（对话构式），主要体现话语的寒暄功能。

（6）话语意义的协商性：对话中的单一对话主体或客体不能决定对话性话语最终表达的意义，对话中话语表达的意义是对话主体协商（negotiate）的结果。主体协商蕴含了对话中的主客多重互动关系。对话主体的协商结果有多种情形：说话人达成观点共识，相互理解；或观点相悖，需要启动新的话轮延续对话；或答话人拒绝评论发话人的话语，结束对话；或答话人提出新的话题，转移当下对话的主题等。

2.6 小结

基于认知语言学中的构式语法理论和认知 – 功能视角下的对话句法学，本章探析了构式从单句线性层面、对话中的构式到对话构式的演变，并梳理了对话构式语法研究的语言学理论基础。同时，基于后现代思潮对主体间性、差异性、动态性、多元性等的关照，本章分析了对话构式语法研究关于意义理解的主客多重互动关系模型（SOSO 模型）。对话构式语法理论把语言认知研究从自然语言的单句层面导向对话层面，拓展了构式的认知分析范围，体现了后现代思潮下构式语法研究的最新进展。

3　对话构式的识解机制

本课题基于认知语言学的体验哲学思想和后现代思潮下的对话哲学理论，结合对话句法与构式语法的语言学研究理念，通过整合认知语言学中的事件域认知模型（Event-domain Cognitive Model，简称 ECM）和图式－例示（Schema－Instance，简称 SI）认知原则，以建构“基于事件域的图式－例示模型”（Event domain-based Schema－Instance Model，简称 ESI 模型），并以此为分析框架识解语言交际中对话构式的句法、语义和语用特征。

3.1　事件域认知模型

王寅（2005）针对 Lakoff（1987）、Langacker（1991）、Panther & Thornberg（1999）、Schank & Abelson（1975）以及 Talmy（1985，1988）等提出的概念结构和句法构造理论的不足，提出了事件域认知模型（Event-domain Cognitive Model，简称 ECM 模型），如图 3.1 所示：

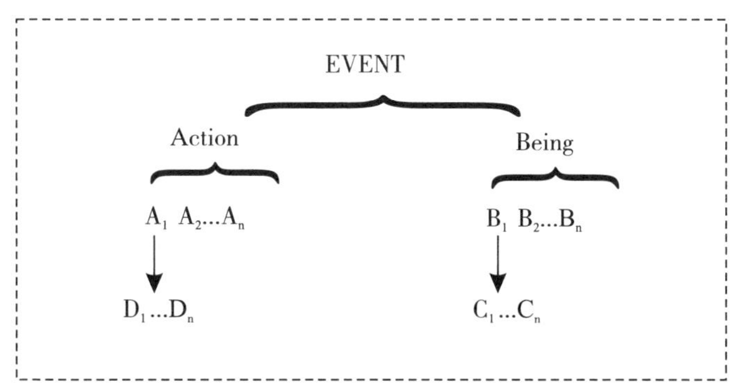

图 3.1　事件域认知模型（王寅，2005：18）

根据ECM模型的观点，人们根据客观事件中的体验形成感知经验和认识，再逐步概括出事件的抽象结构，形成语言表达的基础。一个基本事件域（EVENT，简称E）主要包括行为（Action）和事体（Being）两大核心要素。一个行为可以是动态性行为或静态性行为（如存在、处于、判断等）。一个事件域的两大要素具有层级性。一个行为可以由多个具体的子行为或子动作（如图中的 A_1，$A_2 \ldots A_n$）构成。而一个事体则可以包括多个成员（如图中的 B_1，$B_2 \ldots B_n$）。事体指人、事物、工具等实体，也可包含抽象或虚拟的概念。一个动作或一个事体又可分别具有很多典型的特征性或分类性信息，如D或C。

事件域认知模型兼顾语言的线性和层级性特征，可解释多种句法结构的成因。如只有一个事体参与当前事件，即体现为不及物动词句式。如果有两个事体参与事件的建构，则可表征为并列主语+不及物动词的句式或及物动词句式。而有三个事体参与事件的情形则可以表征为并列主语和一个宾语或一个主语带双宾的句法结构。主语+谓语+宾语+宾语补足语则表征了事件中一个事体对另一个事体的作用而产生的影响。ECM还广泛用于解释语言中的上下义现象，包括转喻、词义变化等。

3.2 图式范畴理论

范畴指人们与客观世界互动体验的基础上对事物普遍本质的概括反映，是由一些通常聚集在一起的属性所构成的“完形”概念构成的（王寅，2007：91）。人们在对客观世界进行范畴化过程中，形成范畴，进而形成概念。范畴的形成过程就是概念和意义的形成过程。每个概念对应一个范畴。语言符号是概念和意义的载体。人们在认识客观世界过程中形成了三类范畴理论，即经典范畴理论、原型范畴理论和图式范畴理论。图式范畴理论发展了经典范畴和原型范畴理论。

经典范畴理论认为范畴内的成员拥有共同特征，该特征具有二分性；范畴的边界是明确的；范畴内成员没有核心和边缘之分。原型范畴理论认为一个范畴通常包含原型成员和边缘成员，两者具有家族相似性。人们以原型样例为认知参照点来认识范畴内其他成员。范畴中的原型在不同的认知背景下可能表现为不同的样例。范畴中的原型可以是实体样例（Langacker，1987：371），也可是抽象的图式表征（Talyor，2002：125）。这样，人们就可能有两种基本的范畴化方法：依据原型代表进行范畴化，或依据图式表征进行范畴化（王寅，2007：116）。R. W. Langacker，J. R. Taylor 以及王寅分别论述了图式范畴的认知特征。

3.2.1 Langacker 的图式范畴观

Langacker（1987：371）坚持实体原型观，认为原型是范畴的典型实例。一个图式中有原型成员和扩展成员，它们都直接产生“抽象图式”，扩展成员的特征，受到原型成员的影响，可增加一些属性，但仍和原型成员属于同一个图式，并明确区分了“原型”与“图式”两个术语。Langacker 的图式范畴观如图 3.2 所示（Langacker，1987：373）：

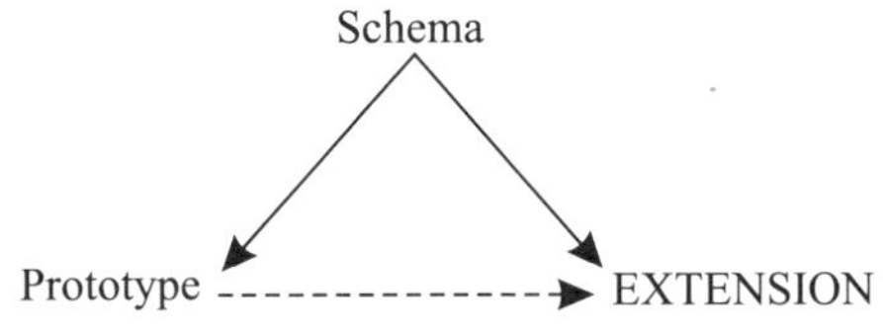

图 3.2 Langacker 的图式范畴观

图 3.2 表明，范畴的图式、原型和扩展成员之间是单向作用关系。图式是对范畴中原型成员和扩展成员的抽象概括（由实线单箭头表示）。原型成员的特征对扩展成员有单向的影响。扩展成员比原型成员增加了更多的细节特征（由虚线单箭头表示）。

3.2.2 Taylor 的图式范畴观

Taylor（1989：59）持图式原型观，认为原型是范畴概念核心的图式表征，即实体样本不是原型，它仅例示了原型。Taylor（2002）将图式 - 例示认知机制用于分析语言的各个层面。Taylor 认为“图式”可有多个例示，并概括了所有例示的共性，具有抽象特征。他主张用“图式”（schema）取代术语“规则”（rule），因为规则过于强调绝对性和强制性。语言事实中的很多例外现象可用“图式 - 例示”认知机制来解释。“图式”是对例示用法的概括，仅是一个概括性框架，具有灵活性。“例示”是图式形成的基础，其范畴化关系是一个复杂的、垂直的层级结构。Taylor 的图式范畴观如图 3.3 所示（Taylor，2002：125）：

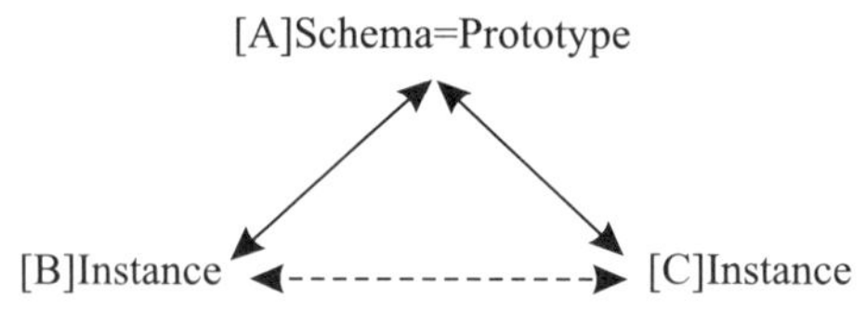

图 3.3　Taylor 的图式范畴观

Taylor 认为，图式本身具有原型功能，范畴中的成员都是对图式的具体例示。原型成员是扩展成员的图式。图 3.3 中的实线表明，［A］是［B］和［C］的图式，［B］和［C］则例示或详述了［A］。［B］和［C］之间的虚线表明两者具有相似性。双向箭头表明［A］、［B］和［C］之间是相互影响的关系。图式是基于例示的抽象概括。范畴中的例示成员具有共性特征，由图式表示。例示与例示之间具有不同程度的相似度。

3.2.3　王寅的图式范畴观

基于 Talyor 和 Langacker 的图式观，王寅（2013c）论述了图式与原型及原型和扩展成员之间的相互作用，总结了图式和例示中图式的抽象性、概括性、竞用性、层级性，以及例示的开放性、传承性、相似性和对比性，并解释了图式与例示、原型例示与边缘例示之间的双向性，如图 3.4 所示：

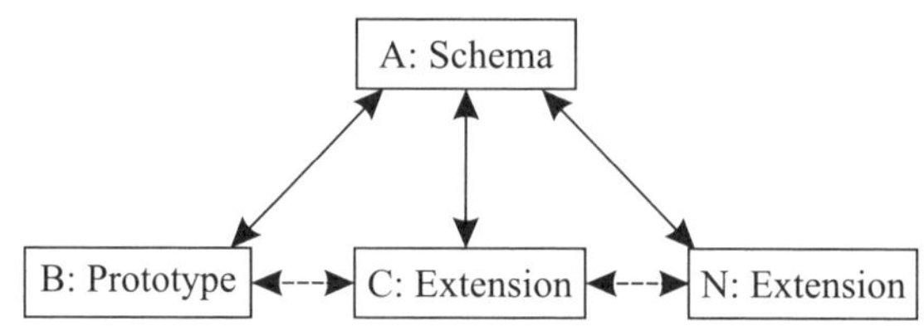

图 3.4　图式－原型成员－扩展成员的互动关系（王寅，2013c：23）

图 3.4 中的实线表示：人们根据抽象的图式（A）来识别具体样例（B，C，N），同时抽象图式又源于对具体例示（B，C，N）的概括。范畴中的具体例示有原型成员和扩展成员之分，前者（B）与后者（C，N）之间用虚线表示，表明原型成员对扩展成员有参照作用，扩展成员对原型有反作用；扩展成员同时受到图式和原型的影响，但受原型的影响次之。图式中越是边缘的成员，其认知加工过程越复杂。

3.3 对话构式的 ESI 模型描写

本课题基于认知语言学理论的事件域模型和图式-例示认知原则，建构"基于事件域的图式-例示模型"（Event domain-based Schema-Instance Model，简称 ESI 模型），以分析语言交际中涌现出的"对话构式"的认知特征，如图 3.5 所示：

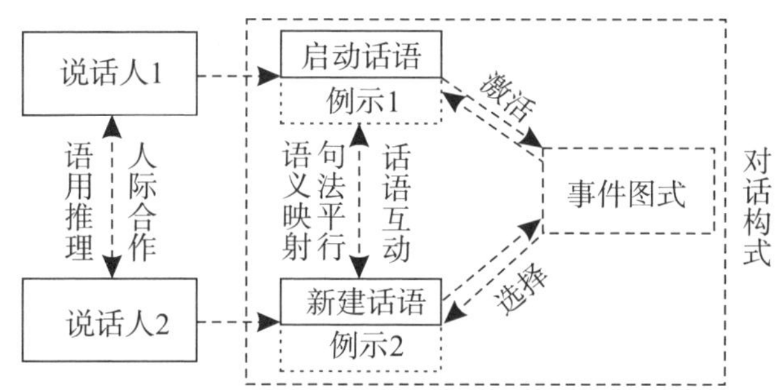

图 3.5 基于事件域的图式-例示模型（ESI 模型）

由图 3.5 可见，在日常对话中，典型的"对话构式"包含"启动话语"和"新建话语"，其形成原理为：说话人 1 的启动话语激活了一个事件[①]图式，启动话语为该图式的例示 1，说话人 2（自主或在说话人 1 的引导下）对该图式进行了例示（即例示 2），形成新建话语。基于交际场景和描述的事件，启动话语和新建话语形成"例示-（事件图式）-例示"关系，话语之间产生句法平行，启动话语的语义结构作为新建话语的语义和语用推理背景，话语间形成语义映射关系，对话中出现不同程度的话语结构对称现象。话语互动中"对话构式"的浮现过程可描写为：

> 话语促发（priming）→框架激活（framing）→资源选择（selection）→结构复用（reproduction）→结构平行（parallelism）→结构映射（mapping）→获得话语亲缘性感知（perception of affinity）→话语共振（resonance）→对话构式浮现（emergence）。

---

① 在具体的论述中，本节使用的术语"事件"即"事件域"。

随着话轮的转换，对话伙伴在语言交际中促发新的话语结构平行特征，产生话语共振循环，不断浮现对话构式，对话进行中涌现不同复杂度和详略度的话语结构对称现象。对话中的话语互动表征了说话人之间针对话语语用意义推理的人际互动过程。

对话构式以话轮之间的平行结构为基础，表征了话语结构间的句法相似性和语义的类推机理，表明了人际互动对话语意义的建构作用。以语言的用法论为视角，日常交际中的对话构式有四个维度属性，即临时性、规约性、能产性和动态性。

（1）临时性即对话构式存在的空间维度。该类构式主要存在于当下的对话范围中，具有局部存在性特征。对话构式中由说话人共享的语法模板或图式结构是日常交际中特定语篇片段中出现的、服务于特定交际场景和目的的语言资源，它们体现了交际双方实时的思想和意图。一个相同的对话构式可以出现在不同的局部语篇中，但因时空和说话人等因素的变化出现了话语意义的变迁。局部语篇中的临时性对话构式如果被一个语言社团高频使用，则可语法化为长期规约化的对话构式，如对话（1）。

对话（1）[①]：

Jackson：... How are you doing today？[②]

Suarez：I'm doing well.

在该话轮转换中，“X BE DOING Y”是说话人之间共享的图式结构。在此局部语篇中，该语对的字面意义在于表明问话人关注答话人行事的动作特点。随着长期反复的使用，这个具有共享图式的对话构式主要具有人际间的“寒暄”功能。

（2）规约性指对话中的共享图式结构在既定的认知语境中已经临时和瞬时固化，成为对话参与者相互认可的、可作为进一步人际互动的共同基础（common ground）。对话构式存在的空间和时间维度决定了既定语篇中的对话构式具有局部固化特征。Brône 等（2014）把语法构式的领域从大型语言社团中规约化的象征单位（symbolic unit），拓展到包括在线的句法处理（on line syntax）维度，即语法构式包括作为实时交际中浮现的有临时和瞬时形义配对

① 本节选用的英语对话语料均来自当代美国英语语料库（Corpus of Contemporary American English，简称 COCA）。

特征的话轮单位。实时交际中对话伙伴之间形成的共享概念协定（conceptual pact），是在线对话构式的规约性基础。

（3）能产性指实时对话中具有平行结构特征的语法模型在语言互动中不断被重复具体化，从而变得高度突显，是特定话语范围中多个话语例示的共享资源。对话构式的图式在交际中被重复例示后彰显了说话者之间的共同概念协定。对话中的具体话语以局部和显著的方式详述话语间的抽象图式结构，新拓展的图式细节为语篇中说话人之间的概念协定增添了新的内容。说话人之间对同一个对话图式进行不断的细节增补推动话轮不断转换，从而构成交际中的对话序列。

（4）动态性指在对话过程中，说话者提取的抽象话语结构（固定或半固定的图式）是不断被再次例示的话语资源，对话伙伴共同建构局部交际中的对话构式。随着对话内容往前不断拓展，说话人在对话中则建立起实时的有重叠特征的构式网络。在实时的构式网络建构中，新的构式图式是从已由的构式模板（template）中产生，但被再次例示时会有或多或少的增减或调变，或内嵌于其他构式中。对话中新构式图式的不断产生就是语言交际中对话构式的动态建构过程。

对话构式是日常语言交际中话轮转换时的成对话语（pairing utterances）。对话中抽象的、半固定的，或固定的构式图式可出现在语言组织的各个不同维度（词汇、句型、段落等）。Brône 等（2014）认为，构式语法中的构式概念与交谈中的话轮单位有相通性。话轮结构是通过符号联结的形义配对单位，并有不同程度的复杂度（从词汇、短语到分句构块）。交际中的话轮是对话构式的建构模块。

3.4 基于 ESI 模型的对话构式识解策略

日常的语言交际以话轮为单位形成对话共振现象。基于 ESI 模型，话语与话语之间是例示－（图式）－例示关系（参见曾国才，2015d：847；Sakita，2006：493）。对话话轮之间的图式－例示构式关系体现了话语之间的句法结构相似性和语义关联性。对话参与者基于话语间的句法和语义共振推导话语的语用意义（参见曾国才，2019）。

Sakita（2006：493）认为，对话中的结构平行表明说话者从启动话语（priming utterance）中获得了图式，并在话轮转换中自己的位置再次例示这个图式。借此，在特定的语篇语境中（discourse contexts），启动话语和扩展话语（extension）之间产生了结构共振效应，即对话中话语与话语之间是原型例示 -（图式）- 扩展例示的关系，如图 3.6 所示：

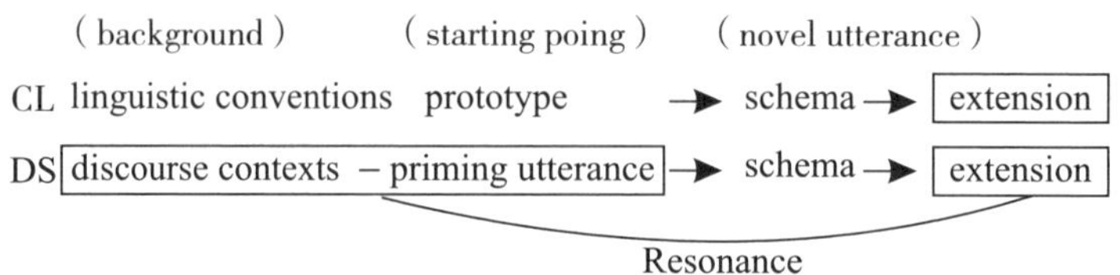

图 3.6　对话中话语间的原型、图式与扩展关系（Sakita，2006：493）

而根据 Brône 等（2014：472）的观点，语篇语境中的启动话语激活的是一个局部的、临时的对话图式。因此，临时的对话构式图式处于抽象化和具体表达式之间的位置，其意义是部分具体的。这个局部对话图式在对话中被细节扩展，进而产生一个新创结构，形成对话共振，体现了对话构式形成过程中的人际关照，包括说话人建立共同识解基础，确立对话伙伴的主体特征（如气质、性格），以及观点的类型（同意、不同意，转移话题等）。对话中话轮与话轮之间的构式化（constructionalization）使得特定的一个话语平行结构成为一个微观的（仅限于说话人之间在线使用的）固化单位，它揭示了对话性话语在句法和语义层面的映射关系，并为说话人进行话语意义的语用推理提供了局部的认知语境。

3.4.1　对话构式中的句法对称特征

对话中话轮之间在句法层面具有不同程度的句法结构对称性，反映了紧邻话语之间的结构相似性。根据对话句法学的观点（Du Bois，2014；曾国才，2015d），对话中的对称结构是说话人对先前话语资源有选择性使用的结果，从而使得话语之间出现（部分或全部）相同或相似的结构，包括音调、词汇、句型、功能等范畴，如对话（2）所示。

对话(2)：

Peter：...What was Jennifer afraid of?

Anne：Jennifer was afraid that he was going to hurt her or kill her.

在对话（2）中，对话双方对语法模板“Jennifer was afraid of X”进行了细节补充或调整，以临时建构自己的话语，体现了该对话序列中问答对话构式的局部固化特征。该对话序列同时表明，Anne 的答语再现了 Peter 用过的语言资源，问答之间从而形成平行特征，如对话图示 3.7 所示：

Peter	What	was	Jennifer	afraid of	?
Anne			Jennifer		
		was		afraid of	
	that he was going to hurt her or kill her				.

图 3.7　对话（2）的对话图示（diagraph）

图 3.7 表明，局部对话情景中该对话的答语与问句有相似的语序，问答话语形成平行关系。根据对话句法的观点，对话中说话人通常有选择性地使用先前使用过的语言资源，包括音韵、词汇、短语、句子等结构，而重复出现的话语结构与已经使用过的语言资源形成映射（mapping），两者之间的平行特征使得话语间出现结构共振。同时，根据认知语言学的图式 - 例示范畴观，对话中的共振在于先前说话人的话语激活了一个图式，而与之形成共振的话语则是说话人基于该图式结构产生的新例示，话语与话语之间是例示 - 图式 - 例示关系，说话人基于“用语言建构语言”的机制形成了交际中的对话。在话语的图式 - 例示关系中，例示是对图式的具体表征，图式则是对例示的高度概括，图式与例示有共享结构。针对具体的语言交际而言，在对话（2）中，问答话语共享一个图式：Jennifer was afraid of X. 问句用疑问词“what”编码图式概念 X，答语是对该图式的进一步详述。

图 3.7 表明，平行的结构体现了特定对话语境中目标话语（target）与基础话语（base）之间的相互映射，突显了话语与话语之间的句法结构亲缘性（affinities），进而形成对话中话语之间的结构耦合（structural coupling）（参见 Zeng，2016a：317 - 320）。基于话语结构的对称性及由此产生的相似性，（问答）对话中出现了句法共振（王寅、曾国才，2016a），语义共振（王寅、曾国才，2016b）和语用层面的共振现象（王寅、曾国才，2016c）。

3.4.2　对话构式中的语义传承关系

结合 Goldberg 的构式传承观，即当两个构式之间具有共享特征时，构式间具有特征传承关系，对话构式中话语的整合表明了话语与话语之间的语义传承关系，可由图 3.8 表示：

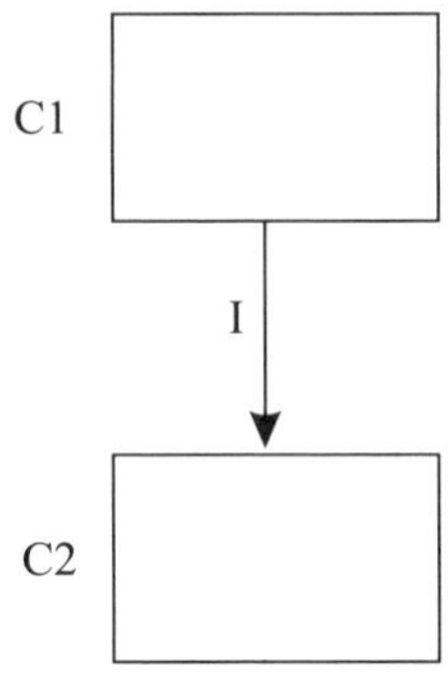

图 3.8　构式之间的传承关系（Goldberg，1995：73）

（C1 = Construction 1　C2 = Construction 2　I = Inheritance Link）

如图 3.8 所示，C2 从 C1 传承了构式特征，在此种情形下，C1 是 C2 的句法和语义结构形成理据。对话中发话人的话语语义被答语传承，体现为答语通过重复使用先前话语的（部分或全部）语言资源（包括词语、短语、句子等），从而具体例示了发话人激活的话语图式结构。语对中的语义传承关系表明，单个话语的理解需要参照先前话语的结构、意义和功能。

对话中的语义类比（analogy）源于两个话语之间的语义传承关系，即话轮中前一个话语为后一个话语的意义建构奠定了基础，后一个话语的语义是对前一个话语语义的（局部）细节调整或补充。说话人之间共同建立了概念协定，表征了两个话语具有相似或相同的事体概念化特点，对话进行中话语之间的语义因而产生不同程度的关联性。当对话性话语中出现未知词汇时，语义的类推机制就是词汇意义识解过程的一部分。脱离语境的句子需要关联的对话性话语为其提供语义定位的认知背景。如对话（3）所示。

对话(3)[摘引自(Du Bois,2014:368)]：

1. Joanne：...yet he's still healthy.
2.　　　　He reminds me [of my brother].
3. Lenore：　　　　　[He's still walking] around.
4.　　　　I don't know how healthy he is.

从该对话可看出，含有“he's still”的两个话语表现出平行特征，形成对话构式。但第三行短语“walking around”替代了单词“healthy”，形成了如下的结构对应关系：

1. Joanne:	...yet	he	's	still	healthy	.
3. Lenore:		he	's	still	walking around	.

对话中形式上的平行可能产生功能上的对等和意义上的平行（Du Bois，2014：369；曾国才，2015d：846）。该对话构式中的结构对应表明这两个话语激活了一个结构图式：HE's STILL X. 该图式表明第三行中的“walking around”与第一行中的“healthy”具有语义同范畴性质。如离开语境，两者似乎没有语义关联，而在实时互动语境中，该图式结构使得“healthy”和“walking around”可进行语义类比解释：“healthy”和“walking around”描述的是健康刻度范围中两个有对比性的值，“walking around”指“不是完全健康”的状态。

3.4.3 对话构式中的语用意义推理

Goldberg（2006：5）的构式本位观认为，各个层面的语法分析都涉及构式；语素和词汇等都是构式。根据认知语法的观点，语法构式是象征单位。一个语法象征结构（$\sum$）包含一个语音结构、一个语义结构及其之间的象征关系（Langacker，2008：161）。语言是一个有层级的象征结构系统；认知过程涉及多层组织，某一个层次的要素经组合可形成一个更复杂的结构，该复杂结构在接下来的一个层级整合中是一个单元实体（Langacker，1987：310）。因此，多个语法象征结构可以组构形成更精细的象征结构，即 $[\sum_1] + [\sum_2] = [\sum_3]$。图 3.9 表征了局部对话情景中，话语与话语整合成语对，形成了对话构式。

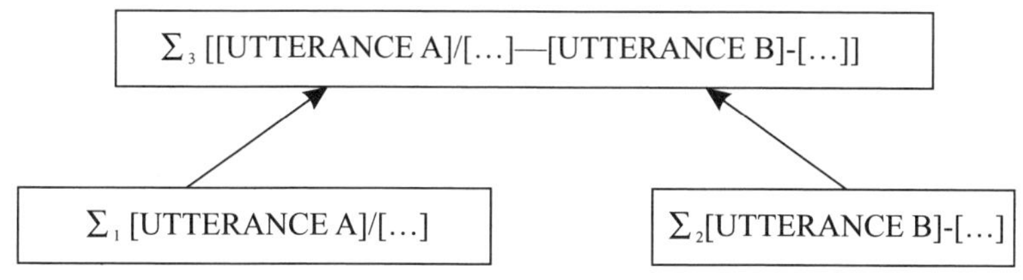

图 3.9　局部对话中对话性话语的整合过程

图 3.9 中的［UTTERANCE］标示对话中单个话语的语义极，而［...］是其音位极。两个紧邻话语（Utterance A 和 Utterance B）经过语义和语音整合后可成为一个新的语言交际单位，即语对［UTTERANCE A］/［...］—

[UNTTERANCE B] – [...]。符号“—”表示两个话语形成一个对话整体。象征结构 [$\sum_3$] 的语义不是其成分 [$\sum_1$] 和 [$\sum_2$] 的简单相加，而是两者整合的结果。根据构式的整合观，对话中的单个话语除具有字面意义外还有对话性特征，也即对话中涌现的话语语用意义，如对话（4）中的问答话语所示：

对话(4)[摘引自 Kay & Fillmore(1999:4)]：
Diner: Waiter, what's this fly doing in my soup?
Waiter: Madam, I believe that's the backstroke.

在该对话中，WH-问句构式除了概念化一个客观事实外，还表征了问话人“责备”的语用涵义。答语直接表征了问句焦点“what”的具体例示，但答语在对话中有新创的语用意义，即力图避免问句表征的客观事实为问话人（Diner）带来不悦。WH-问句和答语的概念整合实则转移了问话人的注意焦点，避免了交际中答话人的尴尬处境。

意义的生成是一个动态的过程，需要说话人和听话人双方就意义进行协商，需要语境和话语的意义潜能（廖美珍，2012：24）。对话是一种行为游戏（Weigand, 2017a）。对话构式中的句法和语义共振还体现了说话人在行为“游戏”中的认知调控和主体间性介入语言交际的过程，体现了说话人之间关于话语意义的认知协商，其介入结果可能是说话人之间只有部分共识，也或听话人完全同意发话人的观点，因此与发话人达成完全的观点共识，也或对话的认知主体未达成观点共识，分别如对话（5）（6）（7）所示。

对话（5）[①]：
记者：这是现在大家有这个呼声，但是它还没有变成**一个法规**。
主持人：对作为**一个法规**的出台来说，是一个比较缓慢的过程，要兼顾各方面的利益，养犬人的，非养犬人的，还有养犬人和养犬人之间各种平衡吧。

对话（5）中带下划线的粗体表明，主持人和记者的话语有结构并置特征（**一个法规：一个法规**），这是说话人之间共同的注意力焦点。然而，记者更

① 本节中对话（5）（6）（7）均引自中国传媒大学媒体语言语料库。

关注一个法规的最终成型状态（**变成一个法规**），而主持人关注的则是一个法规的成型过程（**一个法规的出台**）。记者和主持人因而只达成了部分的观点共识，即仅把“一个法规”作为双方对话的基础，但对其却有不同的观察视角，表明说话人对话语意义的不同语用推理路径。

对话（6）：
记者：你准备了一些**什么样的专门的娱乐项目**吗？
航天员：我选的是一些**民乐**，一些**交响乐**，还有一些**喜剧方面的视频**。

在该对话中，记者用问句表达了需要获取“娱乐项目”的具体信息，航天员的话里带粗体的部分则是对“娱乐项目”的具体说明。对话过程中航天员配合记者的提问，并基于平行的结构（**我**：**你**；**准备**：**选**；**一些**：**一些**），结合自身的认知体验，提供了双方继续开展对话的基础。记者与航天员经过意义协商，达成了临时性的、完全的观点共识。

对话（7）：
主持人：最长的一天写了**多久**？
受访者：我**不知道**，搞艺术的，数学是最不及格的。

很明显，对话（7）中没有出现结构对称现象，即没有形成对话共振的结构基础。答话人在互动中“辩解”自己的“答非所问”，问话人没有获得期望的焦点信息（**多久**?），两个对话主体针对写的“量”没有达成完全或部分的观点共识。

3.5 ESI 模型的“对话”思想

语言的对话研究视角是言语行为理论的继承和发展，丰富了语用学的研究内容，同时也已逐渐成为认知语言学研究的新领域。对话构式的 ESI 识解模型从如下几个方面阐释了认知语言学研究（尤其是构式语法研究）中关于话语意义的“对话”思想。

3.5.1 互动协商和多模态介入观

话语的意义存现于对话场景构成要素的多重互动中，包括说话人、话语、物理环境等之间的相互作用。其中，说话人之间的互动旨在对意义进行“协商”。话语与话语之间的互动产生了语言结构的映射和共振效应，反映了说话人在意义“协商”过程中合作与否的对话态度。同时，对话中话语的理解不仅以话语结构、语词语义、交际的语境等为基础，还需要参照说话人在语言交际时的肢体动作、表情、语气、手势等特征，体现了话语理解的多模态要素介入和以人为导向（person-oriented）的话语意义建构特点。

3.5.2 动态范畴化[①]和层级性整合观

对话中的话语特征反映了交际双方对客观世界的范畴化和概念化结果。随着对话的进行，说话人可以强化或改变自身对客观世界的已有认识。对话的展开过程反映了人们对客观世界的认识、否定、再认识的动态范畴化过程。对话视角下的层级性整合观认为，交际中的词汇是形义配对体，词汇的组合可以产生超越词汇组合义的整合义。词汇在语音和概念层面的范畴整合可形成更大的语法单位，如短语、句子和语篇。话语意义的整合包括句法、语义和语用等层面。话语的结构和概念整合产生了除语词组合义之外的新创意义。

3.5.3 局部浮现与临时固化观

语言交际中，话语的理解受制于特定的说话人、时空和言语事件等交际要素构成的局部对话语境，话语的意义产生于该局部环境的各构成要素互动之中。话语的意义彰显了说话人的言语行为意图和对客观事件的观察视角，以及特定物理环境下话语的语词选用特征。话语的意义随着局部对话语境的改变可发生不同程度的变化。而在特定的对话情景下，意义的句法表征结构通过说话人的重复使用，成为仅在实时对话中存现的规约化结构，形成局部固化的语法模板。说话人之间为实现交际意图不断地达成临时概念协定。随着对话主题的转移或说话人实现了交际目的，局部规约化的语法构型被新的固化结构替代。

3.5.4 过程建构与选择性用法观

说话人通过对话对客观世界的编码与解码过程蕴含了对话情景中各要素之

---

① 关于动态范畴化的论述，可参见王天翼（2017）。

间的互动与整合特征，表明了话语意义的建构、解构与再建构过程，同时揭示了该过程中说话人认识客观世界所付出的认知努力。在该过程中，说话人通常选择先前使用过的（部分或全部）语言资源（如语词、句型等）以建构自己的话语，体现了说话人根据交际场景调配已有语言资源的能力。语言资源的选择性再用表明话语的意义不是由语法规则决定，而是以语言用法为基础并与话语结构出现的概率（probability）有关。

3.6 小结

本章结合认知语言学的体验哲学思想和后现代思潮下的对话哲学理论，通过整合认知语言学中的事件域认知模型和图式-例示认知原则，建构了“基于事件域的图式-例示模型（ESI 模型）”，用于分析对话构式的句法、语义和语用特征。同时本章介绍了对话构式的四个维度属性，并讨论了对话构式的 ESI 识解模型关于话语意义研究的“对话”思想。

4　对话构式语法框架下英语 WH-对话的认知特征

英语 WH-问答对话（简称 WH-对话）① 是英语语言中常见的对话现象。现有的关于 WH-对话研究存在诸多不足，主要表现为偏重 WH-词语②或 WH-问句研究，以及 WH-对话的形式化分析。本章基于认知语言学理论的构式本位观，把 WH-对话的语对结构视作 WH-对话构式，并以 ESI 模型为理论框架，结合当代美国英语语料库（COCA）中的 WH-问答语料，尝试阐释该类对话的运作原理③。

4.1　引言

4.1.1　WH-问答语对的对话构式特征

人类的语言离不开问答系统。传统语言观认为，说英语语言的民族所使用的问答系统主要包括一般疑问句、特殊疑问句、选择疑问句和反意疑问句引导的问答结构。本章的研究对象是英语口语中由一个特殊疑问句④和一个答语构成的问答系统，如对话（1）QA1⑤ 所示：

---

① 若无特别说明，本章中的 WH-对话特指现代英语中的一类对话现象，在本章中被简称为 WH-对话或 WH-语对。

② 本章中的 WH-词语特指位于 WH-问句句首的 WH-词语。

③ 本章主要内容与曾国才（2015c）的 研究相关。

④ 特殊疑问句在本章中用 WH-问句表示。部分例子中省略了问话人和答话人的姓名和身份，分别用 Question 和 Answer 表示。

⑤ 本章所列举的英语对话例子均来源于 COCA 中的口语语料库，并用 QA 表示，每一个小节单独编号。由于本章关注的焦点为 WH-问句及其紧邻答语形成的语对，因而省去 WH-问句前的话语，并用“...”表示。部分例子中省略了问话人和答话人的姓名和身份，分别用 Question 和 Answer 表示。

QA1：

Question：...**What**'s your favorite color?

Answer：**Purple**. ①

认知构式语法认为，构式是形式和意义（Goldberg，1995：4）或形式和功能（Goldberg，2006：3）的配对体。构式是象征单位，它包含形式、语义和语用等方面的信息（Croft et al.，2004：257－258）。就一个WH-语对而言，它在句法上通常由一个WH-问句和一个答语构成，用于交际中对未知的事体特征进行提问，具有探索未知信息和求证已知信息的功能。由于英语口语中的WH-语对具有形式和意义或形式和功能的配对特性，因而表征了交际中的WH-对话构式。

本章研究的WH-对话构式特指由问话人表达的一个WH-疑问句和答话人表达的一个答语构成的对话，其中问话人和答话人为非同一认知主体。因此，本章中的WH-语对不包括下列情形：自问自答，WH-问句为间接引语中的特殊疑问句，WH-问句由多个WH-词语引导，WH-问句与YES－NO问句共现，WH-问句中有助词否定缩合形式，WH-问句仅有WH-词语，WH-问句由WH-词语＋noun引导（whose＋noun除外）等。在该类构式中，WH-问句表征了一个事件域，并具有原型结构：

WH-词语	+	疑问助词	+	其余语词？
（WH-word	+	auxiliary	+	remainder？）

其中，WH-词语代表问句事件的焦点信息②，疑问助词和其余语词则表征事件的框架信息③，而答语的典型功能在于提供问句事件中疑问焦点的具体信息。

4.1.2 WH-对话构式的研究理据

体验哲学的基本观点认为，人类的心智具有体验性、认知具有无意识性和

① 问答之间的粗体表示义域对应（semantic correspondence）。

② WH-词语编码了事件焦点，也即对话焦点或疑问焦点。

③ Du Bois等（2014：428）把WH-问句中的非WH-词语部分界定为问句的框架结构（frame），本章沿用这一分析方法。

思维具有隐喻性（Lakoff et al.，1999：3）。语言知识源于语言的使用（Croft et al.，2004：1）。语言的产生有人的认知参与，语言间接拟构了客观世界的结构。基于认知语言学的体认观，WH-对话构式的句法结构和具体使用必然反映了说话人对客观世界的识解方式。要保证达意的成功，言语行为的基础就必须遵守语言规则，符合人的认知机制（刘利民，2014：73－74）。为此，本章以对话构式的ESI模型为分析框架，以分析源自COCA语料库中WH-对话构式的结构和用法特征，从而阐释WH-对话言语行为背后的认知理据。

4.1.3 WH-对话构式的研究背景

英语WH-语对广泛用于日常交流、政治与经济协商等领域，其功能在于探索未知信息或验证已知信息。本章的研究背景主要体现在以下五个方面：

第一，语言的认知研究范式主张语言分析要揭示语言背后人的认知机制，强调话语意义的体认观。认知语言学的“现实－认知－语言”分析总原则（王寅，2007：2，2013b：18，2014c：62）表明，语言的结构体现了人类对客观世界的体验和识解方式；语言的产生、使用是人与客观世界互动的结果。

第二，语言的意义存在于对话之中；话语的理解需要对话的介入（dialogic engagement）。在当前认知语言学研究“对话转向”背景下，对话的认知分析是认知语言学领域的前沿课题。

第三，后现代哲学思潮下对话理论对主体间性的思辨离不开考察话语的对话性特征，即分析语言交际中话语与话语之间的联系。

第四，已有的对话研究更多关注陈述性话语，而鲜见对话构式语法理论框架下的WH-语对认知研究。

第五，尽管语言学界中的某些理论流派曾关注过WH-语对现象，但已有相关研究主要对该类现象进行形式化分析，并偏重WH-词语和WH-问句的单独研究，而少有以WH-语对为一个构式单位进行认知分析，因而现有的研究成果未能从认知和功能视角有效解释WH-对话构式的形成和用法理据。

4.1.4 小结

本节概述了对话构式语法框架下WH-问答语对的对话构式特征，以及该类对话构式的研究理据和研究背景。接下来，笔者将介绍WH-问答语对的历时和共时研究成果，继而基于ESI模型分析WH-对话构式的运作原理。

4.2 WH-问答对话的研究现状

自古英语时期起，英语中就有表征问询或求证信息等交际功能的词语，这类词可被通称为 WH-词语。英语在线词源字典（http://www.etymonline.com/）显示，现代英语中疑问词 what，which，who，whom，where，when，why，how，whose 的古英语形式分别为 *hwæt*，*hwilc*，*hwa*，*hwam*，*hwær*，*hwænne*，*hwi*，*hu*，*hwæs*。WH-词语的在线词源知识表明，约在公元 1300 年，what，why，whom 开始代替古英语形式被使用，而疑问词 how，when，where 的使用则可分别追溯到公元 1848、1889、1903 年。

对 WH-问答对话的描写和解释是语言学研究的重要内容。有关英语 WH-问答对话的研究主要体现在三个方面：

（1）WH-词语的研究；
（2）WH-问句的研究；
（3）WH-问答语对的研究。

其研究视角包括结构主义语言学、形式语言学、功能语言学和认知语言学，其研究结论增进了人类对 WH-问答现象的认识，但仍存在诸多不足。

4.2.1 结构主义语言学视角

结构主义语言学视语言为一个封闭的结构系统，主张语言的共时研究，即分析语言结构中语词之间的静态关系。结构主义语言学家主要研究了 WH-词语在单个句子中的独立语法成分及其作用。如 Thomson & Martinet（1986：71－78）区分疑问代词 who，whom，what，which，whose，疑问形容词 what，which，whose，以及疑问副词 why，when，where，how，并分别介绍了该类词语的用法，其中 what，which，whose 可以做主语或宾语，whom 做宾语。疑问副词 why 表示原因，when 表示时间，where 表示地点，how 则主要表示行为方式。

基于结构主义视角，语句的意义源于语词之间的横组合和纵聚合关系。因而，可通过句型转换和语词替换习得 WH-词语引导的疑问句式。该类问句通常由陈述句转换而来，并用 WH-词语表示句中需要设问的结构成分。疑问句中疑问词的句首位置和疑问助词[①]的使用改变了原来陈述句中语词之间的横向组配关系。根据索绪尔的观点（1999：161－162），在同一种语言内部，所有表达相邻近的观念的词都互相限制。因此，任何要素的价值都是围绕着它的要素决定的。对 WH-问句而言，疑问词表达的意义要受到其他词语的横组合关系制约。而针对同一陈述句，用不同的 WH-词语可以形成不同的问句，表示对不同内容进行设问，体现了 WH-词语之间的纵聚合关系。如陈述句 John is standing in front of the tree. 可转换为以下不同的 WH-问句：

（1）Who is standing in front of the tree?
（2）Where is John standing?
（3）What is John doing?

问句（1）（2）（3）中的疑问词 who，where 和 what 分别针对人物、地点和行为特征进行设问，且问句中的非 WH-词语和疑问助词结构限定了它们的具体语义范围。

结构主义语言学着重关注 WH-问句的语言结构分析，且排除社会、文化等因素在交际中对话语意义的影响，因而未能有效解释该类问句及其答语的配对机制。

4.2.2 形式语言学视角

4.2.2.1 转换生成学派的 WH-移位观

以乔姆斯基为代表的转换生成语言学派（Transformational-Generative Grammar，简称 TG）主张语言心智内在论，倡导语言天赋观、自治观、模块观、形式观和普遍观（王寅，2007：276－279）。该学派基于普遍语法研究理想人的语言生成和转换规则，分析了 WH-问句的句法生成机制（Chomsky，1957，1965，2013；Hu，2002）。

根据 TG 的观点，WH-问句的形成是 WH-词语基于语句的疑问特征核查需要（feature check），在语言结构中发生了从右到左的移位（WH-movement，即 WH-移位），直至句首位置的结果。现以例（4）至例（9）的句法结构特征简要概括转换生成学派的 WH-移位观。

① WH-问句中的疑问助词主要有 do，be，have，modal verb 四类。

（4）Peter bought a new car.

（5）What did Peter buy?

例（4）的语义特征表明，bought 的施事是 Peter，而受事是 a new car。在例（5）中，buy 的受事却移到了句首。从 TG 学派中 X-bar 理论的树形图（见图 4.1）可以看出例（5）的深层结构是“Peter bought what.”（如图 4.2 所示）。

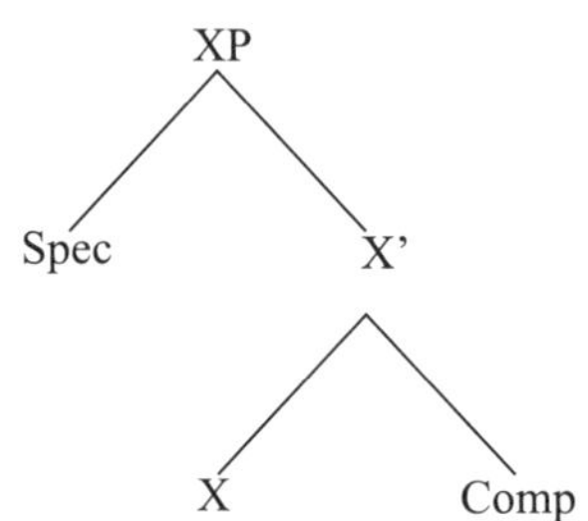

图 4.1　TG 的 X-bar 词汇投射树形图

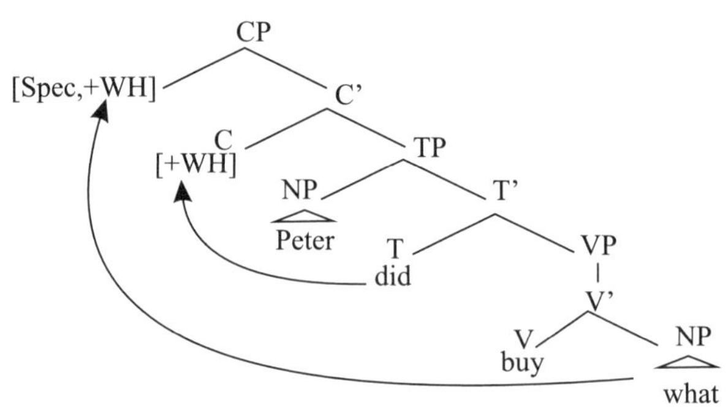

图 4.2：例（5）的生成过程

图 4.2 表明，例（5）中的 WH-词语移到了 CP 结构（complementizer phrase = clause，标句词短语）的空指示语位置，其动因在于 CP 的疑问功能使节点下的中心语 C 有疑问特征［+WH］，这一特征要求句中 T 节点下的助动词、时态标记产生中心语移位，即图 4.2 中 T 从 TP（tense phrase）的中心语位置移到 CP 的中心语位置，以体现语句的疑问特征。CP 的中心语疑问特征需要 CP 的指示语位置［Spec，CP］同样具有疑问特征［+WH］。根据 TG 的观点，WH-词语本身具有疑问特征［+WH］（温宾利，2002：227）。另外，WH-词语的疑问特征［+WH］与疑问分句 CP 的中心语 C 的疑问特征［+WH］进行核对需要在“指示语—中心语特征一致关系”中进行（ibid.：232）。同时，由于疑问分句 CP 中指示语［Spec，CP］是空置的，为了满足 CP 中心语与

CP 指示语特征一致需要和疑问特征核查，WH-词语移到了 CP 的指示语［Spec，CP］位置，从而形成例（5）WH-问句。因此，结合图 4.2，TG 理论中的 WH-问句的成因可描述为：WH-词语移至 XP 的指示语位置［Spec］以便核查中心语 X 处的［+WH］特征。

转换生成语法还解释了跨分句 WH-移位形成 WH-问句的岛屿限制现象（island constraint），即语句中的 WH-词语并非可任意地无距离限制地移动而形成 WH-问句，如下面的例（6）和例（7）是合法的（well-formed）WH-问句，而例（8）和例（9）则不合法（ill-formed）（由 * 表示）：

（6）［What*1* did［Peter tell her that［he had found *t1* ］］］①

（7）［What*1* did ［Peter claim ［that ［he ate *t1* yesterday］］］］

*（8）[What1 did [Peter tell her [where*2* [he had found *t1 t2*]]]]

*（9）[What did [IP Peter make [NP the claim [that [IP he ate *t1* yesterday]]]]]

第二次非法越过NP和IP节点　第一次越过1个IP节点

例（6）至例（9）共同表明了 WH-词语在跨分句中的移位限制条件。其中例（8）不合法的原因是疑问词 where 阻碍了 what 的移位。Where 引领的结构被称作移位岛（island of movement）。而例（9）不合法是由于 claim 作为名词与其后的分句共同构成一个复杂的名词短语。复杂名词短语也形成了一个移位岛，从而限制 WH-词语移出，该类限制被称为复杂 NP 岛移位限制。

TG 中的界限理论可用于解释 WH-移位的岛屿限制。界限理论认为WH-移位过程中每次移位不能超过一个以上的 NP（名词短语）和 IP②（inflectional phrase）节点。WH-移位是循序渐进的，如果一个分句（CP）的指示语（spec）是空的，即可发生 WH-词语移位。例（6）和例（7）中的疑问词逐步顺利移到了句首，形成合格的句子。由于（8）中疑问词 where 占据了分句 CP 的指示语位置，所以 what 不能发生移动。在（9）句中，疑问词 what 分别越过了 IP → NP → IP 进行移位，违反了节点限制原则，因而不合法。

---

① 例子中的 *t* 表示 WH-词语移位留下的语迹，数字 *1* 或 *2* 表示移位前后的位置对应。

② IP 标示有时态特征的结构（TP）。

TG 学派基于句法自治观解释了 WH-词语为什么要移位以及移位的规则和限制。不可否认，TG 学派为 WH-问句的研究做出了重要贡献。但是，TG 学派的不足在于 WH-问句的纯形式化句法分析完全排除人在语言表达中的认知活动，忽视该类疑问句式形成中人与客观世界的互动体验。乔姆斯基于 2014 年 3 月 18 日给笔者的回邮中坦诚表示：

> The general principle is that the wh- word must move to a position that is marked by the complementizer as an interrogative phrase. It's not completely obvious why.（WH-词语必须移到句中标示为疑问词语的位置，但移位原因不完全明确。）

转换生成语法学派处于第一代认知科学背景①，在语言研究中仅考虑人的理想话语状态，没有考虑现实社会中人在交往时 WH-问句的实际用法和人的主观认知规律。而基于使用的语言习得观则认为不存在什么先天的语言习得机制，习得语言与学习其他知识和技能一样，借助人类的一般认知能力（来完成）（王初明，2011：1）。句法结构是认知主体在体验基础上进行主客互动和认知加工的结果，因此，句法现象绝非自治或任意，对其规则和内在成因的解释必须通过人与现实的互动体验、心智思维和认知方式来获得（郭霞等，2010：41）。

4.2.2.2　形式语义学的 WH-语对符号运算观

（1）蒙塔古语法视角。

蒙塔古语法（Montague Grammar）采用逻辑语言的模型理论分析语义，把自然语言表达式转换为集合或功能的表达。该语义模型超越了对现实的描写，因为自然语言不仅可用于言说过去、现在或将来，而且还可表达可能的情形、想象的情形或根本不可能的情形。蒙塔古语法认为，每一个句法规则都有一条语义规则来解释意义是如何获得的，其方法主要是对自然语言中陈述句的分析，但是后来 Hamblin（1973）和 Karttunen（1977）将该语法理论用于研究英语中的疑问句，认为疑问句是伪装的句子，如 YES－NO 问题可以转换成

---

① Lakoff 等（1999）将认知科学分为两代：第一代认知科学起源于 20 世纪 50 年代，以传统的英美分析哲学和先验哲学为基础。第二代认知科学起源于 20 世纪 70 年代，对第一代认知科学进行了尖锐的批判，积极倡导体验哲学（王寅，2001：7）；TG 学派属于第一代认知科学（王寅，2007：16）。

"I ask him whether..." 的句式，且疑问句的意义也是建立在一组命题基础上的。从语用学角度出发，Hamblin（1973）认为，一个问题在可以作为答语的一组命题之间确立了一个选择环境。疑问词是一个符号变量 X，答语是一个命题集合。满足疑问句设定条件的命题就是一个问题的答语。如：

（10）What dog walks with Mary?

该问句中，what dog 被视为是一个疑问专有名称（interrogative proper name），指一个关于"狗"的集合。此问句表示 X walks with Mary 且 X 是一条狗的名字。答语也有相应描写，X walks with Mary 并且 X 是狗。然而，在自然语言中 What dog 可以是一种隐喻表达，"What dog walks with Mary?"的答语不能依靠集合论做出回答。此种情况下，确定答语的语义需要分析说话人的认知状态和交际场景特征。

因此，尽管蒙塔古语法基于符号表征和运算描写了 WH-语对的运作特征，但未能对其运作的语境等要素进行穷尽描写，因此不能合理解释该类语对要表达的交际意义。

（2）中心语驱动的短语结构语法视角。

Ginzburg & Sag（2000）以中心语驱动的短语结构语法（Head-driven Phrase Structure Grammar，简称 HPSG）为基础，结合情景理论（Situation Theory）和构式语法（Construction Grammar）的观点，提出基于约束的语法理论（Constraint-based Grammar，简称 CBG），以重新审视 TG 学派的 WH-词语移位观。该理论主张以 HPSG 的形式化分析为方法，着重研究语法结构的类型、类型层级和类型限制，其基本思想为：语法是由相互关联的各种约束条件组成，语法模型结构要满足这些约束限制。它们是对模型结构的逻辑陈述，每一个陈述都关联着声音、句法信息和意义。

CBG 理论坚持用简单的约束满足原则（simple constraint satisfaction）来分析语词、短语或句子的句法和语义属性，用约束条件取代移位规则，用特征矩阵图替换 TG 的句法短语树形图，如图 4.3：

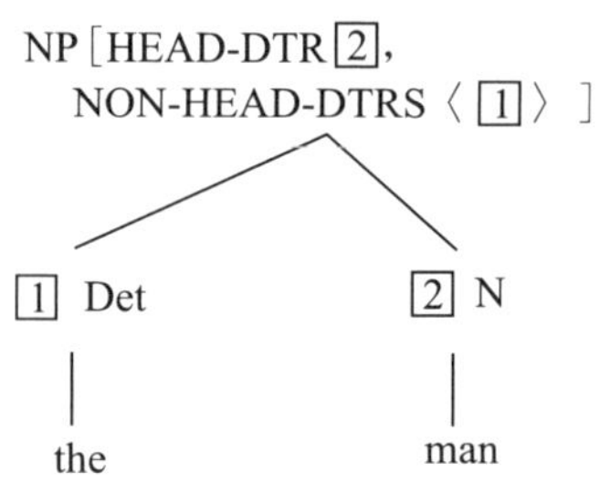

图 4.3　CBG 采用的特征矩阵图

图 4.3 表明一个名词短语包含中心语直接成分结构（HEAD - DTR）和非中心语直接成分结构（NON-HEAD - DTRS）。在短语 the man 的结构中，man 对应前者，而 the 对应后者。

CBG 基于 HPSG 理论的语言结构形式化分析图，对 WH-词语进行了特征值描写，包含语音、句法范畴、语义内容和使用语境等，如图 4.4 所示（以疑问词 Who 为例）：

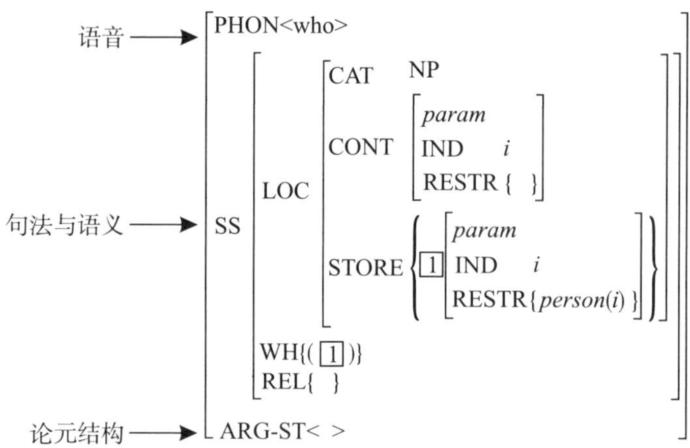

图 4.4　CBG 理论框架下疑问词 who 的特征矩阵

（Ginzburg & Sag，2000：185）

图 4.4 表明了疑问词 who 在 WH-问句中的用法特征。其中 PHON（phonology）表示语音信息，SS（synsem）是句法语义信息，LOC（local）是词汇的局部句法语义信息，为词汇的核心属性。CAT（category）是词汇的形态句法范畴，NP（表征名词性）是核心句法信息，CONT（content）是词汇的语义特征，param 是语义参数，IND（index）指 who 表示了一个代号为 i 的情景或事件，RESTR 表示事件形成的限制条件，who 表示人（person）。1 是特

指值的标签，标示特征值的匹配关系。WH {(1)} 表示 who 引导一个问句的用法，也即非关系代词的用法 REL { }。符号 < >、{ } 是特征值的集合。图 4.4 表明，who 的 REL { } 和 AGR – ST（argument structure）{ } 是空集。

同时，Ginzburg & Sag 认为 WH-词语有两个本质特征：

①激活抽象概念；
②引入论元角色限制。

如：who 指人，what 指非生命物体。根据 Ginzburg & Sag 的观点 WH-问句的命题是开放的，具有抽象性；一个问题是等待潜在答语的命题，答语是对抽象命题的限定。

CBG 理论还提出问句和答语的语义限制描写。如：

（11） Who knew Brown?

其答语必须受语义［HUMAN］的限制。再如疑问句：

（12） Which foreign students were rejected by the university?

此问句限制了答语的选择范围，即答语的所在范围必然是大学的学生申请名单数据库。

CBG 认为，WH-词语引导的句子主要包括 WH-问句，WH-关系从句，WH 感叹句三类句式，它们属于主题化句类（topicalized clauses），并形成了一个构式家族。WH-问句可用特征矩阵进行语义形式化描写，如疑问句：

（13） Who left?

其语义特征如图 4.5 所示。该图表征了 Who left? 的语义内容。首先，Who left? 是一个疑问句，它有一个事件参数和对“人”的限制参数，且两者之间的特征值是匹配的。其次，Who left? 的命题是一个情景（SIT）中的话语“s”，其事态（SOA）特征中可变化的量词是空集，事态的语义核心（NUCL）表示一种关系（rel）：leave – rel，以及该关系的执行者：LEAVER，而

LEAVER 的特征值和参数的特征值是匹配的，均由 1 表示。

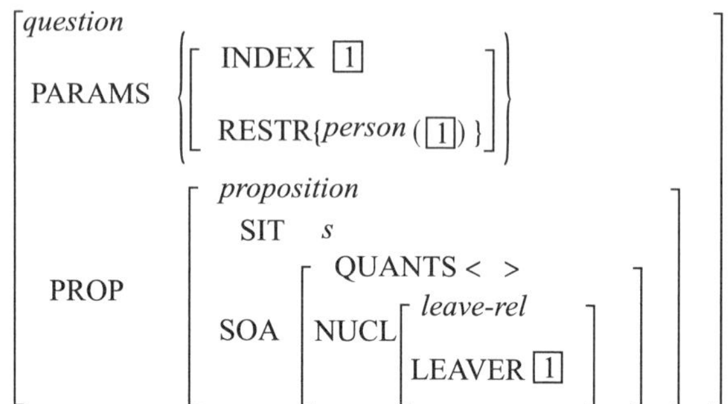

图 4.5　CBG 理论框架下 Who left？的语义分析

针对 WH-问句，Ginzburg & Sag 划分了三类答语：

①简略回答（short answers）。该类回答表明，问题有明确的答语，且答语的语义类型与 WH-短语语义类型一致（如 who：有生命的名词短语 NP，when：时间短语 NP），如 QA1 的答语所示：

QA1：

Question：When did Bo Leave?

Answer：Yesterday.

QA1 表明，答语与疑问词 when 的语义类型一致。

②穷尽性答语（exhaustivity）。该类答语表明，关于某个问题的回答是不确定的，如 QA2 的答语所示：

QA2：

Question：Who will help the President?

Answer：Few People that the two of us know.

在 QA2 中，答语没有明确疑问词 who 的具体所指。

③相关性答语（aboutness）。该类答语表明，针对某一个问题的答语具有不确定性，它只表明与问题有关联。此类答语没有解答问题的疑点，只是对问题的回应，如 QA3 所示：

QA3：

Question：When is the train leaving?

Answer：Why do you ask?

根据 CBG 的观点，QA3 的答语没有明确疑问词 when 的具体所指，而只是回应了问话人的提问。

Ginzburg & Sag（2000）用大量篇幅阐释了 CBG 的理论观点，而对 WH-问句及其答语的句法语义分析仅限零星举例，因而相关分析不够详尽。虽然 CBG 尝试结合语境理论和构式理论分析语法结构的语义和语用特征，以突破 TG 以句法为主的研究局限，但仍然属于 TG 阵营。HPSG 作为 CBG 理论的核心构成部分本身受词汇主义的影响，融入了转换生成语言学的管辖和约束概念（范子衿等，2013：41）。因此，基于 CBG 理论的 WH-语对研究仍然未能揭示语言在具体使用中人的认知作用和认知差异性。

4.2.2.3　计算语言学的人工智能问答研究

人工智能问答系统是语言学中问答系统研究的具体应用，有较强的实用性。计算语言学基于形式语言学对问答系统的数理和逻辑描写，设计计算机可执行的程序，让计算机模拟人的思维运作过程，旨在实现图灵测试（Turing test）的构想。该类研究主要通过英语自然语言的分析处理和数理建模，力求使计算机识别和模拟现实生活中真实使用的 WH-语对，包括车票预订、旅游咨询、商品交易、新闻采访等场景中的问答对话，从而实现人机互动。人工问答系统包含计算机对问题类型的理解、问题焦点的识别、信息检索和答语提取等方面。衡量问答系统效率的标准包括答语的精确度、答语提取所需时间、答语的全面性及答语有效度（王树西，2005）。

Lehnert（1977）研究了理解故事的问答系统，其中问题有五类：

①WHY 问题；

②HOW 问题；

③YES - NO 问题；

④OCCURRENCE 问题（如 What happed when...?）；

⑤CONPONENT 问题（如 What hurt John?）。

Lehnert 认为，对问题的理解是建立在问题出现的语境和百科知识等基础之上的。另外，在口语中，问题的焦点可由重音表示。

Moldvan 等（2000）研究了开放域 WH-问答系统的结构和运作过程，指出问答系统包括问题处理模块、短文索引模块和回答处理模块。对问题的类型分析可以推导出答语的类型、问题的焦点和问题的关键词。然后，根据信息提取的搜索引擎进行文本海量收集和信息过滤，再将质量评估结果进行排队，最后进行答语语法分析、答语确认、答语提取和答语修正。

Moldvan 等（2000）认为高效的问答系统需要自然语言处理技术和信息检索技术的结合。最简单的 WH-问答系统是具有词典索引特征的问答系统，最复杂的是包含百科知识库的问答系统。

Burger 等（2001）指出 WH-问答系统的研究方向包括：

①问题的分类；
②问题的理解；
③歧义消解；
④问答形式的改写（reformulations）；
⑤问答系统的语境和数据资源；
⑥实时互动的问答系统；
⑦WH-问答系统的高级推理过程和用户分析。

而 Voorhees（2002）重点研究了 WH-问句表征的问题类别和计算机对问题的理解、数据库建设和答案的精确提取。

Lin 等（2003）则认为对问答系统最自然的表征方式是“焦点 + 语境（focus plus context）”。语境研究应包括：

①时空语境；
②范畴标记；
③高度关联的句子。

作者设计了四种问题与答语的界面：

①精确的答语；
②句子中的答语；
③段落中的答语；
④语篇文档中的答语。

在国内，毛先领（2012）认为 WH-问答对话的人工智能系统研究主要有两个发展阶段：一是基于常问问题（frequently asked question，简称 FAQ）列表的问答系统研究阶段，二是基于社区问答（community-based question and answering system，简称 CQA）的问答系统研究阶段。而 CQA 作为一个客观对象，必然有其运作和发展规律，如果能挖掘出隐藏在它背后的运作规律，对于深刻理解和研究 CQA 都具有非常重要的意义。

然而，现有的计算语言学人工智能问答研究偏重理论建模。此外，由于真实 WH-对话表达的交际意义与对话环境、说话人的态度等多种因素关联，当前的人工智能问答研究未能实现对真实 WH-语对运作的全真模型。

4.2.3 功能语言学视角

4.2.3.1 社会语言学视角下的 WH-问答话轮观

话轮（turn-taking）是会话组织的基本形式（Sacks et al.，1974：700）。基于社会语言学视角，WH-语对被处理为一类独特的话轮结构。Schegloff 等（1973：295 - 296）认为，问答（question - answer）形式是一类邻近语对（adjacent pair）；邻近语对指成对的话语形式（utterance pair），并有如下结构特征：

①由两个话语组成；
②两个话语位置相邻；
③每一个话语的说话人不同；
④两个话语有先后顺序（如语对中第一部分在第二部分之前）；
⑤语对中第一个话语的类型关联着第二个话语类型的选择。

Fasold（1990：109 - 110）把 WH-语对视为话轮体系中一种独特的邻近语对，认为说话人为听话人提供了一个“槽位”（slot）并需要语义填充。

基于社会语言学视角，Santhosh 等（2012）也指出要重视通过语篇分析去改进问答系统的答语提取质量，并认为语篇结构包括物理结构和逻辑结构，且具有层级性特征。在社会交际语境中，最基础的话语语篇单位可整合形成更大的语篇单位。

Santhosh 等（2012）则着重分析了话轮中 Why 引导的问答语对语篇结构，其分析步骤为：

①确定问题的主题；
②确定表达了同样问题主题的文本范围；
③确定回答与问题的核心关系类型（原因、目的，或给出证据等）；
④如果第③步被确定，给出与被选择关系类型相关的特征作为答语；如果第③步没有被确定，就进入第⑤步；
⑤放弃当前文本搜索范围，重启第①步。

社会语言学视野下的 WH-语对研究关注话轮中说话人的性别、态度以及社会地位等因素与话语意义的关系，并分析话轮中对话文本的语篇结构及其功能，包括话轮转换时的语篇标记、话语的信息传递功能。然而，此类 WH-语对研究未深入分析问答交际中说话人的认知规律。

4.2.3.2 系统功能语言学视角下的 WH-问句主位-述位观

系统功能语法（Systemic Functional Grammar）关注意义与语境的联系，探讨语言表达式的语篇功能，并把语言视作一个意义的选择系统，分析语言结构在社会文化背景中的意义潜势。该学派把句子作为分析单位，并划分出句子的主位（theme）和述位（rheme）结构。

WH-问句的系统功能观区分了语篇中 WH-问句的主位和述位特征，并认为 WH-词语具有主位功能（Halliday，1994：45-46），表征问话人搜寻交际中的缺损信息，即句中的 WH-成分是需要信息增补的成分。在 WH-问句中，WH-成分都被置于句首位置，而不管 WH-成分在小句语气结构中的其他功能，如作主语、附加语或补语。WH-问句的非 WH-词语部分则扮演了句中的述位角色。

系统功能语言学的 WH-词语主位观仅关注问句单句中 WH-语词的语篇交际功能，而未分析说话人在使用该类问句时 WH-词语被置于句首的认知突显特征，也未能分析答语与 WH-词语之间的认知关联。

4.2.3.3 人际交往功能视角下的 WH-问句形式和功能观

De Ruiter（2012）以论文集的形式展示了近年来在人际交往功能视角下的 WH-问句研究成果。他认为，对于“问题（question）”的定义，语言学的门外汉或认知领域的科学家都有很好的见解，但是习以为常的问答现象并非如此简单。他同时强调，有时“问题”的形式和功能是不一致的，而传统对“问题”的定义模式强调“问题”的疑问属性，和语言使用者期盼与他人分享特定信息的交际场合。De Ruiter 指出，传统的定义模式不能回答这样的问题：

“说话人如何知道听话人拥有自己想要知道的信息？”

“说话人能够期望听话人的回答符合自己的请求吗？”

“如果是，需要考虑哪些社会因素？”

“问此问题会让问话人显得愚蠢吗？”

“问话人获得了答案后，应该补偿听话人什么？”

“问话人选择什么样的语言形式表述问题？是用陈述句加上升调吗？或主谓倒装吗？”

“问话人的问题是提供备选答案还是开放式问题？”

“问话人通过什么条件能确保答话人的回答满足自己的期待？”

问题的功能是多方面的。因此，De Ruiter 主张除了从句法、语义或语调方面来定义“问题”，还可从功能角度给“问题”下定义。我们需要考虑说话人的眼神、面部表情、肢体语言等非语言信号的疑问用法。该论文集的第一部分分析了形式和功能的交互作用，第二部分分析了问题的结构和韵律，即从语音的结构分析了问题的语法结构、认知特征和疑问属性。本书的第三和最后一部分讨论了问题与“立场”的关系，分析了问题与提问行为的人际特征。本部分的研究表明，提问的疑问功能与社会中人际交往功能密切相关，如确立共识、认识领域之间的协商。

然而，基于人际交往视角下的 WH-问句形式和功能研究较多关注 WH-语对中的“问题”，而少有把 WH-问答对话作为一个对象展开认知分析。

4.2.4 认知语言学视角

4.2.4.1 构式语法视野下的 WH-问句构式特征

Kay 等（1999：2－3）认为构式是语言形式与内容之间的一种规约化联系，它是形义配对体。Kay 等（1999）重点分析了 What's X doing Y？习语构式（简称 WXDY 构式）在句法、语义和语用等方面的特征。WXDY 既体现了 What 疑问句的句法和语义特征，又有其特有的语用特点。Kay 等采用 HPSG（中心语驱动的短语结构语法）的构式特征矩阵描写方法，详细分析了该构式中 what，be，X，doing，Y 的句法、语义和配价特征。如图 4.6 所示：

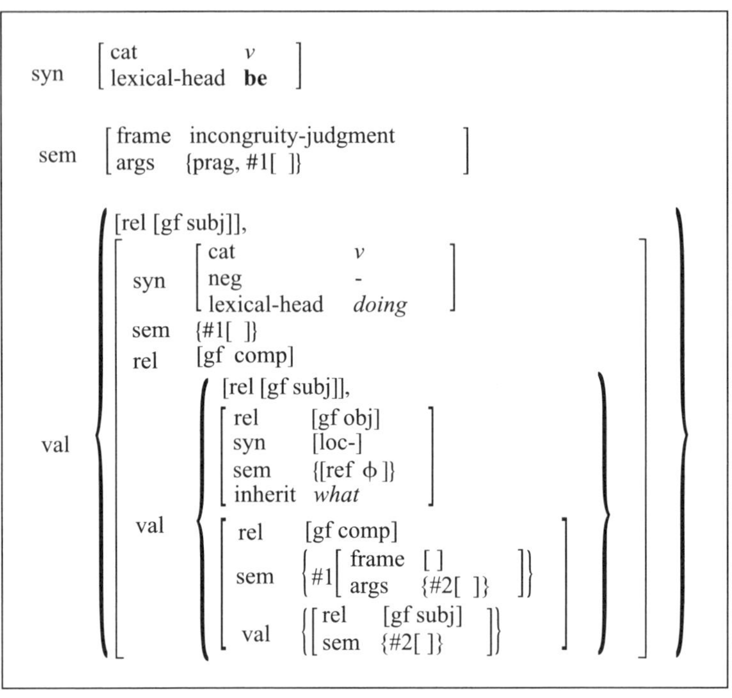

图 4.6 What's X doing Y 习语构式框盒图（Kay et al.，1999：20）

图 4.6 构式框盒图表明 be 是第一层级的词汇核心，属于动词范畴，为系动词。该构式的语用特征与常规的 WH-问句用法有“不一致”的判断，表明该构式要在特定语境中进行识解。第一个大括号标明 X（由［rel［gf subj］］表示）在该构式中的语法功能是作主语［gf subj］。X 在图中共出现三次，表明 X 与 doing Y，what 和 Y（表示场景，由｛＃1［ ］｝表示）有配价关系。X 既是 what 的主语，也是 Y 的逻辑主语。doing 是次层级 doing Y 的核心动词，没有否定形式［neg-］。what 和 Y 与 doing 密切相关，一起出现在一个次大括号框盒中，其中 what 没有指称［ref ϕ］，位置不能移动［loc-］，其语法功能是 doing 的宾语［gf obj］，而 Y 是 doing 的补语［gf comp］，标号#1［ ］同时表示 doing Y 的语义和整句的语用场景 Y 具有对应性。标号#2［ ］表示 X 是 Y 的逻辑主语，且 X 与 Y 的题元有融合关系（王寅，2011a：502－503）。

此外，王寅（2011a：491－500）按照该构式的句法顺序，用构式程序分析法逐点解释该构式的各部分特征。构式语法视野下的 WH-习语构式（WXDY）传承了特殊疑问句构式、主谓一致构式、主谓部分倒装构式、进行体构式的句法、语义和语用特征，从而表示命题中蕴含“不合适”“不恰当”“不合理”的意义。

Kay 等（1999）主张的构式特征矩阵分析法强调 WH-问句的形式化分析，而未能把 WH-问句及其答语结合起来分析其句法、语义和语用认知特征。

4.2.4.2 认知构式语法视野下的 WH-问句边缘构式观

认知构式语法（CCxG）主张以论元结构为基础进行构式研究，倡导“所见即所得”的语言使用观（Goldberg，2006：10）。Goldberg（2006：181）认为主谓倒装构式（subject-auxiliary inversion，简称 SAI）是非典型的构式。根据她的观点，含有主谓倒装的 WH-问句构式则为非典型的构式（ibid.：177）。Goldberg 尝试用构式的信息结构特征解释 WH-问句构式的岛屿限制现象。

CCxG 认为特定的句法表征受特定的功能驱动，并提出所有背景化构式是岛屿限制的观点（backgrounded constructions are islands，简称 BCI）（ibid.：135）。Goldberg（2006：181）以英语双宾构式为例，分析了 WH-问句形成的岛屿限制。她认为，间接宾语多为背景化信息，即已知信息，它不在话题的焦点域。因此，间接宾语处于语言结构中的孤岛限制，而对于孤岛内的成分不能直接用 WH-词语设问，即 WH-问句中被设问的对象不大可能是双宾构式的间接宾语。

Goldberg 基于 BCI 规律的预测力仅解释了部分 WH-问句构式中的设问限制，并未以 WH-问句范畴为研究对象做深入认知分析，更没有明确指出交际中 WH-语对现象的对话构式特征。

4.2.4.3 认知语法视野下的 WH-问句认知特征

第二代认知科学和后现代视野下的认知语言学强调语言研究要以意义为中心。认知语言学视野下的认知语法理论（Langacker，1987；1991；2008；2009）认为，意义即概念化；意义等于识解的内容加识解方式。认知语法认为，语法是语言规约单位有组织的清单；语言表达式是由语音单位和语义单位整合而成的象征单位；语法构式是象征集合体。语法的本质具有象征性（Langacker，2008：5）。

根据认知语法的观点，WH-问句中的 WH-词语具有指示特征（deictic character），它预设了一个语义选择范围并且通过侧显指向其中一个选项（Langacker，1991：505－506）。Langacker（2001b）继而用认知参照点理论分析了 WH-问句中 WH-词语的认知参照功能。他指出，语言交际中的说话人通过 WH-词语指向了一个认知目标（target），即一个命题（proposition），并区分了话语中 WH-词语可作为关系代词和疑问词的语义特征。WH-词语的疑问用法是强指称，而其关系词用法是弱指称。

Langacker（1991：241－243；2009：235）在认知语法框架下也分析了疑问句与否定句中助词的图式结构，并认为英语中的助词揭示了话语概念化的事件与实时交际场景的时间关系，预示了事件发生的可能性。基于认知语法理论框架，Langacker（2009：252）指出了英语句子的核心句型结构，即英语句型存在一个核心结构：

[定位词 + 存在动词 + 其他要素]
(Anchor + Existential verb + Remainder)

英语的核心句型结构可用图 4.7 表示：

Existential Core		
Anchor	$V_{\exists}$	Remainder
They	did	
He	can't	
It	will	not
She	is	never
We	weren't	ever
She	has	seldom

图 4.7　英语的核心句型结构（$V_{\exists}$ = Existential verb）

按照 Langacker 的观点，英语句子的句首词之所以有不同，只是选择不同语义定位词（anchor）的结果。Langacker（2012）依据构式压制观分析了 WH-问句的句法成因（Langacker，2009：255－258）。据其思路，WH-问句是英语核心句型结构的具体例示，且 WH-语词作为语篇交际功能被置于句首位置，而句法层面的语法主语因为受语篇定位词（anchor）的功能压制只能出现在核心句式的 Remainder 位置。定位词（anchor）和存在动词（existential verb）的语序排列是句法功能受压制让位于交际功能的结果。因此，WH-问句具有如下结构框架：

[Anchor（WH-word）+ Existential verb + Remainder ?]

如图 4.8 所示：

Existential Core		
Anchor	$V_\exists$	Remainder
Who	is	he?
What	can	you do?

图 4.8　WH-问句构式的句法结构

然而，Langacker 仅单独讨论了英语中 WH-语词和助词在语句中的概念特征，而没有分析 WH-语词与助词在 WH-疑问句式中的共现关系。另外，WH-问句的认知语法分析并没有考虑 WH-问句与其答语的关系，因而未有分析 WH-问句的对话性特征。Langacker（2008：475）在分析英语中句子的语篇结构时还特别指出，认知语法在分析疑问句时主要以 Yes－No 疑问句为分析对象，而含疑问词（who，what，where，when）的 WH-问句有待深入研究。因此，基于认知语法视野下的英语 WH-问句分析方案仍存不足之处。

4.2.4.4　对话句法视野下的 WH-语对特征

Du Bois（2003，2007，2013）关注语篇中的语法结构，并从认知和功能角度提出"对话句法"理论。对话句法（Du Bois，2014：359）特指语言交际中的一个话语紧跟着另一个话语，话语间的结构部分相同，形成平行结构，从而产生语对感知（a perception of pairings），并在（话语）事件中产生了新信息，即特定的形式与意义产生共振（resonance）。对话句法现象中，第一个说话人使用的词语、结构和其他语言资源都可被第二个说话人加以选择性的复制或再用，而不管第二个说话人表达的意义与第一个说话人的话语意义是否一致，或部分相同，或完全相悖。话语的并置在语言中可产生各个层面的对称模式，包括语词和词缀的一致；句法框架结构的平行；语法范畴的对应；形式、意义和功能的抽象对等。由话语的对称结构所产生的对话共振是激活话语间亲缘性（affinities）的催化剂。亲缘性可以是相似性或差异性，它把形成语对的话语从语言形式和意义的多个维度联系起来。对话句法学吸收了对话理论和传统句法学的理论营养，关注话语意义的动态性特征，丰富了句法学的内涵，拓展了句法学研究的外延。对话句法关注对话中结构的介入对意义识解的影响。传统句法的研究对象是独白式的单个话语，对话句法基于认知和功能的视角把句法的外延拓展到交际中的语对层面，主要通过分析对话结构的平行特征、映射和共振效应来揭示话语结构特征对交际中意义识解和语用推理的作用。

然而，基于对话句法的观点，Du Bois 等（2014：428）仅在个案分析中触及了 WH-对话中的焦点和框架双共振现象（focal resonance 和 frame resonance），但未深入分析该类对话中的仅焦点共振和仅框架共振现象，以及 WH-对话中的无显性句法共振现象，更无针对 WH-对话构式的定性和定量分析。

另外，基于对话句法和认知构式语法理论，Brône 等（2014）提出语对层面的构式观。但其研究主要关注陈述式的对话性话语，并指出该类话语之间仅是例示与例示的关系（Sakita，2006），而未深入具体分析 WH-问答现象中问句与答语之间的图式-例示认知特点。因而相关研究也未能充分揭示 WH-语对作为构式单位的句法、语义和语用认知特征。

4.2.5 小结

综上所述，不同语言学理论流派关注了 WH-问答对话的不同方面，取得了丰富的研究成果，但同时仍存在诸多不足。

结构主义语言学实行“关门打语言”策略（王寅，2014a：87），并注重语言内部横组合和纵聚合结构关系的描写，认为 WH-问句结构的意义是 WH-语词和其余语词的组合效应；WH-问句的语义可通过机械式的分解和组合来掌握。结构主义语言学未对 WH-问句的相关答语进行详细分析，并排除意义理解中人的认知参与以及社会和文化因素。

形式语言学视野下的转换生成语法学派（简称 TG）解释了 WH-问句中 WH-语词移位的规则和限制，但只考虑理想说话人的话语特征，而未考虑现实中人在交往时 WH-对话系统的实际运作情况。蒙塔古语法和 HPSG 语法基于数理逻辑运算，把 WH-语对看成是一个自治的语言子系统，但其语言形式化分析方案不可能穷尽模拟人类交往的实际场景，因此不能有效解释 WH-语对的实际运作过程。计算语言学以建立高效的人工智能问答系统为目标，但人类的问答系统不同于计算机机械式的信息提取过程（Norman，1972），前者具有动态变化特征。另外，电脑对人类的情感模拟和思维过程仿真具有相似性而非完全一致性，因而计算语言学的相关研究成果仍未能为人类的 WH-问答系统提供合理的认知解释。

基于功能语言学视角，社会语言学家仅研究了 WH-语对的话轮特征，而忽视了 WH-问答话轮转换中说话人的认知干预。系统功能语言学派的 WH-词语主位观强调 WH-问句中 WH-语词的语篇交际功能，但未着重分析认知主体双方在表达疑问功能时的认知过程。

而认知语言学视野下的 WH-习语构式研究仍偏重语言的形式化描写，且忽略意义理解中认知主体与主体之间的心智互动。尽管 Goldberg 基于认知构式语法理论分析了 WH-对话系统中的提问限制，但没对 WH-对话展开专题研究。而 Langacker 虽在认知语法框架内分析了 WH-问句中 WH-词语的认知特征，但没有解释 WH-对话中答语的实现过程。认知功能视角下的对话句法研究仍没有把 WH-语对作为一个完整的分析单位进行定量和定性分析。

综观已有的相关 WH-问答现象研究，其不足之处还体现为偏重理论建构，轻语料实证分析，且现有的英语疑问句分析主要针对是非疑问句（Yes - No Question）的语例，而缺少 WH-问句及其答语构成的 WH-语对整体认知研究。

4.3 WH-对话构式的 ESI 模型

为弥补过往研究之不足，本章以基于事件域的图式 - 例示模型（ESI 模型）为理论框架，分析 WH-对话构式在语言交际中的运作机制。该模型整合了事件域认知模型（ECM）和图式 - 例示认知原则（SI），在 WH-对话的认知特征研究过程中，图式 - 例示认知原则还包括图形 - 背景联结（figure - ground alignment）和情景化定位（grounding）分析方法。

4.3.1 图式 - 例示中的图形 - 背景（figure - ground）联结关系

图式 - 例示中的图式为例示提供了一个框架背景，而例示则突显了该框架背景的某些细节特征，例示与图式具有图形 - 背景联结认知特征。图形 - 背景理论由丹麦心理学家埃德加·鲁宾（Edgar Rubin）于一个世纪前根据人面 - 花瓶幻觉图提出。如图 4.9 所示：

图 4.9 人面 - 花瓶幻觉图

图4.9表明，人们在感知人面-花瓶图时可以分别识别出一个花瓶和两张人脸。人感知到花瓶是因为它在视觉上更加突出，但感知到两张脸时，是由于把黑色的花瓶形状当作了视觉背景，而人脸更加突出。在心理学上，人感知到的突显事体是图形（figure），而把识解图形的参照物视作背景（ground），从而形成图形-背景联结（figure-ground alignment）。Ungerer & Schmid（1996：156-157）认为人面-花瓶幻觉图背后的认知机制是“图形-背景分离现象”。

Talmy（2000：311）认为表示图形的概念需要一个定位信息，而起背景作用的概念则实施定位功能；概念的定位主要涉及注意力和注意力分配。概念结构的图形-背景联结方式决定其语言的编码方式（Radden & Panther，2004：28），如语句：The bike is in front of the house. 其中，bike是语句的突显概念，而house则是对bike进行定位的认知参照背景。王寅（2011a：423-440）概括了图形和背景之间的总体特征，并把图形和背景看作是共处同一场景或同一认知框架中的事体，两者具有对立统一的关系。

4.3.2 图式-例示与情景化定位（grounding）[①] 的关系

Langacker（2008：259）认为交际情景涉及言语事件（speech event）及其参与者（speakers）、参与者的互动（interaction）和环境（circumstances，尤其是时空特征）。交际情景中所谈的事体具有特定时空特征，代表了某个事体类型的具体例示。事体的情景化定位过程（grounding）表明说话人把听话人的注意力引向特定事体，以实现对话双方与该事体产生共同心智接触。交际中说话人通过心智接触到事体的具体例示而认识抽象的事体类型特征（Langacker，1987，1991，2002，2004，2008，2009；Brisard，2002；Radden et al.，2007）。对话双方与所谈事体建立共同心智接触是实现成功对话的必要条件。没有情景化定位的事体在对话双方的心智空间中将处于漂浮状态，无具体所指，并与当下交际情景没有关联（Langacker，2008：259）。

Langacker（1991：31-33，55-61）认为情境化定位是抽象的事体类型概念被具体化为一个实例的过程，情景化定位体现了类型与例子的关系。基于语言的认知研究视角，类型-例子关系本质上是图式-例示的关系。Taylor

① Grounding有不同的中文译文，包括接地（木村英树，2008）、入场（完权，2009；张华，2010）、场景化（王寅，2010）、情境植入（牛保义，2013）等，本研究拟将其译为“情景化定位”，以体现对话情景对事体类概念的具体化功能。

（2002：341－412）认为，抽象事体通过图式－例示认知方式进入实际认知场景。人们在感知体验客观世界的过程中，对物体的认识是识别，对事件的认识是感知其存在。木村英树（Hideki Kimura）（2008：270）把“grounding”理解为“接地”，它是将命题或事物置于说话人的观点所在的时间领域或空间领域内的语法手段。“Grounding”揭示了事体进入具体对话场景的认知特征，它表示在类型中拿出（take）一个实例，以谈论特定的人和事（完权，2009：30）。王寅认为（2011a：471－472），“grounding”就是将抽象的语言系统实现为具体言谈语句的过程，即抽象事体的“场景化”，它描述了“图式性词语”具体化为“例示性词语”的过程。事体的场景化表明，一个图式性词语在言语事件中需要对其“定位”，而“类型－例示”可被视为“图式－例示”的一个小类，“图式”则是一个更为宽泛的术语。牛保义（2013：35）认为，认知语法中的“Grounding”是指用一定的语法成分将名词或动词表达的事物或事件置于（to situate）说话人和听话人的知识之中，即“情境植入”。

因此，语言中的图式－例示关系体现了交际中事体的情景化定位过程（grounding），如不同的冠词与名词[①]的组配标示了物体的情景化定位特征。

冠词通常分为不定冠词 a，an[②]，定冠词 the 和零冠词（Φ）[③]（Carnie，2007：44；Thomson et al.，1986：15，19；梅德明，2008：27；张道真，2002：66，76）。在零冠词与单数名词的组配（Φ＋N）中，名词的语义抽象度最高，表示类型概念，需要进行情景化定位方能进入实际话语场景。在不定冠词 a 与名词的组配（a＋N）中，物体被情景化定位为一个任意例示。而 the＋N 描写的名词语义比 a＋N 中的名词语义更具体，定冠词 the 对名词的情景化定位更精确。例如，话语情景中不同冠词与 cat 的组配标示了 cat 的不同情景化定位精确程度。Φ＋cat 标示 cat 的类特征，语义范围广，需要情景化定位。而在话语情境中，a cat 表示的猫的特征（如毛茸茸、抓老鼠、家养、动作快、夜间活动等）具体化了 cat 的类特征（如一种动物、食鼠、全球分布广、有毛等）。the cat 则标示了一只特定的猫的特征（如名叫 Mimi、眼睛特大、胡须特长、不爱捉老鼠、喂养在家里后院、冬天尤其爱钻进被窝睡觉等等）。因此，在特定交际情景中，冠词 a，the 与 cat 的搭配标示了 cat 被情景化定位的范围被逐级缩小，直至特指一只具体的猫。

---

① 特指传统语法中的可数名词。

② 因为 an 的使用是基于语音上的考虑，故本节只对冠词 a 进行描写，an 也可做同样分析。

③ 本节用符号 Φ 表示零冠词。

而英语中的时体和情态系统则标示了一个图式性过程或关系与当下话语情景的联系，体现了英语交际中一个事件的情景化定位过程（详见 5. 3. 1），其中时态的典型功能是揭示事件与当下说话时间的关系，而情态系统的典型功能是表明事件发生的现实性或可能性（如 can）以及对可能性的评估（如 may, might）。例如："boy like toy" 仅表征一类图式性事件，它不能成为实时交际场景中被言说的真实语句。该图式结构只有通过情景化定位实现为具体的事件才有交际意义，如具体事件："The boy liked that toy." "A boy likes this toy." "Boys like toys." 等。特定的话语情景决定了该图式事件的例示特征，包括事件发生的时空属性、事件的参与者及其互动关系。

4. 3. 3 WH-对话构式的 ESI 模型识解机制

在 WH-对话的具体分析中，单独使用事件域认知模型未能有效揭示问句与答句之间的图式 - 例示关系，而图式 - 例示认知观虽能解释 WH-问句与其答语之间的范畴化关系，但未能揭示 WH-对话构式整体表征的 ECM（事件域）特征。因此，在整合事件域认知模型和图式 - 例示认知原则基础上构建的基于事件域的图式 - 例示模型（ESI 模型）可以有效阐释 WH-对话构式的句法、语义和语用特征。WH-对话构式的 ESI 识解模型可由图 4. 10 表示：

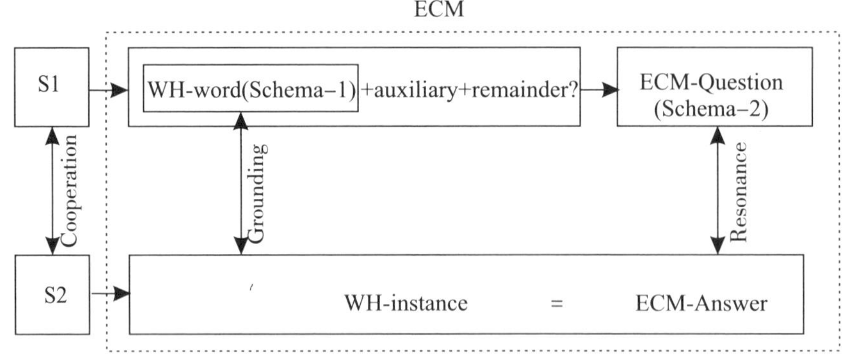

图 4. 10　WH-对话构式的 ESI 识解模型

图 4. 10 表明一个 WH-对话构式（由虚框表示）包含一个问句（Question）和一个答语（Answer），分别是对话构式中的启动话语和新建话语，并分别表征了一个问句事件（ECM-Question）和答语事件（ECM-Answer）。问句事件的结构通常由 "WH-词语（WH-word）+ 助词（auxiliary）+ 其余语词（remainder）+ 问号（?）" 构成。WH-词语是问句事件的焦点和突显成分，问

句中的疑问助词和其余语词是其识解所需的事件框架背景，WH-词语与问句事件是图形 - 背景关系。问句事件中，WH-词语表征了一个图式结构 Schema - 1①，具有抽象概括性。由于 WH-词语的图式性，该问句事件同时表征了一个图式结构 Schema - 2。该类对话构式②中，答语是对 WH-词语或整个问句的具体例示（WH-instance），即答语与 WH-词语或整个问句事件形成图式 - 例示关系（Schema - Instance，简称 SI 关系）。其中，前者体现了答语对问句事件焦点的具体化，后者则表明答语再现了问句事件的部分或全部背景信息③，即对话焦点的框架信息。

基于 SI 关系，WH-对话中的问句和答语可整合为一个 ECM（由图中虚框表示），其中问句表征了该 ECM 的图式特征，答语则表征了该事件结构的具体信息。图中的虚线框还表示交际中 ECM 之间的边界具有模糊性。

在句法层面，WH-对话的问句与答语之间的 SI 关系体现为结构间的平行特征和映射关系，从而表现出对话中的句法共振现象（resonance）。共振的本质在于激活话语间亲缘关系（affinity）的催化剂（Du Bois，2014：372）。答语与问句焦点（即 WH-词语）之间的 SI 关系是焦点共振（focal resonance），而答语与问句事件框架之间的 SI 关系是框架共振（frame resonance）。

在语义层面，问句与答句之间基于句法共振产生义域对应，答语事件作为问句图式事件的例示（图中由等号表示）体现了问句焦点的情景化定位（grounding）结果。焦点共振意味着答语是对 WH-词语的语义定位④，而事件框架共振则表明答语对问句事件的框架进行了语义定位。

在语用层面，问句与答语之间的 SI 关系揭示了问句事件和答语事件整合为一个 ECM 的过程，该过程表征了事件要素（Action 和/或 Being）的耦合（coupling）程度，从而反映了问话人与答话人之间的认知合作类型（cooperation），包含完全合作（full cooperation）、部分合作（partial cooperation）和不合作（non-cooperation），进而体现了问答双方的对话态度，表明了答话人的应答策略。

---

① Langacker 在与笔者的邮件交流中也认同 WH-问句中的 WH-疑问词具有图式特征："Yes, apart from the difference between questioning and stating, a WH-word is schematic with respect to its possible answers"（Langacker April 2nd, 2015）.

② 特指 WH-对话构式，本章中简称为对话构式。

③ 根据 Du Bois（2014：428）的分析策略，本节把 WH-问句的框架信息界定为该类问句中非 WH-词语部分表征的信息。

④ 本节在论述中，情景化定位也简称为定位。

若答话人提供了对话焦点的具体信息，即 WH-词语[①]与答语之间具有 SI 关系，则反映了对话双方实现完全认知合作，WH-对话的使用表征了理想的对话结果。如果答话人仅给出与问句焦点的关联信息或焦点的认知背景信息，即问句与答语主要在事件框架层面体现 SI 关系，反映了答话人与问话人之间仅有部分认知合作。如果答话人未给出问句事件焦点的具体信息或未再现问句事件的框架信息，则问答双方未实现认知合作[②]。问话人通过对话未获得期望的信息，WH-对话则表征了非理想的对话情形。

因此，图 4.10 也同时揭示了最佳的 WH-对话策略，即问答双方要实现句法中的焦点共振，明确对话焦点的语义定位，在对话中要实施语用完全认知合作。

4.3.4 ESI 模型对 WH-对话构式的解释力

ESI 模型主张以认知事件观、认知突显观、认知定位观和认知对话观为基础理解话语在交际中表达的实际意义，从而可有效解释 WH-对话构式的形成过程和用法认知特征。

4.3.4.1 ESI 模型的认知事件观

ESI 模型的认知事件观为 WH-对话构式的形成提供了认知理据，强调事件域是人们认识客观世界的基本单位。

Davidson（1967）在研究自然语言的逻辑结构时把事件引入语法研究。此后，国内外学者为了解决形式语义学中句法和语义的接口问题而研究语义或句法层面的事件结构，分析事件结构到句法结构的映射，着手建构以动词为中心的事件语义学，如 Dowty（1979）、Hovav et al.（2010）、Lombard（1986）、Rappaport & Levin（1998）、Ritter & Rosen（2000）、Pustejovsky（1991，2019）、Vendler（1967）、Vikner（1994）、樊友新（2010）、徐盛桓（2012）、袁毓林（2005）、周长银（2010）、朱怀（2011）等。“事件”是认知语言学研究的核心内容之一，相关内容包括基于客观场景的视觉感知理想模型（ICM of SEEING）（Lakoff，1987）、运动事件与虚拟事件（Talmy，1985，2000）、语篇中的用法事件、以客观场景为基础的舞台模型（stage model）和行为链

① 特指 WH-对话构式中置于问句句首的 WH-词语。

② 本节中对话双方的不合作特指问句与答语之间未实现图式 - 例示关系，而暂不涉足问答双方通过蕴含等交际策略表征的语用层面合作情形。

(action chain) (Langacker, 1987; 1991)、以事件/场景为基础的构式－动词互动特征 (Goldberg, 1995)、语言对事件结构维度的表征 (Croft, 1991) 等。构式语法延续和拓展了以事件为基础的语义研究，如 Fillmore et al. (1988) 基于框架语义学的构式语法研究。认知语法中的典型事件模型 (Langacker, 1991)、Goldberg (2006) 使用事件框架 (event frame) 和基于事件层级的解释 (event-level interpretation) 表明了“事件”在构式语法中的基础性地位。事件域认知模型 (王寅, 2005) 的提出丰富和发展了事件结构的认知研究。

认知语言学视角下的事件观强调事件是人们理解客观世界的单位。事件的理解包括三个维度：客观场景维度、心智概念化维度和语符编码维度。首先，认知主体感知体验到的客观场景是客观现实的构成部分。客观场景是理解抽象概念和事物关系的基础。认知主体对客观场景的概念化结果即为该场景在心智层面的事件结构。不同的认知主体根据交际的需要对客观场景有不同的识解方式，并突显或隐显了客观场景中的某些结构。心智层面的事件结构是对现实场景结构的抽象概括。语言中的句法结构则表征了心智中的事件结构，是以客观场景为基础的事件结构的语言编码。根据 ECM 的观点，人们基于客观事件中的体验形成感知经验和认识，再逐步概括出事件的抽象结构，形成语言表达的基础。以认知语言学的构式本位观为视角 (Croft, 2001: 25; Goldberg, 2006: 5; 刘玉梅, 2010)，语法构式可指语言中的任何表达形式。换言之，事件域是语法构式的识解基础。结合“现实－认知－语言”的分析总原则，WH-对话构式的形成与其他语法构式一样，首先是人以客观现实中的动态或静态事件为基础，然后对其进行认知加工并形成事件的概念结构，最后再用语言符号象似性地表征该事件的概念结构。

(1) WH-对话构式的形成基础：客观事件。

客观世界中的物体及其相互关系构成了各种场景。一个静止的场景表示一个静态的客观事件，而一个动态场景表征一个动态的客观事件。一个主事件可由多个次事件构成。人们基于事件切分来理解客观世界，进行语言交际。当交际主体在识解客观世界时，由于自身的身体界限仅能感知客观世界中的某些事件，被感知的事件是交际双方在当下最为关心的客观现实的一部分。抽象的概念和关系也以客观世界为建构基础。我们把认知主体在客观世界中感知到的现实事件描写为 Event－A，如图 4. 11 所示：

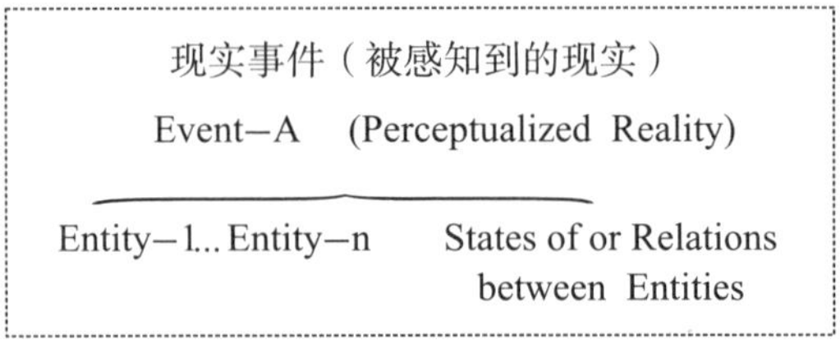

现实事件（被感知到的现实）

Event—A (Perceptualized Reality)

Entity—1... Entity—n States of or Relations between Entities

图 4.11 客观现实中的事件（Event - A）

图 4.11 表明，客观事件（Event - A）是可感知的现实世界的构成要素。Event - A 包含实体（Entity - 1... Entity - n），实体的状态或相互关系（States of or Relations between Entities，如致使、传递等）。现实中客观事件之间具有关联性，图中由虚线框表示。一个 WH-对话的问句和答语结构反映了说话人对客观世界中实体及其关系的感知结果。问答双方对同一客观事件的互动体验是问句事件与答语事件产生关联的基础。

（2）WH-对话构式的概念结构：认知事件。

要认识客观事件，认知主体需要对其进行范畴化处理和概念化加工，以形成事件的概念结构。客观事件的概念化过程涉及认知主体对事件的识解方式和具体内容两个主要方面。不同的认知主体根据交际需要对 Event - A 有不同的识解结果，体现为不同的认知加工事件（简称认知事件，由图 4.12 中的 Event - B 表示）。Event - B 是对 Event - A 的抽象化处理，具有图式概括特征，它突显或隐显了 Event - A 的某些结构。

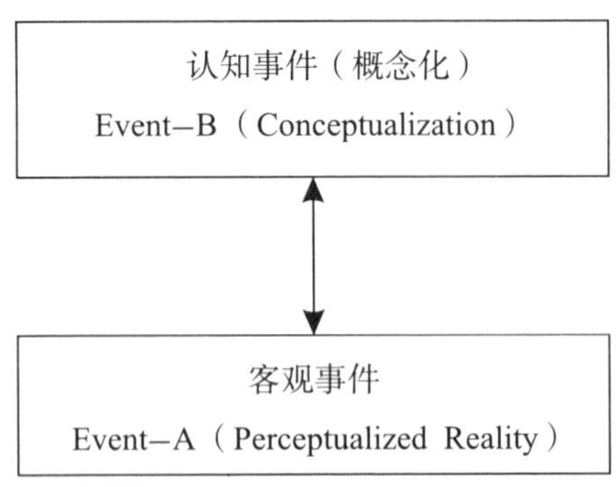

图 4.12 认知事件对客观事件的抽象概括

图 4.12 表明，人在与客观世界的互动过程中把体验到的客观事件概念化，并形成相应的概念结构。客观事件的出现频率、复杂程度以及在范畴中的典型度，影响人们对客观事件的图式化程度。根据客观事件的概念结构，人们可进

行认知推理，从而产生新创概念结构。认知事件对客观事件的拟构揭示了概念的能产性特征，并反映了人的主观能动性。认知事件与客观事件具有范畴化关系（categorization），体现了人与世界的主客互动关系。

WH-对话的问句由于问话人对客观世界的感知角度、体验频率和内容等方面有差异，因而可用不同的 WH-词语表征疑问焦点，问句也有简单或复杂的句法结构，反映问话人对客观事件的不同概念化结果。由于问话人的主观推理能力，问句可以基于隐喻或转喻机制描写虚拟的事件。如 QA1 所示：

QA1：

Question：...**What**[①] is the White House thinking?

Answer：...Mr. Bush saying today that he wants rational enforcement of the laws, and he said, "That's why we have a Border Patrol."

QA1 的问句中，White House（白宫）是一个空间场所，本身不具有"think"的行为能力。该对话的答语表明，White House 通过转喻实指美国前总统 Mr. Bush，问句因而概念化了一个虚拟的事件。

（3）WH-对话构式的句法表征：言语事件。

语言符号是实现人类交际的途径之一。语言知识被编码在心理表征中，而这些表征语言以独有的结构展示出来（贾冠杰，2010：2）。认知事件的概念结构经过语言符号编码形成语言表达式，在交际中实现信息传递，从而形成一个言语事件（Event－C，如图 4.13 所示）。

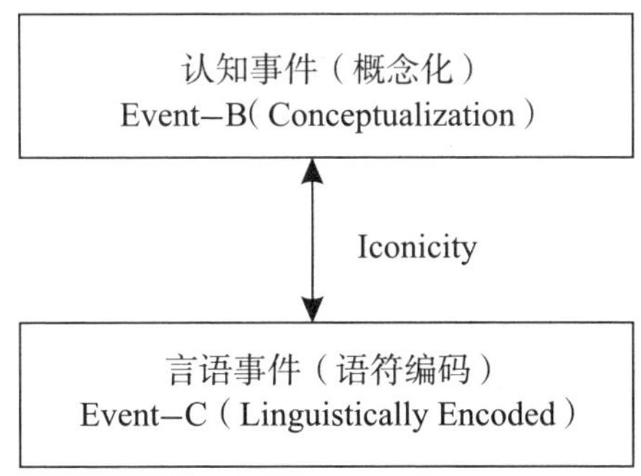

图 4.13　言语事件对事件概念结构的语符编码

① 问句中的粗体表示对话焦点，下同。

图4.13表示，语言的结构象似性地表征了客观事件的概念结构。Event－C的语符结构经反复使用后即形成规约化的语法构式。语法构式在语词的选择、搭配和顺序方面象似于Event－B的概念结构。Event－C语码化的语法构式映射了认知主体对Event－A的概念化方式，间接拟构了客观现实中的Event－A。如QA2的高频使用已经固化为见面问候的话语。

QA2：

Question：...**How** are you doing?

Answer：Very well，thanks.

QA2对话构式的字面意义表示问话人关注答话人的行为特点，然而在实际交际中该构式表征话语的“寒暄”功能。

而针对同类事件“There is an emergency.”的概念结构，QA3和QA4的问句使用了不同的WH-词语，表明问答对话中问话人对该类事件有不同的概念化方式：

QA3：

Question：...**Where'**s your emergency?

Answer：（911 audiotape）At Angel Valley.

QA3的问句反映了问话人首先关注事件发生的空间位置并进行图式概念化处理，其次聚焦特征为“emergency”的事件。

QA4：

Question：Nine-one-one，**what**'s your emergency?

Answer：I have to get to the airport，catch a plane，and they don't have the cab coming. I called the cab at twenty minutes to eight，no cab，and I have to get there now. What do I do?

由QA4可见，问话人首先关心的是事件“There is an emergency.”的参与者及其关系，也即事件的具体内容。答话人提供了相应的信息，即事件的参与者是“I”，并试图建立与某一事体（what）的联系，答语表征了这一事态，即“What do I do?”。

语法构式形成过程中，Event－A、Event－B 和 Event－C 之间的关系可用图 4. 14 表示如下：

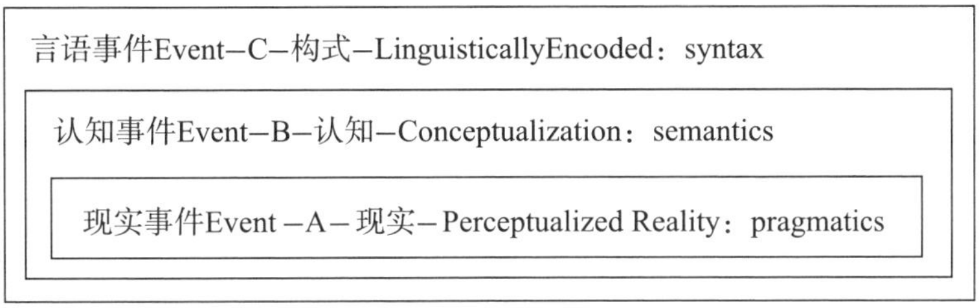

言语事件Event–C–构式–LinguisticallyEncoded：syntax

认知事件Event–B–认知–Conceptualization：semantics

现实事件Event –A– 现实– Perceptualized Reality：pragmatics

图 4. 14　语法构式的事件结构

图 4. 14 表示一个语法构式的形成过程包含三个层面的事件特征，即语法构式的形成基础：客观事件（Event－A）、客观事件的概念化结构（Event－B）和言语事件对事件概念结构的语符编码（Event－C）。Event－A，Event－B 和 Event－C 之间是反映与被反映的拟构关系。在三个层级性事件中，Event－A 提供了语法构式的用法环境，即语用信息（pragmatics），Event－B 表征了语法构式的语义结构（semantics），而 Event－C 体现了语法构式的句法特征（syntax）。根据“现实—认知—语言”的分析原则，一个语法构式的形成可描写为“现实→认知→构式”的递进过程。

对 WH-对话构式而言，其问句表征了一个 ECM 框架结构，包含事体和行为要素。WH-词语编码了该事件中事体或行为要素的未知信息并通常被置于问句句首，突显该类构式的信息焦点。问句中的助词主要表征了该事件的时间特征，其他语词则编码了事件域中的框架信息（或已知信息）。WH-对话构式的答语具体化了 WH-词语和/或 ECM 的整体框架。因此，WH-对话构式在本质上表征了一个 ECM 结构，只是问句和答语对其描写的具体化程度不同，即问句是对该 ECM 的图式性概括，而答语进一步细化其概念结构。

语法构式通过具体使用进入语言交际场景，从而实现其交际功能。一个语法构式在使用中激活了该构式的现实、认知和言语事件结构。多个语法构式的使用形成了构式事件网络，如图 4. 15 所示：

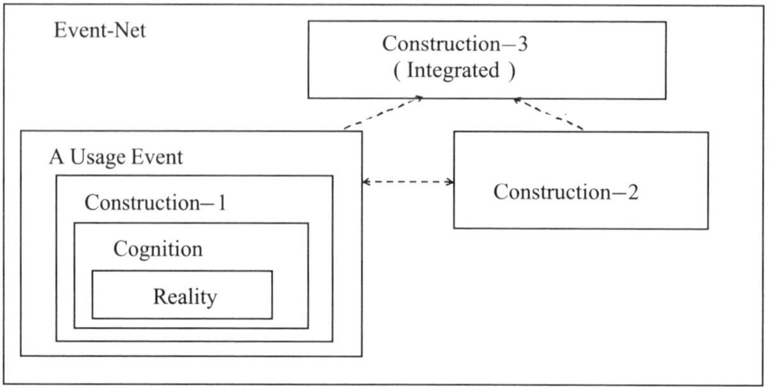

图 4.15　构式的使用及其事件网络结构

由图 4.15 可见，一个构式的意义体现在其具体的一个用法事件（a usage event）中。构式（Construction -1）在特定情况下可以单独使用，不与其他构式搭配（图中的虚线箭头表示），如短语构式 come on 的祈使用法。如果该构式与另一个构式（Construction -2）进行搭配（如 All of you）就整合形成一个新的构式（Construction -3）：All of you come on. 基于十数种认知机制（见王寅 2007：封底），构式的搭配可以形成更复杂的事件网络结构(Event-Net)。

因此，WH-对话构式的使用环境具有事件网络特征。该类构式表征的 ECM 结构在对话语境中与其他语法构式表征的 ECM 形成了构式事件网络（图 4.16）。

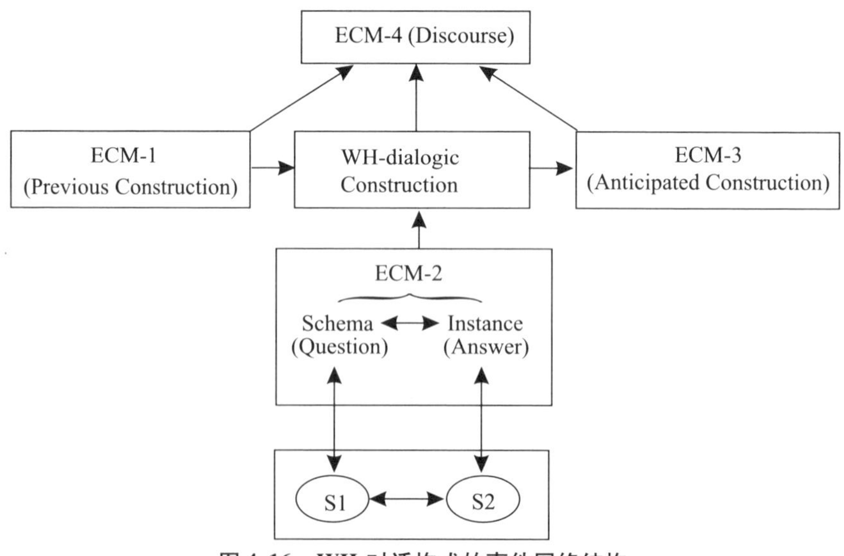

图 4.16　WH-对话构式的事件网络结构

(S1 = Speaker 1　S2 = Speaker 2)

图 4.16 表明，在英语交际中，ECM－1 是一个语法构式，它激活了一个由 WH-问句及其答语构成的 WH-对话构式，并具有结构 ECM－2，其问句是 ECM－2 的图式结构，答语是其具体例示。WH-对话构式后的语法构式（anticipated construction）也有自身的事件结构（ECM－3）。ECM－1，ECM－2 和 ECM－3 共同建构了一个语篇事件结构（ECM－4）。WH-对话构式的事件结构仅是 ECM－4 中的一个节点，ECM－4 成为理解 ECM－2 的认知参照背景之一，如 QA5 所在的事件网络所示：

QA5（由画线部分表示）：

Mitchell：It's been a day. **What** do you think?

Mr. Wheeling：Still the same.

Mitchell：Still the same. You're still going to ask her to marry you?

Mr. Wheeling：Yeah.

QA5 的问句之前有一个事件域 ECM－1：It's been a day. 它激活了 QA5 表征的事件域 ECM－2：Mr. Wheeling thinks the same（thing）. QA5 之后的话语含有事件域结构 ECM－3：Mr. Wheeling is still going to ask her to marry him. ECM－1，ECM－2 和 ECM－3 构建了一个语篇事件域 ECM－4：Mr. Wheeling thinks she will marry him. 而要理解 QA5 表达的意义，则需要结合 ECM－4 的事件网络特征，即要考虑 ECM－1 和 ECM－3 的概念结构。

4.3.4.2 ESI 模型的认知突显观

ESI 模型认为交际中一个语法构式表征的 ECM 具有突显的要素（行为或事体）。认知语言学的图形－背景理论（figure－ground theory）是以突显原则为基础的理论（魏在江，2013：66）。根据认知图形－背景理论，图 4.10 所示的 WH-对话构式中 Schema－2 限定了 Schema－1 的语义范围，因而 Schema－2 具有认知背景特征，而 Schema－1 的动态性和不确定性等特点表明了 Schema－1 是图形－背景联结中的图形结构。Schema－1 突显了 Schema－2 的事体或行为中的未知信息。ECM 模型中各层级的行为和事体要素均可成为问答对话的疑问焦点，并被相应的 WH-词语编码成图式事件的突显结构。如图 4.17 所示：

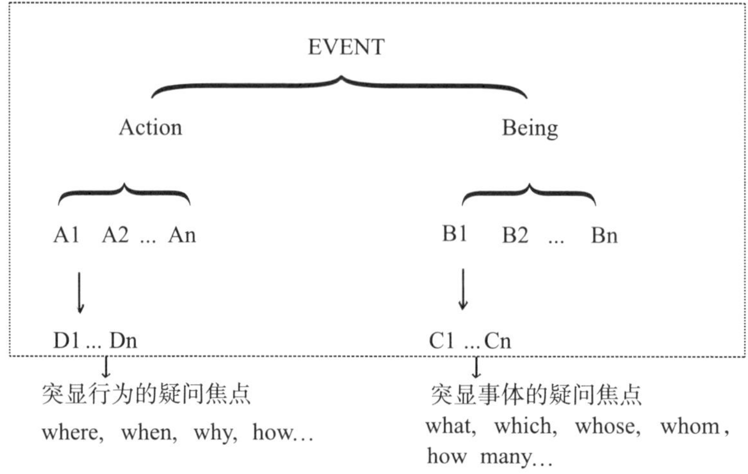

图 4.17 WH-对话构式的 ECM 结构突显信息

图 4.17 表示，常用的英语疑问词 where，when，why，how 等编码了事件域中行为要素的时空、原因、方式等突显信息，而 what，which，whose，whom，how many 等疑问词语则编码和突显了事件的参与者或事体要素信息。事件域中两大要素，以及要素之间不同层级的信息在交际中可互为图形 - 背景关系。WH-对话构式中问句的 Schema - 1 被置于句首予以突显，标示 WH-问句的疑问功能，同时也突显了对话焦点，以吸引答话人的注意力并为问话人直接提供期望的信息。

4.3.4.3 ESI 模型的认知定位观

情景化定位（grounding）是一种语义功能。经情景化定位后的名词和小句是符合语法要求的表达式。WH-对话构式中的图式结构在交际中实现为具体例示的过程即 WH-对话构式的语义情景化定位，它包含 WH-词语的情景化定位和问句中事件框架的情景化定位两个方面。WH-对话构式的情景化定位本质是问话人为答话人提供一个事体的选择范围，答话人从中挑选一个具体事体（instance）以建构一个完整 ECM 的过程。如图 4.18 所示：

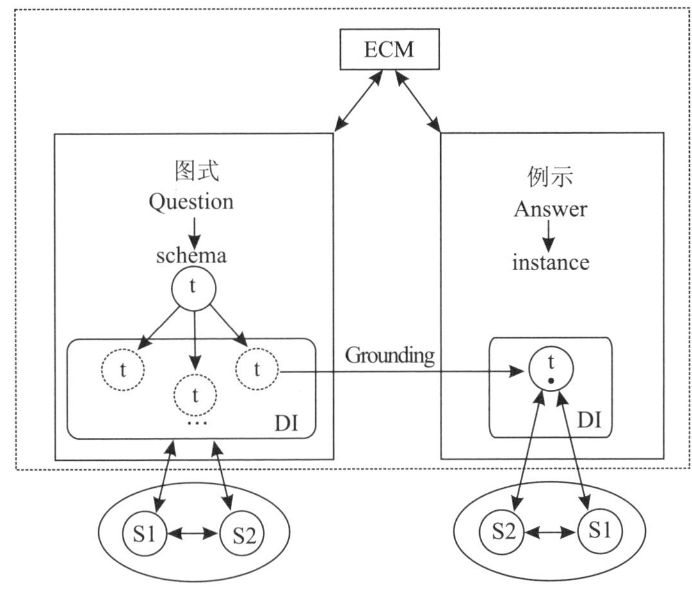

图 4.18 WH-对话构式的情景化定位

(S1 = Speaker 1 S2 = Speaker 2 DI = Domain of Instantiation T = Type)

图 4.18 表明，S1、S2 以及双方的互动、问句事件和答语事件，以及交际环境（尤其是时空特征）等构成了一个对话情景，其中问句和答语共同构成一个 WH-对话构式（图中由虚框表示）。在交际情景中，S1 提出一个问题，它具有图式结构（包含 Schema - 1 和 Schema - 2），表示类型概念（type，图中由带 t 的实线圆表示）。问句中的已知信息勾画出图式结构的例示域空间（domain of instantiation）。根据图式 - 例示认知观，一个图式可能有多个例示（图中由带 t 的虚线圆和三个连续的实心点表示）。例示域中未与说话人产生心智接触的事体例示处于漂浮状态，表征不确定的或任意的一个事体例示。

在 WH-词语（Schema - 1）的情景化定位中，S2 根据 S1 提供的 ECM 框架信息，首先识别出 WH-词语在 ECM 层级性结构中的位置，即识别 WH-词语的语义范畴（如对事体、时间的提问还是对地点等的提问）。S2 再从问句勾画的事体例示范围中挑选出一个适合当下对话场景的例示（图中由含实心点作为下标的 t 的实线圆表示）以详述 WH-词语或 ECM 的语义。若 S2 在 WH-词语的情景化定位过程中重复使用了问句的框架结构，则 S2 对问句的图式性结构也进行了情景化定位。

在图 4.18 中，WH-对话构式的情景化定位结果由右图中含实心点作为下标的 t 的实线圆表示，它进一步具体化了左图中带 t 的实线圆。情景化定位的结果由 WH-对话构式中的答语表示。成功的情景化定位表明，S1 通过对话获得了关于 WH-词语的例示，S1 和 S2 的话语有焦点共振。如果 S2 的话语仅再现了问句中的已知信息，则答语只实现了问句中事件框架的语义定位，问答之间仅有框架共振，并无焦点共振，S1 通过对话只获得与对话焦点有关联的信息，S1 与 S2 的对话是非理想的对话。

在实际问答对话中，WH-词语和问句的框架情景化定位可以同时完成，也可以单独进行，或两类定位均未实现（详见 4.6）。

4.3.4.4 ESI 模型的认知对话观

传统句法注重句内关系研究。根据传统句法的观点，句法知识指对于句子内结构成分的排列、组合的知识（徐烈炯，1988：81）。该类研究范式主要以自然发生的或自创的单个话语为研究对象，割裂句子与句子之间的联系，未能体察到人际交往中话语与话语、话语与说话人之间的互动对意义推理的作用。

语词的概念体现在对话中（Bakhtin，1981：279）。克里斯蒂娃（2013：3）主张的“互文性”（intertextuality）强调意义的理解需要考虑文本之间的联系。Bakhtin（1981）与 Voloshinov（1973）在文学与哲学方面研究了话语的对话性，即话语在对话中的意义，表明对话是话语存在的根本形式。话语的对话性既考虑先前的话语特征，又预示未来话语的结构，是交际中话题延续的根本动因，体现了话语的交际功能。

ESI 模型揭示了 WH-问答对话中话语启动和应答之间的认知特征：框架激活→结构复用→意义或功能对等→对话共振→意义情景化定位→认知合作，从而超越了传统的线性句法单句研究模式，体现了语词在对话中获得意义的思想，其内部的 SI 关系表明话语之间存在结构、意义和功能等方面的映射，阐明了问答话语之间的对话性特征。在对话场景中，一个 WH-问句和一个答语由于共享一个 ECM 结构，两者之间产生意义对应，形成了一个 WH-对话构式。离开对话情景，一个 WH-问句及其答语只具有字面意义，不具有对话性特征，从而未能表达话语在交际中的语用含义。

4.3.5 基于 ESI 模型的 WH-对话构式个案分析

WH-对话构式的 ESI 认知模型可由下面的对话交际中 QA6（由画线部分表示）的句法、语义和语用特征表示。

QA6：

Question：Well, tell me more. <u>**What** do they have to do?</u>

Answer: Well, you know, they have to deliver products that meet the new CAFE regulations while still giving consumers what they want, so that means fuel-efficient power trains, primarily.

Question: Is there reason to think that they can do that? What will Fiat be bringing to allow them to do that?

该局部语篇中的问话和相应的答语形成了一个 WH-对话构式：

Question: What do they have to do?

Answer: They have to deliver products...

其 ESI 模型可由图 4.19 表示：

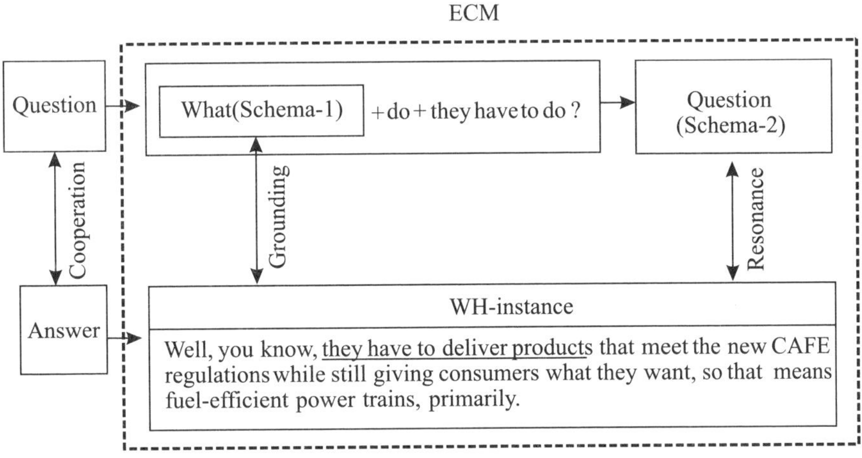

图 4.19　WH-对话构式 QA6 的 ESI 模型

图 4.19 表示，问句基于客观现实概念化了一个事件，其突显的事件焦点（由疑问词 what 编码）表明，问话人的注意力在于事件中的事体信息（Being）。该构式和之前的事件域结构“Tell me more”，以及之后的事件信息“Is there reason to think that they can do that?”和“What will Fiat be bringing to allow them to do that?”共同构成了一个语篇事件，它是交际中理解 QA6 的参照信息之一。另外，QA6 的问句中已知信息为答话人提供了一个事体的选择范围，答话人基于问答双方的认知状态（包括知识能力和对话态度）以及对话发生的环境等信息，给出了 what 的一个例示“deliver products...”。问答双方实现了成功的交际。

由该图可见，在句法层面，QA6 的问句和答语共享一个图式结构“They have to do X”。X[①] 是对话的焦点，并由疑问词 what 编码，且置于句首以形成疑问句特征，同时引起答话人的高度关注。答语中的“deliver products that...”是 what 的具体例示。问句和答语之间同时具有焦点共振和框架共振现象。

在语义层面，问句提供了一个事件框架作为对话的基点，即“They have to do X”。X 表示该事件的事体要素未知信息。答话人根据问话人提供的事件框架，用“deliver products”对 what 进行情景化定位。在此过程中，答语也实现了对问句中事件框架的定语义位，它使问句图式事件具体化为一个完整、具体的事例，即“They have to deliver products that...”。由此，问话人和答话人通过话语间的图式 - 例示语义关系共同建构了一个 ECM，实现了成功的对话。

在语用层面，通过 WH-对话构式的使用，问话人获取特定信息，答话人为了与问话人达成共识，向问话人提供期望的事件焦点信息。该对话构式的使用体现了问话人和答话人之间的人际互动。问话人启动对话，并期望答话人有能力并愿意提供关于图式事件“they have to do X”的焦点信息 X。答话人使用问句的结构并用“deliver products that...”对疑问焦点 what 和问句的事件框架同时进行情景化定位，表明了问答双方实现了完全认知合作（full cooperation），答话人为问话人提供了对话焦点的具体信息。问答双方通过该轮对话实现临时合作。

4.3.6 小结

本节首先论述了认知语言学理论中图式 - 例示认知原则里体现的图形 - 背景联结特征和图式 - 例示认知原则与情景化定位（grounding）的关系，并以基于事件域的图式 - 例示模型（ESI 模型）为分析框架，讨论了 WH-对话构式中问句和答语两个事件结构之间的图式 - 例示关系。根据 ESI 模型的结构特点，WH-对话构式表征了一个事件域，其中问句是该事件域的图式结构，而答语是其具体例示。WH-对话构式的认知机制体现为该事件域从图式到例示的具体化过程。在该过程中，问答之间的平行结构表征了句法共振现象，并且答语对问句事件框架和/或 WH-词语进行了情景化定位，其定位结果表明了问答双方是否实现认知合作，并体现了答话人的应答策略。

ESI 模型的认知事件观表明事件域是 WH-对话构式的识解基础，WH-对话

① 本节在叙述中用字母 X 表示 WH-词语表征的未知信息。

构式中描写的事件具有语义突显特征。ESI 模型中的图式－例示关系揭示了 WH-对话构式的语义情景化定位过程，其认知对话观为 WH-对话构式的话语对话性特征提供了的合理的认知阐释。本节在结尾时基于 ESI 模型对 WH-对话构式进行了个案分析。

4.4 基于 ESI 模型的英语 WH-对话构式类型

从根本上讲，说话人的语言系统是以语言的用法事件为基础的，即语言是基于用法的模型（Barlow & Kemmer，2000：viii）。WH-对话构式的 ESI 模型是对现实生活中 WH-对话语言现象的抽象概括。本节以当代美国英语语料库（COCA）的口语语料为基础，结合 ESI 模型重点讨论 WH-对话构式的类型。

4.4.1 WH-对话构式的分类理据

WH-对话构式的 ESI 模型（图 4.10）表明，WH-问句与其答语之间是"图式－例示（SI）"关系。根据图式－例示认知观（Langacker，1987：373；Taylor，2002：125；王寅，2013c：23），图式为例示的抽象概括，例示是对图式的具体细化，且例示有典型例示和边缘例示之分。图 4.10 表征的 WH-对话构式中的图式－例示关系可简化为图 4.20。

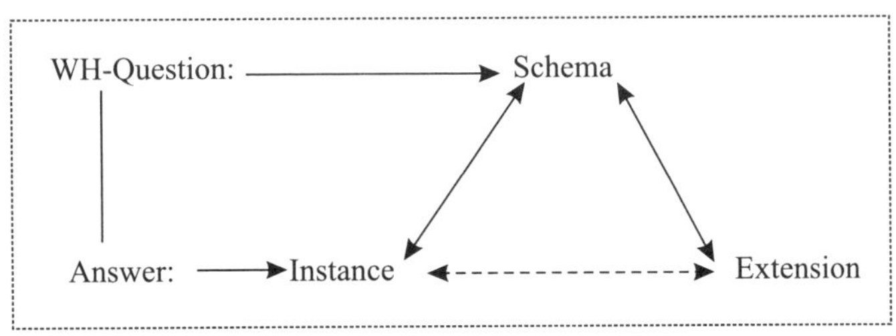

图 4.20　WH-对话构式的图式－例示关系

由图 4.20 可见，WH-问句和答语形成配对关系（由无箭头的实线表示），该类问句的图式结构主要有两种例示方式，其中 Instance 表示答语是问句图式结构[①]的典型例示，而 Extension 则表示答语是问句图式结构的非直接例示，即边缘例示。前者体现了后者的核心特征，后者是对前者的引申和发展，两者之

① 指 WH-词语表征的 Schema－1 和/或 WH-问句表征的 Schema－2。

间相互影响并形成原型－扩展关系（图中由虚线双箭头表示）。图式的典型例示和边缘例示特征表明，同一个 WH-问句图式结构可有不同的例示性答语。另外，图中的双向实线箭头表明了问答之间的相互作用，即问句的图式结构概括了答语的共性特征，答语则具体化了问句的图式结构。图 4. 20 中虚框表示 WH-对话构式的范畴边界具有模糊性。

4. 4. 2 WH-对话构式的类型

WH-对话构式的 ESI 模型（图 4. 10 和图 4. 20）表明，WH-问句和答语之间有两个层级的 SI 关系：

①WH-词语与答语之间的 SI 关系；
②WH-问句与答语之间的 SI 关系。

其中前者主要体现对话焦点的具体化，揭示对话中的焦点共振及其语义定位特征；后者主要体现对问句事件的框架具体化，提供了对话焦点被情景化定位的范围或关联信息，属对话中的框架共振和框架语义定位。

本节根据 WH-对话构式中答语是否以肯定语气例示了问句中的 WH-词语，可把 WH-对话构式分为三大类型：

①焦点[①]直接例示型；
②焦点间接例示型；
③焦点零例示型。

其中间接例示型和零例示型表明焦点未被直接例示。而零例示型[②]又可进一步分为四个类别：

① 焦点转移型；
② 否定答语型；
③ 非完整答语型；
④ 仅语用标记回应型。

---

① 特指对话焦点或问句的疑问焦点：WH-词语。

② 该类构式与其他类构式有部分重叠现象，如否定答语、回应型答语也可以是焦点转移情形，非完整回答也可视作是直接例示的部分例示。本节因而把重叠的部分按其突显的句式、意义或功能特征（话题转变，否定，非完整，仅语用标记回应）单独归为一类，从而形成了零例示中的四个小类。

直接例示、间接例示和零例示型 WH-对话构式有不同的图式 - 例示表现方式，本章的 4.5、4.6、4.7 分别论述其句法、语义和语用特征。

4.4.2.1 焦点直接例示型

在 WH-对话中，问话人通常期待答话人能够直接提供、补充、完善问句疑问焦点的细节，从而形成“即问即答、一问一答、答是所问”的对话模式，即答语以肯定语气直接例示问句的 WH-词语，该类 WH-对话的图式 - 例示特征如图 4.21 所示：

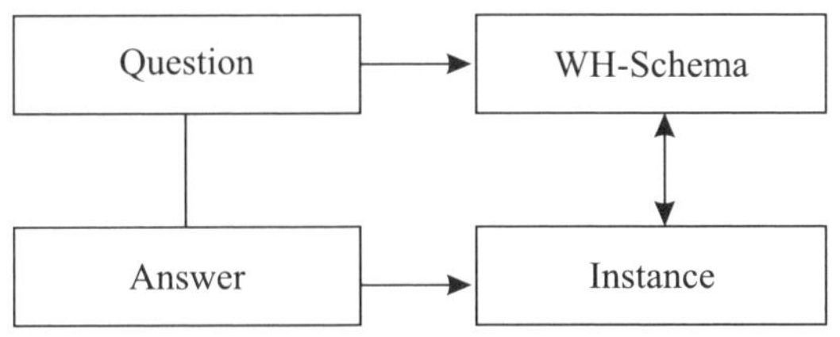

图 4.21　WH-对话的焦点直接例示方式

图 4.21 表明，问句（question）与答句（answer）形成一个语对（由无箭头的实线表示），问答之间体现为图式焦点（WH-schema）与例示（WH-instance）的直接实现关系。答语具体阐释了问句的疑问焦点。在该类 WH-对话中，答话人直接给出例示性话语解答了问话人的疑问。如：

QA1：
Question：...**What** do you want for Christmas?
Answer：**Diamonds.**

QA1 的答语与问句中 what 形成句法和语义对应（粗体结构表示[①]），它直接表达了答话人获得圣诞节礼物的愿望，从而直接例示了问句的疑问焦点。

QA2：
Question：...**Why** does any state have to worry about that?
Answer：**Because the ballots are state ballots. ...**

① 本节的问答对话中粗体表示结构或义域对应（semantic correspondence）。

在 QA2 中，问话人的焦点是 why，答话人的话语阐明了州政府担忧的原因。答语直接例示了问句中的 WH-词语。

4.4.2.2 焦点间接例示型

焦点间接例示型 WH-对话构式指答话人通过迂回的方式例示问句的图式焦点，问句与答语是图式－边缘例示的关系，答语蕴含了图式焦点的典型例示特征。WH-对话构式的图式焦点间接例示方式可由图 4.22 所示：

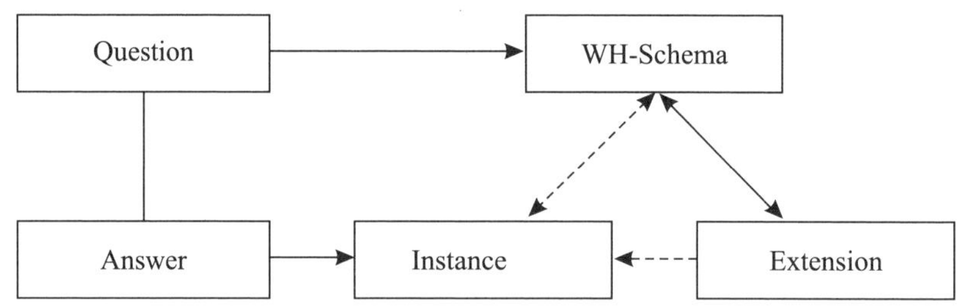

图 4.22　WH-对话构式的图式焦点间接例示方式

图 4.22 表明，问答话语形成一个语对（由无箭头的实线表示），但答语的显性句法结构未能直接表征问句疑问焦点的例示（由虚线双向箭头表示），而只表征了其边缘例示（由实线双箭头表示）。问句与答语以图式焦点－边缘例示为关系体现出类型概念－具体实例的特征。图式焦点的原型例示可由其边缘例示推导出来（由虚线单向箭头表示）。在该类型问答对话中，由于答话人没有直接提供问话人需要的信息，问话人主要依靠答话人的语气或答语的句法结构提示等进行意义推理，进而解答疑问，如：

QA3：

Question：...**Why** am I here?

Answer：If you never hit him at all，how is it that you were charged and convicted of second-degree murder?

在这个问答语对中，问话人试图为自己做无罪申辩，答话人却没有直接回答问话人的问题，而是间接回答。因为你被指控犯了二等谋杀罪，答话人从而间接例示了问句的焦点 why。

QA4：

Question：...Christine，I'm Paul，I'm from **Chicago**. **Where** are you from?

Answer：**So** am I.

QA4 对话中答话人没有直接回答问话人的提问，但是问话人可以结合对话的语篇背景推导出答语中“so”的具体语义，进而推测出对话焦点 where 的具体例示是“Chicago”。

4.4.2.3 焦点零例示型

焦点零例示型 WH-对话构式指问句与答语虽然有配对形式，但答语不是对疑问焦点的具体例示。在对话情景中，问句图式焦点的例示数量为零。该类构式的答语虽然没有例示问句的图式焦点，但却不能否定问答之间有 SI 关系，如答语对问句中事件框架的例示，如 QA5 所示：

QA5：

Question：...**When** can we watch you again and watch you set your record on fire，Kenny?

Answer：Record on fire?

在该对话中，答语重复使用了 WH-问句的框架结构“record on fire”。根据 Langacker（1991：56）的观点，就算没有指称或没有具体所指，一个名词性的词也是一个恰当的类的一个例示。例如，George Bush 激活了一个图式，其自身是该图式的例示，也即该图式只有一个例示，即自身。据此，QA5 的问句中“record on fire”可视为一个整体单位，答语中的“record on fire ”是其例示。QA5 虽未体现 WH-词语与答语之间的图式－例示关系，但表征了问句事件的非焦点部分，即问句事件框架与答语有图式－例示特征。

因此，焦点零例示型只表明在既定的对话环境中，答话人由于主观或客观原因没有准确提供具体实例，以实现问句焦点与答语之间的 SI 关系。WH-对话构式体现了图式－零例示特征，此类关系可由图 4.23 所示：

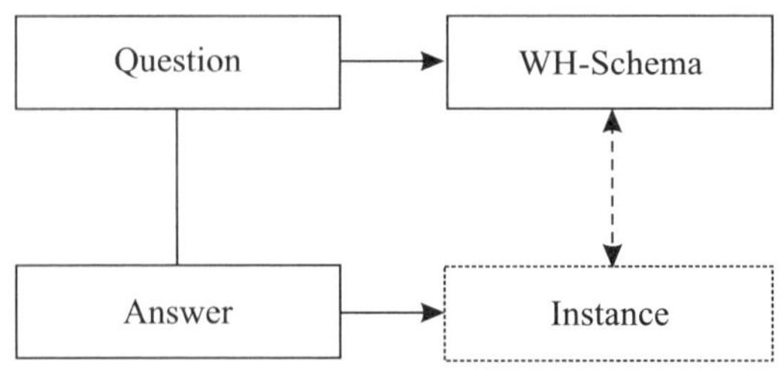

图 4. 23　WH-对话构式的图式－零例示范畴化关系

图 4. 23 中的无箭头实线表示问答话语形成一个 WH-语对，而虚线双箭头表示问句与答句有潜在的图式－例示关系。虚框则表示答语未能例示图式性的 WH-词语。此类情形下，WH-问句中图式焦点的例示数量为零。

另外，答语未能例示问句的疑问焦点可被视为答语是新图式的一个例示，（如图 4. 24 所示），即对话中由于答语出场的认知参照背景发生变化，答话人引入新的话题，对话的焦点发生了转移。

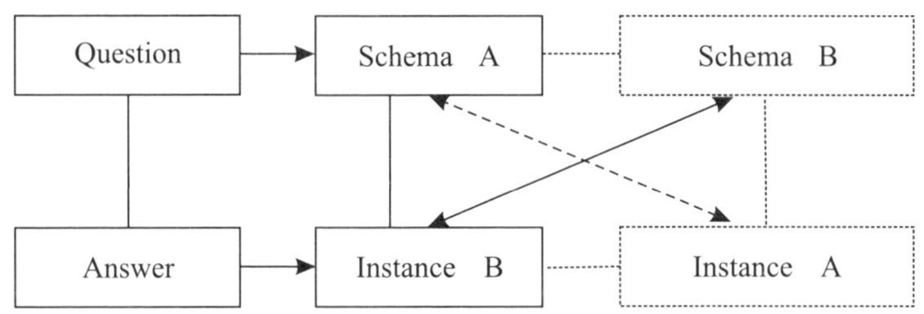

图 4. 24　答语与新图式之间的关系

图 4. 24 表示 WH-问句与答句在形式上构成问答配对（由无箭头的实线表示），但答语不是问句中疑问焦点（Schema A）的例示，而是一个新图式（Schema B）的具体表征（Instance B），答语与新图式的关系由实线双箭头表示。此类对话中，问句的 WH-词语没有体现为具体的实例（Instance A，图中用虚线框表示）。图中无箭头的虚线表示 Schema A 与 Schema B、Instance B 与 Instance A、Schema B 与 Instance A 之间可能存有联系，如同一事件域内发生的焦点转移（QA6）：

QA6：

Question：...**Why** are there so few great American political novels as opposed to, say, detective stories?

Answer：Well, that's a very good question. That's a very good question.

该 QA 的答语不是对问句疑问焦点 why 的例示，而是其他图式结构的例示（如图式结构 How do you think of this question?），该问句的疑问焦点没有被具体化。由于答语是对同一问句事件域的性质描述，新图式结构与问句的图式结构之间仍有内在联系，其例示之间的关系可能在新一轮对话中体现出来。

COCA 中的 WH-问答对话语料表明，焦点零例示型的 WH-对话构式主要体现为焦点转移型、否定答语型、非完整答语型和仅语用标记回应型。

（1）焦点转移型。

该类 WH-对话构式中，答语没有细化问句的疑问焦点，而是引入了新的话题，转移了对话的焦点。如：

QA7：

Question：...**What** do you think you're doing wrong?

Answer：Well, wait a minute, we're not-first thing, **we should stand back** and look at how-what we're **doing right** here. We have won the presidency despite the fact we were running against an incumbent vice president in a time of peace and prosperity and that was on the basis of the strength of the personality of this president and his proposals and policies...

在 QA7 中，答话人没有直接回答问话人的问题，而是把话题的焦点引向了对“doing right”的解释（答语中粗体表示焦点发生转移）。问句的焦点 what 没有在答语中被具体表征。

QA8：

Question：...**How** did Taylor defend the indefensible?

Answer：Well, **the question is more how his lawyer, Courtenay Griffiths, defended**—it apparently wasn't indefensible because he mounted quite a good defense. The key for him was to show that he was not directly involved in the commission of these atrocities. Nobody disputes, obviously,...

QA8 的问句是关于“Taylor defended the indefensible”的方式，但答语的粗体部分表明答句并不是对焦点 how 的具体说明，而是讨论问句事件中与已知信息“Taylor”有关的人物“Courtenay Griffiths”，并从已知信息中的“indefensible”转移到“it apparently wasn't indefensible”，继而转移了问句的初始焦点 how。

（2）否定答语型[①]。

否定回答型 WH-对话构式指对话交际中，答话人使用否定语气（通常含否定词语如 not，never，no 等）的话语表示未能提供问句焦点的确切具体信息。答语表明答话人否认了自身的认知能力（QA9）、否定了问句焦点或问句中事件背景的存在合理性（QA10）、或否定答语中肯定性话语作为焦点例示的合理性（QA11）。

QA9：

Question：...**When** can we anticipate the gang of six product?

Answer：I don't have any idea.

QA9 的答语包含否定词语 not，表示答话人没能够提供疑问焦点 when 的具体例示。答话人认为关于问句焦点的知识不在自身的认知能力范围[②]之内。

QA10：

Question：...What did **his staff tell you**?

Answer：**I didn't actually talk to his staff**，but people who I've talked to about it have said that very many reporters have asked for this...

QA10 的问答中粗体部分表明，问句预设的事件“His staff told you something.”没有发生，答话人通过否定问句事件的存在而认为当前对话中问句焦点 what 的具体例示数量为零。

---

① 严格意义上讲，否定答语型也属于间接例示或焦点转移型 WH-对话构式，但由于答语为否定的语气或含有否定的句法结构，本节权且把它单独归为一类，并把否定答语界定为答语对问句焦点或问句已知信息的结构和意义全部否定（部分否定型语对由于仍然表征了问答之间的图式－例示关系，则归入直接例示型）。否定答语型 WH-对话构式的句法、语义和语用非常复杂，笔者将在第 5 章进行单独论述。

② 答话人否定自身的认知能力可能是故意为之，这不属于本节的讨论范围。

QA11：

Question：...**Who** would use that，Al？

Answer：Not me.

QA11 的答语表明，答话人否定了“me”作为焦点例示的可选性或合理性。因此，尽管答语中出现与问句焦点 who 有对应的语义结构，但由于答话人对其进行否认，从而使得问句焦点 who 的例示数量仍然表征为零，问答之间仍未实现焦点的图式－例示关系。

（3）非完整答语型①。

非完整答语型 WH-对话构式指答语针对问句的焦点和事件框架而言，缺乏一个完整简单句必需的结构成分（答语中多由省略号表示），因此未能具体例示 WH-词语的图式内容，体现了问句与答语之间的图式－零例示关系。在该类 WH-对话中，答语的句法缺损结构不足以向问话人提供完整的焦点具体例示信息，而要完整例示疑问焦点则需要更详尽的答语句法结构。如：

QA12：

Question：...**What** is the risk of these diseases for women without these genetic mutations，for example？

Answer：Now in the general...

QA12 对话中答语有缺损的句法信息（由省略号表示）。因此，针对问句焦点和事件框架而言，答语未能完整表征疑问焦点 what 的具体例示。问话人要获得 what 的具体例示仍需要答话人补充更多的句法信息。

QA13：

Question：...**How** are you going to handle it，as far as the crowd？

Answer：I...

在 QA13 问答交际中，答话人省略了语言交际信息，答语不能完整表征疑

① 非完整型答语是针对语对中 WH-问句的焦点和事件背景而言，答语的句法和语义有缺损现象。如果不在语对环境中，该类答语的句法也是完整的，如 QA12 的答语“I”，单独使用时，句法也是完整的，且语义未受损。

问焦点的具体例示，而是焦点例示性话语的一个句法成分，因而答语不足以让问话人解答疑问并拟构一个完整的事件。

非完整的答语不同于直接例示型中的简略答语，后者遵循了话语经济原则，语义是完整的。如：

QA14：

Question：**What** did they name her?

Answer：**Viara**.

QA14 中问句的完整答语应是"They named her Viara."。该对话中的答语属于简略的直接回答，语义并未受损。而 QA13 的答语只是重现了问句的部分事件框架信息，即"I"，问话人无法仅通过"I"获知 what 的完整例示信息。

另外，非完整答语也有别于直接例示型 WH-对话构式中的部分回答。如：

QA15：

Question：...**What** are the pros and cons of going from one method to the other?

Answer：**The pros** of being independent is that you control your product from start to finish. You control how it's marketed, where it goes, how it plays, how it's seen and received...

由该对话的问句框架可知，疑问焦点 what 的例示要包含两个方面的内容，即"the **pros** and **cons** of going from one method to the other"。但答语表明，答话人仅提供了关于"the **pros** of..."的信息，也即仅部分例示了问句的疑问焦点 what。尽管如此，答话人仍然提供了与焦点的例示信息，问答之仍体现了图式－例示关系。但 QA12 和 QA13 的答语对其问句焦点而言，却有不完整的句法结构，因而无法为问话人提供关于焦点的有效例示信息。

（4）仅语用标记回应型①。

该类对话中，答语仅含有语音符号（零句法形式）或一个词语（尤其是叹词，如 yeah）或短语结构，以表示答话人对问题有所反应。这类词语包括

① 各种对话类型都表明答话人回应了问话人的提问，本节所分析的回应性答语特指答语未体现问句疑问焦点的图式－例示特征，而仅有语音符号（零句法形式）或叹词等话语形式回应了问话人的提问。

well，I think，you know，right（含 that's right，all right），I mean 等。由于它们的功能主要在于体现答话人回应了问话人的提问，本章权且称之为语用标记语①，此类问答语对也被称作仅语用标记回应型（简称回应型）WH-对话构式。因为该类构式的答语没有表征问句焦点的具体信息和/或问句的框架信息，问答之间只有句法配对形式，问话人没有通过对话获得期望的信息，如

QA16：
Question：...**What** would they do，you know？
Answer：Mm – hmm.

在 QA16 中，答话人没有具体回答问话人的提问，而只是用零句法形式的语音 Mm – hmm 回应了问句的疑问焦点 what，表示对话在进行。问话人没有通过对话获得焦点的具体例示信息。

QA17：
Question：...**Where** are they today？
Answer：Yeah.

在 QA17 中，答话人只是用叹词“yeah”回应了问句事件的焦点而没有提供其具体例示。

4.4.3 小结

本节以答语是否以肯定语气例示了问句中的 WH-词语为标准，把 WH-对话构式划分为六个类型，包括直接例示型、间接例示型、焦点转移型、否定答语型、非完整答语型和回应型，并详述了各个类型的 ESI 识解原理。以此为基础，后续各小节将分别讨论 WH-问答现象的对话句法、对话语义和对话语用特征。

4.5 WH-对话构式的对话句法特征

由图 4.10 可知，图式是对例示的抽象概括，例示是对图式的具体详述，

① 通常也称为语篇标记词。

图式和例示具有共享特征。WH-对话构式在句法层面的图式－例示范畴化关系体现为WH-问句和答语之间共享一个事件域结构（ECM），问句是其图式化表征，答语是其具体例示。基于该事件结构，WH-问句和答语之间出现结构平行，产生对话句法共振现象。

4.5.1 WH-对话中的事件域

在COCA的口语子语料库中搜索可发现，英语口语中有9个常用的句首WH-疑问词语，它们分别是what，when，how，why，who，where，which，whose，whom。其使用情况按出现频次高低如表4.1所示：

表4.1 COCA口语语料中最常用的9个句首WH-词语①

1	2	3	4	5	6	7	8	9
what	when	how（含how many等搭配）	why	who	where	which	whose	whom
50 967	23 452	20 548	12 374	4 127	3 791	1 372	94	24

从表4.1中的数据可知，WH-对话主要针对某事件域的Being和Action两大要素设置疑问焦点，其中疑问焦点what对应事件域的Being要素。when，how，why等则对应事件域的Action要素。如图4.25所示：

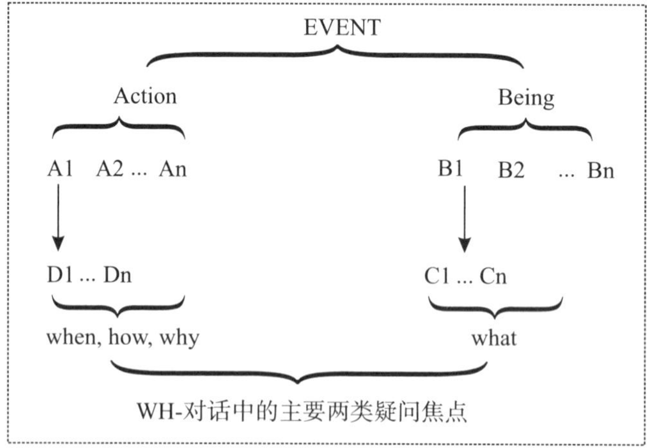

图4.25 疑问焦点what和when，how，why与事件域两大要素的对应关系

由图4.25可见，WH-对话构式的主要疑问焦点对应事件域的两大要素，

① 参考COCA（1990—2015）中的数据，下同。

表明该类构式的使用以事件域为基础，WH-问句的疑问焦点编码了一个事件域中事体或行为要素的索引信息。

与其他疑问词相比，what 的高频使用特征还与它是 WH-词语范畴中的典型成员有关。如图 4.26 所示：

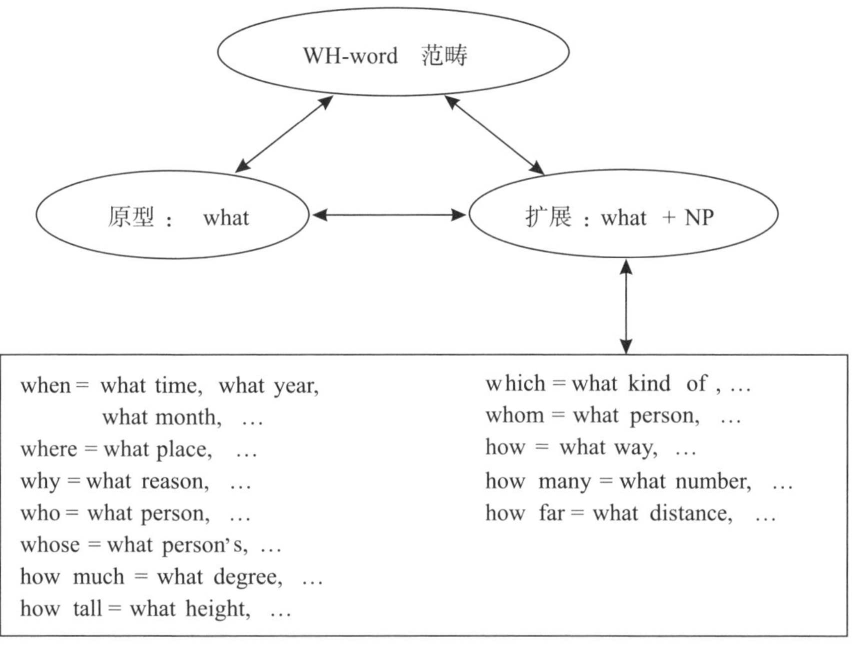

图 4.26 WH-词语范畴中的典型成员 what 和扩展成员 what + NP

由图 4.26 可见，封闭语料中出现在句首的 9 个常用疑问词形成了一个 WH-词语范畴，表征事件域中事体要素未知信息的 what 是该范畴的原型，它与 WH-词语范畴的其他成员形成原型－扩展关系，即疑问词 when，where，how，why，who，which，whose，whom 可以通过 what + NP① 形式表示 WH-对话构式的疑问焦点信息，如：

when = what time，what year，what month，what + ...

where = what place；how = what way...

Why = what reason...；which = what kind of，what + ...

who = what person，what + ...；whom = what person，what + ...

① NP = noun phrase.

whose = what person's；how many = what number...

how much = what degree...；how far = what distance...

How tall = what height...

......

而与 what 相比，其他的疑问词，如 how 在 WH-词语范畴中的原型度次之，但又比其余的 6 个常用疑问词有更高频次的使用特征，主要体现为现实对话中 how 不仅可以单独用作疑问焦点，而且还与某些形容词或副词共现于 WH-问句中，如下面组配引起的疑问句式：

How deep...?

How many...?

How much...?

How often...?

How old...?

How soon...?

How + differently…?

How seriously…?

......

How about...?

How big...?

How fast...?

How important...?

How large...?

How far...?

How little...?

How long...?

How deep...?

......

由此可见，在 WH-词语范畴中，what 是最典型的成员，而 when，how，why 的原型度次之。两类主要疑问焦点在 WH-对话中的高频使用充分揭示了问答交际的事件域认知基础。

4.5.2 WH-问句中疑问助词[①]与事件域的联系

英语中的疑问助词通常包括 be，do，modal verb 和 have 四类。根据英语句子的核心结构（Langacker，2009：252；2012：48）：

[Anchor + Existential verb + Remainder]

① 疑问助词特指 WH-对话中第一个说话人（Speaker 1），也即问话人使用的疑问助词，下文简称“助词”。

英语中的助词（auxiliary）例示了存现动词（existential verb），并标示了事件的时间存在属性（Langacker，2009：219 - 258）。能进入 WH-问句中 Existential verb 位置的语词包括 am，is，are，was，were，be，do，does，did，have，has，had，以及情态词类 will，would，should，shall，can，may，must，could，might，need 等。助词 am，is，are，do，does，have，has 通常表示客观事件的发生时间与言语事件时间的一致性。助词 was，were，did，had 表示客观事件早于言语事件发生。情态类助词表明说话人是基于现实事件做出判断与推理，表征了相对于当下言语事件时间而言的一个非现实事件，该事件可能发生在未来（可用 can，may，must，will，shall 等表示）或过去（可用 could，might，should 等表示）。情态词（如 need，should 等）也表征了虚拟事件的时间属性。

事件存在于既定的时间域中，没有无时间属性的事件。某一既定时间是特定事件的属性之一。疑问助词为一个事件提供了时间认知参照点，同时也表明事件域是 WH-对话构式的理解基础。

4.5.3 WH-对话构式的句法图式 - 例示结构

4.5.3.1 WH-问句的图式结构

WH-问句的句法图式性主要源于其规约化的句法结构：

WH-词语 + 助词 + 其余语词？
（WH-word + auxiliary + remainder ?）

在该结构中，WH-词语和助词常形成固定组配，其后可以接不同的语词形成 WH-问句，从而表征了问句结构的图式特征。如 What do 可以后接不同的词语，形成不同的问句图式结构：

What do you really like about their music?
What do you do?
What do you think of the idea of sending him over right away?
What do you know about it?
What do you mean by a positive encounter?
What do you think?
……

另外，同一个疑问句式可有不同的答语表征，并且答语可再现问句的部分或全部结构，表明同一个问句可以是不同答语的抽象句法概括，如 QA1 和 QA2 中答语与问句共享部分句法结构（由画线部分表示），揭示了问句的句法图式性。

QA1：

Question：...**What** do you make of that?

Answer：I think it's two guys that want to make fun at Obama's expense. I think that—listen, this—Senator Obama.

QA2：

Question：...**What** do you make of that?

Answer：...So I think it has been stressful. But the biggest stress of all is to lose a battle in the war on terror that we...

再者，COCA 中的 WH-对话语料显示，一个问句的疑问焦点可有不同的例示，即问句中 WH-词语的位置可由不同的具体话语填充。WH-词语作为问句事件中的图式结构，在交际中可有多个答语与其形成结构对应，如"How are you doing?"的疑问焦点有如下的对应答语，揭示了 how 的图式性，同时表明了问句的句法图式特征。

Question：...**How** are you doing?

Answer [**1**]：I'm doing well.

Answer [**2**]：(As Nadia) I'm OK. Tired, but OK.

Answer [**3**]：Okay. (OK)

Answer [**4**]：I'm doing great. Let's just roll this all the way back to what is the goal of the festival for an average filmmaker?

Answer [**5**]：I'm actually doing pretty well. I have, as best we know right now, no active tumors. It is a roller-coaster ride. Early in the year, around January or February, my case was not going well. The chemo had failed. We were really talking about this summer as probably about the end for me. Found a new procedure called radio frequency ablation. The doctor quite cheerfully said he'd simply go in and kill the tumors.

Answer [**6**]: Good morning. I'm doing great. How are you today?

Answer [**7**]: Fine. How are you?

Answer [**8**]: I'm fine.

Answer [**9**]: I'm doing good.

Answer [**10**]: Great.

Answer [**11**]: I'm doing very well. How are things in Rome?

Answer [**12**]: I'm doing fine. So we're actually going to see these things on the shelves in the next few months, right?

Answer [**13**]: Good.

Answer [**14**]: Kind of numb. It's been like a bad dream, and I'm hoping someone would wake me up, tell me it's over. Today's the first day I've been back on site, and it's bringing back some horrible memories, just a real eerie feeling right now.

Answer [**15**]: I'm doing pretty good. I've taken it step by step, just like they said I would, and I think I'm on the right track. I think I'm on towards the healing process, I guess. I made it through Baylee's birthday yesterday, so I think...

Answer [**16**]: I'm doing just super. I brought American Express with me—don't leave home without these guys, I'll tell you what.

Answer [**17**]: I'm OK.

Answer [**18**]: Oh, my day is made.

Answer [**19**]: Pretty good. How are you?

……

4.5.3.2 WH-对话构式的答语例示特征

(1) 答语与问句的配对。

在 WH-对话构式中，答语对问句的例示首先表现为答语与一个 WH-问句形成紧邻配对关系。问答之间的配对包括一问一答、一问多答、多问一答等句法形式。

① 一问一答。

一问一答指 WH-对话构式中的答语只针对紧邻的一个 WH-问句，体现了一个 WH-问句的答语唯一性和 WH-问答构式的瞬时存在性。问句与答语共同构建了一个临时的事件域，如 QA3 和 QA4：

QA3：

Question：...**When** did they swap out to the hotel?

Answer：**They were here for about** 12 **hours and they left about** 6:00 **this morning to go back to the hotel to clean up.** ①

在 COCA 语料中，该 QA 的答语只与问句“When did they swap out to the hotel?”进行结构配对，体现了 WH-QA 的瞬时用法属性。

QA4：

Question：...**Why** do you see the Kerry campaign's fingerprints on this?

Answer：**Well，because from the time of the Republican convention，the Democrats have been engaged in a campaign to take advantage of these revelations. At first，this story developed and the Kerry campaign said they had no contact...**

同样，QA4 的问答配对在真实语料中的无重复性，表明了 WH-QA 的瞬时使用特征。

②一问多答。

一问多答指 COCA 口语语料中相同的问题句法结构，有多个不同的答语句法结构与之配对（如 QA1 和 QA2），其问句框架已经规约化为一个固定的句法构式。如 QA5 和 QA6 的问句和答语所示：

QA5：

Question：...**Why was that**?

Answer：I was thinking，gosh，Sarah，you want the whole world to know that you have a problem? And it was kind of an—I mean，I couldn't even believe I didn't come with Sarah to the program...

---

① 问答之间的粗体部分表示结构对应。

QA6：

Question：...**Why was that**?

Answer：Well, basically because you have here a major city of a half a million people, a major international airport, plenty of quality hotel rooms and good...

一问多答型的问句在 COCA 的 WH-对话语料中常见如下句式：

What's up?
What's your name?
What is (was) going on?
What's your reaction?
What's next?
What's the point?
What's different?
What's the story?
What's (was) that?
What's (was) this?
What's (was) it?
What's (was) the answer?
What do you want for Christmas?
What do I do?
What did you find?
What does that mean?
What should I do?
What is (was) that about?
What's wrong?
What's your question?
What's your comment?
What's your response to that?
What's the latest?
What's (was) the problem?
What's going to happen?
What's (was) it like?
What's your view of that?
What are you doing?
What are you talking about?
What are your thoughts on this?
What are they?
What are you going to do?
What are you saying?
What does that say?
What does that mean?
What does that tell you?
What can you tell us about that?
What can I do for you?
What can I say?
What can I tell you?
What would you do?
What have you learned?
What have you got?
What do (did) you think?
What do you want for Christmas?
What do (did) you do?
What do (did) you mean (by that)?
What do (did) you make of that?
What do (did) you say (to that)?
What do we have?

What did he say?
What do (did) you see?
How do (did) you feel about that?
How do you respond to that?
How do you explain that?
How do you know?
How do you do that?
How do you react to that?
How did that happen?
How did that go?
How does that happen?
How'd it go?
How has it changed?
How are you?
How are you doing?
How is that going?
How's that?
How would you describe it?
Who's that? Who are you?
Why do you think that is?
Why do you say that?
Why did you (not) do that?
Why is (was) that?
Why was that important to you?
Where are you calling from?
Who are they?
……

③多问一答。

多问一答与一问多答相反，即对于有不同句法结构的 WH-问句，但用相同的 WH-词语表征疑问焦点，答语也有相同的句法特征。此类答语在 WH-对话构式的句法环境中具有普遍适用性。如“nothing”可以是不同问句中疑问焦点 what 的零例示句法表征：

Question [**1**]: **What** did you get in return?
Question [**2**]: **What** does he know about it?
Question [**3**]: **What**'s wrong with the street?
Question [**4**]: **What**'s up with you and Bill Clinton?
Question [**5**]: **What** have you been doing all day?
Question [**6**]: **What** can I put you down for?
Answer: **Nothing.**

COCA 中的 WH-对话语料还表明，以下答语常对应多个不同的问句结构：

Good question.
I don't know.
Yes.

Exactly.

……

另外，最常用的语用标记语（通常被称为语篇标记词）如 well，I think，you know，right（that's right，all right），Oh，I mean，actually，yes，yeah，OK 等与答语共现，它们已固化为 WH-对话构式中答语的一个组成部分，常与 WH-词语的例示共同出现在该类构式的句法配对中。

（2）答语与问句的整合。

根据认知语法的构式整合观，一个 WH-对话构式由一个 WH-问句与一个答句整合而成。如图 4.27 所示：

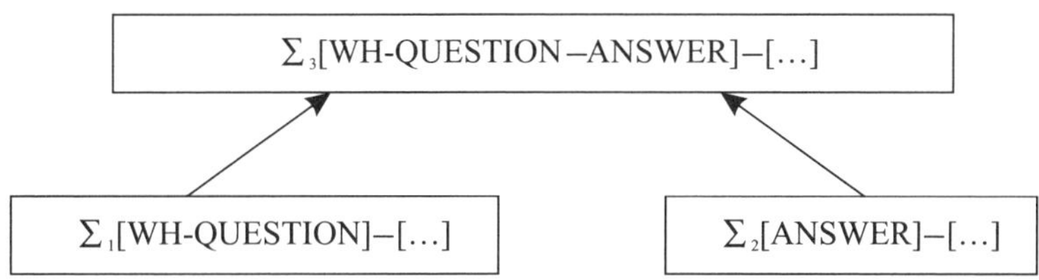

图 4.27　WH-对话构式中问句与答语的整合

图 4.27 表示，一个 WH-问句概念化的内容［WH-QUESTION］与答语概念化的内容［ANSWER］进行整合，［WH-QUESTION - ANSWER］的语音结构［...］标示了该类构式的句法整合结果。经整合形成的 WH-对话不是问句和答语结构的简单相加，而是问答之间形成了对话性特征，即在语对句法环境中，答语受到问句的句法结构影响，问答话语的结构之间具有结构映射关系。

根据答语与问句的句法配对和整合特征，以及答语与问句之间的结构映射，WH-对话构式的答语在句法层面表征了问句图式结构（WH-词语或问句框架）的具体例示。

（3）答语作为问句例示的句法特点。

COCA 中的 WH-对话语料显示，一个 WH-问句图式结构，其答语可以是语音符号（零句法①），一个词语（尤其是叹词，如 yeah）或短语，一个句子（简单句、并列句或复合句）或一个句群②。

①语音符号类（零句法形式）答语。

如 QA7 和 QA8 的答语：

① 各类答语都有语音符号，而本节所指的语音符号类答语特指无句法构成成分的话语形式。
② 语词或短语类、单句类和句群类的答语句法特征主要关涉非语用标记语部分的答语结构。

QA7：

Question：...**Where** did this guy, Shakespeare, come from?

Answer：Hm.

QA8：

Question：...**What** should I do?

Answer：Aww!

QA7 和 QA8 的答语无具体句法成分，即仅用语音符号表征了问句焦点的零例示情形。

②词语类答语。

如 QA9 和 QA10 的答语：

QA9：

Question：...**How**'s that turkey?

Answer：**Delicious.**

QA10：

Question：...**What** do you make of the book?

Answer：Whew!

在 QA9 对话中，答语用一个词语简略例示了问句的疑问焦点 how，而 QA10 的答语则是一个叹词（interjection），它表示该对话中焦点 what 的例示数量暂时为零。

③短语类答语。

如 QA11 和 QA12 的答语：

QA11：

Question：...**Where** do they come from?

Answer：**From the Hokkaido.**

QA12：

Question：...**Why** do you still have this?

Answer：**Because of the artwork.**

QA11 和 QA12 的答语用短语具体例示了问句的 WH-词语。

④一个句子表征的答语。

如 QA13 和 QA14 的答语：

QA13：

Question：...**What** was Jennifer afraid of?

Answer：Jennifer was afraid **that he was going to hurt her or kill her.**

QA14：

Question：...**When** is the Popeye festival for all those folks out there who want to come to Chester, Illinois, when there isn't not a flood?

Answer：Well, **it's September the 11 th, 12 th and 13 th of 1993.**

QA13 和 QA14 的答语分别用一个句子例示了问句的焦点图式结构。

⑤句群表征的答语。

如 QA15 和 QA16 的答语：

QA15：

Question：...**What** was that all about?

Answer：That is **a conversation that's been going on for a long time in Pakistan. And, as Mosharraf Zaidi, one of the people you may be referring to, a writer, journalist and development expert in Pakistan, was saying, this is a profoundly difficult time. It is an insurgency that has gone on for years. Things have been blowing up all over that country for years. And it is extremely difficult for people. And they're not getting answers...**

QA16：

Question：...**How** would you rate yourself in the past year?

Answer：Well, I have a—I think **I get an A for effort. And in the House of Representatives, my mark is the mark of our members. We have passed every piece of legislation that is part of the Obama agenda. Whether it's the creation of jobs, expanding access to**

health care, creating new green jobs for the future, regulatory reform, we have passed the full agenda.

QA15 和 QA16 的答语粗体部分各自对应其问句的疑问焦点。该类对话的答语含两个及以上的句子，答语以句群的方式例示问句的图式结构。

4.5.4 WH-对话构式的句法共振现象

4.5.4.1 句法共振的特征

在句法层面，WH-对话构式的图式－例示关系体现为答语与问句有相同或相似的句法结构，即答语重复使用问句的语词、短语或整个句子的框架结构，使问句和答语存在结构对应，两者之间产生句法共振现象（resonance）①。

根据对话句法学（Dialogic Syntax）的观点，共振是激活话语或话语心智表征之间亲缘性的催化剂（Du Bois，2014：372，375）。

随着话轮的转换，对话中引起的共振又促发形成新的话语平行，产生共振循环。平行结构是对话共振的外显特征。

句法共振表明，当先前使用过的语言资源（如语词、句型等，即促发语词或促发语句）被激活，以供说话人选择性再用时，话语之间出现了（部分或完全）结构平行特征。对话中平行的话语排列产生了语言各个层面的耦合（coupling），包括词缀、语词、句法结构、语法范畴等的一致或对等。语词或结构的选择性再用不能简单地归结为是对先前话语的模仿（mimicry）、响应（echo）或盲从性的重复（slavish repetition），而是表征了说话者有意识或无意识地做出抉择，以确定使用先前话语的哪些方面和以何种组配方式建构新的话语（ibid.：379）。话语间的语词或结构复用突显了基础话语（base）和目标话语（target）之间的映射关系，并使话语间对应的语言要素产生了亲缘性（affinities），因而话语结构具有对称性。语言的对称要素相互给予语境参照，引起对话共振，为说话人进行意义推理提供了共享认知背景，表现为 WH-对话中问答之间相似或相同的句法结构。

对话共振揭示了“用语言建构语言”（It takes language to make language,

① Du Bois（2014：375）认为，如果没有平行结构特征，对话中同样可以产生共振，对话共振体现在实际表达的话语中或体现在话语的心智表征中（即认知过程和记忆），对话句法学和本研究均只关注前者。

Du Bois，2014：359）的话语产生机制。在 WH-对话中，一个话语首先激活一个认知图式，而紧随的话语则为该图式的例示。答语的产生过程体现了图式-例示范畴化关系的应用，一个 WH-词语在不同的对话中可有多个不同的结构，揭示了句法层面问句图式结构的能产性（productivity），并反映了 WH-对话中答语建构过程的动态性。

对话中的句法共振现象可由对话图示（diagraph）表示。对话图示是对话句法的分析单位，它表征了话语动态变化中的平行结构、映射关系和共振效应，因而是更高层次的、超句法结构（Du Bois，2014：376－378）。对话图示是说话者体验到结构配对时的心智表征，它超越了单个句子的内部结构，是多个话语特征的合成结构（ibid.），如图 4.28 是 QA 17 的对话图示，它体现了答语对问句的结构映射，问答之间有句法共振现象。

QA17：

Question：...**Where** <u>are you calling from</u>，<u>please</u>?

(3)　　(2)　　(1)

Answer：<u>Yes，</u>　<u>I'm calling from</u> **Binghamton**，**New York.**

(1)　　(2)　　(3)

由 QA17 的对话图示可知，该问答之间存在结构一一对应关系，答语映射了问句的句法结构（由图中向上箭头所示），即（1）答语中的 Yes 对应问句的祈使语气词 please；（2）人称代词 I 对应问句中的 you，并且答语表征时体的结构“am calling from”对应问句的结构“are calling from”；（3）“Binghampton，New York”表示具体的一个地点，它对应问句的疑问焦点 where。该图中向下的箭头表示答话人的答语线性建构方向。该答语在建构中同时例示了其问句的焦点和框架，问答之间产生了句法共振。

Question:	Where	are	you	calling	from	,	please	?
	↑	↑	↑	↑	↑	↑	↑	↑
Answer: ↓							Yes	
						,		
			I					
		am						
				calling	from			
	Binghamton, New York							.

图 4.28　QA17 的对话图示

4.5.4.1　句法共振的类型

一个 WH-对话构式的对话图示揭示了其问句的哪些部分和有多少结构被答语重复使用。答句对问句结构的部分或全部复用（reproduction），使得问句与答句之间产生结构平行特征。如果答语的句法结构仅对应问句的 WH-词语，答语与问句之间形成焦点共振（focal resonance），而如果答语的句法结构与问句框架中（非焦点部分）的语词或结构形成部分或全部对应，则问答之间产生框架共振（fame resonance）①。若答语的句法结构与 WH-词语和问句框架都有对应关系，则问答之间出现了焦点与框架双共振现象（focal and frame resonances）。如果答语与问句无显性的句法结构对应，则 WH-问句与答语未发生句法共振（non-resonance）。Du Bois 等（2014：428）在分析共振时触及了 WH-对话构式中同时出现焦点共振和框架共振的句法现象，但未研究该类对话中仅焦点共振或仅框架共振，以及无句法共振的现象。下文将逐一分析 WH-对话构式中的句法共振类型。

（1）焦点共振。

WH-对话构式的焦点共振就是答语用词、短语、句子或句群具体表征问句的焦点结构，答语为问句的 WH-词语提供了详细的句法信息，并与之形成结构对应关系。QA18－QA27 的答语分别对各自问句中的疑问焦点进行了新的句法建

---

① 由于 WH-词语的图式性，WH-问句具有框架性质。本节把 WH-问句中非 WH-词语或非焦点部分视为问句的框架结构或框架信息，答语与问句非 WH-词语部分产生的共振被称为框架共振（frame resonance）[同时参见 Du Bois et al.（2014：428）对 WH-问句框架的界定]。

构，并与其形成产生结构映射，问答之间形成句法配对，发生焦点共振。

QA18

Question：...**What** are conditions like in the rest of the state?

Answer：Well，**there's been flooding throughout the state. They got a tremendous amount of rain over the last day**，**in some places 20 inches of rain**，**so that's caused a lot of flooding problems**，**both on roads and in—it'll be a mess in businesses and houses. ...**

QA18 的答语用句群具体化了问句的疑问焦点 what，答语与问句的 WH-词语形成结构对应①，问答之间产生了焦点共振。

QA19：

Question：...**When** were you on the show?

Answer：**1977**.

QA19 的答语表示一个年份，它是对问句疑问焦点 when 的具体表述，两者具有结构对应关系，该对话中产生了焦点共振现象。

QA20：

Question：...**How** was the pie?

Answer：**Still warm.**

QA20 的答语具体化了问句的疑问焦点 how，答语从而在句法层面重构了问句的疑问焦点，问句与答语之间表现出焦点共振。

QA21：

Question：...**Why** is she putting her hand up?

Answer：**Because she wants to be acknowledged by staff to move.**

QA21 的答语用一个句子重新具体表征了问句的疑问焦点 why，问答之间有句法结构对应特征，体现了问答之间的焦点共振效应。

---

① 本节中问答之间的句法结构对应用粗体表示。

QA22：

Question：...**Who** was the 14-year-old girl?

Answer：**LeAnn Rimes.**

QA22 的答语是对问句中疑问焦点 who 的具体阐述，问答之间通过 who 与其具体表征形成结构配对，产生焦点共振。

QA23：

Question：...**Who** would use that，Al?

Answer：Not **me**.

尽管 QA23 的答语含有否定词语，但答语在句法层面包含了与问句焦点 who 有对应的结构，问答之间仍然体现了焦点共振特征。

QA24：

Question：...**Where** are you all from?

Answer：**Florida.**

同样，QA24 的答语对问句的疑问焦点 where 进行了具体说明，问答之间有结构对等关系，对话中产生了句法焦点共振。

QA25：

Question：...**Which** is it，a continuation or a change?

Answer：**Both.** ...

QA25 中的答语人对问句的疑问焦点 which 进行了具体表达，问答之间有结构映射现象，因而该对话体现了句法焦点共振现象。

QA26：

Question：...**Whose birthday** is this?

Answer：**Mine.**

QA26 的答语具体化了问句的突显结构 whose birthday，问答之间形成句法图式与例示关系，体现了问答之间的焦点共振特征。

QA27：

Question：...**Whom** do you think is going to win? Mr. Millonzi?

Answer：**Mr. Bush.**

QA27 的答语完全对应问句的疑问焦点 whom，问答之间据此形成焦点结构平行特征，从而引发了句法共振现象。

QA18 - QA27 表明，在发生句法焦点共振的 WH-对话构式中，答语与 WH-词语都有结构对应特征。

（2）框架共振。

WH-问句的非 WH-词语部分决定了问句事件域的框架信息。在框架共振中，答语仅与问句的非疑问焦点结构形成对应，答语并未基于问句的非焦点结构向 WH-词语提供句法对应信息。即使答语以问句的句法结构为基础建构了新的话语，但这类话语都不属于 WH-词语的句法例示。QA28 - QA35 表示答语重复使用了问句中非 WH-词语部分的句法结构，答语与疑问焦点的认知背景（Ground）形成结构对应，问答之间在框架层面有句法共振现象。

QA28：

Question：...What's **it** like?

Answer：What's **what** like?

QA28 的问句与答语之间关系如图 4.29 对话图示所示①：

Question：	What	's	**it**	like	?
	↑	↑	↑	↑	↑
Answer：	What	's	**what**	like	?

图 4.29　QA28 的对话图示

QA28 的对话图示表明，虽然该对话的答语与问句的疑问焦点有结构对应，但答语并未在此基础上为 WH-词语提供具体的句法例示信息，而仅是问

① 由于 QA29 - QA33、QA35 与 QA28 有类似的对话图示，因而在其共振特征分析中对话图示被省略。

句焦点的同语反复。但答语对问句中非 WH-词语部分的“it”给予了新的句法阐释，两者产生结构对应关系（由句中粗体表示）。因此，问答之间在框架层面发生了句法共振现象。

QA29：

Question：...**When will you be able to** surf again?

Answer：**When will I be able to**?

QA29 的答语也与问句的框架结构产生平行特征，但答语未向问句的 WH-词语提供对应的新句法例示信息，答语与问句只体现句法框架共振。

QA30：

Question：...How do you know when it's time to water a plant, **regardless of what kind it is**?

Answer：Well, it's unfortunately not **regardless of what kind it is...**

QA30 的答语重复使用了问句中的结构“regardless of what kind it is”。与问句不同的是，答语在该结构前使用了否定语词 not，从而使得问句的疑问焦点 how 未被答语具体表征。问答之间仅有框架结构映射，产生了框架共振。

QA31：

Question：...**Why would Spencer say that**?

Answer：I don't know. I don't know **why he would say that**, honestly. I don't.

在该否定回答型的 WH-对话构式中，答语没有用具体句法结构详述问句的疑问焦点 why，而只复用了问句的整体框架结构，问答之间也只产生了框架共振现象。

QA32：

Question：...**Who was arrested**?

Answer：Hi, Madeleine. **The arrests** today **are** part of what's being hailed as the biggest manhunt in British history. Thousands of police officers and MI5 security agents are involved in daily operations. They've been going through footage from hundreds of closed-circuit television camera footage in London, analyzing forensic information from the bombs that failed to explode last week. They're following up on leads from members of the public as well. Also armed officers have been involved in raids searching for suspects.

在 QA32 的答语中，“The arrests... are...”表明了“arrest”是名词性用法，它与问句中被动结构中的“arrested”有词汇结构同源特征，并且答语的句法主干中系词 are 与问句中的 is 都是 be 的不同变体。因此，问答之间基于系词和“arrest”建构起结构对应关系。然而，答语的句群结构却没有详述问句中的疑问焦点 who，问答之间也仅在句法框架层面产生了共振效应。

QA33：

Question：...Where is **your morals and values**?

Answer：I ha—I have plenty of moria—**morals and values**. What I do for a living...

通过对比该对话的问答句法结构可以看出，答语与问句有部分相同的结构，即它们都包含短语结构“morals and values”，并且有人称代词之间对应关系 your：I，但答语并未有问句焦点 where 的句法重构信息，问答之间虽然有共振效应，但仅体现在句法框架层面。

QA34：

Question：...Which **was** the most **painful piercing** of all that **you have done**?

Answer：**I had** a septum **pierce** once, and it **was**n't really **painful.** I've never had a piercing that was, like, really excruciating.

QA34 的问答之间有分散的结构对应关系，如图 4.30 对话图示所示：

Question:	Which	was	the	most	painful	piercing	of all that	you	have	done		?	
		↑			↑	↑	↑	↑	↑	↑			
Answer: ↓	/							I	had				
						a spetum pierce					once	,	and
						it							
		wasn't			really painful							.	
								I	've	never had			
						a piercing	that was					,	like
					really excruciating							.	

图 4.30 QA34 的对话图示

（↓：答语的线性建构方向）

QA34 的对话图示表明，该 WH-构式的答语没有与问句焦点 which 形成结构映射，但答语在句法框架层面与问句的非 WH-词语部分有多个语词对应（由图中向上的箭头表示），包括：

①was：wasn't；

②painful：really painful：really excruciating；

③you：I；

④have：had：'ve；

⑤done：never had；

⑥?：.（标点符号的对应）。

由此可见，该 QA 中的答语主要与问句的部分框架结构形成对应，从而具有框架共振特征。

QA35：

Question：...Whose fingerprints are on **those papers**?

Answer：You have a theory how **the papers** got to the table?

该 QA 中问句与答语的句法结构都与“papers”有关，但两者基于该词汇结构却引出了不同的话语焦点，即问句的句法焦点是 whose fingerprints，而答语的焦点则是与 papers 有关的行为方式 how。因此，答语与问句的疑问焦点没有形成结构平行，但答语与问句的非疑问焦点部分有结构映射关系，从而产生了对话框架共振。

（3）焦点和框架双共振。

WH-对话构式中的焦点和框架双共振指答语以问句的句法框架结构为基础表征了对话焦点的具体句法信息，答语既包含 WH-词语的句法例示结构，也与问句中非 WH-词语部分有结构对应，答语与 WH-词语和问句框架之间都有图式－例示关系，问答之间体现了焦点共振和框架共振。在句法双共振现象中，焦点共振与框架共振是部分与整体的关系，两者共同表征了一个完整事件域的语符结构。如 QA36－QA45 所示：

QA36：

Question：...**What**'s the concept of the kick the oil habit to you?

Answer：Well，the concept of kick the oil habit campaign is **primarily to let the American people know that there are solutions, other than ones that have been given and the fact that it involves citizen action that's a big deal for me because I think there's been too much over the last while, too many policies that affect our future and our security, particularly our environment had been done in secret and it's been...**

QA36 的问答结构对应关系可由图 4.31 对话图示①所示：

① QA37－45 具有与 QA36 类似的对话图示，因而在下文论述中其对话图示被省略。

<table>
<tr><td>Question:</td><td>What</td><td>'s</td><td>the concept of the kick the oil habit to you ?</td><td>?</td></tr>
<tr><td></td><td>↑</td><td>↑</td><td>↑</td><td>↑</td></tr>
<tr><td rowspan="3">Answer:</td><td></td><td></td><td>Well, the concept of kick the oil habit campaign</td><td></td></tr>
<tr><td></td><td>is</td><td></td><td></td></tr>
<tr><td>primarily to let the American people know that there are solutions, other than ones that have been given and the fact that it involves citizen action that's a big deal for me...</td><td></td><td></td><td>.</td></tr>
</table>

图 4.31　QA36 的对话图示

（↑：答语的线性建构方向）

该对话的答语粗体部分与问句的疑问焦点 what 产生结构平行，而下画线部分则对应于问句中的非疑问焦点部分①。由图 4.31 可知，问句与答语有共享的框架结构：X is the concept of the kick the oil habit，从而体现了两者之间的焦点和框架双共振现象。

QA37：

Question：...**What** was it like for you during that little tiny moment?

Answer：It's not **a very comfortable time.**

虽然 QA37 的答语有否定的句法特征，但答语仍然与问句的焦点和框架有结构映射关系：

①what：a very comfortable time；

②it was： it was。

因此，该问答之间出现了焦点与框架双共振效应。

① QA36 –45 中的答语粗体部分表示与疑问焦点形成结构对应，画线部分表示问答之间有框架结构对应。

QA38

Question: ...**When** did this happen?

Answer: It happened **almost exactly a year ago, November 20th.**

QA38 的问句中“did this happen”在答语里被重复使用，产生了问答框架共振。答语中的“almost exactly a year ago, November 20th”则对应问句的疑问焦点 when，表明是其具体句法例示。因此，问答之间又产生了焦点共振。通过句法双共振，答语具体化了问句的图式结构：This happened almost exactly a year ago, November 20th.

QA39:

Question: ...**How** do you plan to spend this day?

Answer: Well, I—I plan to spend this day **with my family. We're planning a memorial service and later we're going to visit the cemetery as a family.**

此对话中，答语先与问句形成框架共振，即 You plan to spend this day: I plan to spend this day；之后，答语再通过短语和句子具体详述问句的疑问焦点 how，进而使问答之间又产生了焦点共振。

QA40:

Question: ...**Why** do you oppose withdrawal?

Answer: I oppose withdrawal **because the presence of the troops help us to offer a massive humanitarian assistance...**

QA40 的答语以问句的框架“you oppose withdrawal”为基础建构了疑问焦点 why 的具体句法例示：The presence of the troops help us to offer a massive humanitarian assistance. 基于框架和焦点的结构对应特征，答语与问句产生了句法双共振现象。

QA41:

Question: ...**Who** is your winner?

Answer: The winner **is Jan Thullen of Evanston**, Illinois...

QA41 的答语没有直接与问句形成焦点共振，而是先与问句的框架产生共振现象，并借此提供疑问焦点 why 的具体句法例示：Jan Thullen of Evanston，答语从而具体化了问句事件的句法图式结构。

QA42：

Question：...**Where** are we headed?

Answer：I think we're headed **towards the disintegration of the inner empire with the outer empire having disintegrated already. In other words, I think what is now on the agenda is the question whether the transformation of the Soviet Union, which is the inner empire, will be peaceful and stable or whether it will assume more violent, more turbulent manifestations.**

QA42 的答语以问句的框架结构"we are headed"为基础重构了对话焦点 where 的句法信息，同时也详述了问句框架的图式特征，问答之间因而形成框架和焦点对应，两者在句法层面产生了双共振。

QA43：

Question：...**Which** do you prefer?

Answer：I prefer **ours.**

在 QA43 中，人称代词和动词形成平行结构，即 you：I；prefer：prefer，该特征成为答语中"ours"出场的结构基础，并使之与疑问焦点 which 形成焦点共振。答语与问句之间的对等结构表明两者有焦点和框架双共振现象。

QA44：

Question（In court）：...**Whose idea** was that?

Answer（In court）：It was **Perry's idea.**

QA44 的答语表明，"Perry's"是关于 whose 的句法例示，而问句的框架结构"that was"成为该结构出场的认知背景。答语与问句产生了框架和焦点双共振，并表征了一个完整事件的句法结构："It was Perry's idea."

QA45：

Question：...**Whom** did you think Governor Bush might pick a few days ago?

Answer：Well, we were ready for whatever choice and we were ready for any timeline that he made it on. I was thrilled with the choice that Governor Bush made. Was I surprised? The truth is I don't think I was really surprised. I know how terrific **Dick Cheney** is and I'm glad Governor Bush decided to pick **him** as his running mate. And we'll be ready for the convention, and we...

在该对话中，我们通过 pick 与 choice 的相似义，以及人称专名 Governor Bush 的重复使用，可发现问答之间有框架对应并由此产生了框架共振。而答语中人称专名 Dick Cheney 和其相应人称代词 him 的使用，表明问句的疑问焦点也在答语中有具体的句法表征，即问答之间形成焦点共振。以句法双共振为基础，问句的图式事件被具体化为一个特指事件，其完整句法结构为："I think Governor Bush might pick Dick Cheney a few days ago."

（4）句法无共振。

WH-对话构式中的句法无共振①现象指答语既没有重复使用问句中非焦点部分的结构，也没有与问句焦点形成结构对应关系。因而，在句法层面答语虽然与问句形成配对结构，但问句的图式特征（问句框架和疑问焦点）均未被答语具体细化，问答之间无显性的句法对称结构。如 QA46 – QA48 所示：

QA46：

Question：...**What** could I do to help him?

Answer：Good question, even now. Even now. Coming up.

QA46 的答语表明答话人把对话焦点转向对问句事件的评价，而没有用语符结构实现问答之间的图式 – 例示关系。因此，虽然答语与问句形成配对，但其句法结构与问句的框架或焦点无映射关系，问答之间未产生框架共振和/或焦点共振。

① 句法无共振指无显性的句法结构对应和复用现象。

QA47：

Question：...**When** can we anticipate the gang of six product?

Answer：I don't have any idea.

QA47 属于否定答语型 WH-对话构式，其答语和问句之间无共享句法结构。因而在句法层面答语没有实现对问句焦点和问句框架的具体例示，该对话未表现出句法共振现象。

QA48：

Question：...**Where** are the contraceptives?

Answer：All right.

QA48 的答语非问句图式结构的具体句法例示，问答之间仅保持话语配对形式，答语没能与问句产生句法共振。

4.5.5 小结

本节分析了 WH-对话构式在句法层面的事件域识解基础和问答之间的图式－例示关系。COCA 中的 WH-对话语料显示，WH-问句中出现最多的疑问焦点词语是 what 和 when，how，why，分别对应事件域的事体和行为要素信息，这一语言事实揭示了 WH-对话构式的事件域认知基础。而对话中的 WH-词语与疑问助词的组配表征了问句的句法图式特征，如 What do，What's，How do，What is 和 How are 等引导的 WH-问句图式结构。答语与问句的结构配对和整合关系则表明答语是问句图式结构的具体句法例示。

WH-问句与答语之间的图式－例示（SI）关系表明问答之间有结构共享或映射关系，WH-对话中出现了句法共振。答语与问句焦点之间的 SI 关系揭示了问答之间的句法焦点共振特征；如果答语与问句的框架有结构对应，则表示对话中有句法框架共振现象。

COCA 中的 WH-对话语料同时显示，该类构式中主要有四类共振现象，即焦点共振、框架共振、焦点和框架双共振以及无共振。本节的分析表明，WH-对话构式类型之间的句法差异性在于句法结构中有无焦点共振，焦点共振是 WH-对话构式的典型对话句法特征。焦点共振实则是双共振中省略框架后的句法共振类型。

4.6 WH-对话构式的对话语义特征

在语义层面，WH-对话构式的 ESI 模型（图 4.10）表明问句的事件域（ECM）具有概念抽象性，它可能包含若干具体的概念内容。答语表征了由对话情景决定的一个特定事件或其构成要素。问句的抽象事件概念实现为具体事例的过程体现了 WH-对话构式中的语义图式－例示关系。特定对话情景中这一关系的实现过程就是该类构式的语义情景化定位（semantic grounding，简称语义定位），答语体现其定位结果，并表征了该类构式的语义定位类型：①焦点定位；②框架定位；③焦点和框架共同定位；④语义未定位。其中焦点定位突显了一个事件的局部语义，框架定位则突显了一个事件的框架语义，而焦点与框架共同定位标明了事件的完整语义，语义未定位则表明问句事件的突显要素在对话结束时仍然具有语义不确定性。

4.6.1 语义定位的事件域基础

一个事件包含时间和空间、参与者及其关系等信息，缺少其中的一项或多项信息将导致事件的概念结构不完整。WH-问句的事件概念结构具有图式性特征，它可能是多个具体事件的抽象概括。如：

QA1：
Question：...**What** did you wear at your wedding?
Answer：I wore **a white wedding dress.**

QA1 的问句概念化了一个事件，但该事件缺乏一个事体要素作为动词 wear 的受事，因而具有抽象结构：You wore X at your wedding. 在现实对话中，这个结构可能有如下具体实例[①]：

（1）I wore **a T-shirt.**
（2）I wore **a red coat.**
（3）I wore **a red hat.**

① 本节的 QA 例子中，问答中的粗体部分表示答语与问句焦点有义域对应。

（4）I wore **a white pants.**

（5）I wore **a white wedding dress.**

……

以上的语句均表征了不同的事件结构，但都可视为是同一个问句图式事件"You wore X at your wedding."在语义层面的具体细化。QA1 表明，在实际对话中，答话人通过例（5）对问句的图式事件结构进行了具体语义定位。这说明一个 WH-对话构式的答语选择受对话情景的制约，包括对话情景中所谈论的客观事件、对话的参与者、对话的场合（主要是对话的物理环境①，尤其是其时空属性）。

因此，WH-对话构式的语义定位本质就是问句抽象结构的多个可能实例在对话情景中被确指为特定实例的过程，答语表征了该类构式的语义定位结果（曾国才，2017a）。根据 ESI 模型特征（图 3.5，图 4.10），事件域是 WH-对话构式的语义定位基础，它标示了语义定位的时空范围，表明了语义定位的概念内容，从而确定了语义定位的参照要素。

4.6.1.1 标示语义定位的时空范围

在 WH-对话构式中，疑问助词标示了问句概念化的事件域时间特征，因而也限定了事件域中未知要素（疑问焦点）的存现时间范围，如过去、现在或未来。另外，空间关系是人对客观事物在空间中的方位、存现或运动状态的能动认知的结果（张克定，2009：34）。事件域中行为（Action）和事体（Being）两要素之间的联系预示了未知要素与已知要素的相对空间位置②，即限定了未知事体的空间存在范围。

此外，对整个问句事件框架而言，事件的已知信息激活了一个语义网络或语篇语境。问句事件域的时间和空间属性必然与该网络有关联性。该语义网络限定了 WH-对话构式的语义定位时空范围。如：

QA2：

Question：...**What** did you do after Michael's death?

Answer：Well, actually, I **prayed that I could be a donor for someone else.**

① 在本节分析中，物理环境也指交际环境或交际场合。

② 现实空间或以此为认知基础的虚拟空间。

QA2 的问句概念化了一个图式性事件：You did X after Michael's death. 问句的疑问助词 did 表明该事件发生在过去，因而问句中 what 编码的事件未知要素也具有“过去”的时间属性。同时，该事件包含的次事件“Michael died”进一步确定了由 what 表示的未知事体的时间属性。再者，主事件中参与者 you 在过去时间内的空间位置，以及次事件本身的空间特征也决定了事件中未知信息（由 what 表征）的空间相对位置。另外，主事件的参与者信息 you 和次事件本身分别激活了各自的语义网络，形成了 what 的历时语篇语境，进而限定了该对话中主事件“you did X”及其疑问焦点 what 的时间和空间存现范围。

4.6.1.2 表明语义定位的概念内容

WH-对话构式的语义定位通过问句事件的构成要素语义定位和/或问句事件的框架语义定位实现。

WH-词语的语义是问句事件域的突显概念结构。不同的 WH-词语可突显同一事件结构的不同方面特征，其内容的图式性有待通过答语被具体例示。问句事件中 WH-词语的语义不确定性和突显特征表明，WH-词语是对话中需要被语义定位的对象。如 QA1 和 QA2 的问句中，what 的句首位置旨在引起答话人的注意力，它是对话中答话人首先听到的话语结构，并具有多个可能的例示成员，其语义具有不确定性，代表问答对话中通常首先需要被语义确指的对象。

根据一个事件域的构成要素：事体（Being）和行为（Action），WH-对话构式中需要定位的疑问焦点也分为事体类和行为类。如图 4.17 所示，前者由 what，which，whose，whom，how many，how much 等表征，后者由疑问词 where，when，why，how 等编码。通过 WH-词语范畴的典型成员“what”，事件域两大构成要素的层级性特征也可实现具体语义定位。如：

QA3：

Question：...Wh—**what animal** are we talking about?

Answer：**Camels.**

该 QA 的问句表征了一个抽象事件结构：We are talking about animal X. 其中“animal”是该事件的事体要素之一并成为其突显结构的一部分，但“animal”是一个上义词，“what animal”标示其下可有若干下义词。在对话情景中，它需要被定位为一个具体的对象。该对话的答语则是其相应表征。

QA4：

Question：...**What reason** did the CIA have for promoting this drug smuggling?

Answer：Well, the only rationale that's ever been offered is that that—**this would lead to some valuable drug intelligence about the Colombian cartels.**

QA4 的问句概念化了一个事件结构：The CIA promoted this drug smuggling. 而问句的突显结构"what reason"表明该事件中行为要素"promoted"有特定的存现原因 why。what 与 reason 的组配表示答话人需要对 why 的具体语义进行定位，以明示问句事件发生的具体缘由。

4.6.1.3 确定语义定位的参照要素

在一个事件域中，对事体的认识需要以行为要素为认知参照点，反之亦然。因此，事件的行为和事体要素可互为图形－背景关系，两者形成相互依存的概念结构。在同一要素内部，不同层级性特征之间也可形成图形－背景联结特征，如 QA4 所示，What reason 是关于事件中行为要素的未知信息，具有层级性和认知图形特征，其语义定位需要以该事件的已知事体信息作为认知背景，即美国中央情报局（CIA）和此次毒品走私（this drug smuggling）。除此之外，该问句事件中由疑问助词 did 标示的过去时间也限定了行为发生原因的时间域，行为的原因与行为的时间也构成了图形－背景联结关系。

由于一个事件在某种条件下具有反复出现的特性，或客观世界中曾经发生过类似的事件，WH-对话的焦点语义定位参照要素还包括与问句事件有关或类似的事件。所以，一个 WH-问句的疑问焦点也与这些事件形成认知图形－背景特征，从而使答话人更容易确定 WH-词语的具体语义。如 QA5 所示：

QA5：

Question：...**What** is his current demeanor, or at least when you most recently saw him?

Answer：Well, I think he's—I don't want to comment a lot on this right now, but certainly I think **he is very upset.** ...

QA5 的问句表征了一个静态事件的框架：His current demeanor is X. 而事

件域的已知信息“his current demeanor”是对 X 进行语义定位的必要参照要素。同时，与该静态事件关联的另一个事件“You most recently saw him”也成为疑问焦点 what 的定位参照点。因而 what 分别与问句事件中“his current demeanor”和已知事件“You most recently saw him”形成图形 - 背景认知特征，进而实现其语义具体定位（由答语的粗体部分表示）。

4.6.2 语义定位的图式 - 例示特征

在图式 - 例示关系中，图式仅具有框架结构，例示是对该结构的细节增补。一个图式可有多个例示，例示与例示之间具有相似性。WH-对话构式中的语义图式 - 例示关系体现为问句与答语之间的“类型 - 例示”特征。“类型 - 例示”之间的区分相当于“图式 - 例示”之间的区分，也可将“类型 - 例示”视为“图式 - 例示”的一个小类，“图式”是一个更为宽泛的术语（王寅，2011a：472）。

4.6.2.1 问句的语义图式性

在语义层面，WH-问句的图式性主要源于 WH-词语和疑问助词的图式性。一个 WH-词语的内容具有开放性，它是对一个事件域中未知行为或事体信息的抽象概括，如 what，which 和 whose + N 概括事体，how 概括行为方式，when 概括行为时间，why 概括行为原因，where 概括行为的地点，who 和 whom 概括有生命或拟人化的物体等。WH-词语的概括性体现了 WH-词语的图式性质，并使得一个 WH-问句概念化的事件具有抽象性。

WH-问句中的助词同样具有图式特征，它是 WH-词语与事件中已知信息联系起来的中介结构。通常情况下，助词 be 表征图式性关系，do 表示图式性过程，modal verb 和 have 则表示某个图式过程或关系的现实性以及与说话时的时间距离。

因此，在 WH-对话构式中，由于 WH-词语的内容不确定性和疑问助词对事件性质（过程或关系）的抽象概括性，WH-问句的图式结构被激活并表征了一个事件的框架结构。

WH-对话构式的问句语义图式性表明问句的语义具有“类型”属性，代表有共性概念结构的可能例子的集合，该共性结构由问句事件的框架语义决定。如 QA1 - QA5 的问句分别表示以下“类”概念：“你在婚礼上可穿的服装”“迈克去世后你可能做的事情”“我们可谈论的动物”“美国中央情报局持续关注毒品走私的可能原因”“你最近看到他时他可能表现出的举止特征”。

这些“类型概念”合取了所有可能具体事体的共性，并形成一个特征集合。该集合不指现实中的实体，如概念“家具”，它不对应现实中的实体，而是概括了一类物体的共享属性，如家里使用、用于休息、就餐或储物等，其抽象特性只有通过一个具体的实体表现出来，如沙发、餐桌或衣柜。WH-问句的事件“类型”特征表明，由于对话情景的不同，这些事件图式概念可实现为不同的具体事件，问句表征的事件是无数个可能事件实例的特征归纳。

另外，WH-问句中疑问词与助词的组配体现了问句图式事件的语义双突显特征。在规约化的 WH-问句结构中（WH- word + auxiliary + remainder ?），WH-word 编码了一个事件域的未知信息，auxiliary 和 remainder 信息则表示事件域的已知信息。相对于后者，识解 WH-词语需要更多的认知加工。再者，WH-词语表征的语义具有动态性，而 WH-问句中其他结构表征的信息则是相对固定的。另外，WH-词语对问句而言是局部信息，而问句表征了事件的完形特征（整体性），问句是 WH-词语的识解框架，WH-词语与问句形成部分与整体的关系。除此之外，一个 WH-对话构式中的 WH-词语是拟构一个事件整体概貌的决定性要素，它是事件的索引信息。而问句中其他语词对事件框架的完形性激发度相对次之。WH-词语的图式义是激活整个 WH-问句图式结构的关键要素。

WH-词语的内容不确定性、语义动态性、结构局部性和事件索引性特征预设了空间中存在一个事件（参见曾国才，2014b）。如：Why did he go to Iraq? 的疑问焦点 why 预设了空间中存在一个事件：He went to Iraq.

而 WH-问句中的疑问助词表征了一个事件域的时间属性（参见 4.5.2）。因此，在语义层面 WH-词语与疑问助词的组配分别突显了一个事件域的空间和时间属性。由于 WH-词语与疑问助词相比，前者表征的内容更具有不确定性，其结构更具抽象性，因而 WH-词语（WH-word）作为事件域的主突显（Figure－1）置于句首位置，而疑问助词结构（auxiliary）作为事件域的次突显（Figure－2）紧随其后，两者与事件域的其余结构（remainder）形成认知图形－背景联结，表征了 WH-问句图式结构的双突显（FFG）认知特征。如图 4.32 所示：

F1	F2	G
WH-word	auxiliary	remainder ?

图 4.32　WH-对话构式的问句双突显图式结构

(F1 = Figure - 1　F2 = Figure - 2　G = Ground)

图 4.32 揭示了 WH-问句的图式义来源，即 WH-词语的抽象概括性和助词表征的图式性关系或过程。

4.6.2.2　答语的语义例示特征

WH-对话构式的答语对问句的语义例示为答语针对问句的 WH-词语或问句框架进行了详细阐述，并借此补全了一个事件域的未知信息，答语具体化了问句的图式语义。如 QA6 和 QA7 所示：

QA6：

Question：...**Why** did you do the movie?

Answer：I did the movie **because Tim Robbins is a friend of Susan Sarandon, who is an old friend of mine, and he sent me a script.** It was the first political movie—I did *The Best Man* back in'64.

QA6 的答语中画线部分与问句的框架结构有义域对应，而粗体部分则对应于问句中的疑问词 why，并是其具体表述，即问句概念化的事件图式结构被答语具体化为一个特指例示。

QA7：

Question：...**Where** is the evidence leading you?

Answer：It's leading me **outside the home.** ...

QA7 的问句和答语中粗体和画线部分表示义域对应。与问句不同的是，答语的粗体部分比问句相应部分有更详细的概念内容，表明答语中"outside the home"是对问句焦点 where 的具体表述，问答之间形成了概括性与具体化的图式 - 例示关系。问句和答语从行为地点的视角概念化了一个完整的事件：The evidence is leading me outside the home.

另外，答语的语义例示特征体现为答语把问句的类概念具体化为一个例子，这个例子可以是一个群组单位，也可以是单个体例。其中 QA1 - QA7 的答语均为问句类概念的单个例子（如图 4.18 所示），而 QA8 的答语则体现了问句事件的一个群组例子。

QA8

Question：...**Where** does Dr. Joy Browne go for advice?

Answer：**Sort of the usual places. ...**

QA8 的问句焦点是 where，它在英语词典中具有类型义"place"。在该问句中，事件域"Dr. Joy Browne goes for advice"中的行为和事体要素标示了 where 的用法环境，限定了 where 的语义选择范围，即"It is the 'place' that EVENT 'Dr. Joy Browne goes for advice' occurs."

答语用简略例示详述了问句的疑问焦点①。where 的抽象性"类"概念实现为具体的"一类"事体：sort of the usual places。根据 Langacker（2009：148）的观点，群组的事体以具体的"一类"概念被说话人整体感知，是对图式性"类"概念的具体化，如图 4.33 所示：

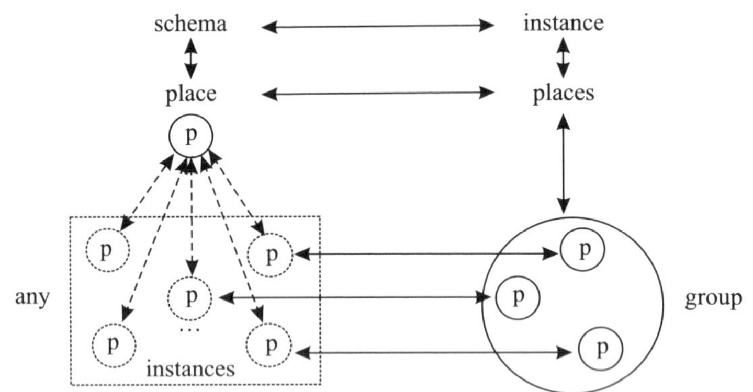

图 4.33　图式性类概念的群组例示

图 4.33 表明，QA8 的问句中 where 具有抽象类概念"place"（图中用字母 p 表示），并可有多个任意实例（any place，图中用带 p 的虚线圆和三个连续的点表示）。答话人在对话情景中最终选择 place 的多个例子组成一个群组

① 对问句的完整例示应为：Dr. Joy Browne goes to sort of the usual places for advice.

"the group of places"，以具体化 where 的抽象性类特征。

4.6.3 语义定位的实现策略

WH-对话构式从图式义到例示义的变化是通过事件的情景化定位实现的，这一过程即 WH-对话构式的语义定位，定位的结果表征了该类构式的对话语义。根据认知语法的观点，一个抽象的事体类型概念通过情景化定位（Grounding）可成为一个具体的实例（Langacker，2008：264）。如 QA8 的疑问焦点从抽象和不确定的"place"到有具体特征的"places"的变化，体现了疑问焦点的语义情景化定位过程，"sort of the usual places"是 where 的定位结果，它表征了 QA8 的对话语义：Dr. Joy Browne goes to sort of the usual places for advice.

在 WH-对话构式的语义情景化定位中，事件的图式性概念通过被量化（即一个例示）和特征传承（即细节补充）两个策略成为具体的事体实例。

4.6.3.1 对话情景中问句图式的例示数量限定

根据情景化定位理论，只有当一个图式被具体量化为一个实例时，对话双方才对所谈的事体有共同心智接触，该事体才有具体的语义指向，语符在交际中才有意义。如 book 只表示一个抽象的类概念，它通过与起限定作用的词或语法成分组配时（如 **a** book，**the** book，**my** book，**some** books，book**s**）才表达交际意义。在 WH-对话中，WH-词语的图式义具体化程度是问句图式事件具体化程度的决定性因素。因此，同一个 WH-词语的不同例示表明一个问句图式事件也有不同的事件例示。如针对 QA1 的疑问焦点 what，其 5 个不同的例示（由粗体表示）也表明问句图式事件有 5 个不同的具体事件。因此，由于 WH-词语是问句事件的构成要素，答语对 WH-词语图式义的量化也实现了对问句图式事件的量化。

本节通过 COCA 中 WH-词语的单复数使用情况发现，WH-词语具有名词的语义特征（表 4.2），因而答语对 WH-词语的量化过程与冠词对名词的量化过程（参见 4.3.2）有类比关系。

表 4.2 COCA 语料库中 WH-词语的单复数用法特征

wh-word + s		a wh-word		the wh-word	
whys	199	a what	367	the who	833
wheres	42	a who	326	the what	431

续表4.2

wh-word + s		a wh-word		the wh-word	
hows	99	a when	92	the why	252
whens	21	a how	73	the how	212
whos	4	a why	32	the where	67
whoses	2	a which	22	the when	51
whoms	1	a where	17	the which	28
whats	0	a whose	7	the whom	2
whichs	0	a whom	2	the whose	2

如表4.2所示，在COCA语料库中，常用的9个句首WH-词语（what，how，why，where，who，when，which，whose，whom）可和冠词a，the，以及名词复数的词缀“*-s*”进行组配使用（如a what，a who，the when，the how，whys，wheres等形式）。该类组配结构反映了WH-词语作为名词使用时的单复数变化特征，其中冠词（a，the）与WH-词语的使用是WH-词语的名词性单数用法，并符合冠名构式（article + noun）的句法和语义认知特征，而WH-词语与词素“-s”的使用则体现了WH-词语作为名词使用时的复数用法。由表4.2可知，事件域的事体类疑问词what和who的单数用法情形最多，而复数用法最多的是表示事件行为要素的疑问词why。

光杆名词（bare noun）仅具有类型概念特征（Langacker，1991：56－64）。图式性的名词只有通过情景化定位后才有具体的语义所指，从而实现语言符号的交际意义。冠词与名词组配形成冠名构式的过程中，冠词对名词的图式义有数量限定作用，即它使一个抽象的事体类型具体化为一个任意的（a + noun）或具体的实例（the + noun），从而实现与对话双方产生共同心智感知。名词与“-s”的组配则表示对话双方共同感知到某个图式性事体的一个群组例示（如QA8的答语和图4.33）。

WH-词语的名词性用法表明，冠名构式中的名词与WH-对话构式中的WH-词语有相同的语义定位特点，即两者都具有图式语义。两者的不同之处在于，冠名构式中的名词在冠词的作用下具体化为一个例示，而WH-词语则须在对话情景中问句框架的语义参照下具体化为一个例示①。两者的定位过程类

① 图式的一个例示可以由一个群组或一个个体实现。

比特征如图 4.34 所示。

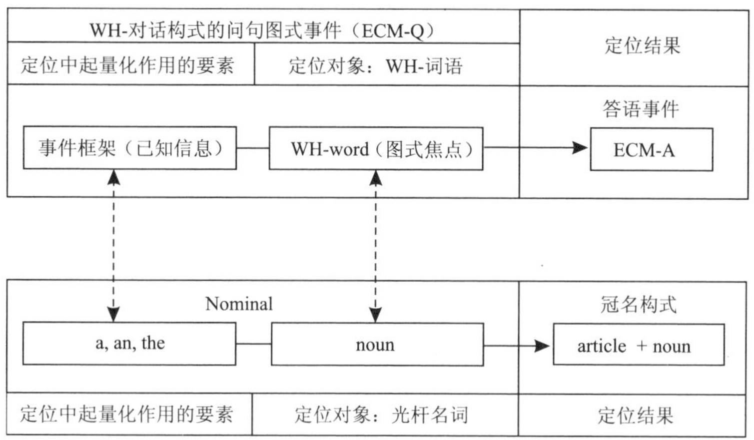

图 4.34　冠名构式与 WH-对话构式的语义定位类同特征

由图 4.34 可见，一个光杆名词表征的图式性事体通过冠词的量化作用成为具体的事体，其数量为“一”，并以冠名构式（article + noun）的形式出现在现实的话语中。与之类似的是，在一个 WH-对话情景中，问句图式性事件（ECM-Q）的框架（非 WH-词语部分或已知信息）是 WH-词语的语义定位参照要素（grounding element），它扮演了冠名构式中冠词的角色，对 WH-词语具有量化功能。WH-词语的语义量化结果与名词的量化结果不同，前者由新的话语（即答语事件，ECM-A）表征，后者直接体现为冠名构式（article + noun）。图中的虚线双箭头表明，WH-对话构式中 WH-词语的语义定位与冠名构式中光杆名词的语义定位具有类比性质。

WH-词语的图式义经量化后体现为“一个例示”，它可以是“一个群组例示”（a group of instances），“一个任意的例示”（any instance）或“一个特指的例示”（one particular instance）。如果答语未能提供具体实例以体现对话中 WH-词语的图式 - 例示关系，则图式性 WH-词语的例示数量为零，如图 4.35 所示[①]：

① 图中的字母 t 表示类型概念（type）及其例示。

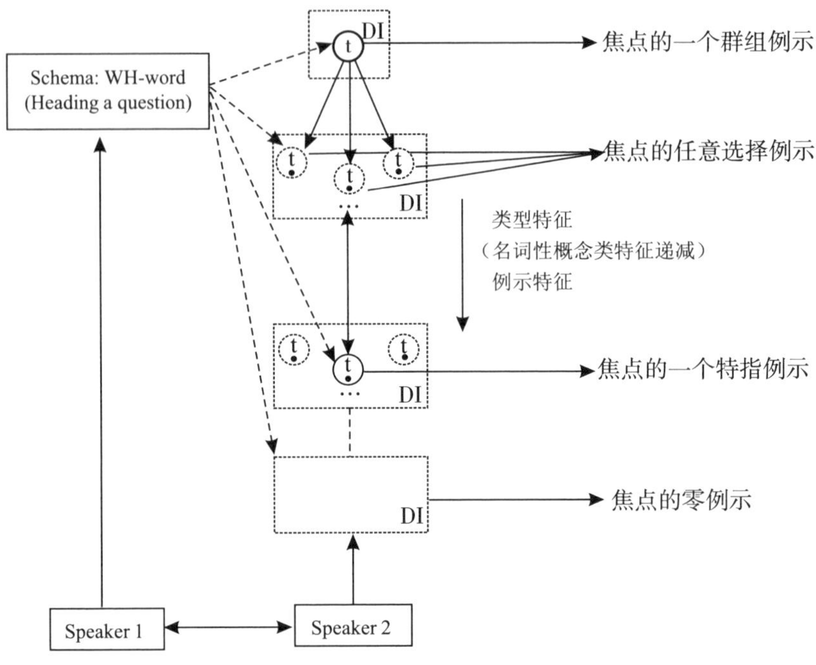

图 4.35　WH-词语的图式义量化结果

图 4.35 表明了 WH-对话构式中 WH-词语图式义被量化的结果。图中的 Speaker 1 和 Speaker 2 分别为问话人和答话人，由于 Speaker 2 的话语可能并非是 WH-词语的例示，因此问答话语间由虚线箭头表示。Speaker 1 的话语中包含一个 WH-词语，其图式义勾画了一个答语例示域范围（domain of instance，简称 DI），该范围的边界是模糊的（图中由虚框表示）。根据图式与例示之间的共享特征，答语基于问句 ECM 的概念结构例示了 WH-词语，其例示成员可由一组例示表示，也可表征为一个任意例示，或具体化一个特指例示，答语也或表征了 WH-词语的零例示情形。前三类情形主要体现为直接例示型 WH-对话构式的答语（如 QA9 – QA14 所示），而 WH-词语的零例示情形则主要由焦点转移型、否定答语型、非完整答语型和回应型对话构式①的答语表征（如 QA15 和 QA16 所示）。图 4.35 同时表明，群组例示、任意例示、特指例示和零例示的答语揭示了 WH-词语图式性类特征依次递减，而事体概念的细节特征逐渐递增的变化趋势，体现了对 WH-词语图式义的不同量化结果。

① 特指 WH-对话构式。

（1）WH-词语的群组例示。

QA9：

Question：...**What** are we talking flower-wise?

Answer：A lot of **flowers.** I mean，we're talking，mainly **roses.** Trista loves **roses**，**whites**，**pinks**，**light pinks**，very blushy colors. Over 30,000. All flown in from Ecuador and Holland. Then we've got three trucks，refrigerated trucks，loaded to the gills and ready to go.

QA9 的答语粗体部分是对问句焦点 what 的具体例示，其复数形式 flowers，roses，whites，pinks，light pinks 表示了答语例示的群组特征。

QA10：

Question：（From tape）...**Who** was shot?

Answer：（From tape）**My wife and kid.**

QA10 的答语粗体部分与疑问焦点 who 形成图式－例示关系，且该例示由两个成员组成，WH-词语具体化为了群组例示。

（2）WH-词语的任意例示

QA11：

Question：...**What** are you looking for?

Answer：**A very fast horse...**

QA11 的答语直接例示了问句的疑问焦点 what，但答语的冠名构式结构“a horse”表明该例示是对话焦点的一个任意例示。

QA12：

Question：...**What** do you say about all of this?

Answer：Well，it's **a very competitive business.**

QA12 的答语中“a very competitive business”与问句的焦点有义域对应，而不定冠词的使用表明该例示是类型概念“very competitive businesses”的一个非特殊例子。答话人在语义任意例示层级量化了问题的焦点 what。

（3）WH-词语的特指例示。

QA13：

Question：...**Where** is this in the house?

Answer：That room's **the dining room.**

QA13 的答语中"the dining room"是疑问焦点 where 的确切所指，表征了 WH-词语图式义被量化为一个特指例示。

QA14：

Question：...**What** is the ethical dilemma if you don't have any money to spend, anyway?

Answer：The ethical dilemma for me is **the question of practicing what I preach...**

由 QA14 的问句可知，疑问焦点具有图式义"something about ethical dilemma"，答语则体现了 WH-词语被量化为一个特指的实例"the question of..."。

（4）WH-词语的零例示。

QA15：

Question：...**How** do you defend this defense?

Answer：You know, it's not about defending a defense. It's about presenting the truth. This child was diagnosed with reactive attachment disorder in November. It was there, it was real.

QA15 的问句句首用了表示行为类的疑问焦点 how，具有图式义"the way that you defend this defense"，而答语否定了疑问焦点的定位参照要素，即 the way is not about defending a defense. 因而在该对话中，答语未能表征 WH-词语的具体例示，图式焦点的例示成员数量为零。尽管如此，该对话的答语却不能否定 WH-问答之间的框架层面的图式－例示关系（由画线部分表示）。

QA16：

Question：...What are you doing running for the presidency?

Answer：What are you doing sitting in my living room?

QA16 的答语尽管重复使用了问句的部分结构（画线部分），但没有具体例示问句的图式焦点，而是反映出对话焦点发生了转移。答语表示当前对话情景中，答话人没有提供具体例子以实现 WH-词语的图式 - 例示关系，疑问词 what 的例示数量为零。

4.6.3.2 对话情景中图式义的特征传承

根据 Goldberg（2006：5）的构式本位观，各个层面的语法分析都涉及构式。如果两个构式之间具有共享特征，则表明构式间具有特征传承关系，如图 4.36 所示：

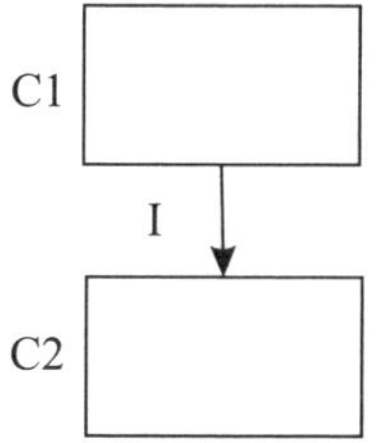

图 4.36 构式与构式之间的传承关系

（Goldberg，1995：73）

（C1 = Construction 1 C2 = Construction 2 I = Inheritance Link）

图 4.36 表明，C2 从 C1 传承了构式特征，在此种情形下，C1 在两者关系中占主导地位，它是 C2 的句法和语义结构的形成理据。

对话情景中 WH-问句的图式义被答语传承，体现为答语通过重复使用问句的语言资源（包括词语、短语、句子等）细化了问句的图式语义结构。答语可以传承问句中 WH-词语的语义特征，也或传承问句事件的框架语义特征。答语也可同时传承问句焦点和问句框架的语义结构，抑或未传承问句的焦点和/或框架语义，如本节的 QA3，QA8，QA10，QA11 是典型的答语仅对疑问焦点的语义传承，问答之间具有图式焦点与其例示的范畴化关系，而 QA15，QA16 的答语只传承了问句的框架语义特征，问答之间只体现事件框架的图式 - 例示关系。QA1，QA6，QA7，QA9 和 QA14 等则体现答语均传承了问句中焦点和框架的语义，问句的焦点和框架图式义都在答语中有明确的例示。答语没有传承问句的图式语义特征可由 QA17 表示：

QA17：

Question：...**How** did you feel about the difference in the age when you found out that your ex-husband was seeing her?

Answer：Good question.

QA17 的答语没有传承 WH-词语的图式语义，并且和问句也没有共享的框架结构，而是转移了对话的焦点，即转向对图式事件本身及其焦点设置进行评价。答语的语义与问句焦点没有义域对应，问句的图式义没能被答语传承，问答之间的图式-例示关系没被实现。

答语对问句的图式语义结构传承体现了话语的对话性特征，即 WH-对话的答语除了表示字面意义之外，还传承了问句的图式语义特征。话语的对话性特征表明一个话语的理解需要参照先前话语的结构、意义和功能。孤立的话语不能体现话语与话语之间的互动关系，如 QA18 的答语所示：

QA18：

Question：...**Where** are we now?

Answer：This is **the lobby.**

QA18 的答语“This is the lobby”在单独使用时可意指一个物体或场所，并表明其用途或属性。但与特定的 WH-问句结合起来理解，该话语则有了特定的对话意义，它是对一个事件域中未知空间信息的具体化。因而答语概念化了一个物理空间而非一个物体的属性。在 WH-对话中，答语的理解受制于问句中图式焦点和框架的语义结构，而不能仅由自身的词语语义组合效应决定。

4.6.4 语义定位系统

4.6.4.1 定位系统的结构

WH-对话构式的事件域特征、问答之间的图式-例示关系及其实现策略表明，WH-对话构式的语义定位是一个包含定位背景、定位对象、定位策略和定位结果的运作系统，该系统的结构如图 4.37 所示：

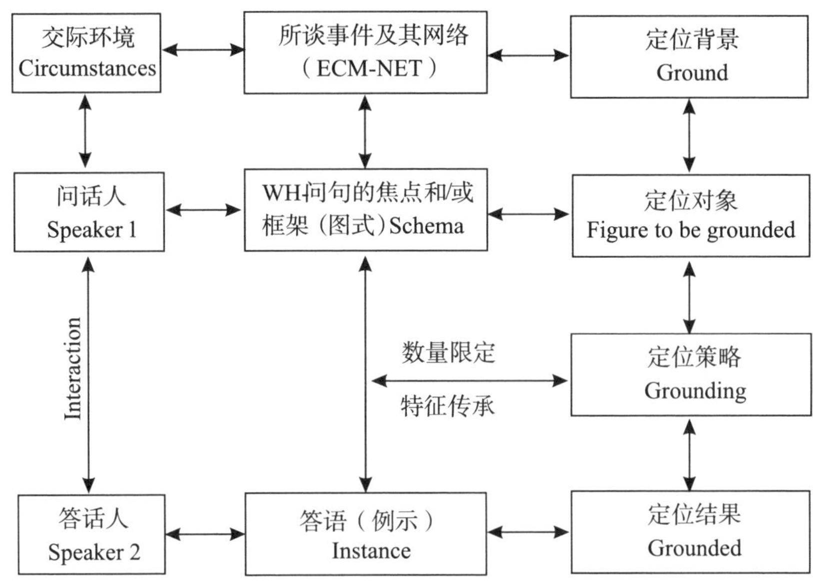

图 4.37　WH-对话构式的语义定位系统

图 4.37 表示，Speaker 1 和 Speaker 2 及其互动关系（interaction）、交际环境（尤其是时空属性）、所谈的事件及其网络共同构成了对话情景。在所谈事件中，WH-词语和/或所在事件的框架是需要进行语义定位的对象（figure to be grounded）。所谈事件的已知信息及其语义网络结构限定了定位的范围，揭示了语义定位的前提，定位对象与之形成图形 - 背景联结（figure-ground alignment）。WH-对话构式中的图式义（schema）通过量化和特征传承实现为一个例示（instance）的过程就是该类构式的具体语义定位（grounding）。该类语对的答语表征了对话的语义定位结果（grounded）。WH-词语作为该类构式的事件域构成要素，其语义定位结果同时决定了图式事件的完整例示义特征。

在 WH-对话构式的语义定位系统中，定位背景和定位对象与该类构式的事件域特征有关（详见 4.6.1），而定位策略和定位结果体现了 WH-对话构式的图式 - 例示关系。图中的双向箭头表示语义定位系统中的各个组成部分之间有互动。

4.6.4.2　定位系统中的对话情景因素

语言意义除了人类共有的定义性意义表征元素外，还同时具有文化特异性、个体指向性和时空动态性（刘利民，2007：51 - 53）。WH-对话构式的语义定位必然与特定的环境、人物和时空有关。自然语言中言语交际是一个充满变数的过程（魏在江，2008：94）。由于对话中的说话人、所谈事件和对话场合（物理环境，如时空）的不同，问句的图式结构可能有不同的例示。WH-对话构式的语义定位因而具有特定对话情景特征，对话情景中影响语义变化的具体要素可见图 4. 38 所示。

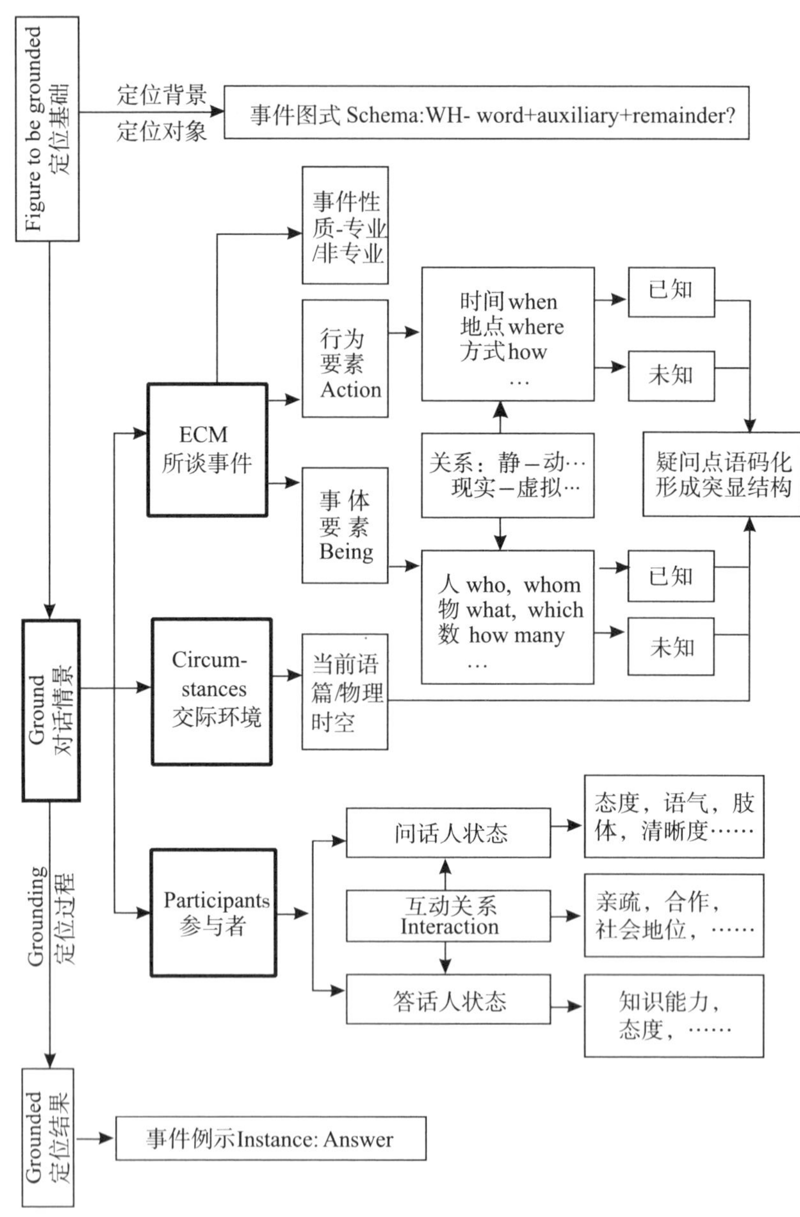

图 4. 38　WH-对话构式的语义定位情景因素（如粗框所示）

由该图可见，一个对话情景主要包括所谈事件（ECM）、交际环境（circumstances）和对话参与者（participants，特指问话人与答话人）等要素。其中，ECM 的构成要素（行为和事体）详略度，以及 ECM 所涉及的知识领域难易度（专业领域知识或非专业知识）将影响答话人对问句图式结构的理解和例示结果。

另外，对话环境的适宜程度也影响问句图式结构的典型例示是否出现。

再者，对话中说话人的认知状态也是影响答语例示出场的关键要素。就问话人的认知状态而言，其发问态度（如严肃或轻松）、肢体语言的使用（如有无暗示动作），以及语言表达能力（如发音清晰度）等影响答话人对问句事件图式义的准确理解。而答话人自身的认知状态，如应答态度（如积极与消极）、具有的知识和能力（如对问题的理解力、已有的知识和经验）、身体健康状况等都将影响答话人能否为问句的图式义提供精确的具体例示。

此外，问话人和答话人之间的互动关系，如对话中合作与否的态度、亲密或陌生的关系、双方的社会地位等都影响答语是否是问句的具体表征，以及答语在何种例示层级（类型、任意、特指）详述问句的图式语义。

在上述对话情景要素中，对话双方中所谈的事件（ECM）是 WH-对话构式的语义定位基础。然而，对于同一个疑问焦点，由于对话情景中某一要素的改变（人物、时空和所谈事件等），不同的答话人，甚至同一个答话人会给出不同的答语。语义定位中对话情景因素的不同权重表明 WH-对话构式的语义定位具有动态性。由此可见，对话中情景要素越充分，该类构式的语义定位越精确，答语质量则越理想。

4.6.5 语义定位类型

根据认知语言学的“现实－认知－语言”分析总原则，对话中话语的句法结构间接拟构了客观世界中的场景，并编码了话语的语义结构信息。因此，WH-对话构式的不同句法共振现象表明了该类构式有相应的语义定位类型。当答语和问句只产生焦点共振时，答语只传承了问句焦点的图式义特征，WH-对话构式的语义定位表现为对话焦点定位（简称焦点定位）。如果答语与问句产生框架共振，则答语传承了问句事件框架的语义结构，问答之间的语义图式－例示关系表现为对话语义框架定位（简称框架定位）。而答语中的句法双共振表明，答语既传承了焦点的语义，也与问句框架有共享的语义结构，该类构式表现出事件焦点与框架的语义共同定位特征。倘若答语与问句的焦点和框架均无共振现象，则答语未传承问句的语义特性，该类构式的图式焦点语义未被定位，问句事件的语义仍然具有图式性质，其例示数量为零。

根据 WH-对话构式的语义定位策略（量化和特征传承，见 4.6.3），焦点定位、框架定位和焦点与框架共同定位表明问答之间有义域对应，如针对疑问焦点 what，where，why，when 等引导的问句。如果答语的语义分别与事体、地点、原因和时间有关，或与问句有相同或相似的语义框架结构，则问句的图式义在答语中得以传承，WH-对话实现了语义定位。只是定位的层次不同，前者为焦点定位，后者为框架定位。

4.6.5.1 焦点定位

WH-对话构式的语义焦点定位指答语仅传承了 WH-词语的语义特征，问句焦点的语义被具体化，问答之间只体现了 WH-词语的图式－例示关系，如 QA19－QA23 所示：

QA19：

Question：…，**whom** is that going to benefit?

Answer：Probably **Ross Perot**, because, not because of Ross Perot and what **he** stands for, because nobody knows, but because **he**'s the none-of-the-above choice.

QA19 的问句焦点编码了事件中行为动词“benefit”的受事，其语义范围指向“一类人物”，而答语中的粗体部分表明，“Ross Perot”指称一位男性（由答语中的人称代词 he 表征），从而与疑问焦点有义域对应关系。答语通过例示性话语实现了问句焦点 whom 的图式义直接定位。

QA20：

Question：…**What** can he do?

Answer：There are emergency situations where business makes those kinds of demands, and it's an emergency, and **if you don't respond, you might in fact lose your position.** Now if that person is a workaholic and he didn't really have to go to that meeting,…

QA20 的问句表征了一个图式结构：He can do X. X 由疑问词 what 编码并表示一类事体。答语的句群结构概念化了静态事件场景：There are emergency situations，并用语句“if you don't respond, you might in fact lose your position”指

明面对该类事件，问话人需要做出相应的行为反应，以及面对反面后果。然而，答语没有与问句中的 he 直接形成语义对应，但问话人从答语中粗体部分表征的语义可知，what 的例示为“respond to the emergency situation”，答语因而间接例示了问句的图式焦点，体现了 WH-对话中的语义焦点间接定位特征。

QA21：

Question：...**Why** is it necessary to pay corporate executives in this country 85 times what the average worker makes when Japanese and German executives seem to do quite a good job for a small fraction of that?

Answer：**Because we have a different society and it's not a socialistic society.**

QA21 中，问话人质疑事件“People in this country pay corporate executives 85 times what the average worker makes”发生的原因。在答语未出场之前，该事件的原因具有不确定性，并可有多个不同的具体例示。此对话中的答语以单句形式编码了具体“原因”，体现了问句焦点被量化为一个具体事例。该对话属于焦点的语义直接定位情形。

QA22：

Question：...**Where** do you keep your Oscars?

Answer：**In the bathroom.**

QA22 的疑问焦点表示事件发生的空间未知信息，而答语中的介词 in 表明了问句事件中“your Oscars”与答语中“bathroom”之间的空间关系，答语因此传承了问句的图式焦点语义，并用特指例示表征其量化结果。

QA23：

Question：...**When** did I leave?

Answer：**Christmas Eve**，that's right.

QA23 的答语中“Christmas Eve”与问句的焦点 when 有义域对应。因此，答语表明问句的图式焦点有具体的例示表征。问句焦点的图式在对话情景中实现成功的语义定位。

4.6.5.2 框架定位

由WH-对话构式的ESI模型（图4.10）可知，WH-问句中非焦点部分（Schema－2中的已知信息）提供了该类问句的框架语义内容，并限定了问句中图式焦点（Schema－1）的语义范畴（事体类或行为类）。WH-对话构式的语义框架定位指答语与Schema－2中非焦点结构有部分或全部义域对应，而Schema－1却并未实现语义具体化（如QA24－QA27所示）。此类定位中，答语仅与WH-问句的框架形成图式－例示关系，而未表征疑问焦点的例示义。

QA24：

Question：...**How** do you explain the travesty of the Twinkie?

Answer：Oh，how did we get to the Twinkie?

QA24中的画线部分表示答语传承了问句框架结构的部分语义，但问句的疑问焦点how却仍未被具体表征。对话结束时，答语只体现了问句框架的语义定位。

QA25：

Question：...**What** are you going to do about it to counter Iraq?

Answer：Well，I'm not in a position to tell you what we're going to do. We did it in 1981 and we were condemned by the world and now the whole world thanks us for it. I'm quite sure now that the coalition led by President Bush and by the United States of America will，in due course...

QA25的问句表征了框架语义：We are going to do X. 但答语并未体现“将来”时间域中“X”的例示，答语的语义却主要与“过去”时间域有关。问答之间的画线部分也显示答语只传承了问句框架的语义特征。该对话中，答语基于问句的框架语义并未表征图式焦点的具体例示义，其语义定位只属于框架语义定位层次。

QA26：

Question：...**Which** has more neckbones，a sparrow or a giraffe?

Answer：Which has more.

QA26 的答语传承了问句框架的部分语义特征，但答话人没有以此为基础进行语义拓展以具体例示疑问焦点 which。因此，答话人只是对问句的部分框架义实施了情景化定位，即框架图式的部分结构以自身作为例示实现了问答之间的图式－例示关系。

QA27：

Question：...to **whom** do you think is the person of the century?

Answer：The person of the century.

QA27 的答语仅表征了问句框架的部分语义被情景化定位，而疑问焦点 whom 没有在对话中体现为一个具体的实例，问答之间只有框架层面的义域对应，并无语义焦点定位。

4.6.5.3 焦点和框架共同定位

从该类构式的语义焦点定位特征可知，答语为问话人提供了事件域缺损的信息，而其语义框架定位则表明答话人获得与焦点定位相关的事件背景信息。WH-对话构式的焦点和框架语义共同定位是答语以问句的框架语义为基础实现了问句图式焦点的语义具体化。答语同时传承了问句的焦点和框架语义，问句表征的图式事件在对话情景中被量化为一个具体的事件。肯定语气的答语表明，WH-对话构式的焦点和框架共同定位揭示了一个事件域的完整语义，如 QA28－QA35 所示。而否定语气的答语则反映了答话人对问句焦点及其框架的例示进行选择和判断，并否认了已有的定位结果，如 QA36 所示。

QA28：

Question：...**What** did you want to say about it?

Answer：I basically wanted to say **that I've heard that—I've heard that charge used several times**，**that this is nothing more than a placebo effect**，and I wanted to state **that if you've had any sort of contact with alcohol or nicotine or caffeine**，**for that matter**，**it's very hard once you've had one of these drinks to have somebody tell you it's purely a placebo effect. When I first had the first...**

该对话的问句事件缺失部分概念内容，问话人期望答话人予以补全。答话人基于问句的框架“You wanted to say X about it”提供了问句中图式焦点的具体例示义（由答语中的粗体表示）。该对话还表明，答话人对问句焦点和框架进行了两次语义定位，答语均传承了问句的焦点和框架语义，丰富了 WH-对话构式的对话语义内容。

QA29：

Question：...**How** did you guys meet?

Answer：Well, actually, we met **through friends.** Friends introduced us so we knew each other for about a year before we actually started dating.

QA29 的问句没有明确事件“You met”发生的方式，并期望答话人提供相应的具体信息。答话人以问句的已知信息为认知参照点，结合对话情景中说话人和自身的认知状态，以及当下的对话环境，如实告知了问句概念化事件在客观世界中的发生方式，即用“through friends”实现问句焦点的具体化，问句的事件框架也由此被具体细化。答语体现了该对话的语义焦点和语义框架共同定位特征。

QA30：

Question：...**Why** should we care about these pressures that are building up in Jordan now?

Answer：Well, you should care **because your interests are at stake. You need to keep your channels open to Iraq and King Hussein is one of the very few who can do that, who can keep your channels open to Iraq. ...**

QA30 的答语与问句之间有焦点和框架双共振现象，表明答语传承了问句事件的框架及其焦点的语义特征，该对话的语义定位属于问句焦点和框架共同定位方式。

QA31：

Question：...**Where** are you going?

Answer：I'm going to **Graceland.** I'll be in Memphis previewing Elvis memorabilia.

此对话的问句预设了一个即将发生的事件，其焦点表征地理位置的图式信息。问答之间的画线部分表示答语传承了问句事件的框架语义，并明确表征了一个具体的空间位置，因而实现了问句焦点和框架的语义共同定位。

QA32：

Question：...**Who**'s right?

Answer：I think，for the moment，**the polls** are right，and my guess is **Speaker Gingrich** is wrong on this one. Although he—he is an expert in declining popularity，I don't think **he**'s right about this，Perot's popularity.

QA32 的答语中“for the moment”体现了对话情景因素对问答之间图式－例示关系实现过程的影响。问句的图式结构“X is right”在答语中实现为两个例示：“The polls are right”和“He is right”，但答话人否定了后者的合理性。答语在例示问句图式结构的过程中，充分体现了该构式的焦点和框架语义共同定位特征。

QA33：

Question：...**When** did you write that may I ask?

Answer：I wrote that **when my mother died. She died in '77 and she died in July** and this was in October and my husband who worked for the Forestry Division and he'd be out all night，you know，fighting fire，and this song had come to me so fast，that I couldn't have wrote it down if I'd have known how to write.

QA33 表明，问答双方围绕事件即 Speaker 2 wrote that 发生的时间展开对话。答话人首先用另一个事件“My mother died”来例示问句的疑问焦点 when，接着又用具体的年和月（'77，in July）进一步表征问句焦点的例示。答语中的“I wrote that...”表明答语同时传承了问句的框架语义。问句的焦点和框架在对话情景中实现了语义同时定位。

QA34：

Question：...**Which** is the real Kevin?

Answer：The real Kevin is **the rapist.** That's one side of him. And the other side is a loving father and husband.

该对话中，问话人需要对静态场景中的事体“Kevin”进行识别，并用疑问词 which 表示其区别性图式特征。答语中的粗体表明，答话人基于问句的事件框架“The real Kevin is X”提供了疑问焦点的具体例示。与此同时，答语也例示了问句的框架语义，答语因而表征了问句的焦点和框架语义共同定位结果。

QA35：

Question：...**Whose fingerprint** do you think it is?

Answer：I think it's **the killer's fingerprint.**

QA35 对话中，问话人期望明确静态事件“It is X's fingerprint”中“fingerprint”的领属关系。答语则与问句的框架和焦点分别表现出语义图式－例示特征，答语具体化了问句焦点中的领属关系（the killer's fingerprint）。该对话构式在问句焦点和框架两个层面都实现了语义定位。

QA36：

Question：...**Whose fingerprint** is it?

Answer：We know it's not **Christopher's**. It's not **Joan's**. It's not **Peter's**. It's no one from the phone lines and...

QA36 表明，答话人以问句框架“It is X.”为基础对问句焦点 whose fingerprint 进行了三次语义定位（由粗体表示），体现了问答之间的焦点和框架语义共同定位特征，但答话人又否定了定位结果“It's Christopher's”“It's Joan's”和“It's Peter's”作为问句图式的例示有效性。答语的否定语气表明，问句中图式结构的例示数量仍然为零，问答之间尽管体现了问句焦点和框架的语义定位过程，但问句的图式义没有被成功例示，即对话的语义定位不成功①。

4.6.5.4 语义未定位

WH-对话构式的语义未定位指对话中答语均未能与问句的焦点和框架形成义域对应，问句中疑问焦点的图式义没有通过答语具体化为例示义，答语也没有传承问句的框架语义属性。此类定位的主要特征在于答语没有体现问句焦点和框架的语义定位过程。该类语义定位的结果体现了交际中“答非所问”的对话情形，主要分布在焦点转移型、否定答语型、非完整答语型和应答型 WH-对话构式中。如 QA37 - QA42 所示：

QA37：

Question：...**What** would you say, one minority?

Answer：That's right.

QA37 的答语与问句没有语义对应关系，它只是对问句事件及其焦点语义的回应。由于答语没有提供与问句焦点和框架有关的语义内容，该对话既没有实现焦点的语义定位，也没有体现框架语义的定位特征。

QA38：

Question：...**How**'s, overall, Bush doing?

Answer：You know, Larry, I was assuming you were going to ask that question, so it's not a surprise.

QA38 的问句有明确的语义焦点 how，而答语表明答话人把对话焦点转向评价和分析问句行为本身。答语没有传承问句中 WH-词语及其框架的图式语义。该轮对话结束，关于行为方式的疑问信息仍然具有未知性。

QA39：

Question：...**Why** should they have to take the pay decrease?

Answer：Wait. Is that what y—that—that—that's not...

① WH-对话构式的成功语义定位以句法的肯定形式为基础，否定答语虽与问句有结构和义域对应（再如本节 QA23），但未成功例示对话焦点的图式语义。

QA39 的非完整答语表明，问答之间无义域对应，答话人对问句的焦点和框架未进行语义定位。

QA40：

Question：...**Who** works with you on the set?

Answer：Mm-hmm.

该对话中，问话人启动了图式焦点为 who 的对话，但答语与问句无语义对应，表明当前对话情景中该对话构式的焦点图式义和框架义的例示数量为零，问句的焦点和框架语义均未被答语传承。

QA41：

Question：...**What**'s a Shron-like nose?

Answer：I don't know.

QA41 的答语没有具体表征问句焦点 what 的例示，也没有传承其框架语义特征，并通过否定的语气表明，问句图式结构在当前对话情景中无成功的定位。

QA42：

Question：...**Whose** words are they?

Answer：I'd rather not say.

由 QA42 的答语可知，答话人拒绝提供问句焦点 whose words 及其事件框架 "They are X's words." 的例示义，从而使得对话中未出现疑问焦点和事件框架的语义定位，问话人没有通过对话获得期望的信息。

4.6.6 语义定位中的突显特征

如果把 WH-对话构式的语义定位过程视为一个连续体，并把该类构式的问句图式义设为定位起点，答语是其语义定位终点，则该类构式的语义定位包括定位起点、定位过程和定位终点三个阶段。不同 WH-对话构式类型的语义定位突显了定位的不同阶段。其中有焦点例示的对话构式[①]突显了定位终点。无焦点例示的对话构式则突显了定位的起点或定位过程。

4.6.6.1 焦点例示型对话构式的语义定位特征

（1）直接例示型对话构式的语义定位特征

该类对话构式中，答语通过例示性话语具体化了问句的图式义。构式中的疑问焦点实现直接情景化定位，突显了语义定位中的定位终点。如：

QA43：

Question：...**What**'s the cousin driving?

Answer：**A green Camaro.**

该对话的答语表明，问句的图式焦点 what 是定位对象，在其语义定位中，问句的时态信息（-'s driving 表示进行时）、事件域的行为要素（drive）和事体要素（the cousin）把 what 的语义范畴限定为"被驾驶的对象"。答话人以问句事件中的已知信息为框架背景并结合其他对话情景要素，对 what 进行语义定位。答语"A green Camaro"表征了定位结果，直接例示了问句的图式焦点。该对话的语义定位特征可由图 4.39 表示：

图 4.39　直接例示型对话构式的焦点图式义定位特征

图 4.39 中左边的空心圆表示定位对象（疑问焦点图式义），右边的实心圆表示其具体例示，表征了定位结果。实心圆表示答句作为例示比问句的图式焦点有更详细的语义内容。图中的实线单向箭头表示定位以发问到回答的线性顺序展开。

（2）间接例示型对话构式的语义定位特征

间接例示型对话构式的答语没有直接表征 WH-词语的定位结果，而只提供了焦点定位的索引信息。根据该类信息，WH-词语的图式义可被间接定位。答语中的话语是 WH-词语定位的必要媒介。间接例示型构式突显了语义定位的过程。如：

① 指 WH-对话构式。本节所讨论的焦点特指该类构式中问句的疑问焦点（WH-词语）。

QA44:

Question: ...**Why** is there so little confidence when it comes to ending this war successfully?

Answer: I think if the American people had a chance to—to visit Iraq, see their soldiers and Marines, airmen, Coast Guardsmen in action, they would be very, very confident in the outcome. **I and others like me need to do a better job of explaining to the American people exactly what we're doing, how we're doing it and to explain to them the incredible successes the Iraqi people themselves.**

在该语对中，问句的焦点是民众对结束伊拉克战争信心不足的原因。而答语则是对伊拉克战场的正面积极描写。答话人最后建议："I and others like me need to do a better job of explaining..."，暗示了民众对结束伊拉克战争信心不足的原因是由于目前美国民众不了解伊拉克战争中的积极信息，并且美国当局没有做好相应的宣传和真相解释工作，即问句中焦点的例示可为："because I and others like me didn't do a better job of explaining to..." 因此，尽管答语没有明显的句法结构直接表征 why 的定位结果，但是问话人可以从答语中推导出问句焦点的语义具体例示。

该类构式中疑问焦点的图式义被间接定位，即答语往往有"弦外之音"，其语义定位特征可由图 4. 40 表示：

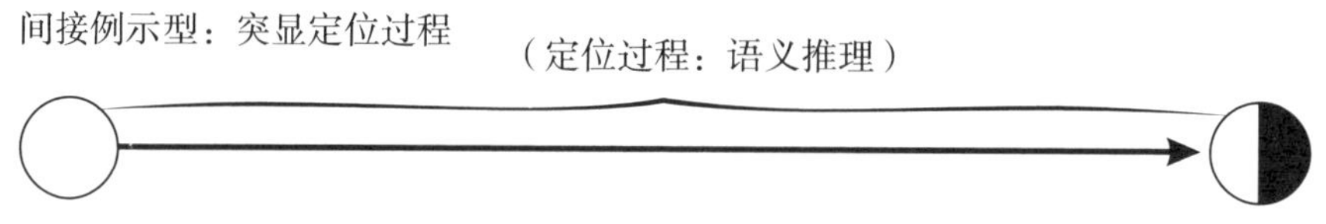

图 4. 40　间接例示型对话构式的语义定位特征

图 4. 40 中左边的空心圆和右边半实心圆表明问句的焦点图式义和答语的语义只有部分一致性，答语没有直接例示疑问焦点的图式义。粗体单向箭头表示该类构式的语义定位突显了定位中焦点例示的推导过程，即语义推理过程。

4. 6. 6. 2　非焦点例示型对话构式的语义定位特征

非焦点例示型对话构式的语义定位主要指焦点转移型、否定答语型、非完整答语型和仅语用标记回应型对话构式的语义定位特征。

（1）焦点转移型对话构式的语义定位特征。

焦点转移型构式中，答语并非问句焦点图式义的具体定位，而是引出新的话题。此类对话中，焦点可在事件域内转移，或事件域之间转移。前者指对话的焦点转移到问句事件中的已知信息（或框架信息）（如 QA45），或转移到对问句事件本身进行讨论（如 QA46），后者指答语与其他事件有关（如 QA47）。

①转移关注事件内已知信息。

QA45：

Question：...**How** did Taylor defend the indefensible?

Answer：Well，the question is more **how his lawyer**，**Courtenay Griffiths**，**defended**—it apparently wasn't indefensible because he mounted quite a good defense. The key for him was to show that he was not directly involved in the commission of these atrocities. ...

该 QA 的问句焦点是关于事件“Taylor defend the indefensible”的行为方式“how”，但答语未表征其具体语义定位，而是引出与问句事件中已知信息“Taylor”和“indefensible”相关的信息（由答语中的粗体表示），从而转移了对话焦点。

②转移关注事件性质。

QA46：

Question：...**Why** are there so few great American political novels as opposed to，say，detective stories?

Answer：Well，**that's a very good question. That's a very good question.**

该 QA 的答语表明，答话人把对话的焦点转向对问句事件性质的评述：“That's a very good question.”答语没有实现问句焦点的图式－例示关系。

③转移到其他事件域。

QA47：

Question：...**How** can we expect to raise excited and exciting children in that kind of environment?

Answer：Well，specifically，how do children suffer in an environment where there is, as we saw in that report, 40 percent turnover among child care workers, so there's some instability in the people they're seeing, how much difference—specifically, how does it affect these children?

QA47 的问句焦点 how 是针对事件“We expect to raise excited and exciting children in that kind of environment”而设置的，但答语把对话的焦点转向了其他问句事件：“How do children suffer in an environment?”和“How does it affect these children?”

焦点转移型对话构式的语义定位特征可通过图 4.41 表示：

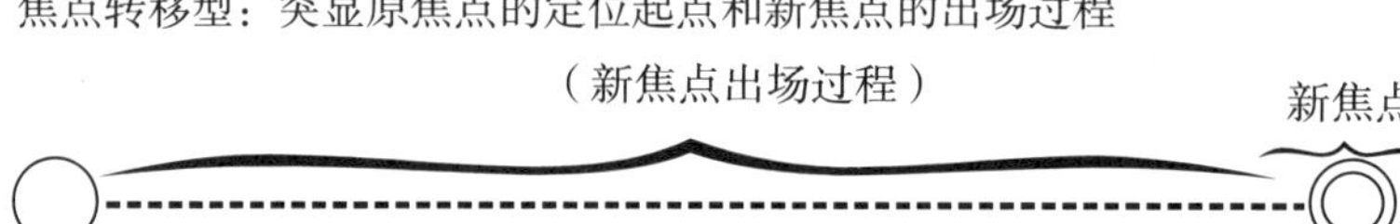

图 4.41　焦点转移型对话构式的语义定位特征

图 4.41 中左端的空心圆与右端的同心圆表示问答句的事件焦点不一致，答语引入了新的对话焦点。焦点转移型对话构式的疑问焦点不管在同一事件域中转移还是转向其他事件域，原有的问句焦点均没有实现语义定位（图中用虚线表示），其定位停留在定位起点位置。图中的虚线还表示该类对话构式的语义定位突显了新焦点的出场过程。

（2）否定答语型构式的语义定位特征。

否定答语型构式表示答话人由于客观或主观原因没能确切提供问句中图式焦点的具体例示。该类构式的语义定位处于定位的起点（如 QA48），或体现了定位的过程（如 QA49），但已经产生的定位结果不合格，表明对话的语义定位不成功。否定答语型对话构式突显了定位开始或定位过程中答话人的认知状态（如能力或态度）。

QA48：

Question：...**When** can we anticipate the gang of six product?

Answer：I don't have any idea.

QA48 中答语的否定语义表明，答话人没有对问句焦点进行语义定位，即该对话的语义定位过程未被展开，其语义定位处于定位起点阶段。

QA49：

Question：...**What** is that?

Answer：It's not **my family.**

该对话的答语粗体部分与问句焦点 what 形成图式－例示语义关系，阐明了答话人对问句的图式焦点实施了语义定位。然而，答话人没有认可定位结果，问句焦点 what 的语义定位不成功。

否定答语型构式的语义定位特征可由图 4.42 表示：

图 4.42　否定答语型对话构式的语义定位特征

图 4.42 中左端的实线空心圆表示需要进行语义定位的问句焦点或框架，而右端的虚线空心圆表示答语没有表征问句图式义的例示义。图中的虚线箭头表示尽管某些答语表征了其问句焦点和/或框架的语义定位，但答话人又否定了定位结果的有效性，因而否定型对话构式中的对话语义定位不成功。该类构式的语义定位突显了定位的起始位置或定位过程中答话人的认知状态，包括对话态度（愿不愿意给出例示）和认知能力（有无能力给出问句焦点的具体例示）。

（3）非完整答语型对话构式的语义定位特征。

由于非完整答语型对话构式的答语针对其问句而言，在句法上有缺损结构，答语因此未能体现问答之间的焦点图式与例示关系。该类构式的语义定位突显了定位的起点阶段。如：

QA50：

Question：...**What** are you going to be doing?

Answer：We're going...

该 QA 的答语虽然采用了与问句相同的句法结构“...are going...”，并有人称对应：you：I，但答语没有实现问句焦点的语义定位。

该类构式的语义定位特征可由图 4.43 表示：

非完整答语型：突显定位的起始阶段

（定位起始阶段）

图 4.43　非完整答语型对话构式的语义定位特征

图 4.43 表明，该类对话中问句焦点的语义定位仅停留在起始阶段（由实线箭头表示）。图中左边的实线空心圆与右边的虚线空心圆表示对话没有体现语义传承。实线箭头和虚线箭头表明图式焦点的定位方向，其中后者表示其定位没有完成，即答语未实现问句焦点的图式－例示关系。

（4）回应型对话构式的语义定位特征。

在回应型对话构式中，答语只以简短的语音符号（零句法形式）、词语（尤其是叹词，如 yeah）或短语表示答话人关注了问句的焦点和概括化的事件，但没有例示问句的图式义。该类构式的语义定位突显了交际双方的互动关系①。如：

QA51：

Question：...**Where** are they today?

Answer：Yeah.

该对话构式中，问句的焦点为 where，但答语用叹词“Yeah”表明答话人对其只做出了回应，而没有相应的语义定位认知操作。

回应型构式的语义定位特征如图 4.44 所示：

回应性答语型：停留在定位起点，突显对话中的人际互动

（说话者之间的互动关系）

图 4.44　回应型对话构式的语义定位特征

图 4.44 中左边的实线空心圆和右边的虚线空心圆表示答语没有具体表征问句中图式焦点的例示义，问句和答语之间无语义共享特征。虚线双箭头突显了问答中的人际互动，同时表明问答之间未实现图式－例示关系。

① 虽然其他类问答句之间都包含了交际双方的互动特征，但不受突显。

4.6.7 定位结果

答语表征了 WH-对话构式的语义定位结果，而例示性答语的语义详略度和语义原型度反映了该类构式的语义定位精确度，并进一步体现了问句事件的语义修复程度。

4.6.7.1 例示性答语的焦点语义详略度

例示性答语指具体化了问句图式义的答语，其语义详略度指答语对问句图式义的具体化程度。在通常情况下，句法结构越复杂，其相应的语义内容越详尽。由 COCA 语料库中该类对话的答语显示，句群类答语表征的语义最详尽，而由 1 个语音符号或 1 个语词表征的答语语义最简略。

答语的语义详略度首先与问句事件的结构详略度直接相关。问句焦点的事件框架背景信息（即已知信息）量越大，则答语例示的语义受限制更多，答语对问句焦点的例示描写越充分，语义更精细，句法结构也就更复杂。而如果一个问句事件中的已知信息量少，则疑问焦点的语义范围更广，答语例示越不具体，其语义越不详尽，句法结构也就越简单。如针对 COCA 语料中的两类问句框架：What is it? 和 What is it about...? 由于后者有更复杂的句法结构，其答语通常比前者的答语通常有更为复杂的语义内容，如表 4.3 和表 4.4 中的语料所示。

表 4.3 “What is it?”的答语语义详略度特征①

No.	Question	Answer
1	What is it?	Do you like girls?
2	What is it?	It's a good committee for Michigan.
3	What is it?	This is the third boy.
4	What is it?	What's really going on in your mind today?
5	What is it?	(Eating) This?
6	What is it?	I don't have a clue.
7	What is it?	Well, you reign, R – E – I – G – N; insert an S and you resign.
8	What is it?	There's a tiger.

① 表 4.3 和表 4.4 中省去了具体的问话人和答话人，以主要体现答语与问句的语义详略度。

续表4. 3

No.	Question	Answer
9	What is it?	The seven sacraments.
10	What is it?	Mansfield University.
11	What is it?	Well, what it is, is that we actually take the platelets, which are a component in your blood that helps you clot. We add to that growth...
12	What is it?	Well, in Virginia, as in many open primary states, you are welcome to vote for any candidate you wish for any reason you wish. For my purposes, as a security...
13	What is it?	Well, what's interesting—I have a source that actually told me that when Stacy actually confided in the pastor, she made a statement...
14	What is it?	Well, "Sin City" is a mythic town. Its everywhere in America and nowhere at the same time. Mostly it existed in here, a long time.
15	What is it?	This is an exciting thing for me, because this is a massive lake in a flat, calm bay, with some object here that is propelling itself at a substantial...
16	What is it?	Well, again, I think that the key here is for the special counsel to go out of his way to be impartial and to be objective. You know, I—I think the...
17	What is it?	Well, to reverse what has happened now, to stay against the will of the East Germans, the Poles, so they-because they need the communications, transportations...
18	What is it?	...is being more candid, and maybe others are saying, 'Fine, we find Colin Powell to be a great guy, a fine guy,' without really focusing in terms of saying, 'Are you going to vote for him for President?' And I think the poll numbers may very well be misleading.
19	What is it?	Well, you didn't-there was no problem in deciding where Ronald Reagan wanted to go. He knew exactly what he was and where he was going. I helped refine that. I helped draw the image around that so that the public could see it clearer, but there was no—I never had a question in...
20	What is it?	I don't believe the defense lawyers believe her. If she had advanced that story three years ago, or any time during the three years, that the child drowned, then they would have told the public. But I think they waited. They manufactured this. And now this is what we're getting.

续表4.3

No.	Question	Answer
21	What is it?	Well, it is one of the largest publishers on the Web. And its really an amazing set of sites. Whether you care about cars or you care about gadgets, its one of the must-check sites on the Internet. And its almost like a modern-day salon, because people come there for information.

表4.4 "What is it about...?" 的答语语义详略度特征

No.	Question	Answer
1	What is it about Nancy that attracts you to be so loyal and devoted?	She's sweet. She's ahead of her time. And the Bootleggers are ahead of their time.
2	What is it about this story that appealed to you?	We don't want to believe that a seemingly normal human being!
3	What is it about it that is significant to investigators?	Well, it's just the fact that it's just very odd and very unusual behavior. There didn't seem to be any sadness or the fact that her friend had been murdered.
4	What is it about here that makes this such a cultural gem?	Well, a lot of it is the way the cultures that have come here have adapted to living in the place that we are.
5	What is it about her?	She's extremely bright. She's a great scholar. And when she has the answers, research, she can articulate them extremely well. Unfortunately, as in this particular case, she's someone that relates to...
6	What is it about the Chileans where you're able pull this off with this sort of military precision?	Everything—when you guys announce the press conference at 9 : 00 as Jeffrey Kofman was saying, it starts at 9 : 00. And every promise is kept. You know, they under promise and over deliver.
7	What is it about this race that has foiled so many hopes?	I think it's because the Triple Crown is the toughest challenge in sports, in my opinion. It's only been won 11 times in the very long history of racing, and it's the rarest kind of athlete in any sport who can produce three brilliant performances in a short window of time. Brilliance doesn't last, and to have it last through three excruciating races in five weeks is an extraordinary thing.

续表4.4

No.	Question	Answer
8	What is it about his music that grabs us so much?	Well, first of all, it's extremely basic, because it comes out of really the lives of so many different kinds of people, that comes out of, of course, the Negroes of the South and the people who were their forbearers in Africa. But it's also part of the white heritage in the United States. There's influences of Cranz (ph) in the southern part of the nation, England,...
9	What is it about these two new shows out that has so captured our imagination?	Well, what they say, you're looking for millionaires. You're looking at greed. Greed has always been one of the more popular seven deadly sins along with lust an and wrath, which is why you see so much sex and violence on television. But whatever it's telling us, I don't think it's anything new. You know, if you go back 35 years to the heyday...
10	What is it about the world of the theater that attracts you as a film director, a film actor and as a screenwriter?	Well, I think there's something eternal about the theater, because it takes place in this little stage and on these floorboards; you only need a backdrop and a few lights, and you go out and tell a story. And there's something very magical about that. And when you participate in the world of the theater, you do feel you're...
11	What is it about the cartoon format that makes it such a good way to convey mathematical ideas?	Well, I approach it a little different from what Harris does. He's a panel cartoonist who often has, you know, formulas on the blackboard in the background. But I'm a strip cartoonist and I try and use the medium to explain things. So the advantage this gives me over a print medium is, in the first place, I can portray real-life situations. I'm...

语言的数量象似性指语符数量象似于概念数量（王寅，1999：117）。由表4.3和表4.4可见，“What is it?”和“What is it about...?”两个事件域的疑问焦点相同，但后者比前者有更详尽的语义内容，其相应的答语也有不同的语义详略度。

这两个问句事件的结构及其相应的答语语义详略度也表明，问句事件的结构越复杂，疑问焦点的语义定位范围越小，其例示义特征越具体；反之，疑问焦点的语义定位范围越广，答语表征的例示义越不详尽。

答语的语义详略度还与对话情景中说话人的认知状态相关。问答双方的对话态度和对焦点语义的理解能力，以及拥有的关于问句焦点的知识等因素都影响答语在例示问句焦点时的语义详略度。另外，良好的对话环境也是影响答语语义详略度的因素之一。不适切的交际环境使得答话人未能通过答语充分例示疑问焦点的图式语义。

4.6.7.2 例示性答语的焦点语义原型度

例示性答语的焦点语义原型度指答语例示问句图式义的层次，包括焦点层次和框架层次。在 WH-对话构式的语义定位中，焦点和框架的语义共同定位表明答语表征了对话中完整的事件语义，此种情形下其答语作为焦点例示的原型度最高。由于焦点定位表明答语仅传承了问句的焦点图式义，答语作为焦点例示的原型度次之。再次是框架语义定位的答语例示，在该类定位中，答语只传承问句事件中非焦点部分的语义特征，而没有补全问句事件缺损的焦点语义内容，答语作为焦点例示的原型度更低。在语义未定位情形中，由于答语没有传承问句焦点和框架的语义，答语作为焦点例示的原型度最低。

答语作为焦点例示的原型度体现了问答之间具有不同的语义连贯性。问答语义的连贯特征指对话中答语以问句的框架语义为基础建构话语意义，并且答语包含问句焦点的例示。根据问答之间是否具有语义连贯特征，WH-对话构式因而可分为问答语义连贯型和问答语义非连贯型对话构式，前者包括直接例示型和间接例示性对话构式，后者包括焦点转移型、否定答语型、非完整答语型和回应型对话构式。

（1）问答语义连贯型。

问答语义连贯型 WH-对话构式表明问话人和答话人基于共享焦点（WH-词语）建立起对话，且答话人实现了问句焦点的语义情景化定位，答语与问句有语义范畴同一性特征。WH-对话构式的语义焦点定位以及焦点和框架共同定位体现了问答之间具有语义连贯性。如：

QA52：

Question：...**What** is it that you call it in book?

Answer：**Conditioned hypereating.**

QA52 的疑问焦点是对一类事体的图式概括，问句中非 WH-词语部分进一步把焦点的语义限定为是“事体的称谓”。答语的名词性特征与焦点的事体图式义形成对应，体现了问句焦点的语义直接定位结果，问答之间具有语义连贯性。

QA53：

Question：...**When** are you going to do that?

Answer：We're going to do that **approximately—about 1：00 this afternoon, and then at 2：00** hopefully sit down with the Republicans and see if we can't resolve this situation. ...

该对话中的画线部分表明问句和答句具有框架语义对应，而问答中的粗体部分表示答语直接例示了问句的图式焦点，该对话的语义因而具有焦点和框架的语义共同定位特征，体现了话语间的语义连贯性。

（2）问答语义非连贯型。

在实际的英语 WH-对话中，有的问答语对在形式上是“一问一答”，但语义上并非“答是所问”，问答之间的语义具有不连贯性。语义不连贯主要是由于问句的图式焦点义没有直接或间接实现语义定位，体现为答话人通常转移了对话焦点（焦点转移型）、答话人由于主观或客观原因拒绝回答问题或否定已有定位结果（否定答语型）、答话人提供句法非完整答语而未能表征问句焦点的具体例示（非完整答语型），或答话人仅用一个语音符号（零句法形式）或词语（尤其是叹词）与短语回应提问（回应型）。问答语义不连贯的情形主要包括 WH-对话构式的框架语义定位和语义未定位两类情形。如：

QA54：

Question：...**How** did they get **food and water**?

Answer：The practical question，Fahad，is what about **food and water** and supplies during the occupation?

QA54 的答语未例示问句的疑问焦点 how，只出现了与问句非 WH-词语部分相对应的语义内容，即“food and water”，答话人以此为基础建构了答语，但其语义与 WH-词语无对应，问答之间未体现焦点语义连贯性特征。

QA55：

Question：...**How** could somebody who is supposedly pro-life justify murdering somebody?

Answer：I don't know. It's wrong.

该对话中，答话人用否定答语表明问句的图式焦点和框架均未被具体定位。问句的框架也没有成为答语的语义建构基础，问答之间无语义连贯性。

答语的语义详略度和例示原型度揭示了不同定位类型中答语的理想度以及问答之间的语义相关度（如图 4. 45 所示）

<table>
<tr><td colspan="4">语义情景化定位类型</td></tr>
<tr><td colspan="3">体现
语义图式 - 例示关系</td><td rowspan="2">未体现语义
图式 - 例示关系</td></tr>
<tr><td>焦点图式 - 例示
框架图式 - 例示</td><td>焦点
图式 - 例示</td><td>框架
图式 - 例示</td></tr>
<tr><td>焦点与框架共同定位</td><td>焦点定位</td><td>框架定位</td><td>未定位</td></tr>
<tr><td colspan="2">问答语义有连贯性</td><td colspan="2">问答语义无连贯性</td></tr>
<tr><td colspan="2">直接例示型、间接例示型、否定答语型</td><td colspan="2">否定答语型、焦点转移型、非完整型 、回应型</td></tr>
<tr><td colspan="4">答语的理想度和答语与问句焦点的语义相关度递减 →
← 答语作为焦点例示的语义原型度和语义详略度递增</td></tr>
</table>

图 4. 45 不同语义定位类型的定位结果

图 4. 45 表明，焦点与框架语义共同定位、仅焦点定位和仅框架定位体现了问答之间的语义图式 - 例示关系，其中直接例示型和间接例示型对话构式表明答话人对问句焦点进行了直接或间接语义定位。否定答语型对话构式的语料包括了上述四类定位情形（由图中虚线表示，详见第 5 章 5. 6. 3）[①]，而在焦点转移、非完整答语、回应型答语以及部分否定答语中，问答之间未体现图式焦点与具体例示的语义关系。

该图还揭示了在 WH-对话构式的语义定位类型中，答语作为焦点例示的原型度、语义详略度以及答语与问句焦点之间的语义相关度和答语满意度按照

①焦点 - 框架共同定位 ＞ ②焦点定位 ＞ ③框架定位 ＞ ④语义未定位

的排列顺序依次递减。反之，答语作为焦点例示的原型度更高，语义更详尽，与问句焦点更具语义关联性，答语质量也更理想。

① 虚线同时表明，否定答语型 WH-对话构式类型中体现和未体现问答 SI 关系的两类情形具有边界模糊性。

同时，COCA 中的 WH-对话语料显示，在具体的 WH-问答过程中问答之间不同的句法共振体现了 WH-词语与答语之间不同的语义范畴，如 QA56 - QA62 所示。

①语义相同或相似。

QA56：

Question：...**Who** is that rose for?
(1)　(2)

Answer：That's for my wife, Melinda (ph).
(2)　(1)

QA56 的答句和问句之间有焦点共振（1）和框架共振（2），焦点共振中 WH-疑问词与答语中的"my wife, Melinda（ph）"具有语义范畴一致性。

QA57：

Question：...**What** did they tell you?
(1)　(2)

Answer：Yes, you know, John, it was very encouraging in fact. I just spoke to a relative of Stacy's and they had a lengthy meeting with state police investigators. And what they told me was they were greatly encouraged
(2)
by the meeting. There was an exchange of information at this three-hour meeting and the family got to see firsthand that there are dozens of investigators working on this case, and look, John, the bottom line is this, there...
(1)

QA57 中的体现了焦点共振（1）和框架共振（2）。焦点共振以迂回句法为实现基础，WH-词语与答语仍然体现了语义范畴一致性。

QA58：

Question：... **Why** do they want to deny me my ideas?

Answer：Why do you persist in questioning the holocaust even when it's established as an historical fact. And even when politicians here in Iran worry that that kind of talk isolates Iran?

QA58 的答语与问句在话语开始部分具有部分相同的结构，产生了框架共振，同时整个答语通过反问的形式间接例示了回答“why”的肯定例示。问话人通过推导答语在语境中的语义可以间接获得问句焦点的例示。因此，WH-词语与答语有相同的语义范畴。

②语义相悖。

QA59：

Question：...**What** did you say to him?
（1）　（2）

Answer：I **did**n't say anything. Venus took the call.
（2）　（1）

QA59 的答语虽然与问句之间产生了焦点共振（1）what：anything；以及框架共振（2）did you say：I did say，但因否定标记词语“not”的介入，WH-问句与整个答语之间体现了完全相悖的语义内容。

③语义不相关。

QA60：

Question：...**When** will you be able to surf again?

Answer：When will I be able to?

QA60 的答语与问句享有部分相同的句法特征，产生结构共振现象，但答语不是问话人期望的例示，答语转移了问句的焦点。答语的语义内容不是问句中 WH-词语的具体语义内容[①]。

QA61：

Question：...**Why** would you want to，you know，profit from that?

Answer：It's not profiting...

QA61 的答语与问句有语词共振，但答话不是“why”的例示。

---

① 如果考虑上下文等语境因素，该对话中的答语可能与问句中 WH-词语的语义有关联，这不是本节分析的内容。

QA62：

Question：...**What** have some of the questions been?

Answer：Oh，what have...

QA62 的问答之间有部分结构相同，产生了局部对话共振，但答语不是问话人期待的问句焦点的例示。

QA56 - QA62 表明，在 WH-对话中，基于平行结构产生的句法共振并不意味着 WH-问句焦点与答语有相同的语义范畴。只有问答焦点一致的句法共振才表示语言交际中对话双方达成了瞬时的观点共识。

4.6.8 小结

WH-对话构式的对话语义特征体现为该类构式的问句由图式义到例示义的实现过程，即语义的情景化定位。在此过程中，问句概念化的事件域标示了定位的时空范围，表明了定位的概念内容（WH-词语图式义和/或事件框架的图式义），从而确定了定位的参照要素。WH-问句的图式结构通过量化和特征传承的方式被答语具体表征。WH-对话构式的语义定位是包含定位背景、定位对象、定位策略和定位结果四个方面的定位系统。对话情景中所谈的事件（ECM）、对话的环境（尤其是其时空属性）以及对话双方的互动关系和认知状态（如态度和能力）对问答交际中对话语义的精确定位有影响。该类构式的语义有四类特征，包括仅焦点定位、仅框架定位、焦点 - 框架共同定位和语义未实现定位。

WH-对话构式的不同语义定位类型揭示了答语作为焦点例示有不同的语义详略度和原型度，其中焦点和框架的语义共同定位型答语有最详尽的语义内容，它们作为焦点例示的原型度最高，而仅焦点定位、仅框架定位和语义未定位的情形依次表明，答语作为焦点例示的语义详略度和原型度不断递减，答语与问句焦点的语义关联度逐渐降低，答语质量越不理想，答语体现的定位精确度越低。

4.7 WH-对话构式的对话语用特征

在语用层面，WH-对话构式的使用表明人类通过语言建立人际互动，实现认知合作。问句的语言资源在答语中的再现则刻画了问话人与答话人之间的认知合作痕迹。针对同一事件，问答对话[①]中 WH-问句用于表征问话人对它的整体感知，而答语则用于突显答话人对该事件的局部认识（焦点或非焦点）。WH-对话构式的这一用法特征体现了问答双方不同的认知合作层次（整体层面或局部层面），揭示了图式－例示认知机制的整体－局部关系。WH-对话中，问答事件表现出不同程度的要素耦合现象，包括完全耦合、部分耦合和无耦合，反映了问答双方的三类认知合作类型，即完全合作、部分合作和不合作，进而体现了答话人在不同对话类型中的应答策略。

4.7.1 认知合作目的与特征

4.7.1.1 合作目的

说话本身就是做事（Austin，1962）。WH-对话构式的使用表征了一个由问话人和答语人共同完成的对话言语行为，广泛用于政治、经济、外交以及日常交际等领域和新闻采访、商务谈判、广告宣传以及家庭生活等交际场合。该类言语行为中问答双方有各自的认知合作目的，其中问话人期望通过答话人获取一个事件的相关信息，而答话人通过与问话人的合作以验证自身对事件的理解和实现交往互动。认知合作为对话双方进一步达成观点共识和建构有利于沟通的人际关系奠定了基础。

对话中的认知合作增强了交际主体对客观世界的认识。维特根斯坦（1922：§5.6）曾言：我的语言的界限意味着我的世界的界限。王寅（2014b：480）进一步指出，人类的知识在语言的边界处封闭而封闭，人类的知识在语言的边界处开放而开放。WH-对话构式的问句和答语表征了未知世界与已知世界的关系。该类构式的使用体现了交际中认知主体对客观世界的探知本能，问答双方通过认知合作缩小未知世界的范围，拓宽已知世界的疆域，从而理清世界的秩序，使主体所在的世界由混沌转向清晰。

人类生活在问答对话之中。对话双方通过 WH-对话构式的使用实现信息共享，从而使得人类社会不断发展，从野蛮走向文明，从落后走向繁荣，从原始走向现代。

---

① 本节所提到的对话特指由 WH-问句引导的问答对话，在行文中也称作问答对话。

4.7.1.2 合作特征

（1）事件域基础及其体认性。

ESI 模型（图 3.5，4.10）的认知事件观表明，问答双方基于一个事件域建构对话，寻求认知合作。问话人以该事件及其网络为背景设置图式性的对话焦点，答话人则以该事件及其网络为基础提供对话焦点的具体信息。

对话双方对同一个事件的认识和理解具有体认特征。首先，对话双方由于所处的时空位置不同或有不同的交际意图，而选择不同的事件观察视角和关注事件的不同局部特征。其次，由于对话双方自身的认知能力不同，对客观事件的感知体验层次也不同，如观察事件的表象或考察事件的本质。另外，由于对话双方把被观察的事件置于不同的事件网络背景下，而体验到该事件与其他事件有不同性质或程度的关联性，如因果关系或部分与整体关系。因此，不同的认知主体根据不同的体认结果而在心智中会突显事件的某一方面，从而形成不同的概念结构和语言表达式，如“He gave a book to her”和“He gave her a book”，前者反映认知主体对传递事件过程的感知，后者反映了认知主体对传递事件结果的体验。在问话人对客观事件的认知处理中，被突显的事件要素成为对话的焦点。答话人只有与问话人有相同的体认基础（如视角）和体认目的，才能为对话焦点提供更具体或详细的特征，从而解答问话人的疑问，实现成功的对话。

认知主体在通过对话性话语间接拟构客观事件的过程中，问话人概括了事件的整体特征，建构了 WH-问句，其疑问焦点反映了问话人突出关注事件的某一方面。而答话人基于问句的疑问焦点建构答语，并突显该事件的某一局部结构，而可忽略其他信息。问答之间因此形成整体与局部的关系，体现了 WH-对话构式的语用 ESI 模型特征。如图 4.46 所示：

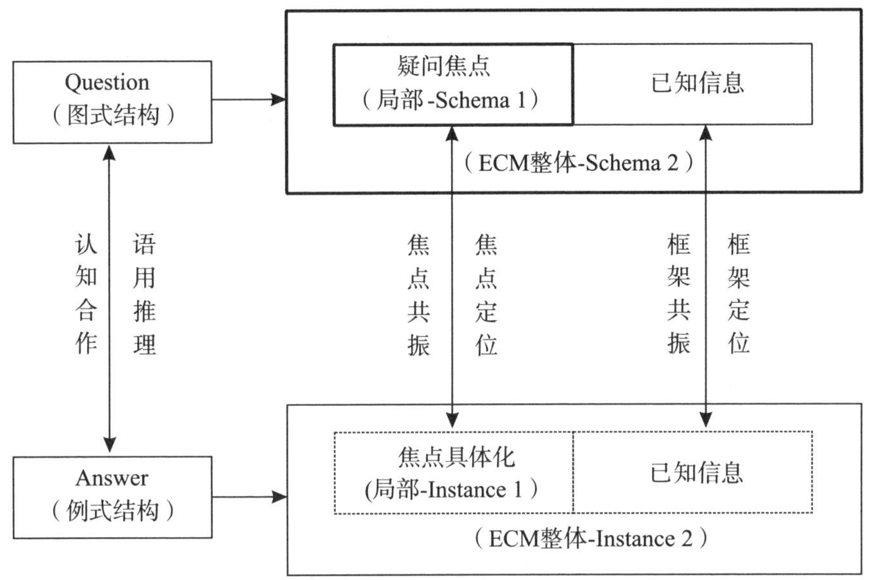

图 4.46　WH-对话构式中的整体－局部关系

图 4.46 表明，问句概念化了一个事件（ECM），并以事件的整体特征（由实线大粗框表示）为基础突显其局部结构（由实线小粗框表示），即疑问焦点（Schema 1），问句中非焦点部分表示已知信息，同时决定了事件的框架特征，也是疑问焦点的识解背景。在 WH-对话中，典型的答语与问句的疑问焦点或框架信息（即已知信息）有句法共振（焦点和/或框架共振）和义域对应（焦点和/或框架定位），问答之间形成图式－例示关系。如果答语仅例示了问句的焦点，则体现为 Instance 1，当答语包含问句的已知信息，则体现为 Instance 2，Instance 2 可包含 Instance 1，此时由于 Instance 1 是问句焦点的例示，Instance 1 更受突显。COCA 语料表明，有的答语既非 Instance 1，也非 Instance 2，图中的虚线粗框因此表示问答之间有未体现图式－例示关系的对话情形。

问句的图式结构揭示了一个事件的概貌，而答语通常为问句事件提供局部信息（焦点或非焦点信息）。问答作为一个对话单位建构了一个完整的事件域（ECM）。问答双方基于该 ECM 进行语用推理，实现认知合作，其事件域基础和体认特征如 QA1 所示：

QA1：

Question：...**What** did he say when you walked into the hospital room?

Answer: He started crying and said, "**Oh, my mom, my mom, my mom.**"
That's when I went up and hugged him and kissed him.

QA1 的问句表征了一个图式事件："He said X." 但对问话人而言，由于缺乏事件的事体要素（由 what 表征），因而只能感知一个事件的整体特征，并感知到该事件与另一个事件（由 when 引导的句子表征）之间有时间一致关系。答语与问句有相同的结构 "he said"（画线部分表示），它是对事件框架的复述，并不代表事件的突显信息，但表明问答双方有相同的话语建构和意义理解基础。基于此结构，答语中出现的但问句中却没有的信息（尤其是粗体部分）才是答话人的话语重心。该信息对应问话人关注的事件未知事体要素，但与问句用 what 对之进行编码不同，答语主要用短语 "my mom" 填充事件的缺损结构。同时，答话人基于自身参与的一个事件 "I went up and hugged him and kissed him" 与问句事件 "He said X." 的时间一致性，表明已被填充的事件局部信息是与答话人体验客观事件有关联。

据此，问话人通过对事件 "You walked into the hospital room." 的体认而感知到事件 "He said X." 的整体存在，而答话人通过对事发现场的体验，获得图式事件 "He said X." 的局部缺损信息。该对话构式在使用中反映了事件的整体和局部特征，体现了问答之间图式事件与其具体例示的范畴化关系。

（2）情景要素的选择性和制约性。

WH-对话中，认知合作的情景要素选择性指问话人选择疑问焦点和确定事件框架；答话人识别对话焦点并选择语义定位的认知背景，以及选择有利于定位的主体互动因素。

①焦点选择和确定框架。

问话人的话语表征了一个事件的概念结构，WH 词语是其突显的未知信息。答话人在 ECM 框架内识别出已知信息和未知信息两个部分，并判断 WH-词语表征的 ECM 要素是行为类还是事体类，以确定疑问焦点的所属范畴。

根据一个 ECM 的两大要素特征，when，where，why，how 等疑问词突显了 ECM 的行为要素在时空、原因、方式等方面的信息，而 what，which，whose，whom，how many，how much 则是 ECM 中事体要素的质料（what，which，whose，whom 等）或数量（how many，how much 等）方面的突显信息。针对同一个事件，问话人设置不同的疑问焦点将影响双方合作成功的可能性，如答话人也许知道事件的参与者信息 who，而不知事件发生的原因 why 或方式 how。因此，问话人要结合答话人的状态（如能力和态度）进行事件焦点设置和确定事件框架信息。

②选择语义定位背景。

在 WH-对话中有两个认知背景，其一是问答发生时的共时物理环境，它决定对话场合的时空特征，其二是事件中已知信息与其语义网络结构形成的历时语篇背景。两者构成话语的当前语篇空间（current discourse space）。语言符号表达的实际意义必须与语境结合起来才能得到确定（束定芳，2008：217）。两个认知背景构成问答对话的主要语境信息，它们为对话双方通过认知合作，以实现 WH-词语和事件框架的具体定位提供了认知参照。

（a）共时物理环境。

人们在说任何一段话，写任何一篇文章都脱离不了当时的环境（周光亚，1985：12）。整个社会的文化语境也影响话语所表达的意义（参见石坚等，2011）。对话发生的时间和地点决定了对话发生的客观物理环境，进而反映了对话的社会和文化语境。在社会中人们共同遵守的规范和在文化中人们共同拥有的信念都必然会反映在个人的思想和行为上（段峰，2007：67）。在对话环境中，说话人遵守的社会与文化规范也必将反映在语言的使用上，即说话人在"什么场合说什么话"，从而体现对话的共时特征。对话展开的方式或使用的媒介对问句中图式结构的具体化也有影响，如媒体采访、电话交流、面对面交流等不同对话方式会影响答语语体的正式和非正式程度，进而影响认知合作效率。

（b）历时语篇背景。

问句事件的已知信息是问句焦点和框架实现为具体例示的当前语篇空间信息。事件域中两大要素之间相互制约的横向关系、事件要素与事件之间的部整关系、以及事件与事件之间形成的网络结构，为对话双方实现认知合作提供了历时语篇背景信息。

③选择有利于定位的主体互动因素。

语言使用不单是语言知识的运用及信息传递的过程，除语言知识及语言能力外，还涉及人际关系、社会关系等非语言语境因素和语用能力（冉永平，2013：675）。WH-对话构式的图式 - 例示关系在对话主体的互动中实现。认知主体间的互动揭示了主体间的认知状态，表明话语在一定程度上具有主观意义。主观意义特指主观化（subjectification）实现过程中产生的与说话人密切联系、甚至属于说话人存在方式的一种语言意义（李洪儒，2011：16）。问话人积极、友好的发问态度、与答话人同等的社会地位，以及使用帮助答话人理解问话的肢体语言，表达明晰易懂的语言结构等都有利于答语准确表征问句图式结构的具体例示，而答话人自身积极的合作态度、对问题的准确理解和相应的知识储备，以及良好的生理和心理健康状况等也有助于实现问句从图式义到具体例示义的变化。

意义的生成是一个动态的过程，需要说话人和听话人双方就意义进行协商，需要语境和话语的意义潜能（廖美珍，2012：24）。情景要素在认知合作中的制约性体现为问话人根据对话情景中的对话伙伴、对话内容和对话环境选择事件的不同方面进行提问，即因人、因事和因境设问，而答话人根据情景要素的制约，在心智中不断对问句图式的例示进行抉择和调整，以提供问话人期望的理想答语。

认知合作中情景要素的介入如 QA2 所示：

QA2：

Question：...**What** are you concerned about militarily?

Answer：Of course, the number one question is **the nuclear situation**... They are now concentrated in the four so-called "nuclear republics," and..., Secretary of State Baker received those assurances when he was here last week...

QA2 的答语画线部分（now，here）分别表示了图式事件"You are concerned X about military"与当前对话情景的联系。答语中粗体部分是在当前对话情景中对问句焦点 what 的具体例示。如果对话时空发生改变，该问句焦点可能有不同的例示。

（3）合作过程瞬时性和焦点临时性。

在实际言语交际中，一问一答、即问即答的 WH-对话完成时间可以以"秒"为单位计算。因此，一个 WH-对话构式在实际使用中，其问句的疑问焦点与答语之间的图式－例示关系可能仅适用于特定的对话情景。随着对话的结束，一个 WH-对话构式即消逝，问话人根据交际目的又不断启动新的对话。WH-对话的瞬时特征表明一个 WH-对话构式的规约化或固化度仅适用于局部对话环境，问答双方的认知合作过程仅限于问句焦点的提出到对话结束这一瞬时交际时段之内。

在对话中，问话人设置的疑问焦点依据对话情景因素（说话人、谈论事件和对话时空等）的变化而变化，即对话双方为了就某一事件实现认知合作和达成对话共识，可能需要从不同方面了解该事件的特征，以设置关于同一事件的不同问话焦点，从而出现由多个 WH-对话构式构成的对话序列。一个 WH-对话序列中多个 WH-对话构式的焦点差异性体现了对话焦点的流变性，从而体现了单轮 WH-对话中双方认知合作的临时性。如 QA3 和 QA4 共同构成一个对话序列，双方围绕同一个事件设置了不同的疑问焦点，它们在对话序列中具有临时性特征。

QA3

Question：...**What** <u>was Jennifer afraid of</u>?

Answer：<u>Jennifer was afraid</u> **that he was going to hurt her or kill her.**

QA4

Question：...**Why** <u>did she think that?</u>

Answer：<u>She was afraid of</u> **him blowing up and losing control.**

QA3 和 QA4 有相同的对话主体，它们的答语与 QA3 的问句都有框架共振特征（画线部分表示[①]），并有相应的框架义域对应，表明 QA3 和 QA4 的问句描述了同一个事件的不同方面，其答语并分别具体化了事件的事体和行为信息。QA3 对话结束，其疑问焦点 what 实现了语义定位，但又引出了新的疑问焦点 why。QA4 体现了问答双方基于 QA3 展开新的临时认知合作。

由该对话序列可见，随着对话时空的变化，问话人针对同一事件设置了不同的疑问焦点（即 what 和 how），对话双方的认知合作具有临时性。

（4）合作结果的多样性与有效性。

针对同一个问题，由于答话人的认知视角差异性，或随着社会、文化的不断发展和认识客观世界的能力不断提高，其答语没有唯一性。一个 WH-对话构式的问句图式结构可有多个不同的答语例示，反映了 WH-对话中问答双方的认知合作结果多样性。如 QA5 和 QA6 所示：

---

① 问答之间的画线部分表示对话双方的共享信息，下同。

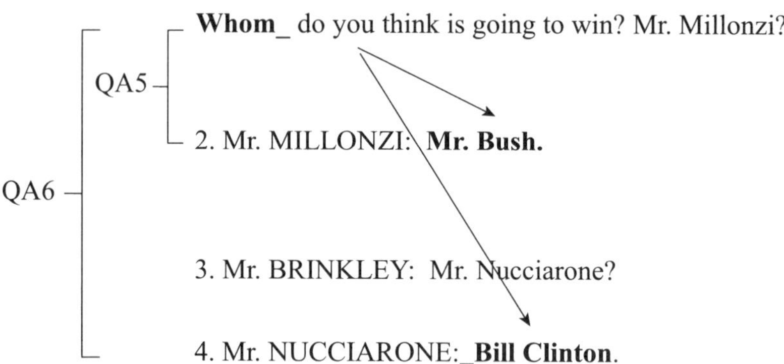

QA5 和 QA6 共享一个图式事件：You think X is going to win. 由于对话情景中认知主体的变化，该事件表现出不同的局部特征，体现了同一个问话人与不同答话人之间认知合作结果的多样性。

而 QA7 和 QA8 则表明了在对话主体不变的情况下，对话双方合作结果的多样性。

QA7：

Question：...Whose fingerprint is it?

Answer：We know it's not Christopher's. It's not Joan's. It's not Peter's. It's no one from the phone lines and...

QA8

Question：...**Whose fingerprint** do you think it is?

Answer：I think it's **the killer's fingerprint.**

QA7 和 QA8 有相同的认知合作基础，即同一个 ECM：It is X's fingerprint. 但 QA7 的答语表明，尽管答话人提供了与问句焦点相关的信息，但答话人又予以否认，因此问答双方只有部分认知合作，图式事件中的焦点仍未被答语具体表征。而随着对话的展开，由于答话人认知状态等因素的变化，该图式事件实现为具体事例，问答之间实现了完全认知合作（由 QA8 表征）。因此，对同一个事件和相同的认知主体，该对话序列表现出焦点未被肯定例示和实现肯定例示两类情形，反映了认知合作结果的多样性。

对话中合作结果的多样性源于图式－例示过程中，一个图式可有多个例示，并有典型例示和边缘例示之分。因此，面对同一问题，不同的认知主体可能给予不同的答语，即使是同一认知主体，基于不同时空的对话场景，给出的焦点例示也可能不同。

答语的有效性则指问答交际中答语被问话人接受的程度，它决定了对话中认知合作的有效性。根据哈贝马斯（Habermas，1979）关于会话行为有效性的三个要求，当话语对客观世界描述具有真实性，话语在社会世界中使用具有正确性或规范性，以及说话人在语言交际中有真诚的主观态度时，对话双方则实现了成功的对话。哈贝马斯倡导会话的有效性要求旨在实现理想的对话，即实现双方平等的，不受权利、地位等因素干扰的会话。

根据哈氏的会话有效性要求，“答非所问”型对话中，问话人和答话人至少违背了会话有效性要求中的真实性、真诚性或正确性，即问话人或答话人提供的话语是对客观世界的虚假描述，或说话人的态度不体现人际交往的真诚性，或对话的内容不适合对话场合中社会与文化的规范性，因此造成答语无效。

4.7.2 事件耦合度与认知合作度①

WH-对话构式的 ESI 识解模型（图 4.10）表明，一个 WH-问答对话中，问句和答语分别是一个事件域（ECM）的图式和例示表征。因此问句和答语之间是问句事件（ECM - Question，简称 ECM - Q/Event - Q）与答语事件（ECM - Answer，简称 ECM - A/Event - A）的互动关系。由于问句揭示了事件的整体特征，而答语突显该事件的局部结构，问答之间形成整体与局部的关系（图 4.46）。同时，由于答语对事件的某些结构可以“隐而不显”，虽然答语只编码了事件的局部信息，它仍然表征了一个事件，即一个省略了部分要素的事件。问答之间的互动关系如图 4.47 所示。

① 本节所关注的认知合作特指以句法共振效应为基础的说话人之间的认知合作。

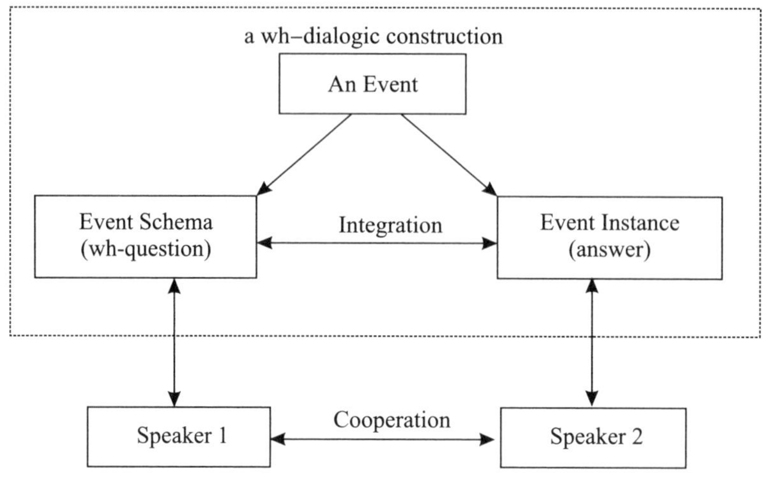

图 4.47　WH-对话构式中 ECM－Q 与 ECM－A 的关系

（ECM－Q = wh－question，ECM－A = answer，下同。引自 Zeng，2016a：314）

图 4.47 表明，问答双方的话语是图式事件与具体场景之间的例示关系（instantiation）。根据问答之间事件与事件的互动特征，问答中对话焦点的图式－例示实现过程可以视为 ECM－Q 和 ECM－A 整合为一个 ECM 的过程，其整合结果揭示了两个事件之间的特征匹配程度，即事件要素（Action 和/或 Being）的耦合（coupling）程度。基于 WH-对话构式的 ESI 模型（图 4.10）和问答之间的整体－局部关系（图 4.46），ECM－A 是否例示了 ECM－Q 中 Schem 1（焦点信息）和/或 Schema 2（非焦点信息）揭示了问与答两个事件的耦合程度，包括：

①完全耦合（full coupling）；
②部分耦合（partial coupling）；
③无耦合（non-coupling）。

根据答语事件是否具体化了问句事件中的疑问焦点和/或非焦点信息，问答两个事件之间的耦合度同时反映了对话双方的认知合作（cooperation）层次（焦点层面或框架层面），体现了双方的认知合作度或认知合作类型，分别为：

①完全合作（full cooperation）；
②部分合作（partial cooperation）；
③无合作（non-cooperation）。

在 WH-对话中，如果答语与问句的疑问焦点有句法共振，并传承了疑问焦点的语义，且表征了疑问焦点被量化为一个事体例示，则问答两个事件基于 WH-词语被成功例示实现要素完全耦合，问答双方实现了完全认知合作。

而如果答语只例示了问句框架（非焦点结构），或虽然答语例示了问句的疑问焦点，但答语本身（如 nothing）或答话人否定了已有焦点例示的有效性，使得问句焦点的例示数量仍然表征为零。在这两类情形下，问答两个事件没有基于 WH-词语的具体例示实现要素完全耦合，而只有部分要素耦合现象或耦合痕迹，问答双方仅实现部分认知合作。

如果答语没有与问句的焦点和框架形成图式－例示关系，问与答事件未体现要素耦合特征，对话双方处于无合作认知状态。

4.7.2.1 完全耦合与完全合作

当 ECM－Q 的图式焦点和框架信息都能具体体现在 ECM－A 中，则问答两个事件之间属于要素（Action 和 Being）完全耦合现象，表明问答两个事件经整合后可成为一个事件。如图 4.48 所示：

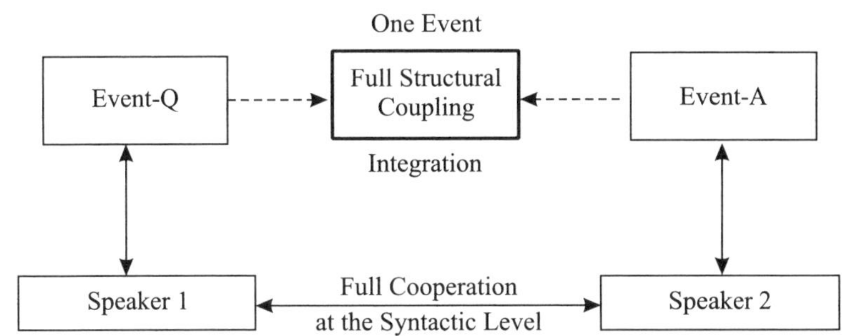

图 4.48 ECM－Q 和 ECM－A 之间的事件要素完全耦合特征

（引自 Zeng，2016a：317）

由图 4.48 可见，一个 WH-对话中的 ECM－Q 和 ECM－A 经整合可成为一个 ECM（由图中粗黑框表示），而图中的虚线箭头体现了整合的过程和方向。根据问答话语之间的图式－例示关系，要实现这一过程，ECM－A 的事件要素要与 ECM－Q 中的 WH-词语和非 WH-词语部分均有对应，即两个话语间有相同或相似的语法结构，从而产生句法共振和相应的意义和功能映射。并且，根据问答之间的整体与局部关系，ECM－Q 为整合过程贡献了 ECM 的框架信息，ECM－A 则为实现整合主要提供了 ECM 的局部缺损信息。问答事件整合为一个事件的过程揭示了基础话语（ECM－Q）与目标话语（ECM－A）之间事件要素（Action 和 Being）的完全耦合特征，体现了对话双方完全合作的对话状态。

在完全合作型对话中，问话人通过答语获知问句焦点的具体信息，ECM－Q 表征的图式事件可通过信息填充而成为一个完整的具体场景。该类对话体现了问答双方基于互动关系表现出积极的对话态度，且问话人在对话中起主导作用。根据 Grice（1989：26）合作原则中的量准则，完全认知合作 WH-对话中，答话人不仅提供为问话人提供了问句焦点的具体信息，而且还可能提供了与焦点相关的足量背景信息，如 QA9－QA15 所示。在这类对话中，图式焦点的具体信息可基于事件框架出场，也可单独出场，其中前者体现为 QA9－QA11，而 QA12－QA15 属于后者情形。

在焦点信息单独出场的情形下，ECM－A 与 ECM－Q 只有焦点共振和相应的义域对应，ECM－Q 和省略了部分事件要素的 ECM－A 经整合也形成一个 ECM，问答事件之间突显了事体要素（Action）或行为要素（Being）的耦合特征。

QA9：

Question：...**When** is the wedding?

Answer：It's **in April.**

QA9 的答语粗体对应问句的焦点，而画线部分对应问句的框架（已知）信息，表明了问答事件在行为要素（is：is；when：in April）和事体要素（the wedding：it）两方面均有耦合。问答之间的句法共振和义域对应体现了交际主体的语言对称性。该对话的直接例示型答语表明，答话人认同问话人的提问方式和提问内容，问话人主导了对话过程，答语填充了 ECM－Q 的未知信息，对话双方实现完全合作。

QA10：

Question：...**Why** should we care about these pressures that are building up in Jordan now?

Answer：Well，you should care **because your interests are at stake.**

QA10 的问句表征了一个可能发生的事件：“We should care about these

pressures that are building up in Jordan now.”问话人追问其发生原因，答语中由 because 引导的话语是其具体阐释。借此，答语细化了问句事件的图式特征，问答两个事件在行为要素方面有耦合现象，两个事件可以整合为一个ECM：We should care about these pressures that are building up in Jordan now because your interests are at stake. 该对话中的事件要素耦合表明，问答双方采取了完全合作的对话策略。

QA11：

Question：...**Whose idea** was it at first?

Answer：It was **my wife**, **Linda's**. She had actually sat me down one day and said, David, did you ever consider the possibility that your brother, Ted, might be the Unabomber?

QA11 的对话焦点“whose fault”表明，问句表征的事件域缺乏事体要素的细节信息“whose”。问话人期望通过与答话人的认知合作获其具体内容。答语的画线部分表明，答话人与问话人有认知合作基础，即答话人也是基于问话人提供的框架信息构建话语意义。答语中“my wife, Linda's”表明答话人提供了问句焦点的具体例示，体现了问与答两个事件在行为（Action）和事体（Being）两方面均有结构耦合，反映了答话人积极与问话人建立完全认知合作的互动关系。问答两个事件在问话人的主导下可整合为一个事件：“It was **my wife**, **Linda's** idea at first.”

QA12：

Question：...**What** are you going to do now?

Answer（Ms. Levine）：**Go upstairs.**

QA12 对话中，问话人拟构了一个将要发生的事件：“You are going to do X now.”问句焦点 what 是 do 的受事，两者合起来表征了事件的行为要素“do X”，但该部分信息的不确定性使得问话人主要感知到事件的整体特征。问句中第二人称的使用暗示问话人确定了对话伙伴，并期望通过与其互动获得完整的事件行为要素信息。答语却表征了一个省略参与者信息（Being）的事件，完整表达应为：“I am going to go upstairs.”问句事件和该事件经整合可形成一个事件：Ms. Levine is going to go upstairs. 这表明问答事件之间的要素（Action

和 Being）有完全耦合特征，而行为要素的耦合更突显。答语与问句焦点的义域对应表明答语为事件整合贡献了局部信息，并体现了答话人果断、直接的应答策略和积极的对话态度，问答双方基于事件完全耦合特征实现了完全认知合作。

QA13：

Question：...**How** did you first get into the game?

Answer（Ladd）：**Purely by accident.** One day my husband walks into the kitchen and says, "Honey, its a beautiful day. Lets go play golf." And I looked and him, and I said, "You don't play golf." He said, "I know, but I'm Scottish. I think I should. ...

QA13 对话中，问话人试图还原事件"Ladd first got into the game"的发生过程。答话人直接给出了明晰的焦点对应信息，并做出进一步阐释，以使问话人加深对事件的整体感知。问答事件可整合为一个具体的事件："Ladd first got into the game purely by accident." 由于"Purely by accident"是对行为要素（Action）"got into"的进一步刻画，表征了事件域认知模型（图 3.1）中由 D 表征的行为信息，两个事件之间的完全耦合突显了行为要素的次层级特征耦合。同时，答话人围绕"Purely by accident"建构了一个句群类答语，显示了答话人积极的对话态度，事件之间的要素完全耦合反映出问答双方处于完全合作的认知状态。

QA14：

Question：...**Who**'s your Republican candidate?

Answer（Jerry）：Well, it has to be **Mitt Romney**, not that I want him to be, but he's the only one close enough to the middle to win.

该对话中问与答两个事件可以整合为一个特定的 ECM："Mitt Romney is Jerry's Republican Candidate." 该整合过程突显了问答事件之间事件要素（Being）的耦合现象。另外，答语包含结构"has to"，体现了答话人肯定的语气和直接给出问句焦点例示的对话态度。事件之间的要素完全耦合特征表明问答双方实现了完全认知合作。

QA15：

Question：...**Which** is your Batman?

Answer（David）：**Adam West.**

QA15 的问句中已知信息“Batman”（蝙蝠侠）表明了疑问焦点的选择范围及其“人物角色”的类特征。而答语表征一个人名，与问句焦点有特征匹配。答语事件省略了与问句中非焦点部分形成对应的信息。问与答事件以事体耦合（Being）为基础可整合为一个具体的 ECM“Adam West is David's Batman”，体现了问答事件之间要素完全耦合特征。答话人直接给出问句焦点的例示表明答语满足了问话人的认知期待，问答双方建立起完全认知合作的互动关系。

4.7.2.2 部分耦合与部分合作

问答事件之间的部分耦合包括四类情形：

（1）ECM－A 间接包含 ECM－Q 中的焦点信息（如 QA16）；

（2）ECM－A 仅包含 ECM－Q 中的非焦点信息（如 QA17－QA19）；

（3）ECM－A 直接表示 ECM－Q 中疑问焦点的例示数量为零（如 QA20）；

（4）ECM－A 含有 WH-词语的不合格例示（如 QA21）。

这四类情形都表明，ECM－A 未体现与 ECM－Q 的焦点有耦合特征，问话人要求的焦点例示未直接出现在 ECM－A 中，ECM－A 与 ECM－Q 只有部分耦合现象或痕迹，且耦合的要素主要体现在框架层面（已知信息），问答两个事件未能完全整合成为一个具体的 ECM。如图 4.49 所示：

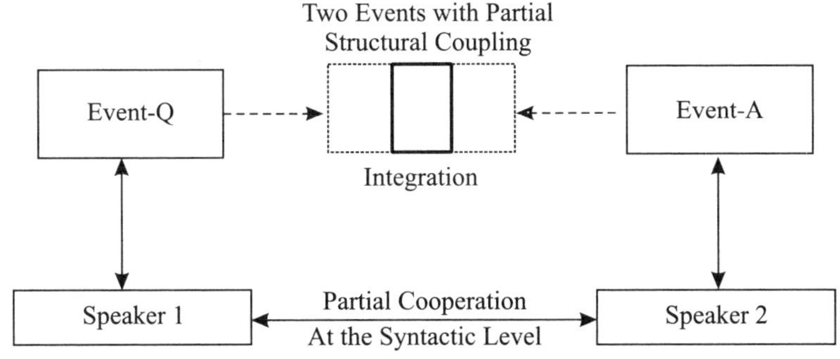

图 4.49　ECM－Q 和 ECM－A 之间的事件要素部分耦合特征

（引自 Zeng，2016a：319）

由图 4.49 可见，ECM－Q 与 ECM－A 经整合后出现部分耦合特征（图中黑框表示），即两个事件未能完全整合为一个完整事件（图中虚框和箭头表示整合过程和方向）。在这种情形下，ECM－A 再现了 ECM－Q 中焦点的关联信息（QA16）或非焦点部分的信息（QA17－QA19），或即使出现了与焦点部分有对应的句法和语义结构，但答话人又否认其作为例示的有效性和合理性（QA21）。两个 ECM 整合的结果表明，对话双方仅实现部分合作。

QA16：

Question：...**Why** do they want to deny me my ideas?

Answer：Why do you persist in questioning the holocaust even when it's established as an historical fact. And even when...

该对话的明显特征在于，答话人没有明示问话人的话语焦点具体信息，而是借助另一个事件“You persist in questioning...”来阐述对话焦点。答语体现了问句焦点具体信息的间接出场特征。答语中问句事件框架的部分信息复现（画线部分表示）表明，问答之间各自描写的事件具有类比性。答话人认为问话人能基于事件之间的相似性进行意义推理，从而获得事件发生的原因，解惑疑问。由于答话未直接表征 why 的具体例示，而仅有其索引信息，问答两个事件能否完全整合为一个事件取决于问话人的认知推理能力，问答事件的要素无明显的完全耦合特征，反映了问答双方仅实现了部分认知合作。

QA17：

Question：...**What**'s your question?

Answer：I actually have two questions.

QA17 对话中，问话人以“question”为背景前提设置疑问焦点，答话人以“question”为基础建构话语。然而，问答双方关注的是“question”的不同特征，即前者关注其“内容”，后者关注其“数量”。答话人转移了对话焦点，终究没有实现问句焦点的图式－例示关系。问话人无法通过与答话人的认知合作补全问句事件的未知信息。问答两个事件只在事体要素（Being）方面具有耦合特征（画线部分表示）。因此，对话双方仅实现了部分合作。

QA18：

Question：...**What** have some of the questions been?

Answer：Oh，what have...

QA18 的答语再现了问句事件的焦点图式信息“what”和部分非焦点信息(have)，但答语并非问句焦点的具体例示，表明答话人没有基于问话人的视角分析问题，以解答问话人的疑点。问答两个事件只有框架层面的耦合，而未能基于 WH-词语的具体例示整合为一个 ECM，反映了对话双方只有部分认知合作。

QA19：

Question：...**How** do you explain this，the United States' taking a lead role on this issue that way?

Answer：We're not supposed to be taking a lead role? Is that your question?

QA19 的问句表明，问话人想知道答话人关于对话场景“US's taking a lead role on this issue”的解读方式，而答话人在答语中重复表征了问句中的非焦点信息“taking a lead role”，但否定其存在合理性。问答之间有事件要素耦合痕迹。综观对话过程，双方虽然都谈到了同一事件，但问话人没有达到对话目的，即获知图式焦点 how 的具体例示。由于问话人的疑点未消，双方只实现了部分认知合作。

QA20：

Question：...**What**'s the problem?

Answer：**I don't know what's wrong with her.**

QA20 的答语与问句的框架有句法共振。答语的否定语义特征表明问句中疑问焦点 what 的例示数量为零，即问句的焦点仍未被量化为一个具体的例示(包括一类、任意一个，或一个特指例示)，问答双方只实现部分认知合作。

QA21：

Question：...**Who**'s going to get it?

Answer：It's not **Gene Shaheen.**

QA21 的答语粗体表明，答语中有与问句焦点产生句法共振的结构，但答语的否定语气同时表示，答话人否定了该结构作为焦点例示的合法性。对话中 WH-词语仍然未被具体表征。答话人虽然为焦点例示的出场付出了认知努力，但答语最终没有成功例示问句的 WH-词语，问答双方也只有部分认知合作。

4.7.2.3　无耦合与无合作

ECM－Q 和 ECM－A 之间无耦合特征指答语与问句的焦点和框架（已知信息）没有句法共振和义域对应。问答两个事件之间无共享信息，它们无法进行整合以体现为一个具体的 ECM，如图 4.50 所示：

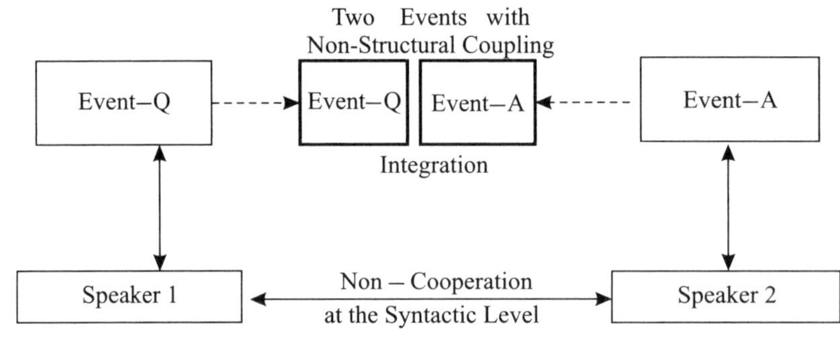

图 4.50　ECM－Q 和 ECM－A 之间的事件要素无耦合特征

（引自 Zeng，2016a：320）

图 4.50 表明，ECM－Q 和 ECM－A 未能实现整合（图中两者没有重叠）。出现该类情形的主要原因在于，ECM－Q 中的焦点和非焦点部分均在 ECM－A 中没有句法和义域对应，两个事件的要素无匹配特征，事件之间无要素耦合现象。

无耦合的两个事件反映了问答双方未实现认知合作[①]，即答话人没有履行

① 问答仅在语句层面不对应不表明问答双方不合作。同样，句法对应也未必表明双方有完全认知合作（如否定答语中的例示性结构，见本节 QA19－QA21），这是一个相当复杂的语用问题，笔者将辟专文进行分析。本节把不合作的对话情形界定为答语未通过显性句法结构体现问答之间的图式－例示关系，而暂且不涉及话语蕴含意义产生的更为复杂的合作与不合作情形。

提供问句焦点具体信息的职责，也没有重构问句的事件框架结构，问答双方没有建立合作基础，问话人不能通过答语补全事件的信息。在该类对话中，答话人没有聚焦问话人关心的事件及其突显焦点，主要包括四种问答情形：

①答话人引入新的话语焦点（焦点转移型）；

②答话人否定自身认知状态（知识或能力）或否定问题的适切性（否定答语型）；

③答话人给出句法结构不完整的答语（非完整答语型）；

④答话人仅礼貌性地回应问话人的提问（回应型）。

这四种对话情形表明答话人没有为实现问答之间焦点的图式－例示关系付出认知努力，如 QA22－QA33 所示。

（1）焦点转移型。

焦点转移型对话中，答语非问句焦点的具体信息，同时也和问句的非焦点部分无关，答话人引入新的话题，从而转移了对话焦点。

QA22：

Question：...**What** was going on there?

Answer：Oh, I think, absolutely. But I think the question is whether you can use character to explain every episode of presidential leadership. I would say you can't.

QA22 的答语没有例示问句的图式焦点或事件整体框架，问答之间无句法共振和语义对应关系，问答两个事件之间无要素耦合，表明答话人没有与问话人基于 ECM－Q 展开认知合作。该对话还表明，答话人不认同问句焦点的设置和参照背景的选择，而站在自身角度重构了一个事件（画线部分表示），自己又对其进行了否定回答。答话人转移了问句的焦点，并否认了问话人在对话中的主导地位，并转而确立自己在对话中的主导角色。答话人没有为问句图式事件具体化为特定场景与问话人实现认知合作。

QA23：

Question：...**How** can that be?

Answer：You're making me nervous. Sit down.

QA23 对话中，答话人没有对问句焦点做出解释，而是关注对话情景中问话人的认知状态。答语表明答话人对问话人的态度、提问方式或提问内容，以及其他非语言因素表示不适。问答事件之间无要素耦合，因而对话双方未展开认知合作。

QA24：

Question：...**Who** does this kind of thing?

Answer：We have to take one more break.

QA24 是相声中的一个对话，问话人追问事件“X does this kind of thing”的参与者信息，而答话人转移了问句的焦点，把问话人的注意力转向答语表征的事件。问答之间无事件要素耦合，答话人没有与问话人合作以实现问句焦点的图式－例示关系。

（2）否定答语型。

在否定对话中，答话人由于自己的认知能力不足，或由于对话情景中交际场合不适宜，或问话人不友好的对话态度等因素使得答话人未能向问话人提供 ECM－Q 中缺失的信息。

QA25：

Question：...**What**'s he thinking?

Answer：You wanna know the truth, buddy? You wanna know the truth? I don't like it. I don't believe in it. As long as they don't push it on me, as long as I'm not sitting here with my daughter, and you're, you're kissing at the next table.

该对话中，问话人期望补全事件“He is thinking X”中缺失的事体要素。但答话人的话语没有包含相应信息。问答事件的要素没有形成对应或一致，两个事件无法整合为一个事件。答话人用反问和否定的语气表明当下对话情景中该问题的不适切性，反映了问答双方在对话中未实现认知合作。

QA26：

Question：...**Who** did it?

Answer：I'm not the person you have to ask that question.

QA26 的问句和答语表征了不同的事件，它们之间无特征吻合。因此，ECM－Q 和 ECM－A 无法整合为一个 ECM。该否定答语因而反映了答话人拒绝与问话人合作的认知状态。

QA27：

Question：...**Why** is that?

Answer：I'm not a psychologist；I can't answer that. I think you probably have more people who are profoundly disappointed with the result.

QA27 的答语与问句之间未表现出事件要素耦合现象。当问话人直接明了提出对话焦点 why 时，答话人未及时、准确提供其具体例示信息，而是认为自己的认知能力不足，问答双方无法展开认知合作。

（3）非完整答语型。

该类对话中，由于答语缺少与问句形成对应特征的事件要素，使得问答两个事件之间无要素耦合现象，答话人未能与问话人实现认知合作。

QA28：

Question：...**What** is the risk of these diseases for women without these genetic mutations, for example?

Answer：Now in the general...

由 QA28 的问句可知，问话人给出了较为详细的事件背景信息，以期答话人积极提供关于疑问焦点 what 的例示，但答话人的话语结构不能表征一个完整的事件。由于问答两个事件缺乏要素之间的耦合特征，因此两者无法整合为一个具体的事件。答话人欲言又止，对话结束时双方仍未表现出通过合作以实现问句焦点具体化的迹象。

QA29：

Question：...**Where** is the level of indignancy in that case?

Answer：Well, the American...

此问答交际中，问句事件缺乏事体要素存在的空间信息。答语中的语用标记词“well”体现了答话人对问话的回应，并开始提供问话人期望的信息，但答话人继而中断了与问话人建立认知合作的努力，造成交际中答语的句法和语义信息不完整。问答事件之间未体现结构耦合，对话双方的认知合作不成功。

QA30：
Question：...**Why** should you laugh it off in this instance?
Answer：Michael，the...

该对话中，问话人关注事件域中行为发生的原因，而答话人在回应了问话人的提问后，即无下文。答语因而未能表征一个完整的 ECM，问答之间不能进行整合，问答双方未展开认知合作①。

（4）回应型。

回应型答语与问句的焦点和框架均无句法共振和义域对应，答话人未积极与问话人展开认知合作以拟构一个完整的事件。

QA31：
Question：...**How** did you get that?
Answer：Wow.

在这个简短的对话中，问话人表现出关注事件域的行为方式信息，答话人仅给予语音回应“Wow”，问答话语之间无结构相似或相同特征，因而问答事件未体现要素耦合现象，反映出此轮对话中答话人没有积极与问话人展开认知合作。

QA32：
Question：...**Where** are they today?
Answer：Yeah.

在该轮对话中，问话人想获知事件“They are at the place of X today”的空间信息，答话人却没有对问句事件和焦点的例示表现出“兴趣”，而只是礼貌性回应问话人的提问。问句的焦点或框架无法在对话中被具体化为一个实例，问答事件之间无要素耦合特征，它们不能整合成为一个 ECM。由于答话人与

① 特指未实现 WH-词语或问句框架的图式 - 例示关系。

问话人无共享信息，问答双方未有合作的基础。

QA33：
Question：...**Why** is that?
Answer：Yes.

问句事件中疑问焦点 why 编码了有关事体存现的原因，并期望直接从答语中获得相应信息。但答话人的话语对问话人解疑毫无帮助，简短的答语"Yes"未能体现双方在该轮对话中针对 WH-词语或问句框架的具体化展开认知合作。

问答两个事件之间的无耦合现象表明，WH-对话中的图式 - 例示关系未有具体表征。由于答话人采取不合作的临时对话策略，问答对话不成功。

4.7.3 认知合作过程与应答策略

4.7.3.1 认知合作过程

在 WH-对话构式的使用中，对话双方付出的认知努力体现了双方的认知合作过程（如图 4.51 所示）。

该图表明了一个 WH-对话中问话人与答话人为实现认知合作各自付出的认知努力。图中的粗框和箭头表示问话人对答话人的认知期待，而细体图示表示答话人需要完成相应的认知任务。

在典型的 WH-对话中，问话人首先设置疑问焦点并提供事件的框架信息，期待答话人认同提问的焦点（问到点子上）和焦点所在事件域（提问方式妥当）。在此基础上，问话人寻求答话人合作的对话态度，期盼答话人能直接言说与问句焦点相关的内容并主动与问话人建立积极的互动关系。之后，问话人对答语进行质量评估，而答话人则期望答语符合问话人的要求。

该图同时表明，问答双方要实现完全认知合作，答话人必须与问话人共享疑问焦点的背景知识，并认同问话人的提问方式和内容，表现积极的对话态度，同时调整自身最佳认知状态，用明晰的话语直接表征疑问焦点的具体例示，最终使答语符合问话人的认知期待。问话人和答话人通过共同的认知努力实现"问有所答，答是所问"的对话目的（即问话人获取未知信息、答话人验证已知信息）。

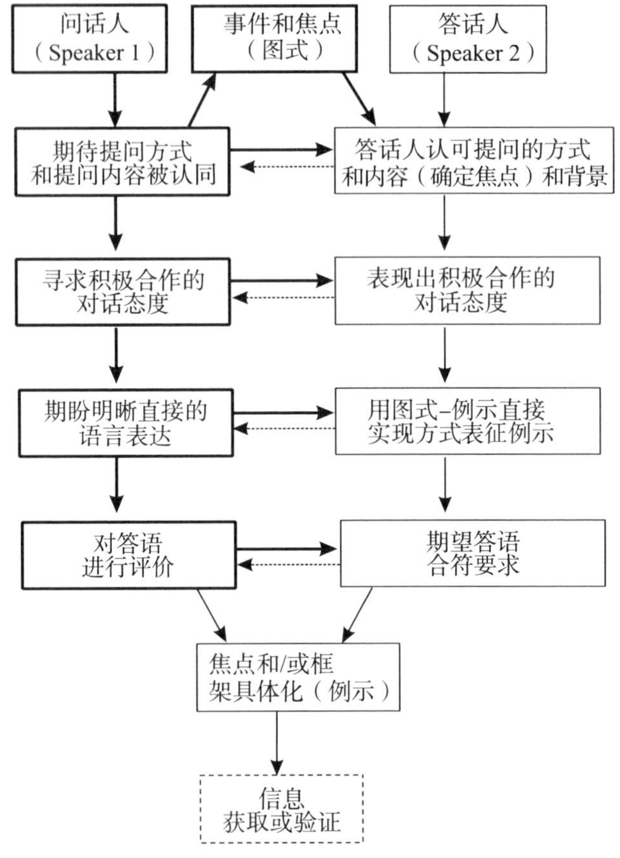

图 4.51　WH-对话中问答双方的认知合作过程

另外，图 4.51 中的虚框和箭头表示现实对话中答话人并非按照问话人预设的认知任务展开对话，或答话人在对话中并非每个环节都满足问话人的认知期待。我们通常根据交际目标是否实现来评判交际成功与否（廖巧云，2006：21）。对话中的直接例示型回答表明答语是问话人需要的信息，问答双方实现了完全认知合作，体现了成功的交际。而非直接例示型对话表明答话人没有直接给出问话人期待的对话焦点具体信息，答语质量不理想。该类对话包括：

①间接例示型；

②焦点转移型；

③否定答语型；

④非完整答语型；

⑤回应型。

其中，第①类答语没有直接表征问句焦点的例示，只与焦点例示间接相关，而第②至④类部分答语仅与问句的事件框架（已知信息）有关，体现了第①至④类对话中问答双方只实现了部分认知合作。如果第②至④类答语既与疑问焦点无关，也与焦点的框架背景不相关，则答语表明问答双方未实现认知合作。第⑤类答语表明问答双方未有认知合作。

WH-问答对话双方实现认知合作，进而达成对话共识的过程就是对话双方选择与对话焦点例示化有关要素的过程，包括对对话形式、对话内容和对话功能的选择。

其中对话形式的选择包括选择恰当的对话伙伴、适宜的对话环境和得体的对话语言。对话伙伴的选择可以由对话发起人决定，或由对话的场景或性质决定，抑或是答话人自荐成为对话发起人的对话伙伴。对话的环境决定了对话的时空特征，对话环境可以是对话参与者的主观选择，或由对话发生的时空决定对话的环境特征。得体的对话语言有适切的话语详略度、话语语气、词语和结构等特征。

在对话的内容选择方面，对话发起人（即 WH-对话中的问话人）需要选择对话的主题。对话的主题或受到交际场合和对话伙伴的认知状态限定，即对不同的对话伙伴和在不同的对话场合，提出不同的问题。答话人需要从多个对话焦点例示中做出心智选择。问话人对答话人话语可以选择接受与否。答话人对疑问焦点的例示选择包括选择是否配合问话人的提问、选择例示的详略度。答话人对例示的选择决定了问答之间的语义相关度和答语在交际场合中的适切性。

WH-问答对话语用推理过程的选择性还包括对话发起人对对话功能的心智选择。WH-对话本身是被选择的对象。实际交际中的 WH-问句对问话人而言可能是有疑而问和无疑而问，即实际的对话情形可能是问话人已确知 WH-问句疑问焦点的详细信息，问话人发起对话的功能在于检测对话伙伴的认知状态或认知能力。

因此，基于 ESI 模型，话语通过对话产生的语用推理需要考虑对话焦点例示化的主客观因素。首先，一个 WH-对话中话语的使用意义要考虑对话形式中前一个话语概念化的事件域网络特征，事件与事件之间可形成互为认知图形与背景联结关系。对话中，一个话语前面的言语事件使用目的与当前的话语用法具有一定程度的关联性。围绕一个话题展开的对话中，其言语事件之间具有层级性。理清对话过程中事件之间的层级性可以判断对话中单个话语的局部使用环境和使用目的。另外，一个 WH-对话中单个话语的焦点与其他话语的焦点形成对比的结果决定对话的主题变化趋势。如果对话双方的话语焦点一致，则有利于人际关系的建立，同时有利于展开新的对话。而如果对话中对话参与者的话语焦点不一致，或观点不一致，则发话人一方可能会为了获得期望信息，努力实现对话中话语焦点一致而启动新的对话。也或许对话双方的对话仍在继续，但对话关注的是新的话题。至少在当下的对话过程中，对方双方没有达成共识。焦点不一致的对话还会引起对话终止，即对话双方不再建立起对话交际。因此，确定对话的焦点并努力实现话语焦点一致是对话双方达成共识的必要条件。为了实现双方在对话中的焦点一致，对话参与者需要分析对话交际场合的社会与文化规范，并根据对话的环境变化调整话语焦点，实现与对话中他者的焦点一致。

所以，问话的详略度以及问句设置的话语焦点决定了 WH-问答对话的提问方式和提问内容，从而也决定了答语的使用目的（仅为了维持对话形式或为了通过对话达成共识，建立互动关系）。话语之间的图式 - 例示关系实现方式（如直接或间接）和实现程度（如完全对应或话题转移）表达了对话中答语的用意。同时，对话者的认知状态（如积极与消极、合作与反抗）会影响对话中话语的意义推理结果。

4.7.3.2　应答策略

问答之间的图式 - 例示关系实现与否主要取决于问答双方是否通过认知合作实现问句焦点或框架的具体表征。图 4.51 表明，问答双方在合作中有不同的认知加工任务。问话人主要为实现问答之间的图式 - 例示关系提供对话焦点（figure），并明确焦点的出场背景（ground），而答话人针对对话焦点及其认知背景有如下应答策略，体现了答话人在 WH-对话中付出的认知努力。

①首先，答话人使用语用标记语（well，you know 等），或其他有类似功能的语词或句子作为答语的起语，以表示答话人与问话人建立了互动，答话人对焦点进行识别。

②然后，答话人对交际场合的时空等背景因素进行分析，以确定当下环境是否适合做出回答，以及给出何种详略程度的答语。

③再者，答话人对问句概念化的事件或其焦点进行评价（如“That is a good question”等），或答话人先行解释自己给出答语的动机（自己为什么要回答当下问题）。同时，答话人对事件和焦点的关联项进行分析，包括分析问句事件涉及的知识领域（专业或非专业知识）和语篇语境，即解析问句焦点的事件网络结构（Event Net）。答话人同时对问题的重要性或对话价值进行评

估，即值不值得回答。

④随后，答话人进入认知状态分析，包括对问话人的态度、目的、双方之间的人际关系（友好与陌生等）、答话人自身的认知能力（有没有能力回答当下问题、自身态度等）进行剖析，以及答话人主观判断答语给出后在交际中产生何种连锁效应。因此，答话人可以拒绝回答提问；答话人对问话人提出问题的方式以及如何获得答语给出某些建议（如不该这样问，而应那样问；建议转问其他有关人士等）。此时，答话人可能借机引出新的话题，从而转移对话焦点。

⑤接着，答话人给出事件框架中非焦点部分的例示信息，或其他索引信息以提示焦点例示即将出场。

⑥之后，答话人给出具体的事体以例示问句的图式焦点，并对焦点的具体内容进行如下方面的认知调控，体现答话人在 WH-对话中的语用识解策略：

a. 层级性：总说与分述；

b. 详略度：完整例示与部分例示；群组例示、任选例示或特指例示；使用简单或复杂的句法结构；

c. 明晰度：直接回答与非直接回答；

d. 语气：肯定、否定、疑问或反问；

e. 视角：自述与转述（突显自己与否），提供客观事实或使用隐转喻表述等。

⑦最后，答话人对自己的话语做出进一步解释。

基于 COCA 语料库中 WH-对话的答语特征，答话人在交际中针对问句采用的应答策略可用图 4.52 表示。

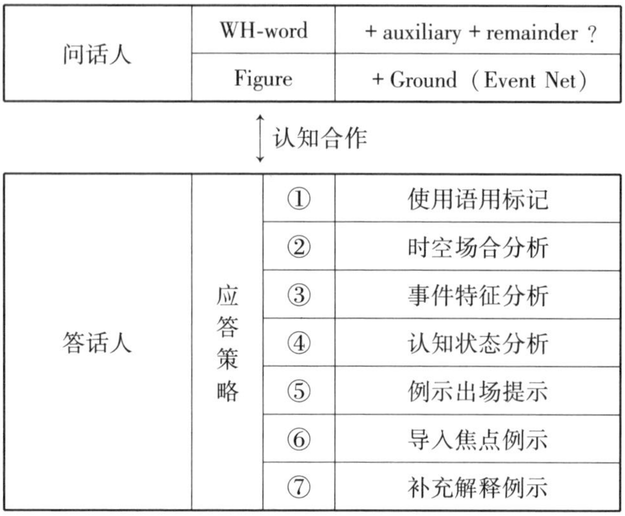

问话人	WH-word	+ auxiliary + remainder ?
	Figure	+ Ground （Event Net）

↕ 认知合作

答话人	应答策略	①	使用语用标记
		②	时空场合分析
		③	事件特征分析
		④	认知状态分析
		⑤	例示出场提示
		⑥	导入焦点例示
		⑦	补充解释例示

图 4.52　WH-对话中的认知合作和答话人的应答策略

该图表示，答话人在与问话人互动中为了实现问句焦点的图式－例示关系，在语用标记的使用、时空场合分析、事件特征分析、认知状态分析、例示出场提示、导入焦点例示和补充话语解释等几个方面付出认知努力，反映了答话人的应答策略和问答双方的认知合作类型（完全合作、部分合作或无合作）。

在 COCA 的语料中，虽然答语不一定都对应或包含以上的程式或内容，但是否包含以上内容体现了不同对话类型中答话人的应答策略。

（1）直接例示型对话中的应答策略。

直接例示型对话的答语表明答话人认同问话人的问话焦点、问话方式，对问话人关于未知世界的探寻态度具有遵从性与支持性，问话人成功引导了一个问答交际行为，主导了对话的启动、展开过程，体现了问答双方完全合作的对话方式。该类交际中，答话人积极参与和配合问话人主导的对话，突显了问话人在话轮中的主导地位。问话人和答话人各自履行了问答交际中的角色，即问话人发问，答话人提供具体信息。问答双方之间基于相同或相似的句法结构表达了各自的观点或立场。问话人和答话人积极展开认知合作，实现了问句与答语焦点一致、语义连贯，功能对等，对话双方达成了临时共识。此类对话模式对建立积极的互动人际关系起促进作用。

通常情况下直接例示型对话的答语主要包含问句焦点的例示性话语，该部分信息是答语的意义核心。因此，答话人主要在例示出场提示和导入焦点例示环节（第⑤和⑥项）付出认知努力（如 QA34）。答话人可省略第①至⑤项的部分和全部内容，对焦点例示的解释也可有可无（第⑦项）。该类对话中答话人的应答策略表明问答双方实现了完全认知合作。

QA34：

Question：...**Whose idea** was that?

Answer：（In court） It was **Perry's idea.**

QA34 的答语表明答话人直接给出了问句焦点的具体信息，其认知努力体现在例示出场提示和导入焦点例示的两个环节。该对话中答话人的应答策略如图 4. 53 所示：

问话人	Whose idea		was that?
	Figure		Ground (Event Net)

↕ 完全合作

答话人	应答策略	①	使用语用标记	/
		②	时空场合分析	/
		③	事件特征分析	/
		④	认知状态分析	/
		⑤	例示出场提示	It was
		⑥	导入焦点例示	Perry's **idea.**
		⑦	补充话语解释	/

图 4. 53　直接例示型 WH-对话中答话人的应答策略（QA34）

而直接例示型对话 QA35 表明，答话人的认知努力包括语用标记词语的选用、认知背景的分析、例示出场提示和导入焦点例示并对例示进行相应解释。

QA35：

Question：.**What**'s that all about, that anthropology they're putting together in that ad?

Answer：Well, what it's about is **that Mitt Romney is really worried about how he's doing with women.** I mean, that's the bigger issue.

QA35 的答语表明，答话人在与问话人展开认知合作的过程中，未在应答策略的第②至④项内容方面付出认知努力，而完成了第①项、第⑤至⑦项的认知加工任务，如图 4.54 所示：

问话人	What	’s that all about, that anthropology they’re putting together in that ad?
	Figure	Ground (Event Net)

↕ 完全合作

答话人	应答策略	①	使用语用标记	Well,
		②	时空场合分析	/
		③	事件特征分析	/
		④	认知状态分析	/
		⑤	例示出场提示	what it’s about is
		⑥	导入焦点例示	that Mitt Romney is really worried about how he’s doing with women.
		⑦	补充话语解释	I mean, that’s the bigger issue.

图 4.54　直接例示型 WH-对话中答话人的应答策略（QA35）

（2）非直接例示型对话中的应答策略。

在非直接例示型对话中，间接回答表明答话人的话语包含问句焦点的例示出场索引信息。问话人把答语作为问句焦点例示出场的认知参照点，并结合自身认知能力和焦点情景化定位的时空特征，“按图索骥”在心智中获得问句图式焦点的具体例示。由于答话人未直接提供对话焦点的具体信息，问话人在解读间接答语过程中要付出比解读直接答语更多的认知努力。该类对话表明，在争取话轮主导权的博弈中，答话人试图消解问话人的主导地位，问答双方仅有部分认知合作。

而焦点转移型答语表示答话人没有认同问话人的提问内容（焦点）和/或提问方式（问句组构形式），而是建构了新的对话焦点，转移了问话人观察事件的认知视角，并试图主导对话的展开。因而在对话过程中，答话人没有以积极的对话态度满足问话人的认知期待，试图反制问话人对交际过程中话语权的控制。

否定答语则表明答话人因消极的对话态度或自身认知能力不足等因素未能满足问话人的认知期待。非完整答语表示答话人由于受到对话情景因素（事件性质、对话场合、认知能力和状态等）的制约，未能提供问话人期望的、完整和有效的问句焦点具体信息。回应性答语则体现了答话人在对话中没有付出认知努力以提供问句焦点和框架的例示，问答双方的认知合作不成功。

在非直接例示型对话中，由于答话人没有积极建构“答是所问”的互动关系，该类对话没有彰显问话人在话轮中的主导地位。答话人的言语行为影响了对话质量，对积极的人际关系建构具有磨损作用。

（a）间接例示型对话。

间接例示型对话的答语反映了答话人主要在焦点例示的出场提示环节（第⑤项）付出认知努力，而可省去应答策略的其他环节（第①至④，或第⑥和⑦项），从而体现问句焦点的例示间接出场方式。该类对话中答话人的应答策略反映了问答双方只实现部分认知合作，如 QA36 所示：

QA36：

Question：...**Why** were the tapes destroyed，Senator，in your opinion?

Answer：Very good question. And I think it's，you know，the—they—you can speculate. **Were there things on them，those tapes，that they didn't want to have seen that didn't conform to what the attorney general would allow them to do? Were they just trying to bury the general subject? I mean，the whole...**

QA36 对话中的答语没有直接提供疑问焦点 why 的具体例示，而是表征了答话人对问句事件的评价，双方认知状态分析（I think，you can）和给出焦点例示的出场提示（由答语中粗体表示）。答语的结尾部分表示答话人准备对自己的话语做出进一步解释。该对话中答语人的应答策略可如图 4. 55 所示：

问话人（host）	Why	were the tapes destroyed, Senator, in your opinion?
	Figure	Ground (Event Net)

↕ 部分合作

答话人	应答策略	①	使用语用标记	/
		②	时空场合分析	/
		③	事件特征分析	Very good question.
		④	认知状态分析	And I think it's, you know, the—they—you can speculate.
		⑤	例示出场提示	Were there things on them, those tapes, that they didn't want to have seen that didn't conform to what the attorney general would allow them to do? Were they just trying to bury the general subject?
		⑥	导入焦点例示	/
		⑦	补充话语解释	I mean, the whole...

图 4.55　间接例示型 WH-对话中答话人的应答策略（QA36）

（b）焦点转移型对话。

焦点转移型对话表明答话人的应答策略主要包括第①至④项内容，而未在第⑤至⑦方面付出认知努力。焦点转移包含问答双方部分合作和不合作两类情形，其中前者体现为焦点在问句事件域内部转移，即从 WH-词语转向与非 WH-词语部分（如 QA37）；而后者体现为对话焦点在事件域之间的转移，即答话人引入了全新的话题（如 QA38）。

QA37：

Question：...**What** are you supposed to do if you're less behind in the recovery?

Answer：First of all, is this recovery indeed underway? I'm not convinced. Secondly, you've just got to be mindful of the fact that the cavalry is not coming. Again, the person that cares most about you and your family lives in your house, not the White House.

尽管 QA37 的答语包含了大量信息，但都不是对疑问词 what 的具体例示。答话人的应答策略主要包括对问句事件的分析和焦点的认知背景分析。“I'm not convinced”和“I think...”表明答话人对自身的认知状态分析。该对话的答语表明对话焦点已转移至事件的已知信息（recovery）和焦点的识解背景（the cavalry is not coming）。图 4.56 体现了该对话中答话人基于问句框架而转移焦点的应答策略，问答双方仅实现部分认知合作。

问话人	What	are you supposed to do if you're less behind in the recovery?
	Figure	Ground (Event Net)

↕ 部分合作

答话人	应答策略	①	使用语用标记	/
		②	时空场合分析	/
		③	事件特征分析	First of all, is this recovery indeed underway?... Secondly, you've just got to be mindful of the fact that the cavalry is not coming. Again, the person that cares most about you and your family lives in your house, not the White House.
		④	认知状态分析	I'm not convinced. ... So I think this could be a very, very exciting...
		⑤	例示出场提示	/
		⑥	导入焦点例示	/
		⑦	补充话语解释	/

图 4.56　焦点转移型 WH-对话中答话人的应答策略（QA37）

QA38：

Question：...**How** does a president deal with a crisis like this?

Answer：Well, Wolf, at a time of catastrophe, people look for two different qualities in a leader. The question is, can they find them both in the same man? Let's look at the story behind the story.

由 QA38 的答语可知，答话人把对话焦点 how 转向新的问句事件：Can they find them both in the same man?，从而在对话时空中突出新的话题，问答双方未就初始的对话焦点展开认知合作。图 4.57 表明答话人在语用标记词的选用、对话场合（at a time of catastrophe）分析、事件特征分析以及进行话语解释等方面付出了认知努力。

问话人	How	does a president deal with a crisis like this?
	Figure	Ground (Event Net)

↕ 不合作

答话人	应答策略	①	使用语用标记	Well,
		②	时空场合分析	at a time of catastrophe,
		③	事件特征分析	people look for two different qualities in a leader. The question is, can they find them both in the same man?
		④	认知状态分析	/
		⑤	例示出场提示	/
		⑥	导入焦点例示	/
		⑦	补充话语解释	Let's look at the story behind the story.

图 4.57　焦点转移型 WH-对话中答话人的应答策略（QA38）

（c）否定答语型对话。

否定答语型对话中，答语没有包含问句焦点的肯定例示性话语，答话人的应答策略可包含第①至⑤项，以及第⑦项内容。该类对话也包含问答双方部分合作和不合作两类情形，前者如 QA39 所示，表示答话人提供了与焦点例示出场的框架或其他关联信息，而后一种情形如 QA40 所示，答话人未能提供问句图式结构的例示信息。

QA39：

Question：...**What** does that have to do with stress and with cortisol levels?

Answer：It doesn't have a lot to do with stress. This is one of the reasons that we need to look at a broader view of what cortisol is. It's a hormone not only of response to stressful situations in our lives, but it's a basic housekeeping hormone that is secreted in a diurnal rhythm. It's elevated in the morning and it should go down to low levels at night. And it helps...

QA39 对话中，答话人没有用话语表征 what 的具体例示，而是否定了问句事件中焦点的关联信息“stress”，从而否定了问话人设置问句对话焦点的合理性。此外，答话人对否定的话语进行了补充解释。对话双方基于问句事件的框架仅实现部分认知合作。此对话中答话人的应答策略可由图 4. 58 所示：

问话人	What	does that have to do with stress and with cortisol levels?
	Figure	Ground (Event Net)

↕ 部分合作

答话人	应答策略	①	使用语用标记	/
		②	时空场合分析	/
		③	事件特征分析	It doesn't have a lot to do with stress
		④	认知状态分析	/
		⑤	例示出场提示	/
		⑥	导入焦点例示	/
		⑦	补充话语解释	This is one of the reasons that we need to look at a broader view of what cortisol is. It's a hormone not only of response to stressful situations in our lives, but it's a basic housekeeping hormone that is secreted in a diurnal rhythm. It's elevated in the morning and it should go down to low levels at night. And it helps...

图 4. 58 否定答语型 WH-对话中答话人的应答策略（QA39）

QA40：

Question：...**Why** did this happen?

Answer： Well, you know, I'm not sure. Jimmy Carter gave a great speech. He wasn't the communicator that Reagan was, but if you dust that speech off, it would be a great speech to give today. He was exactly right. We were living on borrowed time then, and we now have frittered away the time that we had from Carter until now.

QA40 的否定答语主要体现了答话人在三个方面付出了认知努力，即选用语用标记词 well, you know 以表明对问句的回应、认知状态自我剖析（画线部分表示）和给出补充解释。由于问答事件无耦合特征，问答双方未展开认知合作。答话人的应答策略如图 4. 59 所示：

<table>
<tr><td rowspan="2">问话人</td><td colspan="3">Why</td><td>did this happen?</td></tr>
<tr><td colspan="3">Figure</td><td>Ground (Event Net)</td></tr>
</table>

↕ 不合作

<table>
<tr><td rowspan="7">答话人</td><td rowspan="7">应答策略</td><td>①</td><td>使用语用标记</td><td>Well, you know,</td></tr>
<tr><td>②</td><td>时空场合分析</td><td>/</td></tr>
<tr><td>③</td><td>事件特征分析</td><td>/</td></tr>
<tr><td>④</td><td>认知状态分析</td><td>I'm not sure.</td></tr>
<tr><td>⑤</td><td>例示出场提示</td><td>/</td></tr>
<tr><td>⑥</td><td>导入焦点例示</td><td>/</td></tr>
<tr><td>⑦</td><td>补充话语解释</td><td>Jimmy Carter gave a great speech. He wasn't the communicator that Reagan was, but if you dust that speech off, it would be a great speech to give today. He was exactly right. We were living on borrowed time then, and we now have frittered away the time that we had from Carter until now.</td></tr>
</table>

图 4. 59 否定答语型 WH-对话中答话人的应答策略（QA40）

（d）非完整答语型对话。

该类对话中，由于话语的句法缺损，答话人没能导入焦点的有效例示信息，答语人的应答策略通常包括语用标记词选用、认知状态分析和例示出场提示，答语可部分再现问句的事件框架信息，也可与问句的焦点和框架信息均无关联。其中，前者表明问答双方有部分认知合作（如 QA41），而后者体现了说话人不合作的对话情形（如 QA42）。

QA41：

Question：...**How** do you think the President comes out of this?

Answer：Well, I think that the President...

该对话中答语包含对问句事件框架的非完整例示。虽然答话人应答了问话人的提问（由语用标记词体现），但问话人没有通过答语获得焦点的具体例示。答语只表征了焦点例示出场的部分背景信息（画线部分表示），或焦点出场的部分提示信息，对话双方因而没有达成完全认知合作。该对话中答话人的应答策略。如图 4. 60 所示：

问话人	How	do you think the President comes out of this?
	Figure	Ground (Event Net)

↕ 部分合作

答话人	应答策略	①	使用语用标记	Well,
		②	时空场合分析	/
		③	事件特征分析	/
		④	认知状态分析	I think
		⑤	例示出场提示	that the President...
		⑥	导入焦点例示	/
		⑦	补充话语解释	/

图 4. 60　非完整答语型 WH-对话中答话人的应答策略（QA41）

QA42：

Question：...**Where** did the idea for this movie come from?

Answer：Oh, just my insatiable need to...

QA42 的答语包含语用标记信息（oh）和认知状态分析（my insatiable need），但针对其问句而言，它具有非完整的句法结构，且问答之间无义域对应。问答两个事件因此无事件要素耦合特征，反映了答话人不合作的应答策略，如图 4. 61 如示：

<table>
<tr><td rowspan="2">问话人</td><td>Where</td><td colspan="3">did the idea for this movie come from?</td></tr>
<tr><td>Figure</td><td colspan="3">Ground (Event Net)</td></tr>
</table>

↕ 不合作

<table>
<tr><td rowspan="7">答话人</td><td rowspan="7">应答策略</td><td>①</td><td>使用语用标记</td><td>Oh,</td></tr>
<tr><td>②</td><td>时空场合分析</td><td>/</td></tr>
<tr><td>③</td><td>事件特征分析</td><td>/</td></tr>
<tr><td>④</td><td>认知状态分析</td><td>just my insatiable need to...</td></tr>
<tr><td>⑤</td><td>例示出场提示</td><td>/</td></tr>
<tr><td>⑥</td><td>导入焦点例示</td><td>/</td></tr>
<tr><td>⑦</td><td>补充话语解释</td><td>/</td></tr>
</table>

图 4.61 非完整答语型 WH-对话中答话人的应答策略（QA42）

（e）回应型对话。

回应性对话的答语主要体现答话人回应了问话人的提问，并通常由语用标记词语表征（包括零句法语音符号与叹词等），即应答策略的第①项内容。该类对话表明问答话语只有配对形式，并无句法共振和义域对应，问答双方没有实现有效认知合作，如 QA43 所示：

QA43：

Question：...**Why** do women let men not commit for up to 10 years?

Answer：Yeah. Yeah.

QA43 的答语没有表征疑问焦点 why 的具体信息，仅体现了答话人为了维持对话关系，给予问话人礼貌性的回应。图 4.62 表征了通常情况下该类对话中答话人的应答策略。

问话人	Why	do women let men not commit for up to 10 years?
	Figure	Ground (Event Net)

↕ 不合作

答话人	应答策略	①	使用语用标记	Yeah. Yeah.
		②	时空场合分析	/
		③	事件特征分析	/
		④	认知状态分析	/
		⑤	例示出场提示	/
		⑥	导入焦点例示	/
		⑦	补充话语解释	/

图 4.62　回应型 WH-对话中答话人的应答策略（QA43）

如 QA34 – QA43 所示，WH-对话中答话人的应答策略揭示了对话主体之间合作与否的认知状态，其中最有效的答语是直接例示型，不理想的答语主要包括焦点转移型、否定型、非完整型和回应型。

4.7.3.3　答语中用于推理 WH-词语具体例示的话语位置

COCA 中的 WH-对话语料显示，答话人在应答问话人的提问中，其推理 WH-词语具体例示的话语可以出现在答语句群结构的起始、中部、尾部位置，或由整个答语句群表示，如 QA44 – QA48 所示：

（1）答语起始位置。

QA44：

Question：...**What** are you gonna wear?

Answer：Well, I do have my linens, which is always right in the VIP tent: linen pants, linen top, nothing too flashy, just something comfortable for the very hot weather; and, of course, my pedicure.

QA44 的答语起始位置用词语"my linens"暗指焦点的例示为"I am going to wear my linens"。

（2）答语中部位置。

QA45：

Question：...**What** is wrong with having one of those for target shooting?

Answer：Well, if you used it only for target shooting that would be all right. I don't know what particular gun you're talking about. But I would say this, we're trying to ban semi-automatic assault weapons. That's the thrust of our endeavor. We have said to these people a hundred times, if there's something about our legislation, about some particular gun and you want to negotiate, you want...

QA45 中的问话人提出关于持枪支可能引起的问题，但答话人没有对此予以明确回答，但在答语句群的中部位置“ban semi-automatic assault weapons”表明持有此类枪支可能违反法律，从而间接例示疑问焦点 what 词语的图式义。

（3）答语尾部位置。

QA46：

Question：...**What** is the White House thinking?

Answer：Well, Lou, that is one remark that President Fox will go home happy with. He, of course, has been highly critical of those groups, citizen militias, citizen activist groups, who police the border and patrol the border with weapons sometimes because they say the Border Patrol is simply not doing its job. Mr. Bush saying today that he wants rational enforcement of the laws, and he said, “That's why we have a Border Patrol.”

在 QA46 的答语句群尾部，“Mr. Bush”指代美国政府，其话语间接表示了疑问焦点 what 的具体例示：“rational enforcement of the laws”。

（4）整个答语句群。

QA47：

Question：...**What**'s your question?

Answer：Hi. Well, I've been accepted to my dream school and I've also been accepted to some state schools, but my dream school costs about ＄51,000 per year. If I want to attend it, I'll have to take about—a minimum of ＄80,000 of student debt or I can go to a state school and take a maximum of ＄20,000 of debt.

QA47 中的答语没有表征“What is your question”的例示，而是整个答语话语暗示了例示是“The question is about whether to go to my dream school or go to a state school”。再如 QA48：

QA48：

Question：...**What** are—what are your concerns for your daughter?

Answer：Well, that's pretty rough. I've—I've talked to her before and the—the phones have gone dead. The first time I tried to ta—talk to her, the phone went dead completely. And then I talked to her again and she said it might be cut off again and she won't be able to ta—to call me back because choppers go overhead and you just never know.

QA48 的问句焦点是答话人关注女儿的哪些方面，而答语的多个话语（画线部分表明）表明答话人与女儿之间不能实现期望的电话交流，答话人的答语暗指焦点的例示是首先实现与女儿电话交流，即“talking with my daughter on the phone”。答语用多个话语提示了问句疑问焦点的例示。

4.7.3.4　WH-词语具体例示的推理方式

答语中表征说话人推导焦点例示的方式主要有说话人基于特定语词指代的相关事件和基于一个完整事件进行类推的方式，以及正话反说的反推方式，如 QA49－QA53 所示。

（1）基于语词指代的事件进行推理。

QA49：

Question：...**What** can I do for you?

Answer：Well, this time it's the balanced budget. If I accept the Republican plan and cut spending...

QA49 中答话人用"the balanced budget"指代关于"the balanced budget"相关的事件。从而间接给出例示："You can help me in terms of the case of the balanced budget."

（2）基于一个完整事件进行推理。

QA50：

Question：...**How** did he uncover the bullets nobody knows?

Answer：I picked up the phone. Dave Keen was on the line, and he wanted to tell me all about them.

QA50 中答语旨在描写一个"接电话"的事件，从而暗指了问句焦点的例示为"...by phoning me"（打电话告知我）的事件。

（3）正话反说的推理方式。

QA51：

Question：...**What** can he do?

Answer：There are emergency situations where business makes those kinds of demands, and it's an emergency, and if you don't respond, you might in fact lose your position. Now if that person is a workaholic and he didn't really have to go to that meeting, I think it's a very negative message.

在 QA51 中，答语包含了一个否定事态的陈述"if you don't respond, you might in fact lose your position"暗指了例示是相反的事件："He can respond to the emergency situation."

在 COCA 的 WH-对话语料中，答话人常使用疑问和否定的语气暗指问句焦点的具体例示，疑问语气如 QA52 所示。

QA52：

Question：...**Why** do they want to deny me my ideas?

Answer：Why do you persist in questioning the holocaust even when it's established as an historical fact. And even when politicians here in Iran worry that that kind of talk isolates Iran?

QA52 的答语用疑问句式反问问话人。在持续的对话中，如果问话人回答了反问，则获得了疑问焦点的例示。

4.7.4 WH-问答对话中意义主观性的理据

对话性话语中人称代词 I，you，we 等的使用表示对话中的意义的理解有认知主体的介入，体现了对话主体对焦点入场过程中的认知努力。因此，WH-问答对话中 WH-词语的意义具有主观性，在句法上通常表现为"I think that...；I believe that...；We find that...；my sense is that...；you think that...；you should..."等包含第一人称或第二人称的问句和答语结构。如 QA53：

QA53：

Question：...**How** do you think it falls politically?

Answer：I think the failure of the Super Committee hurts everybody involved. I think it hurts the Republicans in Congress and Democrats in Congress, and I think it hurts the president. A big deal to which he could ratify and sign in law would help him. It would help to take the issue off the table. If it fails, it then becomes a blame game. Now, people can argue that the president might be able to win the blame game.

在 QA53 的问句中，"you"的使用表示问话人把答话人置于认知注意区，答语突显答话人的主观倾向。答语中"I"的使用表示答话人把自己置于认知注意区，答语对焦点的例示体现了答话人对客观事件的主观判断。

WH-问答对话的主观性指对话者基于自身的视角审视问句图式焦点和焦点

的例示出场过程。WH-问答对话中答语的语义受到处于对话注意区和非注意区要素的共同制约。根据对话主体是否出现在对话注意区，WH-问答对话中言语事件表达的语义具有不同程度的主观化特征。对话中的主体与对话注意区之间的关系主要有三种情况：对话主体不出现在注意区；对话主体出现在注意区，但没有相应的语言符号表征；对话主体出现在注意区并且有相应的语言符号表征，分别如图 4.63（a）（b）（c）所示：

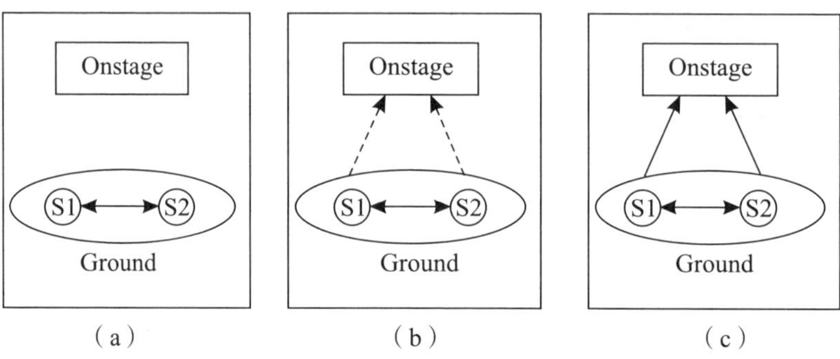

图 4.63　WH-对话中认知主体与注意区的关系

图 4.63（a）表示 WH-问答对话中，认知主体没有出现在对话注意区（图中两者之间没有单向箭头标示）。出现在对话注意区的语言是主观化表征程度最低的话语，同时对话过程突显了话语对事件的最大客观化描写，如 QA54：

QA54：

Question：...**What**'s Max?

Answer：Max was her dog.

QA54 没有表征问话人（S1）和答话人（S2）参与到问句和答句言语事件的建构中，问句和答语描述的事件具有最大客观性和最小主观性特征。

而图 4.63（b）表示对话主体出现在注意区，但没有相应的语言符号表征（图中由虚线箭头表示）。S1 与 S2 不通过语符出场，仅依靠语音语调、肢体暗示等非语符方式体现在话语建构中，如 QA55：

QA55：

Question：...**What** does that mean for where poor or disadvantaged Americans in the city of Houston can go to to have their babies other than in the streets?

Answer: And how ironic is it, then, finally, that if Gabriela's parents had entered the country illegally that she would have been—she would have been taken care of?

QA55 的问句和答语同样没有语符表示认知主体在对话中的主体特征，但与 QA54 不同的是，QA55 的答语体现了答话人的语气特征（由画线部分和问号表示），从而间接体现了答语中答话人的主观性。

图 4.36（c）则表示对话主体出现在注意区并且有相应的语言符号表征。答语具有最大的主观性特征。如 QA56：

QA56：

Question：...**What** have you (S2) got in store?

Answer：Well, Howie, I'll (S2) tell you (S1) what we (S1 + S2) have in store. We (S1 + S2) have the preview of the entire convention, of the Bush-Gore contest. And we'll (S1 + S2) assess the Dick Cheney damage after the Democratic assault. That and much more with the full "Capital Gang" right here next on CNN.

QA56 的问句和答语用第二人称表示了对话者之间的互动关系，第一人称明确表示了答语具有答话人的主观性。

在 WH-问答中，根据对话主体出现在对话注意区的显著程度，图 4.63（a）（b）（c）依次表示了对话中话语的主观性逐渐增强，话语的客观性逐渐减弱的特征。

4.7.5 小结

利用当代认知语言学（Cognitive Linguistics）的理论分析框架对语言交际展开认知研究，可以称为"新认知语用学"（Neo-Cognitive Pragmatics）（陈新仁，2011：40）。新认知语用学主张把认知语言学的数十种认知机制：互动体验、范畴化、概念化、意象图式、认知模型（包括 CM、ICM、ECM、概念整合）、识解（图形 - 背景、突显、视角等）、隐转喻、关联等运用于言语交际话语分析，从而更有效解释诸多语用现象（王寅，2013a），即新认知语用学的“新”。本节基于WH-对话构式的ESI模型分析了该类构式的语用特征，体现了新认知语用学视野下的语言研究进路，即从人的认知目的和加工过程推理话语实际要表达的意义。

ESI模型表明，典型的WH-对话中，问答双方为拟构一个完整的事件（ECM）付出了认知努力，展开不同程度的认知合作。问话人基于对一个事件的整体感知设置疑问焦点，答话人主要关注事件的局部信息，问答之间的整体-局部特征体现了问句事件（ECM-Q）与答语事件（ECM-A）的图式-例示范畴化关系。在该类构式的使用中，问答两个事件的构成要素显示出不同程度的耦合特征，包括完全耦合、部分耦合和无耦合，反映了问答双方的三种认知合作类型，即完全合作、部分合作和无合作。在不同的WH-对话类型中，问答双方表现出不同的认知合作程度。直接例示型WH-对话属于完全合作型对话，而非直接例示型中的间接例示答语表明答话人未直接提供问句中疑问焦点的具体信息，问答双方属于部分合作。

在非直接例示型对话中，焦点转移型、否定答语型和非完整答语型均包括两类合作类型，即部分合作和无合作，回应型对话属于问答双方无合作类型。

此外，不同WH-对话类型的答语表明答话人在语用标记的使用、时空场合分析、事件特征分析、认知状态分析、例示出场提示、导入焦点例示和补充话语解释等几个方面付出不同的认知努力，从而使用了不同的应答策略，如图4.64所示。

应答策略 \ WH-语对类型		直接例示型	非直接例示型				
			间接例示型	焦点转移型	否定答语型	非完整答语型	回应型
①	使用语用标记	√	√	√	√	√	$\underline{√}$
②	时空场合分析	√	√	√	√	√	×
③	事件特征分析	√	√	$\underline{√}$	$\underline{√}$	√	×
④	认知状态分析	√	√	$\underline{√}$	$\underline{√}$	$\underline{√}$	×
⑤	例示出场提示	√	$\underline{√}$	×	×	$\underline{√}$	×
⑥	导入焦点例示	$\underline{√}$	×	×	√	×	×
⑦	补充话语解释	√	√	√	√	×	×

图4.64　不同WH-对话构式类型中答话人的应答策略

（√：可能付出的认知努力　×：未付出的认知努力　$\underline{√}$：突显的认知努力）

由图 4.64 可知，直接例示型对话中答话人可以在应答策略的七个方面都付出认知努力（由√表示），但导入焦点例示最突显（由√表示），也是必须完成的认知任务。在间接例示型对话中，答话人除了在导入焦点例示环节未付出认知努力外（由×表示），其他环节均可能有认知付出，但主要突显例示出场的提示环节。在焦点转移型对话中，答话人重点聚焦事件特征分析和认知状态分析两个环节，而未在例示的出场提示和导入例示环节付出认知努力，在剩下的其他环节也有可能进行认知操作。在某些否定答语型对话中，答话人未能成功导入焦点的例示，但在其他应答策略环节均可有认知加工任务，尤其是事件特征和认知状态分析两个环节。非完整型对话的答话未能体现答话人在导入焦点例示和进行补充解释方面有认知付出，而着重体现了答话人在认知状态分析或例示出场提示方面分配了更多的注意力，答话人无须关注剩余的其他应答策略环节。对于回应型对话而言，答话人主要在回应问话人的提问行为方面有认知努力，而其他环节均未有认知付出。

4.8 语篇中的 WH-对话构式

在英语语言交流中，WH-对话构式之内和 WH-对话构式与其他话语之间的关系揭示了 WH-对话构式在语篇建构中的衔接和扩展功能，反映了 WH-对话构式在语篇中的认知特征。

4.8.1 WH-对话构式的当前语篇空间结构

一个语篇由多个用法事件构成（Langacker，2008：457）。WH-对话构式的使用是特定语篇中的一类用法事件。语篇集中反映了结构、使用和习得方面的知识，语篇就是语言的使用（ibid.）。Langacker 基于认知语法视角分析了单个话语与话语之间的语篇特征（ibid.：466）。如果把一个 WH-对话构式置于一个语篇的建构过程进行考察，则一个正在发生的 WH-对话构式事件与对话的物理环境、先前紧邻的一个话语以及对话事件发生后预期的一个紧邻话语共同构成了当前对话的语篇空间（如图 4.65 所示）。当前语篇空间具有事件网络特征。一个 WH-对话构式是该事件网络的一个节点。

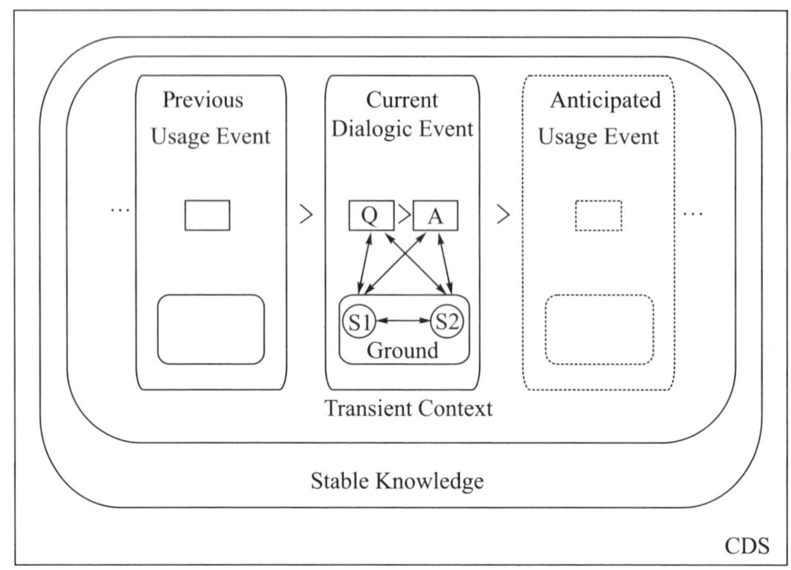

图 4.65　WH-对话构式的当前语篇空间（CDS）

（改编自 Langacker，2008：466）

Q = Question　A = Answer　S1 = Speaker 1　S2 = Speaker 2　CDS = Current Discourse Space

图 4.65 表明 WH-对话构式在语篇建构过程中体现了自身的共时和历时特点。WH-对话构式的共时特点主要突显为对话双方的一问一答模式，说话人和答话人同时出现在局部的时间和/或空间域，或对话的启动、展开基于同一交际场景。问答中对话双方达成共识是对话双方对各自储备的关于对话焦点的知识进行最佳协调的结果。WH-对话构式的历时特点则表明，该类对话构式与其他话语之间可能存在交际场景、谈话焦点或谈话主体等的差异性。针对同一交际场景中同样的对话主体，话语的焦点也可能不同。基于同一个对话焦点和同样的交际场景，问话人还可以启动针对多个答话人的一对多问答模式。

图 4.65 还表示，WH-对话构式传递的信息是人类新知识的来源。随着对话焦点的转移，WH-对话构式的语篇空间信息不断发生变化，语篇环境具有瞬时性特征（transient context）。WH-对话是基于认知主体的部分已知信息展开的，已知信息代表认知主体掌握的相对稳定的知识和能力。随着对话的展开，客观世界中未知的信息不断成为认知主体的已知信息并逐渐得到验证和巩固，成为新的对话的背景信息，WH-对话中的已知语篇信息和对话的结果逐步构成人类关于客观世界的部分稳定知识（stable knowledge）。

4.8.2 语篇中的话语焦点特征

4.8.2.1 焦点流变性

交际中对话随着焦点的变化线性展开。话语与话语之间的焦点具有一致性、相似性，或差异性等流变性特征。话语与话语之间的焦点一致性表现为双方对某一焦点的持续关注。交际中话语与话语之间的焦点或存在相似性，表现为不同话语的焦点属于同一语义范畴，具有类与例或类与类、例与例的关系。话语焦点的相似性还体现了话语之间通过对比产生的共性和局部差异性。会话参与者由于交际意图和认知视角不同，对同一焦点特征或性质可有不同认识，即针对同一话语焦点有不同的观点。会话参与者对话语焦点的特征或性质有同样的认识，表明对话者通过交流达成了共识。话语交际中话语之间的焦点也可能完全不同。话语焦点的差异性决定了对话的进展方向。会话中焦点的不断变化体现了语篇历时建构中焦点的流变特征。

4.8.2.2 焦点关联性

WH-对话用法事件是语篇中新焦点产生的动因。该类对话构式是先前话语和未来话语之间发生联系的中介（如图 4.66 所示）。图 4.66 进一步详述了一个 WH-对话构式的语篇空间结构，并表明了同一个交际场景（ground）中 WH-对话构式的焦点与其他话语焦点的联系。在一个 WH-对话构式的语篇空间建构过程中，一个说话人（S）在 WH-对话发生前可能言说了话语，形成言语事件（event），即一个先前用法事件（previous usage event）并具有话语焦点（F）。该言语事件激活了一个 WH-对话事件（dialogic event），并包含对话焦点（F－wh）。WH-对话的焦点与先前话语的焦点可能存在一致性（图 4.66 中两者之间关系由虚线箭头表示）。因此 WH-对话构式可以是先前话语的延续。

在 WH-对话中，问话人（S1）的话语表征了一个图式性问句事件（question－event）的结构：WH- word + auxiliary + remainder？问话人同时期望一个概念化主体（C）表达对该事件的认识立场（epistemic stance）。在 WH-对话的发问阶段，概念化主体特指对话中的答话人（S2）（图中用虚线箭头表示）。对话参与者（S2）针对问句焦点（F－wh-）表达了话语，形成一个答语事件（answer－event）。答话人同时期望问话人作为概念化主体对答语事件做出认知判断：答语是否包含问话人期望获得的信息。答语事件的焦点（F－

in-）与问句焦点（F－wh-）可能存在同一性（图 4.66 中用虚线双箭头表示）。只有当 WH-对话构式中产生对话共振，并在对话多重互动关系中体现问答之间焦点一致，双方才达成对话共识。一个 WH-对话结束，标志着对话者对与焦点入场有关的要素有了新认识。WH-对话结束后可能产生一个预期的话语事件（event'），其话语焦点（F'）可以是对 WH-对话中答语焦点的具体说明，抑或是新的话语焦点。说话人也可以是新加入的会话参与者（S'）。

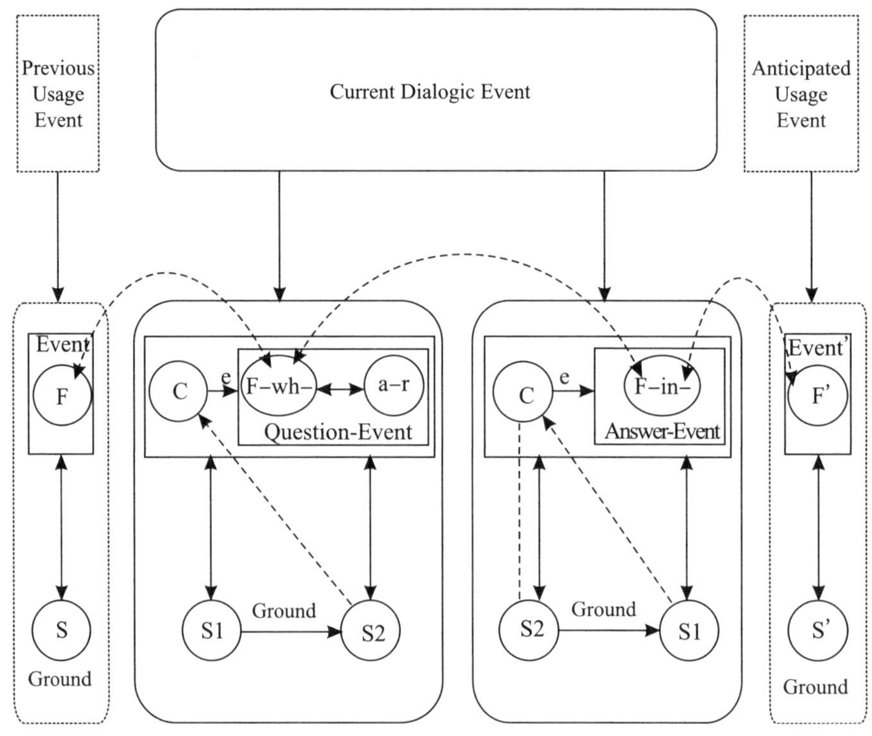

图 4. 66　当前语篇空间中 WH-对话构式焦点与其他话语焦点的关系

F = Figure	S = Speaker	e = epistemic stance
F－wh- = wh-word	S' = Speaker'	a = auxiliary in a question
F' = Figure'	S1 = Speaker 1	r = remainder in a question
F－in- = Instantiated Figure	S2 = Speaker 2	C = Conceptualizer

WH-对话之后的话语具有潜在发生特征，因此图 4.66 中 S 和 S' 的话语现实性用虚线框表示。此外，图 4.66 中的 S1 和 S2，WH-对话前的主体 S，和 WH-对话发生后潜在的对话主体 S' 可能存在同一性关系，即 S 或 S' 与 S1 或 S2 可能为同一说话人，S 和 S' 也可以为同一说话人。

WH-对话构式的焦点与语篇中其他话语的焦点的联系可通过 QA1 的语篇

空间结构得以体现：

Question：Jennifer began to take precautions. Alone in her big house, she bought Mace and at night sealed herself off in her bedroom with a baseball bat, an extra cell phone and a lock on the bedroom door.

QA1—
Question：<u>**What**</u> was Jennifer afraid of?
Answer：Jennifer was afraid that he was going to hurt her or kill her.

QA2—
Question：<u>**Why**</u> did she think that?
Answer：She was afraid of him blowing up and losing control.

在 QA1 的当前语篇空间中，事件"Jennifer began to take precautions"激活了一个 WH-对话，其焦点 what 与先前话语的焦点（... take precautions）具有因果关联。QA1 之后的话语是 QA1 焦点的精细化表征。QA1 话语和相邻话语（期望话语）的事件结构和焦点呈现类 - 例特征。QA1 激活了另一个对话（QA2），两个 QA 之间的关系如图 4.67 所示：

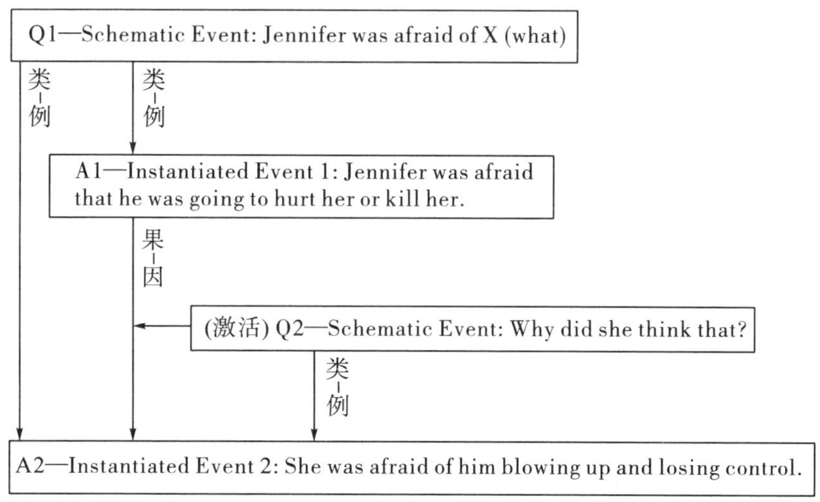

图 4.67　QA1 与 QA2 之间的焦点关联特征

图 4.67 表示 QA1 的图式事件和图示焦点随着对话的开展，分别出现了两个例示。其中，问句 Q2 及其焦点 why 有自己的例示（A2），A2 同时也是 Q1 的第二个例示，两个例示之间有因果关系。

在语篇建构中，说话人互为对方话语的识解主体。QA1 的答语在直接例示了问题的焦点后，引出 QA2，推动会话不断展开，拓展了 WH-对话构式

（QA1）的语篇空间。QA1 的当前语篇空间结构体现了 WH-对话构式的在语篇中的 ESI 模型认知特征，如图 4.68 所示。

图 4.68 表明，QA1 发生前的说话人（S）、QA1 发生后的说话人，以及 QA1 的问话人（S1）为同一人（Peter），并且两个 QA 具有相同的对话主体。QA1 的先前话语、QA1 本身、QA1 之后的对话都具有明显的图式焦点定位过程。其中 QA1 的先前话语含有表示类型的图式结构“take precautions”。QA1 也有图式结构“Jennifer was afraid of X”，而 QA1 激活了另一个图式结构“She thought of that because of X”，不断具体化了 QA1 前的话语焦点。三个焦点的具体化过程同时体现了 QA1 或 QA2 的焦点与语篇中其他话语焦点的关联性（图中由虚线双向箭头表示）。

Utterance	Speaker		Conceptualizer	**Event**	Figure	**Grounding** (Schema-Instance)
Previous Usage Event	S	Peter	Anne	Jennifer began to take precautions.	take precautions	**(Schema)**→Take precautions **(Instance)**→Alone in her big house, she bought Mace and at night sealed herself off in her bedroom with a baseball bat, an extra cell phone and a lock on the bedroom door.
Current Dialogic Event	S1	Peter	Anne	Jennifer was afraid of X	What	**(Schema)**→What
	S2	Anne	Peter	Jennifer was afraid that he was going to hurt her or kill her.	he was going to hurt her or kill her.	**(Instance)**→he was going to hurt her or kill her.
Anticipated Usage Event	s'	Peter	Anne	She thought that because X.	Why	**(Schema)**→Why
	s'	Anne	Peter	She was afraid of him blowing up and losing control.	blowing up and losing control.	**(Instance)**→(She was afraid of him) blowing up and losing control.

图 4.68　QA1 与 QA2 在语篇中的 ESI 织解模型

4.8.3 WH-对话构式的语篇功能

图4.65、图4.66 和图4.67 共同表明 WH-对话事件和其他话语事件形成事件网络，语篇中的 WH-对话和其他话语形成相互照应和互为补充的关系。WH-对话构式在局部语篇中具有语义衔接和语篇拓展功能。

WH-对话发生前的话语是 WH-对话焦点定位背景的组成部分。问话人基于交际目的，当需要了解先前话语事件中的具体信息时，即触发一个 WH-疑问句言语事件，并通过 WH-疑问词突显要进一步了解的具体内容。通过 WH-对话，问答发生前的话题焦点可被逐步细化。在此过程中 WH-对话构式拓展了语篇的空间结构。WH-对话结束后，认知主体对问答中的焦点定位结果进行评估，决定是否转换话题或对 WH-对话的焦点进行再加工，以实现问答双方针对同一焦点达成共识。

4.8.3.1 WH-对话构式的语篇衔接功能

WH-对话构式通过语法手段把问答前后的话语衔接起来。如 WH-问句和答语中常用的代词"that""it"等使 WH-对话的内容与前后的话语形成照应，使局部对话语篇具有连贯性。WH-对话构式的衔接功能如下面语篇中的 QA3 所示：

Maggie：As you saw, Hannah Krieger was one of **the students** attacked at Wright Middle School and she and her mom Susan join us this morning from Calabasas, California. Good morning, guys. Thanks for taking the time this morning.

Susan：Good morning.

Hannah：Good morning.

Maggie：Hanna, let me start with you. Are you okay? How are you doing?

Hannah：I'm fine. **It** was just sort of scary for—to happen to me.

QA3—
- Maggie：I can imagine. **What** were you thinking when—when **the kids** started to kick *you*?
- Hannah：I was just thinking that **it** could have gotten worse and I could have gotten severely hurt. And I was just sort of scared.

Maggie：How bad did **it** get? How many **kids** are we talking about? And—and what exactly were **they** doing?

Hannah：Well, to the point where there were **so many kids** at—for every ginger that's at my school or redhead—redhead, it was...

在该语篇空间中，Maggie，Susan，Hannah 构成会话参与者，在 QA3 出现之前 Maggie 表述了两个话语：

① Maggie：As you saw，**Hannah Krieger** was one of ***the students*** attacked at Wright Middle School and she and **her mom Susan** join us this morning from Calabasas，California. Good morning，guys. Thanks for taking the time this morning.

② Maggie：I can imagine.

Maggie 的系列话语概念化了客观事件“the students attacked at Wright Middle School”，并突显了事件的参与者信息：the students→one of the students → Hannah Krieger。

Maggie 概念化的客观事件及其参与者分别与 QA3 中问句的已知信息“when the kids started to kick you”和“you”形成照应。答话人 Hannah 在回答提问时，用“it”代指 WH-问句前及其 WH-问句中概念化的客观事件“the students attacked at Wright Middle School”。第一人称表示对话参与者出现在对话注意区，表示答话人对该客观事件的主观识解。QA3 之后，问话人使用了三个连续的 WH-问句，试图对客观事件“the students attacked at Wright Middle School”进行精细化分析。三个 WH-问句中使用的代词“it”，名词“kids”和代词“they”与语篇起始话语概念化的事件产生关联。

该语篇中，多个 WH-对话构式的使用和 WH-对话构式与其他话语间的衔接具体化了同一个事件的不同方面特征，确保了该语篇中话语意义的连贯性。

4.8.3.2 WH-对话构式的语篇拓展功能

WH-对话构式在把对话前后的话语衔接起来的过程中，同时拓展了 WH-对话构式的语篇空间结构。如 QA4 所在的语篇所示：

QA4— Schlesinger：...**What** are you going to do now?
Ms Levine：Go upstairs.

非 WH-QA — Schlesinger：Back to your room?
Ms Levine：Back to my room.

省略型QA — Schlesinger：And?
Ms Levine：Sit and wait and read and back in the loop again.

QA 4 所在的语篇显示，Schlesinger 和 Ms Levine 首先建构了一个肯定直接例示型 WH-对话。基于 QA4，Schlesinger 和 Ms Levine 继续建构了一个非 WH-对话和一个省略型 WH-对话，Schlesinger 以 QA4 为基础不断扩展对话，获得了关于 Ms Levine 的更多信息，进而不断扩展当前对话语篇空间。

4.8.3.3 WH-对话构式驱动的语篇建构过程

问与答是语言交际中普遍存在的对话现象。Collingwood（1940［1998］：23）阐述了问答哲学的首条原则，即任何人所做出的每一个陈述都是在回答一个问题。语篇的建构及其拓展在对话互动中完成。国内外的语篇研究主要聚焦语篇的表征模型（Kamp et al.，1993；Langacker，2001a；朱长河、朱永生，2011），或针对语篇结构和语篇理解展开分析（Schegloff et al.，1973；Halliday et al.，1989；Santhosh et al.，2012；王寅，2006；袁野，2017a）。

关于对话互动的研究注重对话行为的本质特征（Weigand，2017a）、互动的社会与文化参与要素等分析（Couper-Kuhlen，2018）。

Gademer（1976），李庆平、刘明海（2009），赵振鲁（2011），赵苗苗（2011）等则从哲学阐释学视角讨论了问答对话的哲学思想和问答之间的逻辑关系。

由图 4.16 可见，在语言交际中，ECM－1，ECM－2 和 ECM－3 共同形成一个当前语篇空间，并具有事件域结构 ECM－4。由 WH-对话构式驱动的儿童与成人汉语对话语篇建构及其拓展特征如下面的汉语对话序列所示（图 4.69）。

话轮	说话人	话语	句类	构式
1	成人	那你给我讲讲这个故事从哪个地方开始的。	内置WH-问句	WH-对话构式 (a)
【动作：孩子翻到封面】		（图式—例示）		
2	儿童	从这里开始的。	答语	
3	成人	从这里开始的啊，为什么啊？	WH-问句	
4	成人	为什么不是从这里开始的呢？	WH-问句	
		为什么是从这里开始的？	WH-问句	WH-对话构式 (b)
【动作：孩子翻书】		（图式—例示）		
5	儿童	因为是从这里开始的。	答语	
6	成人	哦，为什么啊？	WH-问句	
		为什么是从这里开始的呢？	WH-问句	WH-对话构式 (c)
		（图式—例示）		
7	儿童	因为这里有字就从这里开始了。	答语	
8	成人	那我还有一个问题要考你了。		
		在哪个地方结束的呢？	WH-问句	WH-对话构式 (d)
9	成人	你翻到这一页来。		
【动作：孩子翻书】		（图式—例示）		
10	儿童	在这里结束的。	答语	
11	成人	哦，为什么呀？	WH-问句	WH-对话构式 (e)
		（图式—例示）		
12	儿童	很多字啊。	答语	
13	成人	很多字就结束了，是吧？		
14	儿童	嗯。		
15	成人	那你觉得这三个人是好人还是坏人啊？		
16	儿童	坏人。		
17	成人	哦，那为什么呀？	WH-问句	WH-对话构式 (f)
		（图式—例示）		
18	儿童	他们在偷东西啊。	答语	

图 4.69　WH-对话构式驱动的儿童与成人汉语对话语篇建构及其拓展特征

图 4.69 展示了一个局部对话语篇中一名成人与一名 4 岁女童共同阅览一本画册时的部分语言交际片段①。从该对话图示（diagraph）可知，在该节选对话的 18 个话轮中，共出现 6 个 WH-问答构式，占话轮总数的 66.7%。而剩下的话轮中有 2 个非 WH-问句引导的问答语对。该语篇结构表明，WH-问答对话的使用是该语篇建构和扩展的主要理据。

首先，成人在话轮 1 中使用内嵌的 WH-问句和陈述语气发起对话请求，汉语疑问词语“哪个”和词语“地方”整合形成对话焦点“哪个地方”，并表征一个图式性概念，具有“类型”特征。内置的 WH-问句激活了一个图式性事件结构，“这个故事从 $X_{[place]}$ 开始的”。伴随手势语，儿童在话轮 2 中用语词“这里”详述话轮 1 中的图式概念“哪个地方”。话轮 1 ~ 2 之间产生句

① 图 4.69 中对话语料来自 CHILDES 语料库。

法与语义对应关系（哪个地方：这里），问答两个话语形成具有“图式 - 例示”联结关系（如双向实线箭头所示）的 WH-对话构式（a）。成人与儿童建立起互动人际关系。

围绕话轮 1 的焦点例示“这里”，成人在话轮 2 中设置新的对话焦点“为什么”，启动新一轮问话，即话轮 3，并通过重复对话疑问焦点“为什么”，形成话轮 4，期盼与儿童产生新的人际互动，扩展对话语篇。话轮 5 中的语篇标记语“因为”表明，儿童结合手势语把话轮 4 的图式事件结构“是从这里开始因为 X”具体化为特定的复杂事件结构。话轮 4 和话轮 5 之间是图式事件与具体事件关系，两者构成 WH-对话构式（b）。

为了获取话轮 3 ~ 4 中对话疑问焦点“为什么”的更详细例示信息，成人再次把“为什么”设置为对话焦点，构建新的话轮，即话轮 6。紧随话轮中的语篇标记语“因为”表明，话轮 7 是儿童对话轮 6 中“为什么”的具体解释。与话轮 5 相比，儿童在话轮 7 中用“这里有字”更详细例示了话轮 3、4、6 中的图式疑问焦点“为什么”。话轮 6 和话轮 7 构成的 WH-对话构式（c）进一步拓展了对话语篇空间。

从图 4.69 可见，话轮 1 ~ 7 围绕图式事件“这个故事从 $X_{[place]}$ 开始的”建构和拓展对话语篇。

话轮 8 表明成人期望延续对话，其对话焦点“哪个地方”与话轮 1 的对话焦点具有相同的语法形式，但被置于“故事结束”的认知背景，即对话语篇的建构和拓展转向了新的图式事件：这个故事“在 $X_{[place]}$ 结束”。

结合儿童的翻书动作，话轮 10 表明，儿童用语词“这里”与话轮 8 中的 X 槽位形成句法和语义对应，话轮 8 和话轮 10 形成“事件图式 - 例示”话语衔接关系，形成对话序列中的 WH-对话构式（d）。

而话轮 11 和话轮 12 构成的 WH-对话构式（e）基于“事件图式 - 例示”话语关系把图式事件“这个故事‘在 $X_{[place]}$ 结束’因为 $Y_{[reason]}$”描写为更具体的事件“因为很多字，这个故事在这里结束”。

在话轮 13 中，成人通过重复话轮 12 中的语言资源，儿童则通过使用礼貌性回应语再次拓展了对话语篇结构。

话轮 15 ~ 16 则形成非 WH-对话构式，引出新的对话主题：判断“三人是好人还是坏人”，并成为 WH-对话构式（f）的出场背景。话轮 17 ~ 18 再次通过“事件图式 - 例示”直接实现方式扩展了该语篇的空间结构。

上述分析表明，图 4.69 表征的对话语篇主要基于 WH-问答对话中的“事件图式-例示”关系进行衔接（如图中的虚线单向箭头所示），从而形成结构和意义连贯的局部对话语篇。成人与儿童共同建构的该对话语篇进而得以不断往前拓展。

4.8.4 语篇空间中 WH-对话构式的焦点定位特征

一问一答的 WH-对话包括“答是所问”和“答非所问”两类主要情形，体现了 WH-疑问焦点在对话中的不同定位结果。在实际语篇中，WH-对话的疑问焦点定位具有紧邻语对定位、远距语对定位、临时定位和连续定位等特征。

4.8.4.1 紧邻语对定位

WH-对话中疑问焦点在紧邻语对中的定位指“答是所问”的一问一答 WH-对话情形。对话双方实现问句和答语的焦点一致，答语是问句焦点的具体表征。

如 QA5：

Question：**Why** do you still have this?
Answer：**Because of the artwork**.

QA5 中答语是对问句焦点 why 的具体化。WH-问句的焦点被成功定位。

4.8.4.2 远距语对定位

WH-对话的疑问焦点在远距语对中的定位主要发生在“答非所问”的对话情形中，包括一对多 WH-对话模式（如本节 QA21、QA22 和 QA23 所在的语篇结构）和一对一多次 WH-对话模式（如 QA6 所在的语篇）。在一对多的对话模式中，问话人由于没有在已经发生的 WH-对话中获得期望的信息，不断与新的答话人建构 WH-对话。在一对多的 WH-对话中，一个 WH-问句与多个答语形成一个对话序列。由于最终的 WH-问句焦点定位发生在多个答语之后，WH-问句的图式焦点和具体例示表现出远距定位特征。

在一对一多次 WH-对话模式中，由于问话人需要检验答话人的答语或答话人没有直接回答问话人的提问，问话人需要启动新的 WH-对话或非 WH-对话，以确认答语是问话人期望获得的信息，从而出现疑问焦点的远距定位特征，如 QA6 的语篇空间所示：

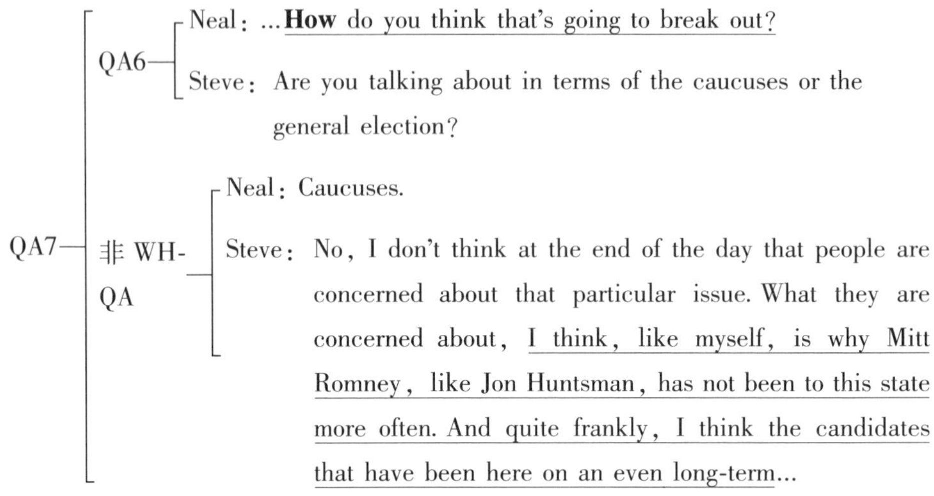

QA6 所在的语篇包含 1 次 WH-对话，和 1 次非 WH-对话。在 WH-对话中，Neal 提出疑问焦点 how，期望对话伙伴做出直接回答。但 Steve 把对话的焦点转向问句焦点的背景。Neal 在进一步确认焦点的背景知识“Caucuses”后，Steve 才成功定位疑问焦点的例示。该语篇中 WH-对话中问句和非 WH-对话中 Steve 的答语构成一个完整的 WH-对话构式（QA7），体现了 WH-对话焦点的远距定位特征。

在 WH-对话焦点的远距定位过程中，对话双方围绕对话焦点不断启动对话以细化疑问焦点，从而拓展了当前语篇空间。COCA 中的语料表明，WH-对话中焦点远距定位的情形包括话题转移型对话、非例示否定回答型对话、非完整答语型对话和应答型对话。这四类对话中的疑问焦点在持续对话过程中可能出现最终被具体例示，实现对话焦点远距定位。

4.8.4.3 临时定位

WH-对话中焦点的临时定位，指实际对话中已经被定位的对话焦点可以被其他的例示替换，使得焦点的具体例示具有临时性。焦点定位的临时性表明答语的多样性。

答语的多样性体现了答语对问句图式焦点的例示方式多样性，即同一问题有不同的回答方式。现实的问答交际中，答语可以直接例示，或间接/迂回例示问句的图式焦点，也可以仅提供用于推理的话语，即问话人基于答话人的话语经过推理获得问句焦点的例示。答语多样性还体现了对话焦点例示的语言表征复杂度（参见4.5.3.2），即答语可以是一个词语，或一个短语、一个句子、一个句群。

答语的多样性体现了不同的答话人对问句事件体验的差异性和对问句焦点的识解差异性，即同一问题，回答方式相同（如直接回答），但内容不同。在 WH-对话中，有时说话人在保证意义传递的基础上，会使用不规范的，但问话人和答话人都能识别的语言结构，如重复，或缩略表达。

WH-对话中答语的多样性如 QA8 所在的语篇空间所示：

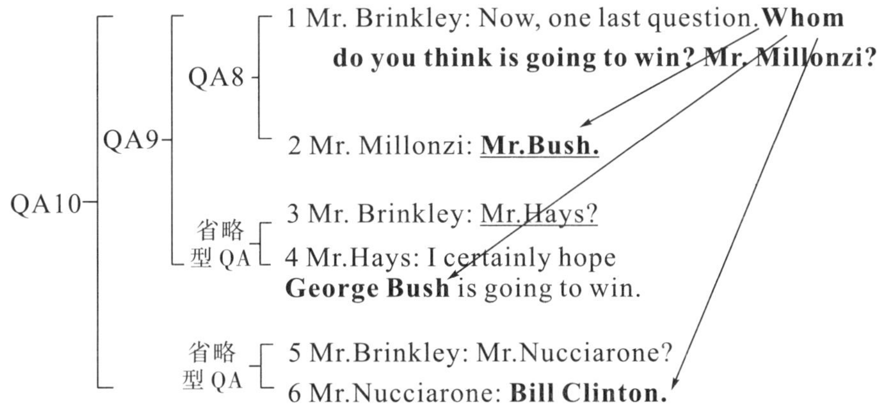

该语篇结构体现了"一对多"的 WH-问答交际模式。WH-问句的疑问焦点 whom 在语篇建构过程中分别表征为三个具体例示，即三个不同答话人的话语。问话人 Mr. Brinkley 因而与三个不同的答话人建构了三个 WH-对话（QA8、QA9 和 QA10）。首先，焦点的具体例示"Mr. Bush"在没有出现其他答语之前，具有临时性和被其他例示替换的可能性。第二个答话人的话语增加了第一个例示的可信程度。焦点的第三个例示"Bill Clinton"为问话人拓宽了可供选择的例示范围。在问话人没有最终做出选择之前，例示"Bill Clinton"同样具有临时性。

直接例示性答语的临时性可以在持续的对话中具有瞬时规约性。如在 QA11 的语篇中，WH-对话焦点的具体例示没有被替换，而是通过持续对话被答话人再次确认，增加了答语的可信度和被问话人选择的概率。答语具有瞬时规约性。

QA11'—
- QA11—
  - Mitchell：...<u>**What**</u> was it like?
  - Mr. Gartzke：Friendly.
- 非 WH-QA —
  - Mitchell：Friendly?
  - Mr. Gartzke：Friendly.

该语篇中，Mitchell 首先启动了一个 WH-对话（QA11），Mr. Gartzke 直接例示了问句的疑问焦点。在随后的非 WH-对话中，问话人（Mitchell）对已经临时定位的焦点例示进行确认，答话人（Mr. Gartzke）用同一例示表明答语的可信度，增加了例示的可选择性，Mr. Gartzke 的第二个答语与 WH-问句形成 QA11'，使第一个对话焦点的例示具有瞬时规约性特征。

4.8.4.4 连续定位

会话中如果有两个以上的会话参与者，则同一个 WH-问句因不同的答话人可以有不同的答语。QA8 的语篇空间同时也表明了 WH-对话的焦点定位连续性，往前拓展了话语语篇的建构过程。在一对多的对话模式中，WH-问句和不同答话人的话语形成多个 WH-问答紧邻语对。连续的不同答语合力反映了焦点的完形特征，如 WH-问句"What was it"同时引起 2 个答语，使疑问焦点 what 的例示更加具体化。

QA13 —
- QA12—
  - Chung：...**What** was it?
  - R. Mengerink：<u>It was</u> **a canceled check**.
- M. Mengerink：**A canceled check from 1992**

该会话语篇中 R. Mengerink 和 M. Mengerink 的话语分别是对 WH-问句中疑问焦点 what 的连续例示，分别表征了两个 WH-QA（QA12 和 QA13）。其中 M. Mengerink 基于 R. Mengerink 的话语提供了更加精细的（着重号和粗体部分）例示。

4.8.5 语篇中 WH-对话构式的意义建构特征

语篇中一个 WH-对话和其他话语共同建构了信息传递链条，它们之间的关系体现了语篇中意义建构的动态性和主体协商过程。

首先，WH-对话和其他话语的焦点可能关涉不同的事体（QA8、QA9 和 QA10），或表征了同一事体特征的不同详略度（如 QA12 和 QA13）。WH-对话构式使用前、使用中、使用后的话语焦点变化体现了语篇中话语的意义具有动态变化特征。

而语篇中主体的协商指在包含 WH-对话构式的语篇中，对话双方需要共同付出认知努力或需要进行多次对话以达成不同程度的观点共识，通常包含两个对话者之间的协商和多个对话者之间的协商。WH-对话的焦点在对话双方不断的协商过程中最终体现为具体的事例，从而实现 WH-对话构式的疑问焦点成功定位。对话主体的协商结果包括主体达成观点共识，相互理解，或两者观点相悖，需要启动新的话轮延续对话，或答话人拒绝评论发话人的话语，从而结束对话，也或答话人引出新话题或转移当下对话的焦点。

QA14－QA17（由画线部分所示）所在的语篇空间反映了对话双方为达成共识的协商过程：

Hansen：You want to explain yourself? Grab that towel right there, please. Wrap it around yourself, and please sit in that stool.

QA14—
Hansen：**What** are you doing?
Mr. Lakhan：Making a mistake. 直接回答（任意例示）

QA15—
Hansen：Making a mistake? **What** is going on in your mind?
Mr. Lakhan：I don't know. 非例示否定回答

QA16—
Hansen：You don't know? Now what do you think would have happened, Marvin, had I not been here and had there actually been a 14-year-old girl in that next room? **What** would have happened after you walked in there naked?
Mr. Lakhan：Something probably would have happened. 直接回答（类例示）

QA17—
Hansen：Something like what?
Mr. Lakhan：Something like... 直接回答（类例示）

QA14 所在的当前语篇空间表明，对话参与者 Hansen 和 Mr. Lakhan 为了达成对话共识至少经历了 4 次对话，并且 4 次对话的疑问焦点都是“what”，但由于疑问焦点的已知信息不同，每次对话中的疑问焦点有不同例示。

QA14 出现前的话语表明了系列 WH-对话发生的背景：Hansen 责备 Mr. Lakhan 的行为并力图让 Mr. Lakhan 认识到自己行为的后果。

QA14 是直接问答模式，Hansen 的问话有谴责之意，Mr. Lakhan 利用 WH-问答的直接回答模式回避了自己实际发生的行为，而是对自己行为进行抽象处理后用作 what 的例示，并把自己的行为归位“a mistake”，表明自己无主观错误，努力逃避谴责，同时又与问话人达成了有限的共识，即表明自己认识到了自身行为的不恰当性，而非自己的主观意志。

第一次对话结束，Hansen 没有停止对 Mr. Lakhan 的责备，而继续要求 Mr. Lakhan 对自己的行为进行解释。在第二个对话中（QA15），Mr. Lakhan 没有与 Hansen 采取合作态度，极力表示自身的行为是非主观原因造成。

在第三次对话（QA16）开始，Hansen 转而对 Mr. Lakhan 的行为导致的后果事件进行预设，以期与 Mr. Lakhan 达成共识。Mr. Lakhan 的答语使用“something”和“probably”以及虚拟语气表示预设事件发生的非现实性和不确定性，部分认同 Hansen 的预设。Mr. Lakhan 没有提供明确的焦点例示，与 Hansen 没有达成完全共识。

为了与 Mr. Lakhan 达成共识，Hansen 启动了第四次对话（QA17），此时的疑问焦点 what 没有置于句首予以突显，Hansen 急切需要与 Mr. Lakhan 达成共识 。Mr. Lakhan 试图在回避和淡化自身行为的后果并且试图终止对话。

经过四次对话，Hansen 与 Mr. Lakhan 只达成了部分共识：Mr. Lakhan 的行为不妥，但对行为发生的原因和后果 Mr. Lakhan 与 Hansen 没有达成完全一致的共识。Hansen 为与对话者达成共识的努力因 Mr. Lakhan 试图终止对话而失败。

在整个语篇建构中，WH-对话构式是语篇不断扩展的核心机制。尽管 Mr. Lakhan 与 Hansen 在对话形式上表现出合作态度（即焦点一致），但答语的内容具有图式性，即不确定性。Mr. Lakhan 的答语一方面表明自己认识到自己的错误行为，但另一方面却不认为其错误行为具有主观意愿性。Hansen 一直主导与 Mr. Lakhan 的对话并与之进行对话协商，而 Mr. Lakhan 每次努力保持问答焦点一致，但仅提供疑问焦点的非具体例示和被动的对话态度使得对话的协商没有达成完全观点共识。Hansen 与 Mr. Lakhan 的对话过程充分展示了 WH-对话构式双方为实现观点一致的协商过程。

而 QA18 所在的语篇则表明 WH-对话中问话人基于答话人的焦点转移策略不断启动对话，最终使对话双方统一认识到达成共识需要的前提，为实现语篇中起始 WH-对话的焦点定位奠定了基础。QA18 – QA20 揭示了语篇中对话焦点不一致情形下主体关于话语意义的协商过程。

QA18—
Hannity：No. **What** are you going to do if somebody breaks into your house?
Colmes：**What** am I going to do? 话题转移

QA19—
Hannity：Seriously. **What** are you going to do?
Colmes：I am not against the right to have a gun. 否定直接例示

非 QA—
Hannity：I know.
Colmes：I just think they should be registered.

QA20—
Hannity：But what would you do—you don't have a gun. **What** are you going to do?
Colmes：I'm not going to announce whether I do or do not, but I'm not against people having guns. But I want them registered and I want them licensed. That's my point of view. 否定直接例示

嵌入 QA—
Hannity：You won't tell us what you're going to do.
Colmes：I'm not going to announce what—

Y－N QA—
do you want to talk about whether you have a gun or not.
Hannity：I—yeah，I do.

QA18 所在的语篇中，Hannity 和 Colmes 有 6 次对话，包括 3 次 WH-对话，1 次非 WH-对话，1 次嵌入 WH-对话和 1 次 Y－N（YES－NO）对话。

在 QA18 之前，问话人 Hannity 通过否定词"No"引入了新的话语焦点。在第一次对话中，Colmes 没有回答 Hannity 的提问，而是把话语焦点转向问句言语事件结构本身。对话双方没有通过对话达成共识。

Hannity 于是启动第二次 WH-对话（QA19），坚持表达与 Colmes 达成共识的主观意向。Colmes 用否定直接回答体现与 Hannity 的话语焦点一致。Colmes

虽然直接回答了 Hannity 的第二次同样提问，但 Colmes 的答语非 Hannity 期望的疑问焦点例示。但第二次对话中，Colmes 的答语与 Hannity 期望的疑问焦点例示更有关联性。对话双方达成部分共识。

为了实现双方达成完全共识，Hannity 启动第三次对话。Hannity 转换了对话策略，对上一次对话中 Colmes 的答语先表示认同，以此建立与对话伙伴的人际互信。Colmes 针对 Hannity 的话语，用肯定的语句陈述自己的观点“they should be registered”。

通过第三次对话，Hannity 仍然没有获得第一次对话设定的对话焦点的具体信息。Hannity 用 WH-问句启动了第四个对话（QA20），继续与 Colmes 进行对话协商。在第四次对话中，Hannity 基于第二次对话中 Colmes 的话语焦点“have a gun”和原来的背景信息“if somebody breaks into your house”，补充了问句焦点的背景信息“you don't have a gun”，从而进一步限定第一轮对话中疑问焦点的例示范围。但 Colmes 仍然没有肯定地直接回答 Hannity 的提问，而是继续用否定的直接回答方式与 Hannity 对话，但新增了部分例示信息“I want them licensed”，且用总结式的话语“That's my point of view”试图终止对话。

Hannity 针对第四次对话的结果，明确判断 Colmes 的不合作对话态度“You won't tell us what you're going to do”，暗示为了达成对话共识的努力已失败。Colmes 则继续以否定例示性回答表明自己的立场。Hannity 和 Colmes 在这个阶段的对话构成了双方的第五次对话（嵌入的 QA）。

第五次对话之后，Colmes 开始对 Hannity 的持续发问进行反思，向 Hannity 求证发问动机，力图为自己在先前对话中没有提供例示寻找适切的理由。

第五次对话中 Colmes 的后部分话语“do you want to talk about whether you have a gun or not”表示 Colmes 采取了积极的合作对话态度。Colmes 从答话人转变为问话人开始主导语篇中的对话。Hannity 的答语“... I do”则与之形成该语篇意义建构的第六次对话。第六次非 WH-对话表示双方在经历了五次对话后实现了对疑问焦点定位背景的统一认识，为进一步对话并达成观点共识奠定了基础。

Hannity 和 Colmes 的 6 次对话充分体现了 QA18 的疑问焦点在对话双方的互动中进行具体定位的过程，反映了语篇中意义建构的主体协商过程。

QA14、QA18 等对话的语篇空间体现了两个固定的对话参与者通过对话进行意义协商的“一对一”对话模式，而 QA21 所在的语篇则体现了两个以上对话者之间的意义协商过程，和 WH-对话的“一对多”问答模式。基于该模式，WH-对话的焦点在多个主体之间和主体与客体之间的互动中实现图式 - 例示关系，从而实现 WH-疑问焦点的成功定位。

Speaker 1：

George：Wait a second. Hold on one second. I'll ask the governor about this.

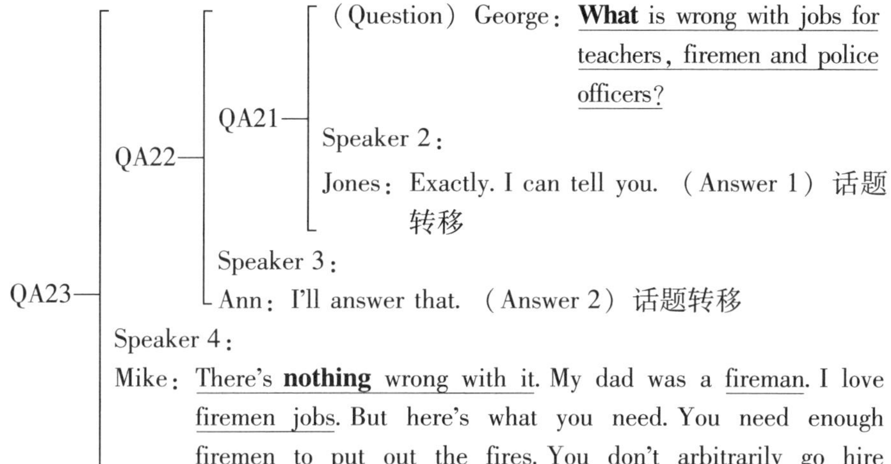

Mike：There's **nothing** wrong with it. My dad was a fireman. I love firemen jobs. But here's what you need. You need enough firemen to put out the fires. You don't arbitrarily go hire firemen, policemen or teachers unless you have more kids in school. And what we need to be talking about is not hiring more teachers... (Answer 3) 直接（零）例示

该语篇包含一个 WH-问句和 3 个不同类型的答语。WH-问句的疑问焦点（what）定位过程体现在 4 个对话者的交谈中，产生了 3 个 WH-对话构式（QA21、QA22 和 QA23）。其中 George 为对话启动者，同时也是问话人，其他的说话人都是答话者，分别对应答语 1（Answer 1），答语 2（Answer 2）和答语 3（Answer 3）。

首先，George（Speaker 1）提出对话焦点 what，并通过事件已知信息 "with jobs for teachers, firemen and police officers" 限定了疑问焦点的语义定位范围。

Speaker 2 在与 Speaker 1 互动中把对话的焦点转向答话人的认知能力（I can tell you）。Speaker 1 没有通过对话获得期望的信息。Speaker 1 和 Speaker 2 没有达成观点共识。

Speaker 2 的话语结束后，Speaker 3 针对 WH-问句的疑问焦点与 Speaker 1 展开对话。Speaker 3 同样没有提供 WH-对话焦点的具体例示，而是把焦点转向答话人的对话态度（I'll answer that）。Speaker 1 和 Speaker 3 同样没有达成观点共识。

Speaker 2 和 Speaker 3 分别与 Speaker1 进行了一次对话协商。Speaker 1 体验了两次对话协商过程。继前两个答话人之后，第四个对话参与者（Speaker

4）与 Speaker 1 启动新的对话（QA23）。

当前语篇中 Speaker 4 的答语与 Speaker 1 的问话之间具有结构平行特征，两个话语共享一个框架图式：X is wrong with Y，并由此产生框架共振（teachers：teachers；firemen：firemen；police officer：policemen；etc.）和焦点共振（如图 4.70 中粗体所示）。Speaker 4 通过零例示直接回答 Speaker 1 的问话。在潜在或未来的对话中，Speaker 1 将对 Speaker 4 的答语进行质量评估，以判断 Speaker 4 的答语是否是期望的焦点例示。Speaker 4 与 Speaker 1 的话语焦点一致表明 QA21 的焦点在 Speaker 1 和 Speaker 4 的协商过程中实现临时定位，对话双方为达成对话共识共同付出了认知努力。

框架图式		**X**		**is**	**wrong**	**with**	**Y**	
互动协商	(Speaker 1) Question	**What**		**is**	**wrong**	**with**	**jobs**	…
	(Speaker 4) Answer 3 ↓		There	**'s**				
		nothing						
					wrong	**with**	**it**	.
共振类型		焦点共振		框架共振				

图 4.70　QA23 对话图示中的共振

（↓：答语的线性建构方向）

QA14、QA18 和 QA21 所在的语篇结构同时表明，语篇的意义建构过程是基于 WH-对话机制展开的。在语篇的意义协商过程中，不同类型的 WH-对话是互补关系，如 QA14 所在语篇中直接回答与非例示否定回答的互补关系；QA21 的语篇中直接回答与话题转移回答交替使用合力拓展了对话的语篇空间。

4.8.6　WH-对话构式的语篇属性

WH-问答对话在语篇中的衔接和对语篇空间的拓展功能表明，一个 WH-对话构式是语篇中事件网络的一个节点。WH-问答对话在语篇中的使用揭示了 WH-对话构式的多种属性，包括概括性和抽象性、图式性和能产性、瞬时性和规约性。

4.8.6.1　概括性与抽象性

WH-对话构式概括了具体的 WH-问答对话在形式、语义和功能方面的宏观特征。WH-对话构式的概括性还体现在 WH-问句和答句对客观世界中事体特征的概括能力。WH-问答对话中的 WH-问句体现了人类对客体外界完形特征的认识。WH-对话的问句中常用的疑问词语和问句的事件结构概括了人类对未知世界的探索思维。同一个事件有不同的设问方式（即不同的疑问词），因而基于同一个事件的对话有多个答语。不同的答语共同概括了一个事件的多维特征，即一个事体在客观世界中可有多种存现方式或状态。

4.8.6.2 图式性与能产性

WH-对话中问句的 WH-疑问词代表了一个答语集合。由于 WH-疑问词的不确定性，WH-对话中的问句结构具有图式性。WH-对话中答语的对话性在于表征 WH-疑问词的具体所指。在实际对话中，答语对 WH-疑问词的例示过程具有不同程度的语义详略度特征，对 WH-疑问词的类型例示、任意例示和特指例示体现了答语的不同图式化程度。在实际交际中，一个 WH-对话构式可以被反复使用，进而形成固定的 WH-问句和答语图式。一个高效的 WH-对话模式可以适用于不同场景、不同认知主体和不同的事件，体现了一个既定 WH-对话构式的能产性特征。如 WH-问答对话图示：What do you think of X? I think X is Y，以及 Why X? Because Y 已经成为常见的 WH-问答对话构式。

4.8.6.3 瞬时性与规约性

在实际言语交际中，说话人和听话人为达到在场即时传递信息、彼此快速理解对方意图的目的，会在 WH-问答对话中使用某些只为当下交际服务的语言资源，包括词语、句型、语调等的选择。WH-对话构式的使用具有瞬时性，WH-对话的话语焦点处于流变状态。

Brône 等（2014：458）提出基于构式语法的对话研究进路，并关注对话中的临时构式（ad hoc constructions），指出对话中的构式具有局部固化特征。根据对话构式语法的观点，临时构式具有存在瞬时性。因此一个 WH-问答对话在实际使用中，其问句的疑问焦点与答语之间的图式－例示关系可能仅适用于特定的交际场景，随着对话的结束，一个 WH-对话构式即消逝，问话人根据交际目的又不断启动新的对话构式。WH-对话的瞬时特征表明一个 WH-对话构式的规约化或固化度仅适用于局部对话语篇环境。

4.8.7 小结

WH-对话在使用中与 WH-对话发生前后的话语共建一个当前语篇空间（CDS）。当前语篇空间中的话语是互为背景、相互补充的关系。语言交际随着当前语篇空间中话语焦点的变化线性展开。WH-对话的问句中疑问焦点与其他话语的焦点具有前后一致性、部分相似性或整体差异性，当前语篇空间中焦点的连续变化体现了对话序列中焦点的流变性。在实际话语中，WH-对话的疑问焦点定位具有紧邻语对定位、远距语对定位、临时定位和连续定位等特征。当前语篇空间中 WH-对话的焦点定位以及 WH-问答对话与其他话语的联系体现了 WH-对话在语篇中的 ESI 模型识解特征。在包含 WH-对话的语篇中，意义的建构过程具有动态性和主体协商特征。WH-对话具有语篇衔接和语篇空间拓展功能。一个 WH-对话的意义是一个 WH-问句和一个答语整合的结果。一个 WH-问答语对在语篇中是具有形式与意义或形式与功能的配对体。WH-问答语对是一类典型的语篇对话构式。WH-对话在语篇中的使用揭示了该类构式的多种属性，包括概括性与抽象性、图式性与能产性、瞬时性与规约性。

4.9 WH-对话构式的认知特征总结

一个 WH-对话构式由一个 WH-问句和一个答语组成。在英语交际中，该类构式表征了一个包括说话人、谈论事件和交际场景等要素构成的对话系统。其中问句的 WH-词语是对话焦点，而非 WH-词语部分提供了对话焦点的事件框架或背景信息。WH-问句的原型结构为：

WH-词语 + 疑问助词 + 其余语词 ?
(WH- word + auxiliary + remainder?)

基于 ESI 模型，该类构式的问句和答语具有图式 - 例示关系。根据后者是否例示了前者的疑问焦点，WH-对话构式可分为三类，即直接例示型、间接例示型和零例示型，其中零例示型又可分为焦点转移型、否定答语型、非完整答语型和仅语用标记回应型（简称回应型）。

4.9.1 WH-问句的认知特征

WH-对话中的疑问焦点通常由 9 个 WH-词语表征，其中最常用的疑问词是 what 和 when, how, why，分别对应事件域中的事体和行为要素，这充分表明事件域作为本研究的理论基础的合理性。在 WH-问句中，疑问助词通常包括 be, do, modal verb 和 have 四类。而 WH-词语与疑问助词的组配分别突显了一个事件域的空间和时间属性。

4.9.2 答语的认知特征

WH-问句的答语通常有语用标记结构，其中常见的语用标记语包括 well，I think，you know，right（含 that's right，all right），oh，I mean，actually，yes，yeah，OK 等。答语的结构可以是语音（零句法形式）、词语（尤其是叹词，如 yeah）或短语，也可以是一个句子（简单句、并列句或复合句）或一个句群。

4.9.3 对话句法特征

该类构式的句法特征表现为，答语与问句基于平行结构有句法共振现象。如果答语与问句的疑问焦点有结构性映射关系，问答之间有焦点共振现象。如果答语只再现问句中非 WH-词语部分的结构，则问答之间有框架共振。若答语与问句在焦点和非焦点部分都有结构平行特征，则问答之间有焦点和框架双共振现象。当答语与问句的焦点和非焦点部分均未形成结构对称特征，则问答之间无句法共振。其中，仅焦点共振和焦点与框架双共振分布在直接例示、间接例示型和否定答语型 WH-对话构式中，而仅框架共振和无共振主要分布在焦点转移型、否定答语型、非完整答语型对话构式中。回应型 WH-对话构式中未体现显性句法共振。

4.9.4 对话语义特征

在语义层面，WH-对话构式表征了问句的图式义在对话情景中被定位为一个具体例示的过程，答语表征了定位结果。根据 WH-词语是否在对话中被量化为一个例示，以及答语与问句之间的语义传承关系，该类构式具有四类语义特征，包括焦点-框架语义共同定位、仅焦点语义定位、仅框架语义定位和语义未定位。WH-对话构式的不同语义定位类型表明，答语作为问句图式义的例示有不同的详略度和焦点例示原型度。其中直接例示型答语体现了问答中对话焦点的图式-例示关系，属于答语的典型例示方式，而间接例示未能直接体现疑问焦点的实例特征，属于边缘例示。焦点转移、否定、非完整和语用标记回应性答语未有表征问句焦点的具体例示，体现了问答之间的图式-零例示关系。

4.9.5 对话语用特征

在语用层面，WH-问句表征了问话人对一个事件的整体感知，而答语突显了答话人对问句疑问焦点的关注程度，也即关注该事件的局部信息。问答之间的整体-局部关系表明了 WH-对话中图式事件与例示事件的关系。而问答两个事件之间的要素耦合现象揭示了问答双方的认知合作类型。若问与答两个事件在事体（Being）和行为（Action）要素方面都有句法共振和义域对应，则对话双方属于完全合作。如果两个事件之间主要在框架层面，且仅表现为事体或行为要素有耦合，或答语未能直接表征问句焦点的具体例示，则问答双方只实现了部分认知合作。而当问答两个事件的要素无匹配特征，它们不能整合为一个事件时，问答双方在交际中未展开认知合作。其中，完全合作型 WH-对话由直接例示型 WH-对话构式表征，间接例示型均表示部分合作，而焦点转移型、否定答语型和非完整答语型对话包含部分合作和无合作两类情形。

4.9.6 语篇中的 WH-对话构式

WH-对话构式的使用与 WH-对话发生前后的话语共建一个当前语篇空间（CDS）。当前语篇空间中 WH-问答对话的焦点定位以及 WH-对话与其他话语的联系体现了 WH-对话在语篇中的 ESI 模型识解特征。WH-对话具有语篇衔接和语篇空间拓展功能。WH-对话构式在语篇中的使用揭示了该类构式的多种属性，包括概括性与抽象性、图式性与能产性、瞬时性与规约性。

基于上述 WH-对话构式的研究发现，本章可以得出如下结论：

WH-问答语对是英语中特有的对话构式，其认知机制体现为问句与答语基于事件域（ECM）形成图式-例示（Schema-Instance，简称 SI）关系，即 ESI 模型（Event domain-based Schema-Instance Model）。在句法层面，WH-对话构式的 ESI 模型体现为问答之间有句法共振现象，在语义层面则体现为 WH-对话构式的语义定位特征，而在语用层面，问与答之间的 SI 关系体现为问答两个事件之间的要素耦合现象，进而反映了对话双方的认知合作类型。

本章把英语 WH-对话视为对话构式并分析其认知机制，论证了 ESI 模型对 WH-问答现象的解释力。ECM 和 SI 在交际中语对层面的应用进一步丰富了认知语言学理论的具体应用。Langacker（2008：475）仅分析了一般疑问句与答语的认知特征，而未涉及由特殊疑问句引导的对话构式。因此，本章的研究内容是对认知语法研究的补充，并为对话构式语法（Dialogic Construction Grammar）研究提供了具体研究范式。此外，WH-对话构式的 ESI 模型为英语教学中 WH-对话的习得和运用提供了一定程度的指导，也为汉语中特指疑问句引导的对话研究引入了新的理论视角。

正如隐喻不止是一种语言现象，而且是人类的普遍认知方式（Lakoff，1980：4，172），WH-对话构式的句法、语义和语用特征表明，针对内容进行提问的对话模型（Contend-based Question-Answer Model），如英语 WH-对话构式，也不仅仅是一种语言现象，更是一种获取信息的基本认知方式。由于世界各民族共处一个宇宙空间，人类拥有相同的身体构造等因素，各民族之间具有体认共性，因此每个民族都拥有这种语言手段，人类通过问答对话践行着阿波罗神庙上所刻话语“认识你自己”的意旨。

5 对话构式语法框架下否定答语型英语 WH-对话的认知特征

5.1 作为“对话构式”的否定答语型 WH-问答语对[①]

对话是人类用语言传递信息的基本形式（Bakhtin，1981）。对话研究是当前认知-功能视角下的语言分析热点话题。把对话句法学（Du Bois，2014）、认知语法（Langacker，1987；1991；2008）和构式语法（Goldberg，1995；2006）结合起来的对话构式语法研究体现了当前语言认知分析的前沿动态（Sakita，2006；Fried，2009；Brône et al.，2014；Nikiforidou et al.，2014；高彦梅，2015；胡庭山、孟庆凯，2015；刘兴兵，2015；曾国才，2015d，2017a；王寅、曾国才，2016a，2016b，2016c；Zeng，2016a，2016b，2018c；王德亮，2017）。

问答现象是语言交际中普遍存在的一类对话形式。已有的英语 WH-对话认知研究（Zeng，2016a；曾国才，2015c，2017a）表明，WH-问答交际中的答语类型主要包括直接回答型（直接例示）、间接回答型（间接例示）、焦点转移型、否定答语型、句法不完整型和回应型。严格意义上讲，某些否定答语也属于直接例示或焦点转移型，否定答语因含有否定的语气或否定的句法结构而独具特色。与其他答语类型的英语 WH-对话相比，英语中否定答语型 WH-问答对话突显了说话双方识解事件的特有方式，因此本章权且把英语否定答语类 WH-问答对话现象单独归为一类进行深入分析，以进一步论证 ESI 模型的阐释力，并揭示该类对话现象独有的句法、语义和语用认知特点[②]。

---

① 如无特殊说明，本章的研究对象是否定答语型英语 WH-对话构式。

② 本章的主要内容和语料统计数据与曾国才（2017b）的研究相关。

本章的研究对象为当代英语口语交际中的否定答语型 WH-对话①。在典型 WH-对话中，问话人期望得到肯定的陈述性答语，答语具体表征问句的疑问焦点信息。否定答语作为标记性话语为问话人的语言解码增加了更多的认知任务。一个典型的否定答语型 WH-对话在形式上由一个 WH-问句和一个含有否定语气或否定句法标记的答语构成，其功能在于说话人通过事件解构与重构，以验证已知信息或探索未知信息。根据认知构式语法的观点，构式是形式和意义（Goldberg，1995：4）或形式和功能（Goldberg，2006：3）的配对体。构式是象征单位。一个语法构式不仅包含语音、词汇、句法方面的形式特征，还同时具有语义、语用和语篇方面的特性（参见 Croft et al.，2004：257－258）。英语否定答语型 WH-问答对话的形式与功能配对特点表征了英语语言交际中的一类对话构式。

通常情形下，该类 WH-对话中问句句首的 WH-疑问词（如 what，how，when，where，简称 WH-词语）② 编码了问句的疑问焦点，答话人通过使用否定语气或含有否定语词（如 not，never，no）的话语结构回应问话人的提问，如 Question－Answer 1（简称 QA1）所示：

QA1：
Question：When can we anticipate the gang of six products? ③
Answer：I don't have any idea.

QA1 的答语包含否定词语 not。答话人认为关于问句焦点的知识不在自身的认知能力范围之内④。在该问答交际中，答话人没有提供疑问焦点 when 的具体信息。

在具体研究中，本章采用对话构式语法研究范式，把英语否定答语型

① 本章中的否定答语型 WH-对话特指英语中一个 WH-问句和一个否定答语构成的 WH-对话，其问句为英语特殊疑问句的最基本型式，即由 WH-疑问词＋助词＋其他语词＋？构成的句式。传统句法中内嵌于复合句里的 WH-疑问句式不属于本章研究的问句范畴。

② 在当代美语语料库（COCA）的口语子语料库中，位于句首且高频使用的 WH-疑问词语共有 9 个，它们分别是 what，when，how，why，who，where，which，whose，whom（参见表 4.1）。

③ 本章聚焦一问一答的否定答语型 WH-问答对话的认知特征，WH-问句前的话语不是本章关注的焦点，因而在用例中省略。此外，在本章的部分引例中，问话人和答话人的姓名和身份也省略，分别由 Question 和 Answer 表示。本章引用的英语对话用例均源于 COCA 语料库，并用 QA 表示，每一个小节单独编号。

④ 答话人否定自身的认知能力可能是故意为之，这不属于本章的讨论范围。

WH-对话视作一类特殊的对话构式，并以 ESI 模型（参见图 3.5）为分析框架，来阐释该类对话构式的焦点定位机制。

5.2 否定的研究现状

关于英语 WH-对话的研究已取得丰硕的成果（参见 4.2）。本节着重回顾针对“否定”的研究。“否定”是哲学、逻辑学、心理学和语言学的重要研究内容。已有的“否定”研究从理论思辨、语料和实验数据分析等方面讨论了“否定”的概念、逻辑、形式和功能。

5.2.1 哲学中的否定研究

哲学研究中，否定是重要的思辨工具。人类通过否定性思维不断加深对客观外界的认识。否定性被赫伯特・马尔库塞（Herbert Marcuse）形容为现代哲学乃至思想的中心（徐博，2011：42）。哲学家主要把否定与辩证法、观察视角、经验积累、主体性和现象学等结合起来展开分析。

5.2.1.1 否定与辩证法

否定是辩证法的思考源点。马克思（1972）用“否定之否定”重新整理黑格尔的“正题、反题、合题”三段论，从而将黑格尔哲学中的唯心主义辩证法改造成了唯物主义辩证法。从黑格尔到马克思再到阿多诺（Theodor W. Adorno），否定的模式至少可以概括为如下三类情况（谭光辉，2015：19）。

黑格尔：正题、反题、合题。
马克思：肯定、否定、否定之否定。
阿多诺：否定、否定、再否定。

不难看出，阿多诺的“否定辩证法”是一个只存在否定的连续运动（ibid.）。

5.2.1.2 否定与观察视角

共时和历时是观察事物的两个视角。基于共时视角，在对事体的选择过程中，对某一事物的选择表明同时排斥了选择其他事体的可能性。而基于历时的观察视角，对某一事体的选择就是对该事体先前状态的否定。因此，历时否定和共时否定是观察事体变化的两个不同视角。对事体的观察可视为对事体的叙述。叙述的本质是一个连续否定的过程，叙述即否定（赵毅衡，2013：208）。

5.2.1.3 否定与经验积累

人类在与客观外界的互动中不断累积认识世界和改造世界的经验。否定是人类不断改造世界的驱动力。Whitehead（1978）将人类经验的摄入（prehend）分成了若干类型，如果将以往的经验作为当前经验的一部分保留下来，这种摄入称为“肯定摄入”。反之，如将以往的经验排除，不作为当前经验的一部分，则称为“否定摄入”。人类正是通过经验的肯定摄入和否定摄入不断累积认识世界的知识，最终实现改造世界的目的。

5.2.1.4 否定与后现代主体性

Felgenhauer（2016）用后现代的辩证否定思想解构现代性的超验主体，同时基于关系的、历史的、辩证的运动思想以重构社会的主体，从而回答马克思的问题“What is the human essence?”或“What is human subjectivity?”，即主体是社会关系和社会个体的总和。Felgenhauer 的目的在于解构现代性并由此形成后现代的主体性思想，强调主体性是一种关系并处于辩证的运动中。主体性经历了否定、扬弃与变化阶段。人类关系因此本身是变化的。Felgenhauer（2016）最后推断，后现代的哲学思想就是解构和否定，解构是对重构的表达。然而，辩证地看，后现代却没有对否定提出新的否定。

5.2.1.5 否定与现象学

否定是人类在交际（否定回答）、认知（逻辑否定）、知觉（不同色彩）、态度（不喜欢）、情感（憎恨）和意愿（反对）等方面的重要组成部分（Saury，2009：245）。为了对否定做出统一解释，Saury（2009：255）首先把否定视作主体试图搜寻一个特定客体却未能找到时出现的“副产物（by-product）”。否定可以抽象地理解为是我们的意向性每次被限制作用的结果。Saury 认为，我们没有找到客体是因为：

①缺少物体（lacking）。

②所找到的物体不是（other than）期望找到的物体。

③没有找到物体是因为存在一个阻碍（obstacle）。

根据上面三个否定结果，否定现象可以经过多个还原处理（reduction），从而概括出否定表征的三个本质概念：缺乏、他者和阻碍。

除以上关于“否定”的哲学研究之外，Horn（1989）还分析了中世纪基督教、穆斯林哲学中的否定，以及现代哲学中的否定性思维，并对比了东方（印度佛教）哲学中否定的本体论思想和西方哲学中否定的形而上学思维特征。

5.2.2 逻辑学中的否定研究

逻辑推理中，否定的运用影响命题的真值。否定是逻辑学的核心概念之一。弗雷格认为，所有的否定是命题的，可以被“It is not true that...”解释或替换（Speranza et al.，2010：298）。Michael（2006：3）认为，否定是改变其论元真值以及否定 - 肯定极的一元算子。当语句中有两个否定时，两个否定彼此消解，使得句子整体意义未受否定的影响。否定和逻辑中的合取、析取、量词搭配使用使得句子的意义更加复杂。简单说来，否定是差异的逻辑和意识表达式（Bosanquet，1911）。维特根斯坦通过引入否定算子以讨论所有的真值函项（Stock，1985：465）。

Horn（1989）讨论了亚里士多德传统逻辑中的否定和斯多葛学派命题逻辑中的否定，并尤其关注前者。亚里士多德（1986）提出了传统逻辑中的两个基本规律：矛盾律（law of contradiction）和排中律（law of excluded middle），这两者都关涉对否定的理解。矛盾律指同一个性状，不能同时属于又不属于同一物体。排中律指在认识客体的每一个情形中，只有符合肯定或否定的判断，没有居间的不确定情形。逻辑推理可以揭示否定陈述是否蕴含肯定陈述，如 Socrates is not well 是否蕴含 Socrates 存在。如果是，则否定陈述就蕴含一个肯定陈述。如果 Socrates 存在，Socrates is not well 也为真，很明显，Socrates is well 就为假。如果 Socrates 不存在，Socrates is well 和 Socrates is not well 都为假。因此，Socrates is not well 的意义取决于否定的范围，即否定词 not 是附属于 is 还是附属于 well。如果 not 附属于 is，则 Socrates 不存在，Socrates is not well 为真。如果 not 附属于 well，则 Socrates is not well 在表层结构蕴含了肯定陈述：Socrates is ill，且 Socrates 是存在的。

Gabby（1999）指出“否定”自从古代起，就是哲学逻辑和逻辑程序编程等领域关注的议题，并着重分析了否定的逻辑特征，阐释了否定的逻辑概念，且对否定的分类进行了研究。根据 Gabby 的观点，否定的性质与其他逻辑算子的性质，以及和推导性关系结构特征的关系是掌握逻辑系统的入门知识。选择逻辑系统时，否定起到至关重要的作用。

Michael（2006）则区分了对立（contrary）的陈述和矛盾（contradictory）的陈述。对于前者，Some men are white 和 Some men are not white 两者可以同真，也可同假。但对于后者情形，All men are white 和 Some men are not white 不可能同为真。

另外，Dahlstrom（2010：249）认为，否定的语法功能和否定修饰的对象表明否定的对象在先前出现或被提及，但对象的出现并未预设一定有对应的否定。Dahlstrom（2010）还讨论了否定与肯定的关系，并指出否定是与预期情形不符的一种判断，包括否定的存在判断（negative existential judgement）和否定的谓词判断（negative predicate judgement）。Mints（2006）用数理逻辑分析了否定类句子的命题语义。Onishi（2016）则关注关联逻辑 R（relevant logic R）框架下的否定模态（negative modalities）研究。

5.2.3　心理学中的否定研究

心理学中的否定研究主要通过各种实验探析否定概念和意义的关系。语言是人类心智的功能，因而心理分析可以揭示语言中否定的建构、使用和认知加工处理过程（Michael，2006：6）。Horn（1989：154－203）从心理学方面阐释了否定的语义标记、否定的习得和概念否定的过程。相关的心理学研究表明，否定陈述与肯定陈述不是同一层次的陈述（Blanco，2011）。心理学研究同时证实，人类主要用肯定的话语进行交际，在描述不寻常或未预料到的情形时则通常使用否定陈述。儿童在交际中逐渐习得否定的使用。Autry（2014）通过两个实验检验了否定概念激活的层次与否定所处语境的关联度。在其设定的两个实验中，研究者通过词汇决定与阅读次数来测试否定所处的语境以确定目标概念的激活层次。实验 1 表明，认知主体更倾向在合理语境（licensing context）而不是非合理语境（non-licensing context）中推理目标概念的意义。但实验 2 却未能证明否定概念在合理与否的语境中有不同的激活效应。Autry 因此得出结论，交际语境的合理与否并不影响否定概念的激活。

5.2.4　语言学中的否定研究

否定是普遍的语言现象（Loder，2006：13）。在特定的交际语境中，实际情形也许正好相反，否定性陈述有时可能包含（比肯定性陈述）更加丰富的信息内容（刘龙根、崔敏，2006：100）。Barwise（1991）观察到，所有的人类语言都含有一个或多个体现否定特征的运作机制。动物没有否定能力。否定为人类特有，藉此人们在语言交际中有否认、反驳、虚假表征、撒谎、表达讽刺等言语行为[①]（Speranza et al.，2010：299）。

相比哲学、逻辑学和心理学层面的否定研究，语言学层面的否定研究成果更多样化。语言学视角下的否定研究主要体现为三个研究层面、两类研究范式、四个研究内容、两种分析基础以及多维度综合研究等特征。

5.2.4.1 三个研究层面

否定的语言学研究层次主要体现在句法、语义和语用三个方面。

（1）否定的句法研究。

按照内容所有句子可以分为三大类型：肯定句、否定句和疑问句；否定句似乎与疑问句之间的关系更为密切（石毓智，2001：85）。

在形式上，否定的标记通常体现为 not，no，never，nothing，nowhere，none，no-one 等词汇，或-n't，un-，im-，in-，ab-等词缀（参见 Huddleston et al.，2002：786）。否定是将句子从肯定转变为否定的一个过程，通常是在句子中增加 no，not 或这些词语的任何变体形式（Gleason，2001）。

Haegeman（1995）基于生成语法的管辖理论和最简方案重点讨论了否定的句法特征。他所讨论的例子中有否定的标记，标示否定的范围，因此整个句子有否定值。但 Haegeman 并未局限于否定的句法层面讨论，而依据非否定句的理论方面去讨论否定句句法算子在更大层面的域。尤其注意否定句与疑问句之间的平行特征。Michael（2006）基于句法模型研究了自然语言文本处理中否定的句法表征。而 Zeijlstra（2007）则分析了不同语言中否定的形式或位置，解释了否定句中否定的量词、否定的极项和否定的句法一致结构。

Swart（2010：92－97）根据句子否定（sentential negation，SN）的位置区分了三类语言：动前否定的语言、动后否定的语言和非连续否定形式的语言。

① 动前否定类语言（preverbal negation，如汉语、西班牙语、意大利语、俄语）。

tā *bu* sǐ［汉语］
3SG SN die
‘S/he refuses to die/won't die.’

Juan *no* ha llamado a su madre. ［西班牙语］

---

① 着重号为本书作者所加。

Juan SN has called to his mother.
‘Juan hasn't called his mother.’

Maria *non* parla molto. ［意大利语］
Maria SN talks much.
‘Maria doesn't talk much.’

On *ne* igraet. ［俄语］
he SN plays.
‘He doesn't play.’

②动后否定类语言（postverbal negation，如德语、日语、土耳其语、瑞典语）。

Maria spricht *nicht* viel. ［德语］
Maria talks SN much.
‘Maria doesn't talk much.’

Taroo-wa asagohan-o tabe-*na*-katta. ［日语］
Taroo. TOP breakfast. ACC ate. SN. PAST
‘Taroo didn't eat breakfast.’

John elmalar-i ser-*me*-di-Ø［土耳其语］
John apples－ACC like-SN-PAST3SG
‘John didn't like apples.’

Jag kisste *inte* Anna. ［瑞典语］
I kissed SN Anna
‘I didn't kiss Anna.’

③非连续否定形式的语言（discontinuous negation，如法语）。

Elle *ne* vient *pas*.
‘She SN comes SN.’

（2）否定的语义研究。

结合否定的语义关系组合性特征和否定的语义表征，Blanco（2011）探讨了蕴含肯定意义的否定陈述。Blanco 指出，表征否定语义的关键在于识别否定的焦点。Blanco 还区分了动词和从句的否定。否定产生大量的复杂的语义信息（Silva，2016：215）。Silva（2016）强调，否定即意味着排他性。由于至少存在两类排他性，否定的语义至少可以分为两类：非此即彼类（contradiction）和与事实相反类（contrariety）。

（3）否定的语用研究。

在语用层面，Leech（1983）的研究表明，与肯定句相比，否定句需要更多的加工时间和加工努力，所以当说话人选择使用否定句而不是肯定句时，他/她违反了合作原则中的方式准则，说话人使用否定句的最明显的原因就是否认与之相对应的肯定句所陈述的命题，即说话人认为语境中某人（可能是说话人）或许持有某种观点或认识。通过使用否定句，说话人想要对这一命题予以否认。Israel（2004）认为一个人通常不会否认某事，除非他/她认为某人或许相信此事。他引用 Strawson 的话以强调表达观点的正常方式是肯定陈述，否定是属于有标记的范畴；“not”的规范和用途主要是否认或修正，以及取消某人自己或其他人的建议。

Nieuwland 等（2008）则通过 ERP 实验探析了否定与语用语境和世界知识之间的关系。而陆俭明（2010，自序：2）通过考察对话中的应答协调一致性原则揭示了一条纯形式的会话语用原则：会话双方在某些词语的选用上，随最先发话人用什么词语，后面对话里就跟着用什么词语。Dowty（1994）关注了自然语言中否定的极性（polarity）和多重否定，旨在讨论否定对语用推理的影响。

引人注目的是，有学者同时研究了否定的两个或三个层面，如 Haegeman（1995）对否定进行了形态、句法、语义和语用的综合分析。曾立英（2004：574）认为，句法分析需要和语用分析结合在一起以共同解释否定的语言现象。在谈到否定的实现策略时，石毓智（2001：23）以汉语为例，指出汉语既可以利用句法的否定标记“不”或“没”进行否定，也可以用反问语气、特指疑问代词、有否定意义的词语等手段达到实现（语义[①]）否定的目的。左思名（2014）在句法、语义和语用层面讨论了否定域的分类。冯柱（2015）也在句法和语义两个层面讨论了汉语中表达否定意义的句子。

① 着重号为本书作者所加。

5.2.4.2 两类研究范式

否定的研究范式主要为否定的形式化描写和认知功能角度的否定分析。

（1）否定的形式化描写。

Sandu（1994）引入形式语言以定义两种否定：强否定或双重否定（strong or dual negation）与弱否定或矛盾否定（weak or contradictory negation），后者只出现在句首。其研究表明，在一定程度上，这两种否定的区分与自然语言中句子否定（sentential negation）和成分否定（constituent negation）的区分相对应。Sandu 最后得出结论：构成一个英语句子的矛盾否定无需机械规则的作用。

Kim（1995）以中心语驱动短语结构语法（HPSG）为框架，分析了不同语言（尤其是韩语、英语、法语和意大利语）中的否定语言现象。Ladusaw（1996）则在生成语法框架内分析自然语言中的否定表达策略，包括域内否定与域际否定（intra-domain and inter-domain negation）、否定的强度（strengths of negation）、否定极项（negative polarity）和否定中的一致特征（negative concord）。Lu（2000）也采用中心语驱动的短语结构语法理论分析了否定的歧义特征。

（2）否定的认知功能阐释。

功能语言学派（Halliday，1994：22）尤其关注实时交际中否定语言现象的语篇拓展功能和否定在话轮转换中的交际功能。否定的认知阐释主要聚焦语言中否定现象的概念化特征。

基于认知语法框架，Langacker（1991：241－243）诠释了否定的语言结构与概念结构之间的映射关系。Verhagen（2005：28－77）则从概念分析的角度，基于人际互动中的交互主观性，指出自然语言中否定的主要功能不是关于语言与世界或语言使用者与世界的关系问题，而是关于概念化主体间的认知协作问题，这项研究所分析的否定现象包括句子否定和形态否定、Let alone 构式（Fillmore, et al.，1988）、论辩操作词语 barely 与 almost、双重否定等。说话人或作者使用句子否定的目的是指导听话人或读者建构两个不同的心理空间。这两个空间是关于同一命题的截然相反的“认识立场”（epistemic stance）。否定的话语表明听话人/读者在进行意义推理后接受其中一个空间，放弃了另外一个空间。

5.2.4.3 四个研究内容

否定歧义、否定辖域与焦点、否定的分类或范畴、否定的习得是语言学中突显的否定研究内容。

(1) 否定的歧义研究。

否定结构是造成歧义的原因之一。在英语的否定句中，否定词可以用来否定句子谓语，也可以否定否定范围内的其他任何成分，由此便产生了歧义。消除歧义的一种主要方法是在否定焦点的位置加上对比性的逻辑重音（刘安全，2005：346）。如当说话者在言说"Jack didn't write a letter"时的重音（由符号"″"表示）位置不同，该句存在如下不同的理解方式：

①″Jack didn't write a letter. (Peter did.)

②Jack″didn't write a letter. (Jack wrote an article or did something else.)

③Jack didn't write″a letter. (Jack wrote an article.)

而 Horn（1989：chapter 6）把否定的歧义与语用、会话蕴含的关系结合起来研究。Lu（2000）则以中心语驱动的短语结构语法为理论框架分析否定的歧义特征，以消除否定句的歧义理解。Lu 认为，英语的句子否定所产生的歧义主要源于主语与动词后的副词位置。英语和汉语的句法都把否定辖域限制在紧位于否定算子之上（immediately above the negation operator）的 VP 结构之内，且主语管控的辖域在否定出现的位置之上。

(2) 否定的辖域或焦点。

Quirk 等人（1985：787 - 789）提出了语言现象中否定辖域（scope of negation）和否定焦点（focus of negation）两个重要概念。顾名思义，否定辖域即指在一个小句中受否定词意义影响的语义范围（刘龙根，1992：33）。一般来说，英语否定辖域是从否定词开始一直延伸至该小句的句末，如下面两个单句不同的语义所示（ibid.）：

① I deliberately didn't invite him. 我故意没有邀请他。

② I didn't deliberately invite him. 我没有故意邀请他。

很明显，第①句的否定辖域是"invite him"，第②句的否定辖域是"deliberately invite him"。

否定辖域是一种语义结构。它不仅依赖于词序等句法结构因素，而且经常取决于具体词语的个性特征、句法与语义相互作用以及超切分音韵因素的影响（ibid.：39）。刘龙根（1992）还讨论了情态助动词（modal auxiliaries）、状语和量词（quantifiers）对否定词 not 在小句中作用范围的影响。根据 Huddleston et al（2002：792）的观点，否定辖域是由句子的语义决定的。

Fowler（2006）也关注了自然语言处理中的否定现象，介绍了否定的辖域与焦点的概念，分析了否定与其他自然语言现象（量化、共指、一致等）之间的互动关系。而胡建华（2007）重点分析了否定词的辖域、否定与焦点之间的关系。

左思民（2014：1）则把和句子有关的否定域分成三类：句法否定域、逻辑否定域和预设否定域。句法否定域作用于和否定词直接结合的语法单位；逻辑否定域作用于由句子所表达的整个述谓结构，由此得到的真假值即是该述谓结构的外延意义；预设否定域是否定焦点激发下的产物，它否定句子所含的预设。左思民（2014）最后得出两个结论：①否定涉及句法、逻辑（或语义）、语用三个层面，在语用层面上又涉及含义、述义和预设义；②在对句子的否定操作中，语用因素最为活跃，也最重要，这表现在否定焦点的形成和聚集之上，因此制约否定的最大因素是语用因素。

（3）否定的分类或范畴。

Kim（1995）归纳了语言中表达否定的四种主要方式，即形态否定（morphological negation）、助动词否定（negative auxiliary verbs）、副词否定（adverbial negatives）和否定性动词（negative verbs）。Miestamo（2000）从类型学视角出发阐释了不同的否定类型和否定构式（negative construction），讨论了划分标准否定（standard negation）的基础：否定和肯定的不对称性。Miestamo 以芬兰语和法语为例，概述了标准否定的概念：标准否定是一个结构式，其首要功能是表达句子否定，主要出现在陈述性的以动词为核心的句子中。标准否定考虑的是整个否定构式，而不仅仅是否定标记（negative marker）。

Huddleston 等（2002：787－788）进一步提出了划分否定范畴的四种方式（如表 5.1 所示）：

表 5.1　划分否定范畴的四种方式

(Huddleston et al. , 2002: 787 - 788)

Verbal: He doesn't have breakfast.	Non-verbal: He never have breakfast.
Analytic: The answer is not complete.	Synthetic: Few people are present in the meeting room.
Clausal: They were friends at no time, were they?	Subclausal: They were friends in no time, weren't they?
Ordinary: max hasn't got four children, he's got three.	Metalinguistic: Max hasn't got four children, he's got five.

由表 5.1 可见，否定的范畴可以分为：

①动词的否定（verbal，语法结构依附动词）与非动词的否定（non-verbal，语法结构不依附动词）；

②分析性否定（analytic，否定词只起否定作用）与综合性否定（synthetic，否定词不止起否定作用）；

③小句的否定（clausal，全小句否定）与次小句否定（subclausal，非全小句否定）；

④常规否定（否定表层）与元语言否定（否定蕴含）。

Croft（1991）认为，否定表达是一个语言类型。他着眼于语言的共时状态，通过语言共时类型的动态化特征以推导语言的历时变化过程，从而揭示动词否定标记中存在的历时变化因素。他还探讨了不规则的否定存在谓词形式，并解释了该语法化过程的发生原理，也即通过语法化审视否定的演变。Huddleston 等（2002）的研究包含了否定的不同侧面，包括否定的类型、否定的辖域与焦点、动词和非动词的否定（verbal and non-verbal negation）、否定极项（always，any）、多重否定（ibid.：785 - 849），以及情态助词的否定形式（ibid.：794 - 797）、谓词的否定（ibid.：797 - 798）、局部否定（ibid.：790）、双重否定（ibid.：798 - 799）。其研究内容还包括否定词（如 no，not）的形式和意义以及无显性否定形式的词语（如 seldom，few）表征的否定义。

（4）否定的习得。

否定的习得以 Batet（1995），Bloom（1970），Choi（1988），Cuccio

（2012），Klima 等（1966）和 Loder（2006）为主要代表。

Klima 等（1966）是最早关注儿童否定习得的研究之一，主要聚焦了三个儿童（18 个月、26 个月、27 个月年龄）在语言习得初始阶段时话语中出现的否定现象。在最开始阶段，儿童通常在句子的最前面植入 no 或 not，如：No the sun shining. 这个现象出现在儿童的平均话语长度为 1. 75 个语素到 2. 25 语素的时候。该研究认为，没有明显证据证明此阶段儿童能够理解在句子中植入的否定形式。如儿童可以理解“No cookies”，但是不能理解“That's not a cookie”。这个现象是基于儿童间的互动和儿童与父母的互动观察到的。儿童在语言发展的第二阶段（即平均语素长度为 2. 25 ~ 2. 75）开始使用缩略的助词否定形式，如 don't，can't。此阶段的儿童在话语中植入了否定要素，如 That no Mommy. 该研究同时表明，儿童在此阶段可以理解句子中助动词的否定意义。如儿童可以理解：I don't want it. 在儿童语言发展的第三阶段（即平均语素长度为 2. 75 ~ 3. 5），儿童开始在陈述句和疑问句中使用 do 和 be，以及两者的其他缩略形式，如 didn't，isn't。Klima and Bellugi（1966）因而得出结论：否定的理解和儿童开始学会表达否定句是同步的，儿童表达和理解否定具有阶段性特征。

Bloom（1970）认为，儿童的否定习得依次习得了三个语义范畴：非存在（nonexistence）范畴、拒绝（rejection）范畴和否认（denial）范畴。非存在范畴指不再存在的事物，如一个小孩观察到没有了 cookie 时说：no more cookies。拒绝是指小孩不想要某样东西了，如 no juice。否认是指谓或描述非现实的情形，如小孩说 No touch that 表示小孩没有触碰过所指称的物体（did not touch the referent）。之后，Choi（1988）从英语、法语、韩语的角度，以更多的儿童实验人数分析了否定表达在儿童习得早期存在的差异，并把否定范畴扩展到 9 类：非存在、禁止、拒绝、失败、否认、没有能力、认识层面的否定、揭示规范或常识性知识，以及推理性否定。Choi 的研究表明，否定范畴和否定的习得具有跨语言的类同性或普遍性，说不同语言的儿童具有同样的否定习得阶段。Hummer 等（1993）设计了研究实验，观察到 48 个母语为德语的儿童在习得否定意义初期，可以学会用 no 表达拒绝或否认。

基于原则和参数模型（principles and parameters model），Batet（1995）研究的重点是考察约 20 至 30 个月大的英国儿童对否定语言结构的习得特征。Batet 认为，成人模型中的否定是一个具有特定句法特征的功能范畴。Batet（1995）通过考察儿童对英语句法习得的数据，表明儿童在掌握功能范畴的成长过程中经历了不同阶段，包括阶段 I，即功能前阶段（19 ~ 26 个月）和阶段

II，即功能阶段（26 个月起）。Bates 通过分析认为，26 个月大时成熟的否定功能范畴影响着儿童的语法重要变化。

Loder（2006）则通过儿童对否定的表达和理解研究了否定的习得过程。而 Cuccio（2012）通过研究语言中否定表达式的习得证明：说话是人类的一项复杂能力，是在认知和语言发展的不同连续阶段形成的，是通过至少两个机制得以实现的。第一个机制需要模拟语义学和与心智模拟相关的神经科学的解释。第二个机制关涉社会－认知技能理论（如心智理论）。Cuccio（2012）据此把否定分为三个范畴：拒绝类（rejection/refusal）、非存在类或未实现的愿望类（non-existence/unfulfilled expectation,）以及否认类（denial）。语言的否定范畴有不同程度的复杂度，需要不同的认知加工努力。拒绝和非存在类可以通过对现实事态的模拟进行解释，而否认则需要推理进行阐释。Cuccio 指出，解释人类的否定的语言现象及其认知不能仅仅考虑与体验（embodiment）的关系，还需要考察相关文化/语言和大脑的共变关系。

5.2.4.4 两种分析基础

就语料的使用而言，已有的否定研究在论证过程中体现出两类分析基础，其一是单语分析，其二是基于不同语种的对比分析。

（1）单语分析基础。

否定的单语分析主要以英语（如 Batet，1995；Huddleston et al，2002），汉语（如石毓智，2001；伍雅清，1994）等为主，参见 5.2.1，5.2.2，5.2.3。

（2）多语分析基础。

在上述已讨论的否定研究中，不同语种的否定对比分析包括 Choi（1988），Givón（2001），Kim（1995），Li（1992），Miestamo（2000），Swart（2010），Zeijlstra（2007）等的研究成果。由于部分基于多语的否定对比研究在本节已有总结，本部分主要讨论 Choi（1988）和 Li（1992）基于语料对比的否定研究。

①英汉否定对比研究。

Li（1992）通过对比分析了英语和汉语在否定方面的异同，主要讨论了否定的歧义和否定的辖域、否定提升（negative raising）、元语言否定和否定极项（negative polarity item）等内容。该研究表明，在解释否定辖域方面，汉语的句法表层结构导致的歧义少于英语。汉语在大多数情形下使用句法表层结构的线性顺序可以确定否定的对象。英语中存在更多的否定提升。Li（1992）接着讨论了“并”和“不是”，这两者是汉语元语言否定的形态和句法变化手段。

元语言否定主要应用于改正言说中的某事。如英语表达式：Max hasn't got four children, he's got five. 在语言翻译过程中，以量词、副词和习语形式体现的英语否定极项在译成汉语时在句法层面不具有极项特征。

②英语与其他语种（法语、韩语）对比研究。

Choi（1988）研究了1岁7个月到3岁4个月之间母语为英语、法语和韩语的儿童在表达否定语义时都具有的三个阶段性特征。

第一阶段：用否定语言表达现实中非存在的物体，以及阻止、拒绝和失败的情形。

第二阶段：用否定表达否认、不具有某种能力和认识层面的否定（epistemic negation）。

第三阶段：表达推理性否定（inferential negation）。

5.2.4.5 否定的多维研究

已有的否定研究还体现出多个研究视角特征，如伍雅清（1994）从语用角度分析了WH-词语解释过程中否定的辖域限制。Givón（2001）也从不同侧面分析了语言中的否定现象，指出已有否定研究主要有三个研究视角：

①真值条件逻辑视角（truth-conditional logic）；
②主观确定性视角（subjective certainty）；
③交际语用视角（communicative pragmatics）。

Givón强调，语言确实反映了否定的逻辑特征，但同时反映了否定的语用特征。如对话①和②（引自Givón，2001：370）表明了否定在交际中的语力。

① A：What's new?
B：My wife is pregnant.
A：Congratulations!

② A：What's new?
B：My wife **isn't** pregnant.
A：Gee，was she **supposed to** be?

对话②的否定答语表明说话人A预设了B要么听说、相信、可能想当然，或至少熟悉其对应的肯定回答“My wife is pregnant”。对话②的答语表明，作为与否定对应的肯定陈述“My wife is pregnant”。在对话中没有成为问答双方的共享信息，即该信息在该对话中是缺损的。这种情形下，对话②中否定答语的预设涉及的是语用知识而不是逻辑的概念。

Givón（2001）进而讨论了否定的认知地位、否定与社会交往的关系、否定的辖域、否定的焦点。其中否定焦点包括 VP 焦点、主语焦点、宾语焦点和动词焦点：

①VP 焦点（VP - negation）
John didn't kill the goat.
(He did *not kill the goat.*)
②主语焦点（subject focus）
John didn't kill the goat.
(Someone else killed it, but *not John.*)
③宾语焦点（object focus）
John didn't kill the *goat.*
(He killed something, but *not the goat.*)
④动词焦点（Verb focus）
John didn't *kill* the goat.
(He did something to the goat, but *not kill* it.)

另外，Givón（2001）还讨论了 VP 否定的形态 - 句法类型学特征，尤其是否定标记的语法化，以及否定范围的编码，还分析了跨句法语境中不同的否定标记、主语和补语从句中的否定，并进一步区分了句法、形态和词汇层面的否定：

①句法否定（syntactic negation）
I think she is not happy.
②形态否定（morphological negative）
I think she's unhappy.
③词汇否定（lexical negative）
I think she's sad.

最后，Givón（2001）讨论了否定的极性算子（如 either，yet）和否定研究的词汇、句法层次。

5.2.5 小结

已有的英语 WH-对话研究少有关涉否定答语类型的问答对话认知分析。而现有的否定研究则从共时和历时，以单语和多语对比为基础，在哲学、逻辑学、心理学和语用学层面研究了否定的歧义、否定的辖域、否定的焦点、否定的形式、否定的位置、元语言否定、否定极项、否定的功能、否定与肯定和疑问表述的关系、否定的概念等。毫无疑问，已有的否定研究成果促进了我们对“否定”的认识。但是，综观已有的否定研究成果，其不足之处主要体现在如下方面：

①主要针对单句层面的否定研究；
②鲜见对否定型问答对话现象建构适切的认知模型。

为弥补上述研究之不足，本章从对话层面而非单句层面，把 ESI 模型作为理论框架，并结合当代美语语料库中的英语否定答语型 WH-问答对话语料，以期阐释该类对话特有的认知特征。

5.3 否定答语型 WH-对话构式的 ESI 识解模型

本节基于对话构式的 ESI 模型（图 3.5）继续讨论 WH-对话中事件的焦点定位，并结合个案分析阐述该模型在语对层面关于“否定”语言现象的解释力。

5.3.1 ESI 模型中的“认知定位”原则

5.3.1.1 认知定位的内涵（参见 4.3.2 节）

认知定位理论认为认知场景（ground）① 包括言语事件（speech event）、参与者（speaker 和 hearer）、参与者的互动（interaction）、物理环境（setting，

① 认知场景（Ground，也即交际情景、对话场景或话语情景）与图形 - 背景（Figure - Ground）联结关系中的背景（Ground）概念既有区别又有联系（Langacker，2008：259）。

尤其是言语行为的时间和空间）等要素（Langacker，2008：259）。根据 Taylor（2002：341－412）的观点，抽象事体是通过“图式－例示”认知方式进入到实际认知场景的。木村英树（Hideki Kimura，2008：270）把“Grounding”定义为是“将命题或事物置于说话人的观点所在的时间领域或空间领域内的语法手段”。认知语法中的“Grounding”是指用一定的语法成分将名词或动词表达的事物或事件置于（to situate）说话人和听话人的知识之中，即“情境植入”（牛保义，2013：35）。王寅（2011：471－472）把“Grounding”明示为将抽象的语言系统实现为具体言谈语句的过程，即抽象事体的“场景化”。“Grounding”描述了“图式性词语”具体化为“例示性词语”的过程。事体的定位过程体现了实时语言交际中抽象类型概念与具体实例的关系。

5.3.1.2　话语交际中事体的定位策略

Langacker 把实体范畴划分为“物体”和“关系”，并把实体中的关系进一步划分为表示“非时间的关系”和有时间属性的“过程”（如图 5.1 所示）。名词短语（nominal）主要表征“物体”的概念。英语中的小句（clause）以现实为基础，概念化了静态或动态的场景或事件，表征了静态或动态关系的存在。

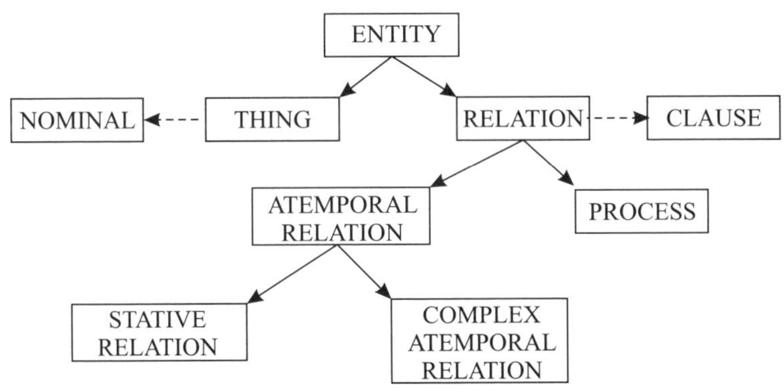

图 5.1　认知语法中的实体范畴（改编自 Langacker，1987：249）

认知定位（grounding）是把表示抽象的事体类型概念具体化为一个实例的过程（即 grounding 中后缀 ing 的含义）；事体的定位体现了类型与例子的关系（Langacker，1991：31－33，55－61）。在语言交际中，说话人用合法或良构的（well-formed）语法构型表征抽象的“类型”事体概念在特定时空中的定位结果。

Langacker 用认知定位理论阐释了名词短语的类型概念是通过语义限定和量化后出现于实际交际话语中的。对名词短语的类型概念进行定位的语言要素包括冠词和数词等限定词，如 a，the，this，some，no，any，all，every，each 等。冠词对名词有语义定位与量化作用（曾国才，2014a：13）。如英语名词 dog[①]的类型概念只有被具体化或定位并由 a dog，the dog，some dogs 等表征时才能进入实际的交际话语。否则，dog 表征的抽象类型概念在说话人心智中只处于漂浮状态和图式性特征，没有具体所指。

动词表征的抽象图式性过程则是通过语言中的时体、情态等语法策略与当下话语的时空发生联系。英语中含动词的一个小句通常表征了一个（或多个）事件的定位结果。如，由“bird fly”概念化的场景只有利用语言中的时体、情态系统，被具体表征为“A bird flies.”“The bird is flying.”“Some birds are flying.”等时，才被说话人或听话人感知，形成心智接触。“bird fly”的抽象概念才可参与到实际的交际话语中。英语语言交际中，事件定位所需的时体和情态系统可由图 5.2 表示。

<table>
<tr><td>Grounding Elements
（定位的要素）</td><td colspan="4">Grounded Structure
（被定位的结构）</td></tr>
<tr><td>Tense
Modals</td><td>Perfect
（have + -ed）</td><td>Progressive
（be + -ing）</td><td>Passive
（be + -ed）</td><td>Lexical Verb（V）</td></tr>
<tr><td colspan="4">Auxiliary System（“AUX”）</td><td>“Main Verb”</td></tr>
</table>

图 5.2　英语中定位事件的时体和情态系统（Langacker，2008：300）

图 5.2 表明，英语的助词系统包括句子中的情态词和时体部分。助词勾画了一个图式过程。Langacker（1991：31 - 33，55 - 61）因此认为，句子之间的划分不是核心动词与助词系统的划分，而应该是定位要素（grounding element）与被定位结构（grounded structure）的划分（图中用双线表示）。时态和情态与人的认识状态有关。动词的体态（完成体、进行体、被动态）突显了事件发生过程的不同侧面（结果、过程、参与者）。从语法上讲，动词的时态和情态是一个小句的必要特征，而完成体、进行体和被动态在句子中是动词的非必要特征。Langacer（2008：300）由此认为，虽然小句表征的事件定位结构是动词或动词性短语与体态的合成结构，但定位中的核心动词首先是“have”或“be”而不是词汇动词（lexical verb），只有当动词的体标记没有出现的时候，被定位的结构才与词汇动词重合。

① “dog”等语词的元语言用法不在本章考虑的研究范围。

（1）事件定位的时态系统。

说话人把对事件的发生时间与当下说话时间关联起来认识世界。时间的运动是单向和不可逆转的。在既定时刻，过去是确定的时间，现在是正在被确定的时间，将来是等待被确认的时间。过去的时间只能通过回忆过去发生的事件感知。说话人在说话当下不能体验将来的时间。对将来的时间，说话人只能推测或想象。说话人对当下时刻具有最直接的感知体验。时间对事件的现实性描写可以用图 5.3 表示：

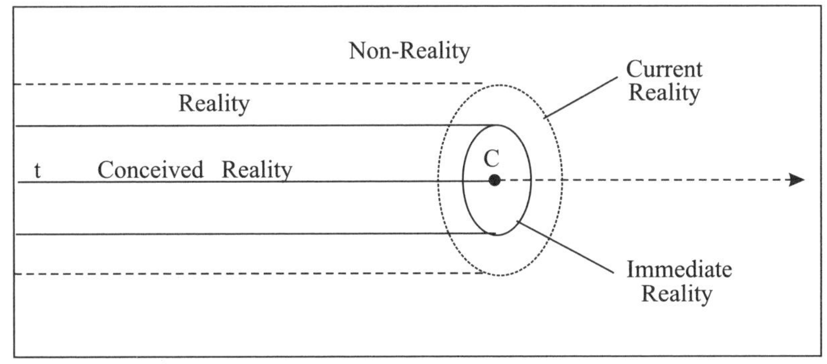

图 5.3　时间与事件的现实性（C = Conceptualizer，概念化主体）（Langacker，2008：301）

图 5.3 中实心圆点表示当下发生的事件，箭头表示时间（t）的发展方向，虚线箭头表示将来的时间。过去和现在构成现实世界（reality）。现实如一个圆柱体，其体积随着时间的推移不断增加。图 5.3 中的虚线柱体表示概念化主体（conceptualizer）不可能知道现实中的一切事体，只能了解其部分。虚线椭圆表示当下的现实（current reality）。当下现实包含概念化主体同样可以感知的部分和不可感知的部分。随着时间的推移，基于对客观世界的已知体验获得关于客观世界的知识，形成拟构的现实（conceived reality）。对概念化主体而言，拟构的现实是真实存在的（real）。概念化主体可直接感知的与当前事件有关的现实部分（实线圆），是概念化主体在当下现实中确认为是真实的、可感知的部分，是其最直接感知到的即时现实（immediate reality）。

语言用时态系统揭示了概念化主体描写的事件与当下说话时间的关系。事件的定位要素不一定具有显性的语法表征，如果没有显性的语法标记，则表示事件位于当下现实的即时现实中。如果事件有显性的定位要素标记，则表明事件与当下的即时现实有时间距离。英语中的现在时表示事件定位的零标记特征（单数第三人称时加-s 除外），而过去时则有显性的事件定位标记。

小句的时态还表明了事件与当前即时现实（immediate reality）的时间远近关系。具体而言，现在时（包括单数第三人称加-s 的情形）表明事件发生时间与说话时间一致。动词后的“-ed”表示非即时现实中已经发生的事件，即说话前发生的事件。现在和过去是事件被定位的典型时间概念。因此，事件的现实性可通过事件发生的时间与说话时间的关系做出评估。传统的英语主从复合句中，从句概念化的事件发生时间并非必须与主句概念化的事件时间一致。如下面的主从句所示［摘引自（Langacker 2008：303）］：

①He says she is pregnant.

②He said she is pregnant.

③He says she was pregnant.

④He said she was pregnant.

主从句①②③④分别描述了“his saying”动作事件，“her being pregnant”状态事件与当下言语事件之间的不同时间关系。其中①表明“his saying”，“her being pregnant”两个事件与当下言语事件的时间是一致的；②表示“his saying”动作事件早于“her being pregnant”事件，而“her being pregnant”事件在当下言语事件发生时，仍然存在；③表明“his saying”的时间与当下言语事件时间的一致性，但“her being pregnant”事件存在于当下言语事件发生之前；④“his saying”事件与“her being pregnant”事件都早于当下言语事件发生。

（2）事件定位的情态系统。

交际中语言情态系统的典型功能是表明事件发生的现实性或可能性（can）以及对可能性的评估（如 may，might）。英语中的情态词是某些动词语法化的结果，其基本用法揭示了小句中基于谓语动词的力量动态变化特征（Talmy，2000：441）。一个含有情态词的小句表示一个潜在的事件。情态词有基本用法（root modal），如在交际中表达一种义务、允许、意愿或能力。此时说话人通过使用情态词向听话人施加了一个力，以促使潜在事件的发生。情态词还可以表示说话人对潜在事件的认知判断，反映了说话人为评估事件可能性做出的努力，以使听话人认为事件在将来具有真实性。

对概念化主体而言，现实（reality）中没有被体验到或拟构的部分是缺乏真实性的世界（irreality）。非真实的现实随着概念化主体对客观世界的体验可以变为拟构的现实。缺乏真实性的现实有别于图 5.3 中由“non-reality”表示的永远不会存在的“现实世界”。在事件定位所需的情态系统中，如果没有出现情态词 may，can，will，shall 和 must 等，表明概念化主体认为小句勾画的事件或过程具有真实性。因此，情态词表征了概念主体对潜在事件现实性的认知判断，可用图 5.4 所示：

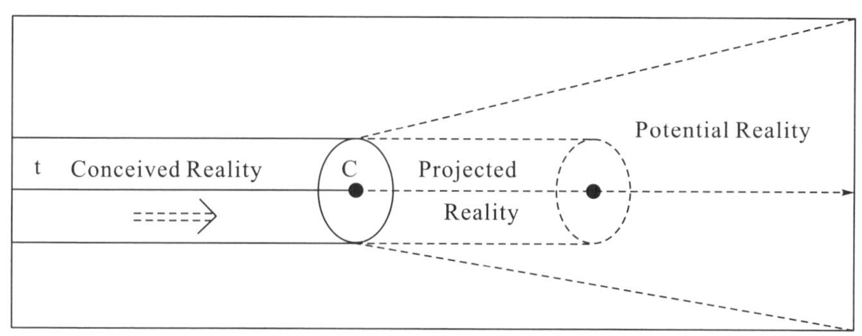

图 5.4　情态词表征的潜在的事件现实性（C = Concepualizer）（Langacker，2008：306）

图 5.4 中的双线箭头表示概念化主体拟构的现实（conceived reality）具有一种潜在的动力促使自身往某个方向拓展。概念化主体基于体察（feels）到的拟构现实往前拓展的力量推测事件的未来发展路径。基于事体发展的常规特征，有些发展路径被概念化主体排除。而没有被概念化主体排除的拓展路径构成一个潜在的现实（potential reality）。在潜在的现实中，拟构现实（conceived reality）尤其最有可能往特定的某些方向发展（除非有不可预见的因素促使其偏离方向）。这些很有可能是拟构现实往前发展的路径构成一个投射的现实（projected reality）。

根据认知定位的观点，在英语 WH-对话中，问句和答语分别概念化了一个（或多个）事件结构，答语事件在句法层面通过适切的时态、体态和情态表征了问句事件的定位结果。

5.3.2　否定答语型 WH-对话构式①的焦点定位机制

本章主要基于 ESI 模型的认知定位原则，以分析当代英语口语中否定答语型 WH-对话的问句焦点定位②策略，从而揭示该类型问答对话特有的对话句

① 若无特别注明，本章均指否定答语型英语 WH-对话构式。

② 本章分析的焦点定位特指 WH-问答对话中问句句首的疑问焦点定位。该类疑问焦点通常由 WH-疑问词编码。

法、语义、语用认知特征。该类构式的 ESI 认知模型可用图 5.5 表示。

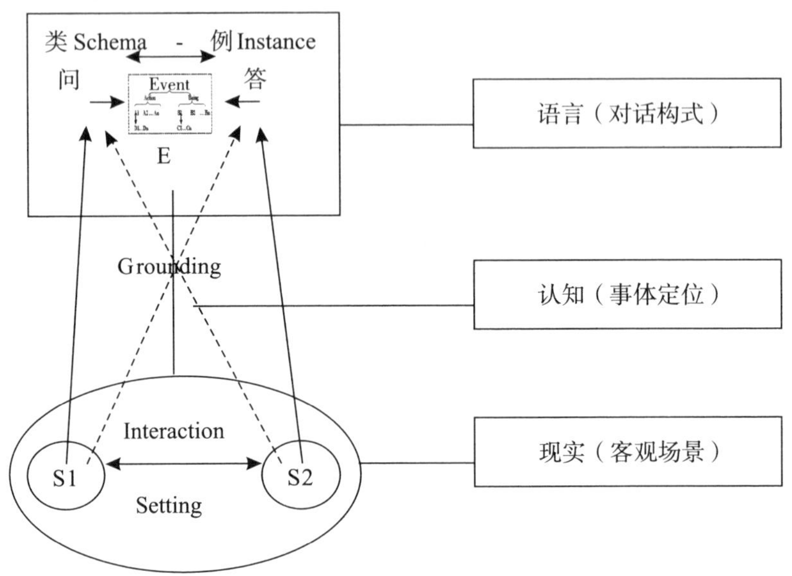

图 5.5 否定答语型 WH-对话构式的焦点定位 ESI 模型

由图 5.5 可知，在认知语言理论框架下，问句中的 WH-词语具有“类型”特征，它表征与 WH-问句构式有关的一类事体，具有名词类属特性。WH-词语的名词性是属于特定事件（即问句事件及其认知背景）限制的一类事体。由于 WH-词语的“类型”属性，WH-问句因此也具有“类型”特征，表征了图式性的事件结构。如在问句“Where did you get that idea?”中，位于句首的“where”是受事件“YOU GOT THAT IDEA”限制的一个表示地点的集合。“Where”有多个可能的答语作为其例示。“Where”作为 WH-疑问词是图式性的类型概念（Schema）①。由于“where”的图式性，整个问句事件“YOU GOT THAT IDEA AT（or IN，ON etc.）SOME PLACE”也因此具有图式性，而否定答语是对 WH-词语“类型”概念或 WH-问句“类型”概念的具体例示（instance），分别如 QA1（否定答语直接例示 WH-词语）、QA2（否定答语作为 WH-词语的零例示）和 QA3（否定答语例示 WH-问句）所示：

① Langacker 在与笔者的邮件交流中也赞同 WH-问句中位于句首的 WH-疑问词有图式特征：“Yes，apart from the difference between questioning and stating，a WH-word is schematic with respect to its possible answers”（Langacker April 2nd，2015）.

QA1：

Question：**How** is it like to work with her?

Answer：**No competition.**

由 QA1 中的粗体对应可以看出，答语“no competition”具体阐释了问句事件域的存现方式之一，因而该对话表明了 WH-词语与答语之间的类型 - 例示关系。

QA2：

Question：**What** did you get in return?

Answer：**Nothing.**

在 QA2 中，答语“nothing”是对疑问焦点的直接回应。虽然“nothing”表示一个空集概念，但仍然表征了 what 被例示的一种可能情形。答话人仅是用“nothing”表示在当前对话时空中，该问句事件的焦点例示数量为零，即问句焦点的“零例示”。该对话仍然体现了问答之间潜在的“类型 - 例示”范畴化关系。

QA3：

Question：**Whose** fingerprint is it?

Answer：We know it's not **Christopher's.**

QA3 中的粗体与画线部分表明，含否定义的答语通过“Christopher's”表征了问句疑问焦点 whose 与答语之间的类型 - 例示关系。同时，答语重复使用了问句的句法结构“it is X①”，因而该对话揭示了问句图式性事件结构“IT IS X's FINGERPRINT”与答语之间的“类型 - 例示”特征。

5.3.3 否定答语型 WH-对话构式的 ESI 识解模型理论观

本章结合认知构式语法和对话句法的分析方法，以 ESI 模型为分析框架，旨在解释否定答语型 WH-对话构式的认知特征。

ESI 模型把英语 WH-对话中单个复现的平行结构视为浮现的语法构式，强

---

① 本章中用大写字母“X”表示事件域中未知的事体和行为特征。

调通过认知构式语法理论解释英语 WH-对话中平行话语的句法、语义和语用特征。该认知模型关注语言交际中话语意义的动态建构过程和语言使用中对话参与者之间的互动协调能力，考察对话中问句与答语在事件结构耦合时的认知现实性、认知过程和认知表征。与单句层面的语言研究相比，ESI 模型的认知对话观为英语否定答语型 WH-问答对话提供了理论解释力。

否定答语型 WH-对话构式的 ESI 识解模型坚持对话句法中关于话语互动的思想，认为对话参与者在人际互动中基于话语间的句法对称结构和语义关联性推导话语的实际意义。Sakita（2006：493）和 Brône 等（2014：472）认为，在实际对话场景中，启动话语激活了一个局部的、临时的对话模板（template），即对话图式。此类对话图式处于抽象化和具体表达式之间的位置，其意义具有“类型”范畴特征，其概念结构因而是部分具体的。这个局部对话图式在对话中通过细节填充而成为具体的话语。对话中具有共享图式结构的话语之间便形成平行的结构特征，产生句法结构相似性。根据对话句法学的观点（Du Bois，2014；曾国才，2015d），对话中的平行结构源于说话人对先前话语资源有选择性使用的结果。平行的话语结构体现了特定对话语境中目标话语（target）与基础话语（base）之间的句法结构亲缘性（affinities）和语义类比（semantic analogy）。话语与话语之间形成语义映射关系，即话轮中前一个话语为后一个话语的语义建构奠定了基础，后一个话语的语义是对前一个话语语义的（局部）细节补充和调整。由此，说话人之间共同建立起概念协定。两个话语从而具有相似或相同的事体概念化特点。话语之间便产生不同程度的语义关联性。对话构式中的句法结构亲缘性和语义关联性体现了说话人之间的认知调控和人际互动关系介入了话语意义的推理过程。在否定答语型 WH-对话中，对话双方人际介入的结果可能是答话人完全同意发话人的观点（即使答语含否定句法结构），因此与发话人达成完全的对话共识，或说话人之间只有部分共识，或说话人之间的观点完全相悖，即对话参与者之间未达成对话共识。

5.3.4 否定答语型 WH-对话的焦点定位本质

基于 ESI 模型，WH-问句焦点的定位是一个事体被选择的动态过程。ESI 理论中的 E 表示问句概念化的图式性事件结构（event）。问句事件的焦点即 WH-词语，它相对于问句事件结构而言，是受突显的认知图形（figure）；问句事件、对话时空、上下文等构成该焦点的认知背景；认知定位（grounding）原则揭示了 WH-问句焦点被定位的动态过程，表明 WH-词语由问句中的“类型”概念到由答语“具体例示”的动态变化。在语境受限的情况下，一个基本意义表述至少涉及五项参数：主体、时间、空间、动作和对象（杨炳钧，2015：8）。以 ESI 模型为视角，决定 WH-词语意义被具体化的要素主要包括言语事件（speech event）及其参与者（participants，S－H）、参与者的互动（interaction），以及事件的物理场景（setting）等。ESI 模型揭示了现实的客观场景与事体的心智定位和语言中对话构式之间的映射关系和互动特征。否定答语型 WH-对话中问句的焦点[①]定位本质可用图 5.6 表示：

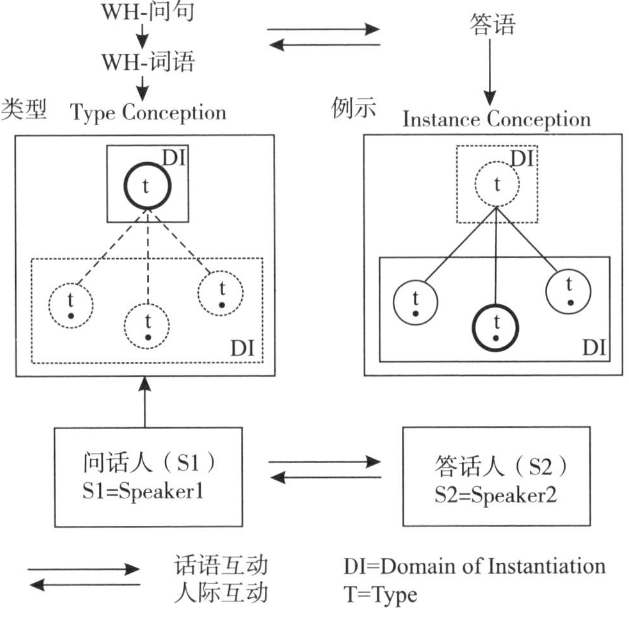

图 5.6 否定答语型 WH-对话中问句的焦点定位本质

由图 5.6 可见，在否定答语型 WH-对话中，问话人（S1）首先提出一个问题，WH-词语是问句的焦点，具有图式性“类型”概念特征（type conception，图中用带 t 的实线圆表示）。问句中的已知信息则勾画出了该类型概念结构的例示域空间（domain of instantiation）。一个图式概念可能有多个例示概念（instance conception，图中用带 t 的虚线圆和三个连续的实心点表示[②]）。答话人（S2）则从问句勾画的事体例示范围中挑选出一个适合当下对话场景的例示（图中用带实心点作为下标的 t 的实线圆表示）以详述 WH-词语的“类型”概念，从而在心智中对问句表征的焦点事体进行具体定位。未

① 英语 WH-对话的焦点也即问句的焦点。

② 图 5.6 为方便讨论仅列举三个例示。

用答语具体表征的问句疑问焦点（WH-词语）仅仅具有语符层面的特征，而未实现其交际功能。

根据 ESI 模型可以看出，英语中的否定答语主要通过具体例示或否定问句事件、问句事件的焦点的适切性或否定问句与答语之间的“类型 - 例示”关系而与问句形成问答语对，即否定答语型 WH-对话构式。

根据 WH-对话中答语与问句的配对特征和答语对问句焦点的具体阐释作用，典型的否定答语之本质是问句焦点（WH-词语）的具体例示，即否定答语作为一个“实例”详述了问句的疑问焦点。此类对话情形下，即使是否定的答语，WH-问句的焦点意义仍然被成功定位，问话人获得了期望的信息。如 QA4 和 QA5 所示。

QA4：

Question：**What** did he say to you?

Answer：**That he wasn't too keen on the prosecution.**

QA4 的问句疑问焦点 what 表征了一个类型的集合：“SOMETHING HE SAID TO YOU.”虽然答语含有否定的句法特征“wasn't”和相应的否定语义结构，否定的答语仍然把 what 的“类型”概念具体化为一个例子。问话人通过否定的答语获得了期望的信息。

QA5：

Question：**What** did your lawyer tell you?

Answer：My lawyer told me，**you don't have a chance**.

从该对话的答语可以看出，“you don't have a chance”本身具有否定的句法结构，但仍然表征了问句焦点 what 的具体语义。答语因而成功例示了问句的疑问焦点。

在该类 WH-对话中，否定答语也常表示问句焦点的意义没有被成功定位，问话人未获得期望的信息。如 QA6 和 QA7 所示。

QA6：

Question：**What did** you think of their performance?

Answer：I literally **didn't** watch it.

QA6 的答语含有否定辖域：watch it。其中 it 指代 their performance。由于答话人否认了与问句中“performance”关联的事件，问句焦点 what 在此轮对话中没有被成功例示。

QA7：

Question：**How are** you going to juggle all this?

Answer：I don't know.

QA7 表明，由于疑问词 how 的图式性类型特征，该对话的问句概念化了一类将要发生的事件：YOU ARE GOING TO JUGGLE ALL THIS BY X。然而，否定答语表示答话人自身的认知能力不足以提供问句焦点 how 的具体例示[①]。问话人通过答语没有获得期望的信息。因此，问句焦点 how 的例示没有被成功定位。

5.3.5 否定答语型 WH-对话构式的 ESI 模型个案分析

构式包含形式、语义、语用等方面的信息（Croft et al.，2004：257－258）。根据 ESI 模型的观点，英语否定答语型 WH-对话构式的焦点定位尤其体现了问句焦点（WH-词语）与答语之间的“类型－例示”范畴化关系。如 QA8 所示：

QA8：

Question：**What** was it like for you during that little tiny moment?

Answer：It's **not a very comfortable time.**

该对话的粗体部分表明答语含有与问句焦点对应的句法结构。问答之间的画线部分则表示，答语有选择地使用了问句事件的框架结构资源，使得问答之间出现结构平行特征和语义映射关系，即 what ： a very comfortable time；it was ： it's。问答之间因而出现焦点－框架双共振（resonance）现象，可用图 5.7 表征的对话图示［diagram，参见曾国才（2015d：844）］表示：

① 答话人否定自身的认知能力可能是故意为之，这不属为本节讨论的内容。

Question:	What	was	it	like	for	during	that	little	thiny	moment	?
	↑	↑	↑								↑
Answer:			It								
		is									
	not a very comfortable time										.

图 5.7　QA8 的对话图示

图 5.7 表明，该对话中，WH-词语“what”编码了问句的认知焦点(figure)。WH-问句激活了一个临时的抽象“类型”事件域结构：IT WAS LIKE X FOR YOU DURING THAT LITTLE TINY MOMENT。该事件（域）[①] 结构在话轮转换中在细节上得到扩展，即“X”由“a very comfortable time”填充。答语在句法层面表征了疑问焦点 what 的定位结果。在 what 从类型到具体例示的定位过程中，答话人有选择地使用了问话的话语资源，包括音调、词汇、句型、功能等范畴。问答之间形成平行结构，产生对话共振（it : it; was : is; what : a very comfortable time)。否定词“not”与复现的结构一起形成新创结构，即答语“It is not a very comfortable time.”。

同时，话语结构的亲缘性（affinities）特征表明，问句事件和答语事件之间存在结构耦合（structural coupling)。基于话语结构的对称性，WH-问句为答语的语义建构提供了认知参照语境。答语对问句的语义进行了细节调整和补充。问答之间产生语义类比（semantic analogy）特征。否定答语与问句之间的义域对应关系（由粗体和画线部分表示）表明答语同时详述了问句焦点 what 和问句事件的语义结构。在该对话中，即使答语里有否定词“not”的句法介入，说话双方基于句法层面的合作也实现语用层面的完全合作。“not a very comfortable time”作为“a very comfortable”肯定例示的对立面，同样例示了 what，因而问句焦点 what 的例示仍被成功定位。在语用层面，问话人基于问答之间的“类型 - 例示”关系获得了对话焦点具体信息，问答双方在问句焦点 what 的具有意义协商过程中实现人际合作，达成对话共识。

5.3.6　小结

本章阐释了 ESI 模型中的认知定位原则，分析了否定答语型 WH-问答现

① 本章中“事件”指“事件域”。

象中的焦点定位策略。ESI 模型表明，该类问答对话在句法层面的共享结构产生了对话中的句法共振现象。在语义层面，答语例示或否定了问句的焦点“类型”特征。在语用层面，问答两个话语之间的事件结构耦合特征揭示了问答双方的人际合作方式。ESI 模型为全面、系统地阐释否定答语型 WH-对话构式的认知特征奠定了理论基础。

5.4 否定答语型 WH-对话构式的类型

为了进一步用数据阐释否定答语型 WH-对话中问句焦点的定位认知特征，本章从当代美语语料库（COCA）的口语语料中收集到 3 547 个该类型对话的文本，并形成一个封闭语料库，以具体描写此类对话中否定答语的不同类型，以及 WH 词语与否定答语之间的类型 - 例示关系在句法、语义和语用层面的分布情况。

5.4.1 语料说明

本章的研究语料来自当代美语语料库（COCA）的口语语料库。这些语料源于真实会话的电子文本，主要从电话录音、电视和收音机中的即席发言节目中采集。在语料收集中，笔者首先在 COCA 语料库的口语语料中搜索出当代英语口语中使用频率最高的，且位于疑问句首的 WH-疑问词，即 what，when，how，why，who，where，which，whose，whom（见表 4.1）。之后，本章按照最常用的这 9 个句首 WH-词语分别与助词（be，have，do，modal verb）进行组配搜索，从而获得 WH-疑问词 + 助词/动词 + 其他词语 + ？的 WH-疑问构式用例 54 553个；此后，笔者再提取以问答形式出现的 WH-问答语对用例共计 29 260 个。然后，进一步选取答语中含有否定语气词或否定句法结构的问答对话，共获得 4 155 个否定答语型 WH-问答对话。最后，笔者排除自问自答、由两个或以上 WH-语词共现形成的问句、两个或以上 WH-疑问句共现的并列问句、WH-疑问句与 YES - NO 问句共现的问句、仅出现 WH-疑问词的问句、WH- + N 起引的问句（Whose + N 除外），含助词否定形式的问句以及文本转写拼写不规范的问句等情形，最终收集到 3 547 个否定答语型 WH-问答对话，以此作为本章的封闭语料库。

5.4.2 语料分类

根据答语是否具体例示了问句的WH-词语，本章首先对所收集的答语语料进行语义标注，然后主要采用Concapp词频分析软件对不同的否定答语种类进行数据分类统计。

以答语是否体现问答之间的“类型-例示”范畴化关系为依据，本章使用的对话语料可以分为两大类型：例示性否定答语型和非例示性否定答语型。不同种类的否定答语型WH-对话体现了问句焦点的不同定位结果。

5.4.2.1 例示性否定答语型

该类否定答语型对话包括合格例示和非合格例示的否定答语型对话[①]。

（1）合格例示的否定答语型。

在该类英语否定答语型WH-对话中，答话人用含有否定句法结构的话语具体表征了问句的疑问焦点（WH-词语）。该类否定答语与肯定答语一样，表征了“答是所问”型WH-对话。问句焦点的“类型”概念在语言交际中通过答语实现了具体化，问句焦点被成功定位。此类对话情形下，通过一问一答，答话人消解了问话人的疑点，问话人获得了期望的关于问句焦点的具体信息。如QA1所示：

QA1：

Question：**What** were you thinking there?

Answer：That **I couldn't believe it.** I couldn't believe it.

在QA1对话中，问话人设置疑问焦点what，期望获得关于图式事件“YOU WERE THINKING X”[②]的具体信息。答语中由that引导的从句表明，“I COULDN't BELIEVE IT”作为一个整体语义单位对应问句中表示抽象类型概念

① 在否定答语型WH-对话中，某些问句焦点的非合格例示型答语也可视为焦点的直接例示。答语中的例示性否定话语是否为问句焦点的合格例示与问句焦点例示的唯一性、问句焦点的概念范畴，以及该否定话语与问句事件的关联程度等因素有关。笔者将辟专文对非合格例示的否定答语型WH-对话做进一步分析。本章的语料显示，通常情况下，针对疑问焦点what，why，how，答语中出现的例示性否定话语多为问句焦点的合格例示，而疑问焦点when，where，who，which，whom，whose的否定答语中，例示性的否定话语多为问句焦点的非合格例示。

② 语词的大写形式表示语词形态结构对应的概念结构。

的疑问词 what。尽管“I COULDN't BELIEVE IT”含有表示否定义的句法结构，但 what 的名词性概念特征与答语中由 that 引导的名词性从句表征的事体概念形成对应关系，答语因而以否定的从句结构直接例示了问句的焦点。该对话是典型的“答是所问”型对话。此外，答语在重复表征 what 的具体例示过程中体现了答话人与问话人之间积极合作的人际互动关系。

（2）非合格例示的否定答语型。

此类对话指答语中虽然出现了与问句焦点对应的句法和语义对应结构，但由于表示否定作用的语词介入了答语的句法和语义建构，答语不是问句焦点的合格例示。答话人否定了答语作为问句焦点例示的适切性。问话人最终没有通过答语获得关于疑问焦点的确切信息。如 QA2 所示：

QA2：

Question：**What** is that?

Answer：It's not my family.

从 QA2 中不难看出，问句中的 what 是一个“类型事体”范畴，问话人期望答话人提供其具体例示。答话人则基于问句的句法结构“That is X”建构自己的话语，并用“my family ”填充和详述问句中“X”的图式性概念内容。问答之间形成句法平行和语义类比关系。然而，由于答语中表否定义的语词“not”参与了答语的语义建构，“MY FAMILY”被置于 not 的否定作用范围内，“MY FAMILY”因而未能成为问句焦点 what 的合格例示。该对话虽然在句法层面呈现出“问有所答”的形式，但在局部对话环境中，以答话人的认知能力为识解视角，答语未能通过肯定的陈述明确表征“MY FAMILY”是问句焦点的例示概念。因此，尽管答话人提供了问句焦点的具体例示，但答话人自身又否认其作为疑问焦点例示的适切性，进而否定了问句焦点的定位结果。

值得注意的是，在 QA2 中，“MY FAMILY”是否是疑问焦点 what 的具体例示，问话人需要结合交际目的和对话语境进行答语评估，因此不排除答话人认为答语不是问句焦点的具体例示，而问话人却可根据对话背景和交际意图判断答语是问句焦点的合格例示，或答语间接提供了问句焦点的合格例示。问答双方需要在更多的话轮转换中确认此类否定例示是否为问句焦点的合格例示。

在本章收集的语料中，例示性否定答语型对话共出现 1 126 例①，占总数

① 本章中用于描写语料的数据，表示特定类型语料在本章语料库中的出现次数或语料个数。

的 31.7%。其中合格的否定例示有 1 044 例，否定答语中出现非合格例示的情形仅有 82 例，分别占例示性答语类对话的 92.7% 和 7.3%。

5.4.2.2 非例示性否定答语型

在该类问答交际中，问句焦点没有被成功定位。对话结束时，问句焦点的具体例示仍未出场，答话人的疑点未消。此类答语含有否定的句法结构，但未表征问句焦点的具体例示，该类问答现象属于“答非所问”型对话。

根据否定的作用，非例示性否定答语的对话可细分为否定问句事件的类型概念和否定答语作为例示出场的可能性两类。其中，前者通常否定问句事件及其关联语境的合理性，表明对话中问句概念化的事件不准确或不存在（即提问的内容不准确，或提问方式不恰当等），从而间接否定问句焦点设置的合理性（如 QA3 所示）。答语直接表示否定问句焦点设置合理性的对话情形则如 QA4，QA5 所示。对问句事件及其焦点的否定实则是否定问句焦点被例示的必然性。

QA3（否定问句事件以间接否定问句焦点）：

Question：**Why** is Cheney lecturing anybody about patriotism?

Answer：He is not lecturing anybody about patriotism.

很明显，QA3 的答语与问句形成了对称性的句法结构，但答话人没有基于共享的句法结构提供问句焦点 why 的具体信息。答语中的否定义语词 not 表明，问句表征的事件“CHENEY IS LECTURING ANYBODY ABOUT PATRIOTISM”没有现实性。由于问句焦点与问句事件框架之间的图形 - 背景联结关系，答话人基于主客观原因对问句事件的否定间接否定了问句焦点设置或存在的合理性。问话人没有获得期望的关于 why 的具体信息。

QA4（直接否定问句焦点）：

Question：**Why** are you laughing?

Answer：I'm not laughing at **you**. I'm laughing at Eric.

在 QA4 的问答结构中，答语重复了问句的框架结构：X be laughing。答语虽然基于问句的框架结构增补了问句事件域中的事体信息“you”，但不是关于行为“laugh”的原因。显而易见，答话人直接否决了问句焦点设置的合理性，并引出对话的新焦点 who。

QA5：

Question：**Why would** people suddenly want to have chickens?

Answer：In my business，you don't ask why；you just ask for the credit card number.

从 QA5 的问答句法结构可以看出，答话人直接否定了问句焦点 why 的合理性，并间接否定了问题的适切性。此外，答话人可通过如下策略否定问句焦点的例示在答语中出场或在答语初始位置出场的可能性。

（1）否定认知能力（如 QA6）。

QA6：

Question：**When** are you going to find a suitable case to test whether or not the President has，under the Constitution，a line-item veto?

Answer：Well，George，I can't give you the answer to that.

在 QA6 中，答话人用"can't"表示：在当前对话时空语境下，由于自身的认知能力受限，问句疑问焦点 when 的具体例示不具有出场的可能性。问答之间暂未体现关于疑问焦点的"类型 - 例示"关系。

（2）否定认知状态或对话态度①（如 QA7）。

QA7：

Question：**How have** you changed?

Answer：Well，I haven't been talking about how I've changed. Have I changed?

该对话的否定型答语表明答话人以"从没听说此事"的认知状态回应问话人的提问。答话人对问句事件及其焦点的否认和疑问态度否定了在该问答话轮转换中出现问句焦点具体例示的可能性。

① 包含否定问话人的认知能力、认知态度、认知状态。

（3）否定是例示的出场铺垫（如 QA8）。

QA8：

Question：**Why** is this trial still going on?

Answer：Well, that's not surprising that they're not there. It's **because the Democrats have—had gone into their, you know, "hear no evil, see no evil, speak no evil" act where—I mean, what they voted yesterday in voting to dismiss, was to say even if this case is proved, even if it's proved beyond a shadow of a doubt that the president obstructed justice and tried to fix a...**

QA8 的问话人用 why 编码了事件"THIS TRIAL IS STILL GOING ON"存在的可能原因。但答话人在明确提供问句焦点的具体例示（答语中由 because 引导的粗体部分表示）之前，则使用了含否定语义的话语（that's not surprising that they're not there）以"引导"问句焦点例示出场。答语中的否定性话语对问句焦点例示的出场起铺垫作用。否定的话语同时表明，问句焦点的例示未出现在答语语篇的起点位置。

在本章的封闭语料中，非例示性否定答语型对话占 68. 3%，共有2 421例。其中，否定认知能力的答语型有 685 例，否定认知状态或态度的答语型出现了 291 例，否定对例示出场有铺垫作用的答语型共 214 例，而否定事件及其焦点的对话有 1 231 例，分别占非例示否定语料总数的 28. 3%，12%，8. 8% 和 50. 8%。

5. 4. 3 小结

本节描写了否定答语型 WH-对话的语料收集方法和分类。不同种类的否定答语型 WH-对话在本章语料中的分布情况由表 5. 2 表示。

从表 5. 2 可知，在否定答语型 WH-问答过程中，焦点未被成功定位的否定答语型对话最多（2 503 例，占总数的 70. 6%），焦点被成功定位的否定答语型对话相对次之（1 044 例，占总数的 29. 4%）。而在各种否定类答语中，答话人对问句事件及其焦点类型概念的否定情形最多（1 231 例，占非例示类的 49. 2%）本章第 5 节、第 6 节和第 7 节将根据上述分类的语料和 ESI 模型具体分析该类对话在句法、语义和语用层面的认知特征。

表 5.2　否定答语型英语 WH-对话构式在本章语料中的分布特征

<table>
<tr><td rowspan="8">否定答语型英语 WH-对话构式（3 547）</td><td>答语的例示特征</td><td>答语体现类–例关系</td><td colspan="2">焦点例示定位情形（否定答语的本质）</td><td>答语的类型</td><td colspan="3">共计用例</td></tr>
<tr><td rowspan="2">例示性否定答语型</td><td>焦点被直接例示</td><td colspan="2">焦点例示被成功定位</td><td>合格例示的否定答语</td><td colspan="2">1 044（29.4%）</td><td rowspan="2">1 126（31.7%）</td></tr>
<tr><td rowspan="5">答语具体例示的否定</td><td rowspan="6">焦点例示未被成功定位</td><td>否定焦点例示定位适切性（否定定位结果）</td><td>非合格例示的否定答语</td><td>82（3.3%）</td><td rowspan="6">2 503（70.6%）</td></tr>
<tr><td rowspan="5">非例示性否定答语型</td><td rowspan="4">否定焦点例示定位可能性（否定定位过程）</td><td>否定铺垫引出例示</td><td>214（8.5%）</td><td rowspan="5">2 421（68.3%）</td></tr>
<tr><td>否定对话态度</td><td>127（5%）</td></tr>
<tr><td>否定认知状态</td><td>164（6.6%）</td></tr>
<tr><td>否定认知能力</td><td>685（27.4%）</td></tr>
<tr><td>问句类型概念的否定</td><td>否定焦点例示定位必然性（否定定位前提）</td><td>否定事件/焦点</td><td>1 231（49.2%）</td></tr>
</table>

5.5　否定答语型 WH-对话构式的认知句法特征

本章的封闭语料表明，英语否定答语型 WH-对话的问句焦点、问句框架和答语的句法结构具有鲜明的用法特征。以 ESI 模型为观察视角，否定答语型 WH-对话的问句疑问焦点（figure）和问句事件结构形成认知图形与背景联结。在句法层面，问句与答语之间的类型 - 例示关系体现为问答之间具有共享的语法形式，包括语词、短语、句型等特征。由于问句的语言资源在答语中有选择性地（部分或全部）重复使用，问答之间在句法层面产生平行结构，即对话中的句法共振现象。

5.5.1　问句焦点的句法特征

否定答语型 WH-对话的问句焦点主要由 WH-疑问词编码（参见表 4.1），它们在本章封闭语料中的用法特征可由图 5.8 表示：

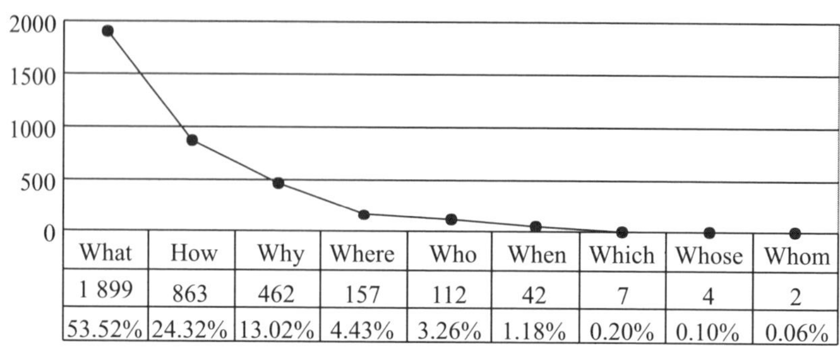

What	How	Why	Where	Who	When	Which	Whose	Whom
1 899	863	462	157	112	42	7	4	2
53.52%	24.32%	13.02%	4.43%	3.26%	1.18%	0.20%	0.10%	0.06%

图 5.8　否定答语型 WH-对话中疑问焦点的分布特征

由图 5.8 可知，该类对话中问句的焦点主要由 what，how 编码，各出现 1 899次和 863 次，分别占语料中所有问句焦点数量的 53.52% 和 24.32%，why，where 和 who 相对次之。由于 what 和 how 分别主要编码一个事件域的事体和行为要素，两者的突显用法特征进一步佐证了事件域（ECM）是英语 WH-问句的识解基础（曾国才，2015）。

5.5.2　问句框架的句法特征

典型的英语 WH-问句由句首 WH-词语和英语助词与其他语词组配而成：

WH- 词语　+　疑问助词　+　其余语词？

（WH- word　+　auxiliary　+　remainder？）

在该句式中，WH-词语是问句焦点，疑问助词和其余语词是问句框架结构的主要构成要素。已有相关研究（曾国才，2015）表明，英语 WH-问句里常用的助词有四大类型，按使用频率高低排序依次为：be，do，modal verb，have。其中 do，are 是最常用的助词，其次是 is，does，has 的缩合形式-'s。WH-词语与英语助词是 WH-问句的核心结构（Langacker，2009：252）。围绕这个核心结构，英语 WH-问句可表征不同现实性和可能性的事件图式结构。在本章收集的语料中，否定答语型 WH-对话的问句核心结构分布特征如表 5.3 和图 5.9 ~5.10所示：

表 5.3　否定答语型 WH-对话的问句核心结构分布特征

		What	How	Why	Where	Who	When	Which	Whose	Whom
Be	am	3	2	2	4					
	is	215	70	90	22	21	4	7		
	are	166	80	52	21	24	10			
	was	105	7	19	9	7	5			
	were	33	6	8	5	3				
	’s	395	28		16	22	3			
Do	do	677	415	132	50	10	1			1
	does	106	83	25	15		1			
	did	124	124	68	22	4	10			
Modal verb	would	70	39	53			1			
	should	17	1	23		1				
	could	8	18				1			
Have	have	11	10	4	1		1			
	has	9	9	4		1	1			
	had	1								

从表 5.3 可见，该类对话的问句中，突显的由 WH-词语与助词搭配使用的结构（由灰底的数字表示）多为疑问词 what，how，why，where 与助词 be，do 组配引导的问句结构。What 与助词的搭配分布可用图 5.9 表示。

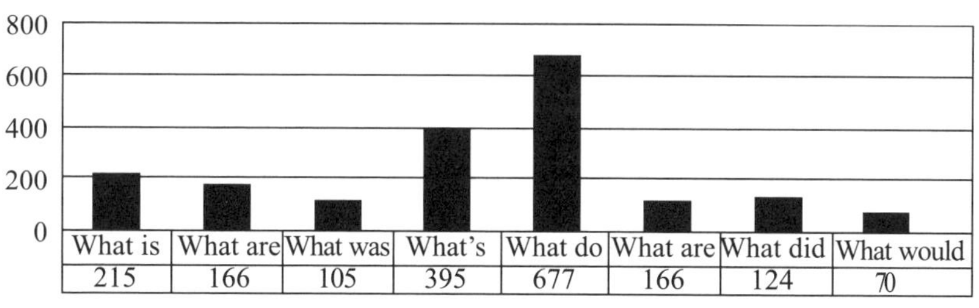

图 5.9　否定答语型 WH-对话中疑问焦点 what 与突显助词组配的分布特征

我们从图 5.9 可知，疑问词 what 与 do，’s，is 搭配使用的 WH-问句用例最多。图 5.10 则表征了 how 与助词搭配使用的情况。

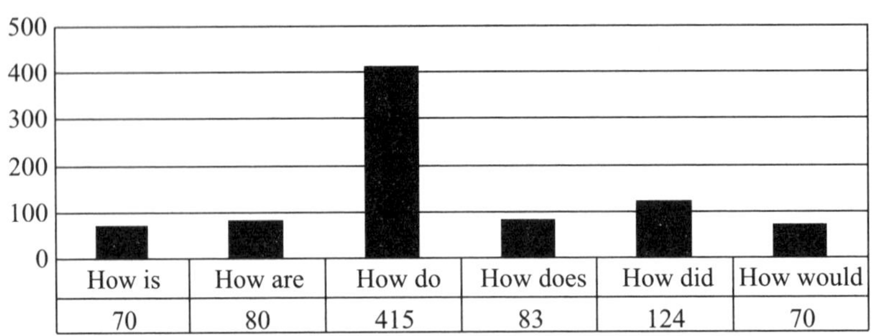

图 5.10　否定答语型 WH-对话中疑问焦点 how 与突显助词的分布特征

正如图 5.10 所示，疑问词 how 总是与助词 do 一起构成 WH-问句。该类 WH-问句也是本章语料中最常见的问句结构。而疑问词 why 与助词共现的情形可由图 5.11 表征。

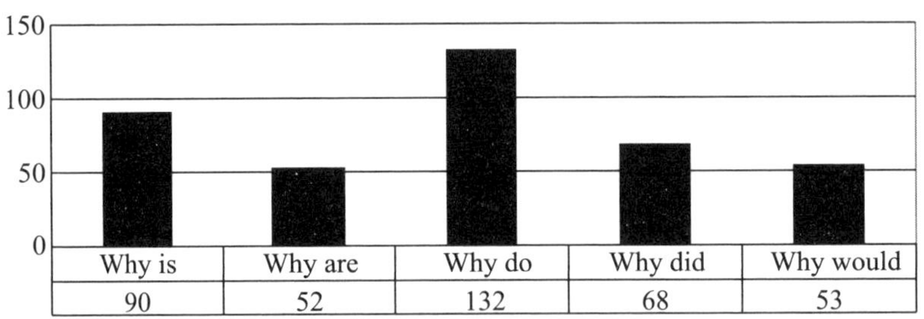

图 5.11　否定答语型 WH-对话中疑问焦点 why 与突显助词的分布特征

图 5.11 表明，与 why 一起使用的助词频次由多到少依次是 do，is，did 和 are，并且 why 很少与助词 have，has，had 共现。

综观表 5.3 和图 5.9，5.10，5.11，在该类对话的问句中，助词 do 与 WH-词语一起出现的频次远远高于 WH-词语与其他助词组配使用的情形，而 what，how，why 与各类助动词引导的问句代表了典型的 WH-问句事件的句法结构。

5.5.3　答语的句法结构

本章的语料显示，否定答语通常含有否定语词（如 no，not）等作为句法标记。否定答语的句法特征主要包括否定词在答语中出现的位置和单个答语中否定语词出现的频次。

5.5.3.1　否定语词在答语中出现的位置

在本章语料中，笔者以表示否定义的语词 no，not，never，nothing，nobody，nowhere，none 等，not 与助词的缩合形式 "n't"，以及表示否定义的形容词、动词（如 fail, disagree, inaccurate）等为检索对象，并把检索的范围设定为，以“Answer:”为参照点，其右侧 50 个字符内的答语语篇初始位置和以“Question:”为参照点，其左侧 50 个字符内的答语语篇尾部位置，以及去除初始与尾部位置重复用例①后的答语语篇中部位置。上述表否定义的语词或结构在答语语篇结构中的位置分布情况如表 5.4 所示：

表 5.4　表否定义的语词或结构在答语语篇结构中的位置分布情况

否定语词	not		no	never	nothing	disagree, inaccurate …	nobody	none	nowhere	共计
	n't	not								
语篇初始位置（初始 50 字符以内）	1 645	802	363	96	63	47	19	13	3	3 051
语篇中部位置	1 428	1000	253	132	87	22	29	17	3	2 971
语篇尾部位置（尾部 50 字符以内）	8	60	96	14	7	2	3	2	0	192
共计	3 081	1 862	712	242	157	71	51	32	6	6 214
	4 943									

由表 5.4 可见，答语中最常见的表示否定义的语词是 not，共出现4 943 次，且 not 多以缩合形式（n't）出现（3 081 例）。其次是否定词 no，共出现 712 次。再次是否定词 never 和 nothing 的用例。表否定的动词、形容词，以及否定词 nobody, none, nowhere 的频次相对较少。此外，表 5.4 还表明，否定语词通常出现在答语语篇建构过程的初始位置和中部位置，分别出现3 051次和 2 971次。

5.5.3.2　单个答语中的否定频次

表5.4 还表明，否定语词在一个答语中可出现两次或两次以上。本章语料的单个答语具有一次否定、二次否定和多次否定特征，分别如 QA1, QA2, QA3 所示：

---

① 本节分别以否定语词出现在答语语篇初始位置和尾部位置为检索区域，以 50 字符范围内是否有“**Answer:**”和“**Question:**”共现的情形（包括与 question 搭配的情形），从而排除否定语词出现在语篇初始位置和尾部位置重叠的用例。

QA1（一次否定）：

Question：**What** were their instructions to you about this interview?

Answer：Well, they ***didn't*** exactly give me instructions, but the basic message I received was that Secretary of State Christopher wants to see the truth come out about what took place in El Salvador and—including El Mozote.

该对话的答话人在答语建构中仅使用一次否定语词 not，从而让问话人明确：答话人当前的认知状态不足。

QA2（二次否定）：

Question：**What**'s your assessment of the president right now?

Answer：I ***don't*** have an assessment. I ***haven't*** stopped to evaluate the positives and the negatives.

QA2 中的答话人用否定语词 not 连续两次否定问话人所述事件的现实性，强化了对答语例示出场可能性的否定。

QA3（多次否定）：

Question：**When** did you flip the switch, and decide I can be sober and I can, you know, use spirituality as part of that?

Answer：Well, you know, first of all, I ***didn't***even know I was addicted. I thought that that was the way, you know, I was living. You know, I ***wasn't*** familiar with no 12-step recovery programs, **none** of that stuff. But what turned the...

QA3 的答话人首先两次使用 not（n't）与过去时态组配以间接否定存在着问句所表征的事件，再用否定语词 none 强化否定的效果：问句的焦点在当前对话时空中不可能被具体例示。

5.5.3.3 否定答语的结构类型

从本章的封闭语料可以看出，否定的答语可以由多种句法层次呈现，诸如通过一个词（QA4）、一个短语（QA5）、非完整的句子（QA6），或含否定词的疑问句（QA7）、祈使句（QA8）表征。但通常情形下，否定的答语主要体现为一个否定的陈述语句（QA9），或通过包含多个否定词的否定语篇（QA10）表现。

QA4：

Question：**Who** did you shoot?

Answer：**Nobody**. ①

在 QA4 的答语仅含有否定语词"nobody"，表明在当前对场景中疑问焦点 who 的具体数量为零。

QA5：

Question：**What**'s that like?

Answer：**To not have to worry about**.

QA5 的简短答语表明，答话人用表否定义的短语结构表征了问句焦点 what 的具体信息。

QA6：

Question：**What** are you talking about?

Answer：Well，you're not very...

与上述两个对话不同，QA6 的答语含有否定的句法结构，但并未在句法层面与问句的焦点形成结构对应，答语残缺的句法特征表明答话人没有提供问话人期望的焦点具体信息。

QA7：

Question：**What** would you ask Gary Condit if you were conducting the interview tonight instead of Connie Chung?

Answer：Well，I think really **why hasn't he been forthcoming until now**?

① 否定答语中的否定语词 nobody 仍然表征了问句焦点的例示，只是在当前对话场景中，who 的例示数量为零。其他否定语词如 nothing，nowhere 等作为相应 WH-疑问词的答语时，均视为问句焦点的零例示情形，即该类否定答语仍然例示了问句的图式性焦点。

QA7 的答语内嵌一个疑问句：Why hasn't he been forthcoming until now? 且该疑问结构含有表示否定义的语词 not。结合问句中语词 what 与 ask 整合的概念可知，答语中含否定结构的疑问句是问句焦点的具体例示在句法层面的体现。

QA8：

Question：**What are** you waiting for?

Answer：Don't yell at me.

该对话的答语则由否定的祈使句结构编码，揭示了答话人当前不积极提供问句焦点例示的对话态度。

QA9：

Question：**What were** you thinking about?

Answer：Oh，I was thinking，"I don't want this to end."

由 QA9 的问答之间对称结构可以看出，答语中含有否定词 not 的陈述句直接充当了问句焦点 what 的具体例示。

QA10：

Question：**What does** that mean?

Answer：Nancy，**it means no conscience.** *We know this about him. He's a sociopath.* **The man doesn't care**，*and so he will do anything to take advantage of the situation.* **He has no feelings.**

此对话的答语共包含三个否定的句法结构（答语黑体部分）。答话人对第一和第二次否定做出了进一步的解释。答语中的第三个否定结构继续明示了问句焦点例示的句法特征。

5.5.4 WH-问句焦点定位产生的句法共振

语言交际中平行的话语排列使话语间产生结构亲缘性（affinity）特征（Du Bois，2014；曾国才，2015d）。话语之间由此出现形式、意义或功能方面的对等。语言对称的要素在话语意义建构过程中相互提供语境参照，从而引起语言交际中的对话共振（dialogic resonance），说话人基于对话共振进行话语的意义推理。

共振的本质是激活话语间亲缘关系（affinity）的催化剂（Du Bois，2014：372）。当说话人有选择性地使用先前说话人的语言资源，包括音素、音韵结构、词汇、句式、意义、指称和语用功能等时，话语之间即形成结构映射关系，从而触发话语意义推理中的对比（contrast）或类推机制。在问答对话中，结构和意义的对比可通过焦点共振（focal resonance）或框架共振（frame resonance）表征出来。如 QA11 所示（引自 Du Bois et al.，2014：428）：

QA11：

Interviewer：What are you good at?

Participant：I' m good at，Eh，science.

根据 ESI 模型的观点，英语 WH-问句的焦点通常是句首的 WH-词语。在句法层面，问答之间的类型 - 例示关系体现为问答话语结构的共振效应。在该对话中，加着重号部分的结构突显了对话中的焦点共振对比，而画线部分则强调了话语间的框架共振对比。因此，问句中 what 的意义基于问答之间的共享框架“ X BE GOOD AT Y”被具体定位为 science。

现有关于英语 WH-问答对话的句法特征研究表明，与其他答语类型的 WH-对话相比，英语否定答语类 WH-对话中问答之间存在多种句法共振现象（见表 5.5）（曾国才，2015c）：

表 5.5　英语 WH-对话构式中的句法共振分布特征

构式类型 / 共振类型	直接例示型	非直接例示型					总计
		焦点转移型	否定答语型	间接例示型	非完整答语型	回应性答语型	
	3 916	476	473	93	48	45	5 051（个）
	77.53%	9.42%	9.36%	1.84%	0.95%	0.9%	100%
焦点共振	1 792	/	57	56	/	/	1 905
	94.07%		3%	2.93%			37.32%
框架共振	/	116	358	/	19	/	493
		23.53%	72.62%		3.85%		9.76%
双共振	2 124	/	11	37	/	/	2 172
	97.8%		0.5%	1.7%			43%
无共振	/	360	47	/	29	45	481
		74.84%	9.77%		6.03%	9.36%	9.52%

从表 5.5 可见，英语中非否定答语类的 WH-对话仅仅具有一类句法共振现象（回应性答语型）或两类句法共振现象（直接例示型、焦点转移型、间接例示型、非完整答语型）。表 5.5 中突显的虚框则表示，否定答语型 WH-对话含有 4 类句法共振现象：事件焦点共振、事件框架共振、事件焦点 - 框架双共振和问答事件零共振 。

5.5.4.1　事件焦点共振

在该类对话中，事件的焦点共振指答语的否定句法结构对应于问句中的疑问焦点位置。答语用否定的句法结构表征了问句焦点的具体例示定位结果，问答之间在句法层面形成“类型 - 例示”关系。如 QA12 - QA17 所示：

QA12：
Question：**Who** would use that，Al?
Answer：Not **me**.

在 QA12 中，问句焦点 who 的类概念被答语中的 me 具体化，尽管答语中的 me 作为问句的焦点例示被答话人否定，但在句法层面，答语与问句的焦点具有结构对应特征。如图 5.12 表征的对话图示①所示：

① 鉴于 QA13 ~ 17 的对话图示与图 5.12 相似，故在文中从略。

Question:		Who	would	use	that	,	A1	?
		↑						↑
Answer:	Not	me						.

图 5.12　QA12 的对话图示①

从图 5.12 可知，答语与问句的焦点有句法对应关系，问答之间呈现焦点共振特征。

QA13：

Question：**What** is it?

Answer：Not **this fish food**.

QA13 中问句的焦点 what 具有事体概念类型特征，而答语中的“this fish food”作为一个整体具体化了问句的焦点。该否定答语与问句焦点产生了焦点共振。

QA14：

Question：**How** does that play into—play into the potential for reform?

Answer：Well，not **in good ways**.

QA14 中，答语中被否定的主语结构“in good ways”表征了疑问焦点 how 的肯定例示。同时，答语未重复使用问句的框架结构，问答之间因而只表现出焦点共振现象。

QA15：

Question：**Why** are you going with Obama?

Answer：Just not **political**.

该对话的答语用否定的结构“not political”表征了疑问词 why 的一个具体例示，答语与问句同样出现了焦点共振效应。

---

① 对话图示中向上的箭头表示句法共振效应，下同。

QA16：

Question：**Where** did he do that business?

Answer：Not **on the dining room table this time**. That's the good news.

QA16 的答语表明，否定辖域中“on the dining room table”表示一个具体的“位置”，而问句的焦点 where 是表示抽象的“位置”概念。问答之间在句法层面出现了结构对应关系，从而形成对话中的焦点共振。

QA17：

Question：**When** have you last seen one billion, Ray?

Answer：Well, not recently.

在 QA17 中，由于疑问焦点 when 与答语中的 recently 具有表示“时间”的概念共性。两者在概念范畴上的一致关系投射在句法层面时，问答之间形成了焦点共振效应。

在本章的封闭语料中，问答之间的焦点共振现象共计用例 803 个，占全部语料的 22.6%。

5.5.4.2　事件框架共振

否定答语型 WH-对话中的事件框架共振指答语中的否定句法结构仅部分或全部重复了问句中的非 WH-词语部分（即疑问助词和其余语词）。此类对话情形中，答语有选择性地使用了问句的句法资源，但答语中的否定句法结构并未与问句的焦点形成句法对应关系。如 QA18 – QA23 所示：

QA18：

Question：**Where** did you discover him?

Answer：Well I didn't really discover him①。

QA18 的答语中没有出现问句焦点的具体例示，但答话人基于问句的框架结构建构答语，问答之间仅具有框架对应关系。如图 5.13 的对话图示所示。

① 由于本小节关注答语中含否定语词或否定语气的话语与问句之间的结构、意义和用法等关联特征，故本节在分析时通常省略答语中未出现否定语词或否定语气的语句。

Question：		Where		did		you		discover	him	?
				↑		↑		↑	↑	↑
Answer：	Well					I				
				did	not		really	discover	him	.

图 5. 13　QA18 对话中的事件框架共振①

图 5. 13 揭示了问答之间的结构平行特征：I ∶ you；did ∶ did；discover ∶ discover，以及标点符号之间的位置对应。问答之间有共享的事件结构框架，两个话语因此产生了框架共振效应。

QA19：

Question：**What** do you mean by intelligence level，Mary?

Answer：I didn't necessarily mean intelligence.

QA19 的答语使用了问句的结构：mean，intelligence. 问答之间形成部分结构对称现象：you ∶ I；do ∶ did；mean ∶ mean；intelligence ∶ intelligence. 答语与问句在句法框架层面形成共振效应。

QA20：

Question：**How** does that complicate things?

Answer：Well，I don't think it complicates anything.

在 QA20 中，答话人基于问句的结构"that complicates things"建构部分答语"it complicates anything"，但答语中没有出现与问句焦点 how 对应的句法结构。答语只与问句产生了框架结构共振。

QA21：

Question：**Why** does it matter that the public knows very much about the public?

Answer：I don't think I said the public.

---

① 由于 QA19－23 的对话图示与图 5. 13 具有相似特征，故在文中从略。

QA21 的问话人用疑问词 why 编码问句事件产生的原因，而答话人只是借用了问句的部分句法构型建构话语，以回应问话人的提问，问答之间无焦点共振，但有框架之间的结构共振特征。

QA22：
Question：**Who** are sources?
Answer：I didn't say sources said.

在此对话中，答语仅仅通过框架结构的部分一致特征与问句形成对话形式，问句的焦点在答语中没有对应的句法结构。答语与问句基于部分相同的句法结构产生了对话框架共振。

QA23：
Question：**When**'s it all going to end?
Answer：Well，it's not going to end.

在 QA23 中，答话人通过否定问句的框架结构而否定了问句的焦点例示在答语中的出场可能性，即答语没能通过语符结构表征问句的焦点具体例示。问句与答语只是在事件的框架结构方面具有一致性，从而只产生了框架共振。

经统计，问答之间的框架共振特征在本章封闭语料中共出现 2 053 次，占语料总数的 57.9%。

5.5.4.3 事件焦点 - 框架双共振

与仅仅出现事件焦点共振或事件框架共振不同，否定答语类 WH-对话中的事件焦点和框架双共振表明：答语中含有否定句法结构的话语不仅出现了与问句焦点对应的语符结构，而且还有与问句整体框架（特指助词和其余语词）形成平行的句法构型，答语与问句的焦点和框架形成对称结构，问答之间产生句法双共振效应。如 QA24 - QA29 所示：

QA24：
Question：**What** did they call it?
Answer：They didn't call it **a spelling bee**.

对比 QA24 的问和答之间的句法结构，答语完全重复了问句的框架，且与问句的焦点有结构平行关系。如图 5. 14 表征的对话图示所示：

Question:	What	did		they	call	it	?
	↑	↑		↑	↑	↑	↑
Answer:				They			
		did	not		call	it	
	a spelling bee.						.

图 5. 14　QA24 对话中的事件焦点与框架双共振①

从图 5. 14 中箭头指向可见，否定答语与问句框架完全保持一致对应，问答之间形成典型的焦点和框架双共振现象。

QA25：

Question：**How** do you see it，Powers?

Answer：Well，I don't see it quite **as being as catastrophic as you just painted it to be**.

在 QA25 中，答语在使用问句的框架结构（X see it）时，用短语结构"quite as being as catastrophic as you just painted it to be"具体表征了问句焦点的例示。答语与问句的焦点和框架同时产生了结构共振。

QA26：

Question：**Why** is that misconduct if you bring in the Bible?

Answer：Because **the Bible isn't evidence**.

QA26 的答语复现了问句框架中的部分语词（the Bible），表明答话人与问话人在同一个事件框架内进行话语交际，而答语中的 because 则明确表示问句的焦点例示在对话中已经由具体的语符编码。问答之间因而同时形成对话焦点共振和框架共振。

① 由于 QA 25 - 28 的对话图示与图 5. 14 具有相似特征，故在文中从略。

QA27：

Question：**What** is hazardous about leftover mashed potatoes?

Answer：There's **nothing** hazardous about leftover mashed potatoes.

通过 QA27 的问答句法结构可以看出，答语与问句的焦点和焦点所在的事件结构产生平行效应，nothing 对应于问句焦点 what 的句法位置，其作用在于具体阐释 what 的图式性内容。答语基于 nothing 在形式上与问句形成问答配对特征，在语义层面虽然并未细化和填充疑问焦点 what 的概念域，但表征了问句焦点的零例示情形。

QA28：

Question：**Who** is all in actually the newsroom?

Answer：Actually, there's **nobody** out there.

在 QA28 中，答语里的语词“there”对应问句中的“newsroom”，表明问答之间有最低程度的框架共振特征。此外，答语中的否定语词“nobody”表征了问句焦点 who 的零例示情形，答语同时与问句产生了焦点共振。

QA29：

Question：**Where** does that happen?

Answer：Well, it is **nowhere**. It shouldn't happen anywhere.

QA29 的答语基于两次否定体现了问句与答语之间的对称结构。如图 5. 15 表征的对话所示：

Question：			Where	does	that	happen			?
			↑	↑	↑	↑			↑
Answer：	Well	,			it		is		
			nowhere						.
					It			shouldn't	
						happen			
			anywhere						

图 5. 15　QA28 的对话图示

图 5.15 清晰表明，否定答语在句法层面与问句的焦点有两个对应结构，分别为 nowhere 和 anywhere。答语中的语词“it”和“happen”也分别与问句的框架产生两次和一次共振效应。问答之间体现了显著的焦点与框架双共振结构。

在本章所收集的语料中，问答之间的事件焦点与框架双共振情形相对较少，仅出现 323 例，占语料总数的 9.1%。

5.5.4.4 问答事件零共振

该类共振现象的成因在于，答语中含有否定结构的话语没有与问句中的 WH-词语和/或框架形成平行特征。因此，答语没有复现问句使用过的句法资源，问答之间无共享的语符结构。如 QA30 - QA35 所示：

QA30：

Question：**How** was Marlon Brando?

Answer：Oh, don't tell me. Yeah.

QA30 的答语只与问句构成形式上的配对特征，答语与问句没有共享的句法结构资源，如图 5.16 表征的对话图示所示：

Question：				How was Marlon Brando	?
					↑
Answer：	Oh	,	don't tell me		.
	Yeah				.

图 5.16　QA29 的对话图示①

从图 5.16 可见，答语既没有通过语符表征问句的焦点结构，也没有重现问句的事件框架，问答之间未出现句法共振现象。

QA31：

Question：**Which** is it?

Answer：Oh, you know, I don't think they have to be mutually exclusive.

① 由于 QA31 - 35 的对话图示与图 5.16 具有相似特征，故在文中从略。

该对话中答话人没有基于问句的框架“it is X”建构话语，答语中也没有出现与问句焦点 which 对应的语言结构。该对话未体现结构共振特征。

QA32：
Question：**When** are you going to be finished?
Answer：Don't know.

在 QA32 中，问话人期望答话人提供关于 when 的具体例示，但否定的答语结构未能编码与“时间”有关的概念。简短的答语结构也未与问句的框架形成显性对称特征。问答之间无显性句法共振。[①]

QA33：
Question：**What** would that mean?
Answer：I—I don't have a clue.

QA33 的答语在词素、语词、句型等形态方面均与问句不同，两者之间未有显性句法共振的结构基础。

QA34：
Question：**Why** would that be?
Answer：We don't know.

与 QA32 类似，在 QA34 中，答语与问句没有相似或相同的句法结构，问句与答语无法产生句法共振效应。

QA35：
Question：**Where** is the transparency?
Answer：Well, Jon, you know, I really have no problem with them putting out their own photos and doing their own interviews if they want to.

① 由于在语义层面可认为在 know 后面省略了 when I'm going to...，该问答现象也可视为产生了隐性句法共振。本节暂把句法共振的基础限定为问答之间显性的共享句法结构。笔者将在另文中详述隐性句法共振现象。

QA35 的答语句式比问句更复杂，但答语中没有出现对应问句焦点的语词、短语或句子。问句框架中的语词也没有被答话人再次使用，问答之间没有体现焦点或框架共振。

本章的语料统计数据显示，问与答之间的零共振情形共有 368 例，仅占语料总数的 10.4%。

5.5.5 小结

本节分析了否定答语型 WH-对话构式在句法层面的认知特征。首先，问句的焦点通常以最常用的 9 个 WH-疑问词语编码，而问句事件主要为 what，how，why 和 be，do 搭配引导的句法结构。其次，否定的答语可以是一个词、一个短语、一个句子或一个否定话语构成的语篇。答语中出现最多的否定标记词是 not。此外，该类对话呈现了 4 类句法共振，如表 5.6 所示：

表 5.6　否定答语型 WH-对话中的句法共振类型

<table>
<tr><td rowspan="10">否定答语型英语 WH-对话构式（3 547）</td><td colspan="2" rowspan="2">答语的类型</td><td colspan="4">WH-问句与否定答语之间的句支共振类型</td><td colspan="3" rowspan="2">共计</td></tr>
<tr><td>事件焦点共振</td><td>事件框架共振</td><td>焦点－框架双共振</td><td>零共振</td></tr>
<tr><td rowspan="2">合格例示的否定答语</td><td>非零例示</td><td>749</td><td>769</td><td>206</td><td>/</td><td colspan="2">1 724
（48.6%）</td><td rowspan="2">1 813
（51.1%）</td></tr>
<tr><td>零例示</td><td>32</td><td>/</td><td>57</td><td>/</td><td colspan="2">89
（2.5%）</td></tr>
<tr><td colspan="2">非合格例示的否定答语</td><td>22</td><td>/</td><td>60</td><td></td><td colspan="2">82
（2.3%）</td><td rowspan="6">1 734
（48.9%）</td></tr>
<tr><td colspan="2">否定铺垫引出例示</td><td>/</td><td>119</td><td>/</td><td>95</td><td>214
（6%）</td><td rowspan="4">1 190
（33.5%）</td></tr>
<tr><td colspan="2">否定对话态度</td><td>/</td><td>84</td><td>/</td><td>43</td><td>127
（3.6%）</td></tr>
<tr><td colspan="2">否定认知状态</td><td>/</td><td>123</td><td>/</td><td>41</td><td>164
（4.6%）</td></tr>
<tr><td colspan="2">否定认知能力</td><td>/</td><td>522</td><td>/</td><td>163</td><td>685
（19.3%）</td></tr>
<tr><td colspan="2">否定事件/焦点</td><td>/</td><td>436</td><td>/</td><td>26</td><td colspan="2">462
（13%）</td></tr>
<tr><td colspan="3">共计</td><td>803
（22.6%）</td><td>2 053
（57.9%）</td><td>323
（9.1%）</td><td>368
（10.4%）</td><td colspan="3">3 547
（100%）</td></tr>
</table>

基于表 5. 6 的数据可知，否定答语型 WH-问答交际中框架共振的情形最常见（57. 9%），其次是仅焦点共振的对话（22. 6%），零共振的问答对话类型出现次数更少（10. 4%）。而对话中同时出现焦点－框架双共振的用例出现频次最低（9. 1%）。否定答语型 WH-对话中的句法共振现象因此形成一个蕴含等级（implicational hierarchy）：

事件框架共振（57. 9%）＞事件焦点共振（22. 6%）＞
问答事件零共振（10. 4%）＞焦点－框架双共振（9. 1%）。

该表还表明，只有事件焦点共振、焦点－框架双共振的对话情形都主要体现在合格的非零例示否定答语型对话用例中，分别有 749、206 例。否定说话人的认知能力和答语中否定的结构属于引导问句焦点例示出场的对话则表征了较常见的问答之间零共振情形，两者分别出现 163 例和 95 例。事件框架共振则多出现在非例示性的否定答语对话情形中，有 1 284 例。

5. 6　否定答语型 WH-对话构式的认知语义特征

基于否定答语型 WH-对话中的句法共振效应，该类对话的答语同时揭示了 WH-问句与答语之间的类型－例示语义关系和 WH-问句焦点在定位过程中的语义调变特征，以及 WH-问句事件的语义定位结果。

5. 6. 1　WH-问句事件域结构及其突显焦点

根据 ESI 模型的观点，人们以事件域为单位识解客观世界中的静态或动态场景。在英语 WH-问答交际中，问话人常用 WH-疑问词编码特定事件中的未知信息，包括事体（Being）信息和行为（Action）信息。前者关涉事件的参与者，后者体现了事件参与者之间的联系。在常见的置于英语 WH-问句句首的 9 个 WH-词语中，what，who，whose，which 表征了事件域中未知事体的类型概念，疑问词 when，where，why，how 则概念化了事件域中行为要素的抽象性图式特征。如图 5. 17（参见图 4. 17）所示：

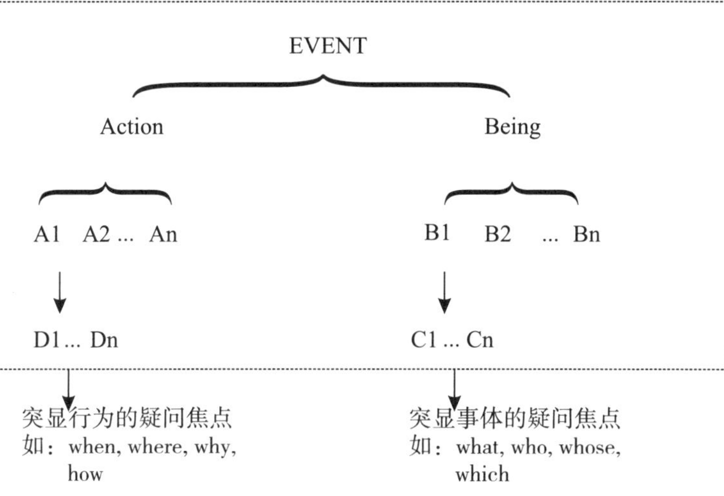

图 5. 17　英语 WH-对话中问句的事件域结构

图 5. 17 刻画了一个 ECM（虚框表示）的内部结构。在一个事件域被识解的过程中，事件参与者和行为要素以及各要素层级性特征之间均可形成认知图形 - 背景联结关系。成为认知图形的要素是事件域的突显焦点（figure）。而在 WH-问句概念化的一个事件域中，WH-词语编码了该事件中的事体或行为要素，并与问句中非 WH-词语编码的事件概念结构形成了认知图形与识解背景关系。在句法层面，WH-词语通常被置于问句句首，以彰显 WH-问句事件中 WH-词语的语义认知图形特征，进而可吸引答话人的注意焦点。WH-问句中 WH-词语与非 WH-词语之间的焦点 - 识解背景关系如问句①所示：

①**What** did your parents say about all this ?

问句①编码了一个抽象事件域 "YOUR PARENTS SAID X ABOUT ALL THIS"①。疑问词 what 表示 X 的语义属性并被置于问句句首，代表了该事件域的认知焦点。疑问助词 did 的使用表明该事件早于言语行为发生的时间，该事件域中的焦点 - 背景特征可由图 5. 18 表示：

① 本节中使用的大写字母 "X" "Y" 代表事件域中未确定的语义要素。

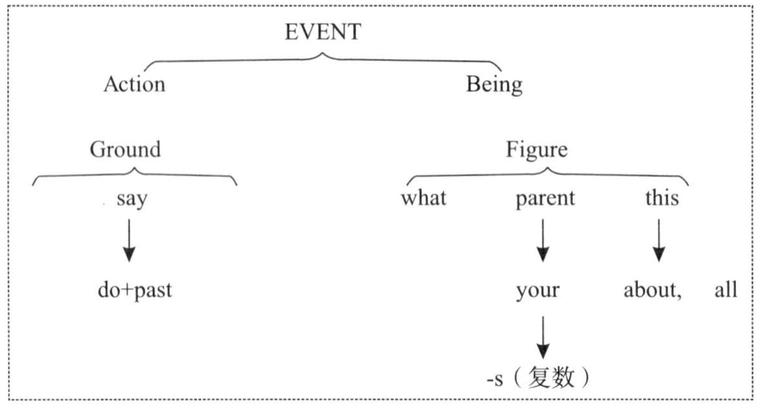

图 5.18　问句①事件域中的焦点－背景特征

在图 5.18 表示的事件域内部结构中，语符 what 是关于“Being”的图式信息。“Being”中的 parents 和 this 分别具有层级特性。语词 say 具体化了该事件域的行为要素，并包含关于时间属性的层级性特征。对该事件域而言，如果要识解由 what 编码的“Being”的焦点信息，首先须把“Being”中的其他信息（parents，this）作为参照背景。如要获知关于“Being”的整体特征，则还须把“Action”要素作为认知背景。在实际交际中，该 ECM 出现的上下文语境也是答语出场的背景知识。据此可知，what 与“did your parents say about all this”概念化的事件框架结构形成突显焦点与识解背景联结关系（分别由句中粗体和画线部分表示）。再如问句②：

②**How** has this campaign changed you ?

在问句②中，疑问词 how 概括了事件域“THIS CAMPAIGN HAS CHANGED YOU”中行为要素“CHANGE”的未知“方式”，其句首位置突显了该事件域中的焦点。问句中的其余结构是该焦点的认知背景。

5.6.2　WH-问句与答语之间的语义“类型－例示”关系

在语义层面，英语否定答语型 WH-对话的焦点（即 WH-问句的焦点）[①]定位体现了问句与答语之间的“类型”与“例示”特征（如图 5.19）。

① 在本节中，英语 WH-问答对话的焦点特指问句的焦点，由问句句首的 WH-词语表征。

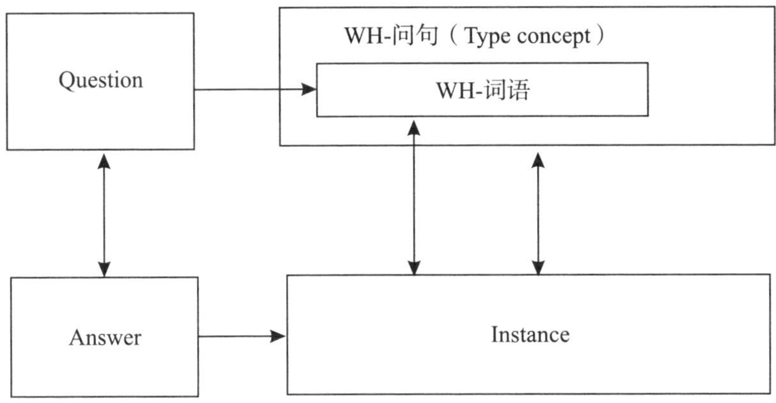

图 5.19　WH-问答对话中的“类型”与“例示”语义特征

如图 5.19 所示，在 WH-对话中，由于 WH-词语的语义类型特征和例示不确定性，整个问句概念化了一个“类型”事件。如问句（1）和（2）分别表示未被具体化的事件“类”概念：“YOUR PARENTS SAID ‘X’ ABOUT ALL THIS”和“THIS CAMPAIGN HAS CHANGED YOU BY ‘Y’”。其中，X 和 Y 因时空和说话人等定位参照要素不同可有 N 个具体例示。而 WH-问句中的答语可仅例示问句的焦点，也可基于问句的框架结构表征问句焦点的例示，分别如 QA1 和 QA2 所示：

QA1①：

Question：**What's** wrong with that?

Answer：**Nothing**.

QA1 的否定答语与问句无框架共振效应，但与焦点 what 有义域对应，表示在当前对话场景中问句焦点的例示数量为零。②

QA2：

Question：**What**'s wrong with it?

Answer：Well，there's **nothing** wrong with it.

① 由于本章语料中由疑问词 what 引导的问句数量最多，本章中的引例多为 what 起引的 WH-对话现象。

② 答语中的 nothing 明确表征问句焦点的例示数量为零。在本研究中，nothing 被视作疑问焦点 what 的直接例示。

与 QA1 不同，答语在用“nothing”表征问句焦点 what 的零例示情形时，同时有选择性地重复了问句的框架语义结构“X IS WRONG WITH IT”，即答语基于问句的语义框架具体阐释了对话焦点的语义。

本质上，图 5. 19 所示的 WH-问句类型概念表示问话人为答话人提供了一个例示选择范围。答话人根据认知场景构成要素（ECM 结构、说话人与说话人之间的互动、时空等）在合格例示中选取一个以具体详述 WH-问句的焦点。例示的挑选理据主要是问句事件与答语事件之间的范畴化关系。当答语提供的话语内容与问句的焦点具有语义范畴一致关系时，答语则表征了问句焦点的合格例示；反之，答语属于问句焦点的非合格例示，答语质量不合格。合格例示在问句焦点语义范畴中被甄选的过程可由图 5. 20 表示：

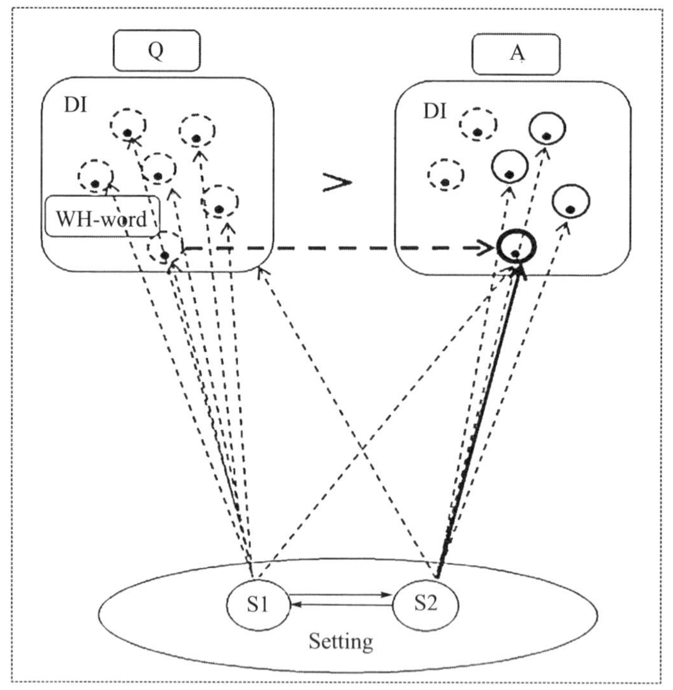

图 5. 20　WH-对话中问句焦点的例示甄选过程

（S1 = Speaker 1；S2 = Speaker 2；Q = Question A = Answer；DI = Domain of Instantiation）

图 5. 20 表示，在单个英语 WH-对话场景（虚框表示）中，问话人（S1）的话语 Q 首先为答话人（S2）限定了一个问句焦点（WH-word）的例示域（DI），即焦点例示的选择范围。基于上下文语境等背景信息，在 S1 提供的例示域内，WH-词语的“类型”范畴可容纳多个具体成员（由 S1 导向 Q 的虚线箭头和带黑点的虚线圈表示）。S2 基于说话人之间的互动关系（由双向箭头表

示）首先识别出 WH-词语的语义特征（事体或行为，由 S2 导向 Q 的虚线箭头表示），再根据对话中焦点定位的认知场景结构（ECM，S1，S2，S1－S2 的互动，时空等）进一步缩小例示选择范围，以期确定焦点语义范畴中的可能成员（由 S2 导向 A 的虚线箭头和带黑点的实线圈表示）。最后，S2 结合双方的交际意图、自身与客观世界的感知体验等要素，筛选出在当下对话场景中最能代表问句焦点语义范畴的典型成员，即问句焦点“类型”范畴的具体例示。

5.6.3 否定答语型 WH-对话焦点的语义定位类型

在英语 WH-对话中，否定答语表征了问句焦点例示的选择结果，同时也表明了否定答语类 WH-对话的焦点语义定位类型（图 5.21）。

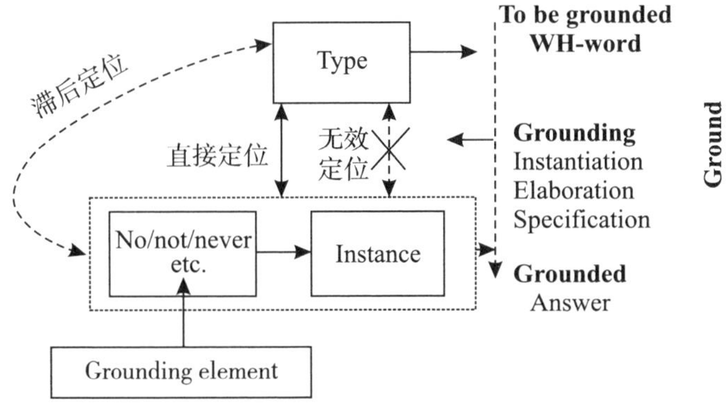

图 5.21 否定答语型 WH-对话的焦点语义定位类型

英语 WH-问句中句首 WH-词语的语义从“类”（type）到“例”（instance）的转变即英语 WH-对话的焦点语义定位过程（grounding）。如图 5.21 所示，WH-词语作为该类问答交际的焦点语义定位对象（to be grounded），其语义定位结果受制于对话场景（ground）①。WH-词语的语义定位旨在使对话焦点的“类”（type）语义被实例化（instantiation）、精细化（elaboration）和具体化（specification）。答语是 WH-对话焦点的语义定位结果（grounded）。而否定类答语具体体现了 WH-词语的三种语义定位类型：焦点语义直接定位、焦点语义滞后定位和焦点语义无效定位。

① “Ground”是认知定位（Grounding）理论中描述定位认知场景的重要术语，有别于图形－背景（Figure－Ground）理论中的“背景”（参见 Langacker，2008：259）。

5.6.3.1 焦点语义直接定位

曾国才（2015c，2017a）在讨论英语 WH-对话构式的基本特征时详细分析了 WH-问句事件及其焦点被答语直接例示的情形。[①] 在否定答语型 WH-对话中，焦点语义直接定位表示答话人用含有否定语气或否定句法结构的话语直接详述了问句中 WH-词语的具体语义。如 QA3 和 QA4 所示：

QA3：

Question：**What** were you wanting him to say?

Answer：**No taxes.**

在 QA3 的问句里，what 表达了问话人对事件“YOU WERE WANTING HIM TO SAY X”中 X 的语义期待。答话人用“No taxes”言简意赅地陈述了 X 的语义内容，同时也表达了答话人自身对问句事件中 X 的具体解释。

虽然答语中的“taxes”位于“no”的管辖范围内，但“No taxes”仍然是“X BEING SAID BY HIM”中 X 的具体例示。答语中的否定语词（如 no/not/never）是对话焦点语义的定位要素（ground element）。答语的概念核心由“taxes”表征“no”对其有量化作用。因此，QA3 的否定答语实现了问句焦点 what 的实例化表征（图 5.21 中用双向实线箭头表示）。

QA4：

Question：**How** are we doing with the post office?

Answer：**Without discussing individuals or suggestions...**

QA4 的问句焦点 how 是关于“方式”的“类”概念。答话人把表示方式的句法和语义结构“DISCUSSING WITHOUT INDIVIDUALS OR SUGGESTIONS...”置于 without 的否定辖域内，答语实际表征的是：非“DISCUSSING WITHOUT INDIVIDUALS OR SUGGESTIONS...”的“群组例示”，因而也表征了问句事件“WE ARE DOING WITH THE POST OFFICE”的存在“方式”。据此可判断，该对话的答语直接例示了问句的突显焦点。

---

① 直接例示型答语是英语 WH-对话的典型答语类型，详见曾国才（2015c，2017a）。本节在此不再赘述。

在本章语料中，29%的否定答语（1 044 例）体现了问句的焦点语义被直接定位的问答情形。

5.6.3.2 焦点语义滞后定位

在焦点语义滞后定位的情形中，含否定句法结构的答语是对问句焦点例示出场的解释或说明，预示焦点例示即将出场（图 5.21 中虚线双箭头表示）。此类对话中，答话人常在否定话语之后用肯定陈述的语句表示问句焦点的具体例示。如 QA5 和 QA6 所示：

QA5：

Question：**Who is** going to win the blame game argument this year?

Answer：Oh, there's, there's no question that presidents lose popularity with gas prices. I mean, housing issues, health issues all appear pretty vague. You know every time you're at the gas pump that it's going up, and you think, oh, my God, he's responsible, even if he isn't responsible. But the difference may be—I mean, **Carter** definitely got blamed.

QA5 的焦点肯定例示"Carter"出现在答语语篇的尾部。在此前，答语中含否定结构的话语结构（由画线部分表示）："THERE's NO QUESTION THAT PRESIDENTS LOSE POPULARITY WITH GAS PRICES"①和"EVEN IF HE ISN't RESPONSIBLE"均未体现问句焦点的例示，但却是对"CARTER DEFINITELY GOT BLAMED"的出场进行铺垫。由于问句的焦点例示没有通过答语语篇初始位置的否定话语表示，而是出现位于否定话语之后，该问答属于典型的焦点例示滞后定位型 WH-对话。

QA6：

Question：**Where are** the kids?

Answer：It didn't take long to find Brad and Jill. They were still **inside the family SUV**.

① 大写字母表示该句法结构的概念内容。

在 QA6 中，答话人首先用否定的话语分析了该问句焦点的例示出场的可能性，但该否定语义的话语并未具体化问句焦点 where 的“类型”语义：方位。紧随其后的答语包含问句焦点的例示“INSIDE THE FAMILY SUV”。问句的焦点例示滞后于答话中否定的话语。

问句焦点滞后定位的否定答语型 WH-对话在本章语料中出场频次不高，仅有 214 例，占总数的 6%。

5.6.3.3 焦点语义无效定位

否定答语型 WH-对话的焦点语义无效定位指问句的焦点虽然出现在答语中，但由于否定语词的管辖作用而失效，或由于答话人自身的认知能力不足，或对话状态不足以使问句的焦点例示出现在当前的对话场景中，对话的焦点由此没有实现成功定位（由图 5.21 中带“×”标记的虚线单向箭头表示）。答语中未出现问句焦点的合格例示，如 QA7 – QA10 所示。

QA7：

Question：**Whose fingerprint** is it?

Answer：We know it's not **Christopher's**. It's not **Joan's**. Its not **Peter's**. It's **no one** from the phone lines.

在 QA7 的答语中，句法层面的结构“CHRISTOPHER's”，“JOAN's”和“PETER's”均与问句中的焦点句法结构 whose 有语义映射关系。三者均可视为问句焦点语义范畴内的例示成员。但由于三者都被置于否定语词“not”的语义辖域之内，因此未能成为问句焦点 whose 的合格例示。在此种情形下，问句焦点的语义定位不合格，其定位结果无效。

QA8：

Question：**When** did you find out that your daughter was unhappy with you and your wife?

Answer：We never discussed this. This is new to me.

QA8 的答语表明，答话人认为有关问句事件焦点 when 的知识不在自己的认知能力范围内，答语未能例示问句焦点的具体语义。该问答现象属于无效的焦点定位类对话。

QA9：

Question：**What** are you going to do about it to counter Iraq?

Answer：Well, I'm not in a position to tell you what we're going to do.

QA9 的答话人则用否定的话语结构"I'M NOT IN A POSITION"表达了自己的对话态度：不会提供问句焦点的具体信息。答语中的否定话语消解了问句焦点例示出场的可能性。在当下对话环境中，问话人发起了对问句焦点进行语义定位的请求，但答话人未能与问话人完成认知协作，答语与问句之间没有义域对应关系。问句事件促发的对话焦点定位是无效的焦点语义定位。问句与答语只存在形式上的相邻语对（adjacent pair）关系。

QA10：

Question：**How** does it feel when a man makes love to you?

Answer：I'm sorry. I can't hear.

在 QA10 对话中，答话人用否定的话语表明自身的对话状态不足以使自己能提供问句焦点的例示信息。答语没有满足问话人对问句焦点的语义期待。因此，该对话没有实现问句焦点的语义定位，答语揭示了对话中问句焦点的无效定位过程。

否定答语型 WH-对话的焦点无效定位情形还包括否定答语对问句事件及其焦点的否定。如 QA11：

QA11：

Question：**What were** your plans when the two of you got to Mexico?

Answer：I didn't have a plan.

从 QA11 中答语包含的否定语义结构可判断，答话人否定了问句中事件参与者"PLAN"的现实性，问句焦点 what 的语义定位无效。

就本章收集的语料而言，问句焦点语义定位无效的对话数量占总数的 65%，共计 2 289 例。其中，非合格例示的答语有 82 例，由于认知能力不足、认知状态和对话态度不理想造成的无效定位有 976 例，因答语否定问句事件及其焦点的无效定位有 1 231 例，分别占无效定位情形的 3.6%，42.6%，53.8%。

综观本章采用的全部语料，英语否定答语型 WH-对话焦点的语义定位类型体现一个蕴含等级：

无效定位（65%）>直接定位（29%）>滞后定位（6%）

该蕴含等级表明，否定答语通常未直接表征问句焦点的语义具体例示，近 1/3 的答语则直接提供问话人期望的焦点语义例示。只有极少数（6%）的否定答语属于问句焦点语义例示在出场前的解释性话语。

5.6.4 否定答语与 WH-问句焦点的匹配特征

日常交际中的每一个话语都有特定的焦点（或主题）。话语的焦点在对话中呈现并依据对话的目的发生调变。一定程度上，对话的质量或满意度取决于对话中话语焦点的匹配程度。在 WH-问答对话中，问话人首先通过 WH-词语引出一个话题的焦点，并置于句首位置予以突显，以引起答话人的关注，同时期待答话人调动储备的知识对问句焦点展开论述，即建构答语。问答话语之间的语义关联主要通过话语焦点的匹配与对应得以实现。在否定答语型 WH-对话中，否定答语含有否定的焦点。WH-问句句首的 WH-词语是问答对话的默认焦点。该类对话焦点的三种定位类型表明，WH-问句与否定的答语存在两种焦点匹配特征：问答焦点一致和问答焦点不一致。

5.6.4.1 问答焦点一致

当 WH-问句与否定答语之间焦点一致时，答话人基于问句及其焦点（WH-词语）的“类型－例示”语义范畴化关系实现了 WH-词语①的例示定位或问句焦点具体化，亦即答语与问句的焦点具有语义范畴同一性。与否定答语的焦点对比，问句焦点在语义定位过程中被前景化，受到认知突显。如 QA12 所示：

QA12：

Question：**What did** you tell the jury?

Answer：That **I did not kill my husband**，and that **I did not agree with their verdict.**

① 指英语 WH-对话中问句句首的 WH-疑问词语。

QA12 对话围绕问句的焦点 what 展开。问句焦点 what 代表了答话人对陪审团所说过的话语集合。在答语未出场之前，问句的焦点 what 是一个"类型"范畴，其例示成员为答话人曾经对陪审团说过的具体话语及其表征的概念内容。答语中粗体部分表示答话人曾经对陪审团说过的话语。答语将问句的焦点 what 具体化了。因此，问句的焦点 what 在对话中为对话双方的关注焦点。基于对话的场景，what 在其语义具体定位过程中被前景化处理。

5.6.4.2 问答焦点不一致

英语否定答语型 WH-对话中，有的否定答语与问句在句法形式构成配对关系，但在语义层面两者的焦点并非一致，其原因主要在于问句与答语的焦点语义不属于同一个范畴，问句句首 WH-词语的具体例示在答话人的心智中没有被成功定位。在此种问答交际情形中，否定答语使对话的焦点发生了转移、被移除或悬置，从而使得问句与答语的焦点不一致。在对话场景里，答话人对问句的焦点进行背景化处理，问句的焦点被滞显或消显。

（1）对话焦点滞显。

答语中的否定语义结构倘若没有表征问句焦点的例示，且问句焦点的例示性话语出现在答语中含否定结构的话语之后，那么，该否定语义结构阻滞了问句焦点的例示出场时间。由于答语中否定的介入，问句焦点的语义定位过程在中途被阻止（简称焦点中止①）。但对话场景中问句的焦点最终在答话人的心智中被延滞突显（简称滞显）。如 QA13 所示：

QA13：

Question：**What are** they going to do about it?

Answer：There's **not**, frankly, that much to brag about, so what they're going to have to do, and what they will do is focus on Republicans both generally and generically and individually. **They're going to say that individual Republicans are literally crazy.**

该对话中，首先出现在答语语篇的含否定语义结构的话语并未具体阐释问句焦点例示，但问话人在答语结尾处获悉了问句焦点 what 的例示。问句焦点在直至答话人临近结束交谈时才受到认知突显。

① 焦点"中止"并非完全"终止"。

（2）对话焦点消显。

在 WH-问答对话中，当答话人自始至终未提供问句句首 WH-词语的具体例示，则问句里受突显的焦点因答语中否定的出现而未在答话人心智中受到突显。问句焦点的突显特征被消解（简称焦点消显）。对话中的答话人转而关注自身的认知能力、对话的态度或状态（包括说话人的态度或状态），或聚焦答语中已经出现的问句焦点例示的合法性，以及转而评介问句事件及其焦点设置的合理性。

①对话焦点转移。

在否定答语型 WH-对话中，假若否定的答语并未直接表征问句焦点的例示，而是引出新的事件或话题①，否定的答语则转移了对话的焦点，问句焦点被消显。如 QA14 – QA16 所示：

QA14：

Question：**What is** the possible serious importance of all this?

Answer：But you still haven't answered my question, which is do you think it's proper for a lawyer representing a client to call a regulator appointed by her husband?

在 QA14 中，问句的焦点与事件的“重要性”相关，但答语中的否定语义结构把问话人的注意焦点转移到了该对话发生前的问答事件，答话人关注的是问话人“回答问题”的认知能力，从而转移了此次对话的焦点，问句的焦点因而未受突显。

QA15：

Question：**How were** they killed?

Answer：Well, that hasn't been determined at this point. The medical examiner will perform autopsies today, and determine the cause and manner of death.

QA15 的答话人首先否定了问句焦点例示在当前对话场景中出现的可能性，然后把问话人的认知注意力转移到即将可能发生的事件“THE MEDICAL EXAMINER WILL PERFORM AUTOPSIES TODAY”，从而转移了此次对话的

① 本节所探讨的焦点转移是事件域之间的焦点转移。本节暂未涉足单个事件域之内的焦点转移。

焦点。

QA16：

Question：**Why are** you picking this one?

Answer：Well，look，I don't want to get down to Mr. Rose's level and discuss the merits of that particular issue involving Abraham Lincoln or whatever. We have a Martin Luther King holiday in the state of Florida.

在该对话的答语中，否定的话语反映了答话人不积极提供问句焦点例示信息的对话态度。答语中否定的出现转移了问句人原本的注意焦点 why。

②对话焦点悬置。

在否定答语型 WH-对话中，对话焦点被悬置的现象特指答话人否认答语中已有问句焦点例示的适切性，否定的答语语义结构使得对话的焦点例示“悬而未决”。由于答话人提供的例示不合格，问句句首 WH-词语的语义仍未被成功定位（如 QA17）。

QA17：

Question：**Who would** use that，Al?

Answer：Not **me.**

QA17 的答语中出现了与问句焦点 who 有义域对应的概念，并由 me 表征。答语体现了问句焦点的例示定位结果。但因受否定词“not”的语义管辖，“ME”被答话人视为不合格的问句焦点例示。此轮对话中对话焦点仍未通过答语实现具体定位。

③对话焦点移除。

否定答语型 WH-对话的焦点被移除现象指答话人用否定的话语表达问句的事件不具有现实性或无存在可能性，进而间接否定了问句焦点的合理性，并由此移除问句的焦点。答话人也或直接否定问句焦点的合理性。两种情形分别如 QA18 和 QA19 所示：

QA18：

Question：**Where do** you expect this sort of uprising，if there is to be any，against Saddam Hussein to originate?

Answer：I'm not saying that there is going to be an uprising.

在 QA18 中，答话人没有具体阐释问句的焦点，而是否定了问句事件域中"UPRISING"作为事件建构参与者的可能性，从而间接否定了问句焦点 where 的合理性。答语表明，问句的焦点例示必然不会出现在此轮对话中，问句焦点被移除。

QA19：

Question：**What are** you going to do next?

Answer：Well，in about an hour I'm going to walk with Don Henley to try to save Walden Woods，but I don't think that's your question.

该对话中的答话人虽然提供了问句焦点 what 的具体例示，但又直接否定了问句及其焦点在当前对话场景中的适切性，问句的焦点在答话人心智中被移除。

否定答语型 WH-对话中，答语与问句焦点的匹配特征可如图 5.22 所示：

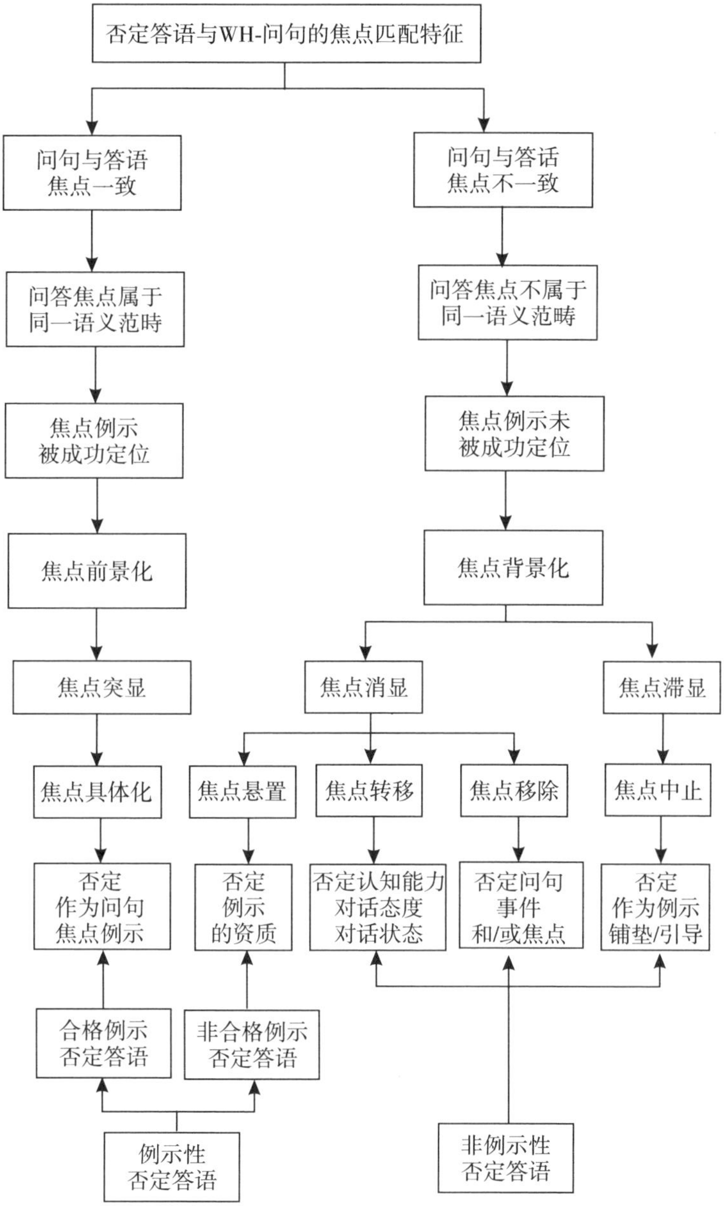

否定答语与WH-问句的焦点匹配特征

问句与答语
焦点一致

问答焦点属于
同一语义范時

焦点例示
被成功定位

焦点前景化

焦点突显

焦点具体化

否定
作为问句
焦点例示

问句与答话
焦点不一致

问答焦点不属于
同一语义范畴

焦点例示未
被成功定位

焦点背景化

焦点消显

焦点滞显

焦点悬置

焦点转移

焦点移除

焦点中止

否定
例示
的资质

否定认知能力
对话态度
对话状态

否定问句
事件
和/或焦点

否定
作为例示
铺垫/引导

合格例示
否定答语

非合格例示
否定答语

例示性
否定答语

非例示性
否定答语

图 5.22　否定答语型 WH-对话中答语与 WH-问句的焦点匹配特征

从图 5.22 中可见，例示性否定答语突显了问句的焦点，而非合格例示型答语和其他非例示性的答语则消显或滞显了问句句首 WH-词语的焦点地位。根据 ESI 模型的观点，图 5.22 还从 WH-对话焦点的语义定位角度阐明了否定答语型 WH-对话构式的形成理据，即答话人通过否定的语义结构，具体“阐释”或“否决”问句的事件域结构（ECM）、问句事件域的焦点（figure）或问句与答语之间的“类型－例示”关系（grounding），否定答语与 WH-问句形成紧邻配对结构，表征了英语中的否定答语型 WH-对话构式。

在本章的封闭语料中，两种情形约各占一半，其中问句焦点被前景化而在对话中受到突显、问句焦点定位成功，最终问答焦点形成一致的英语否定答语型 WH-对话情形共有 1 044 例，占全部语料的 29%，而有 71%（2 503 例）的对话焦点则发生了从“突显”到“背景化”的转变，问句焦点定位不成功，答语中的否定结构与问句的焦点匹配不一致。在问答焦点不一致的语料中，由于焦点语义定位被临时中止而造成的问句焦点滞显情形最少，有 214 例（即铺垫型否定答语），问句焦点被消显的问答现象出现相对频繁，共有 2 289 例。在问句焦点被消显的否定答语型 WH-对话里，又以发生焦点被移除的问答现象最多，共有 1 231 例（即否定问句事件及其焦点的答语），其次是焦点转移的情形，共出现 976 例（即否定认知能力、对话状态/态度的答语），焦点悬置的对话数量最少，仅有 82 例（即否定合格例示的答语）。据此，在本章采用的对话语料中，问句焦点在语义定位中的突显程度有如下等级关系（见表 5.7）：

焦点消显（65%）＞焦点突显（29%）＞焦点滞显（6%）

5.6.5 否定答语型 WH-对话中问句事件的语义例示结果

基于 ESI 模型，英语 WH-问句事件及其焦点与否定答语之间有“类型－例示”语义关系（见图 5.5 和图 5.19），否定答语与 WH-问句呈现出不同的义域对应（semantic correspondence）特征。以本章的对话语料为考察对象，否定答语所含的否定语义结构揭示了该类对话中问句事件的四种主要语义例示方式，包括唯事件[①]焦点语义例示、唯事件框架例示、事件焦点－框架例示、事件语义零例示。

5.6.5.1 唯事件焦点例示

该类定位结果表明，答语只与问句的焦点形成语义结构对应关系。问句的事件框架结构没有出现在答语含否定语义结构的话语中，如 QA20 ~ QA24 所示：

① 特指 WH-问句概念化的事件域。

QA20：

Question：**What**'s the question?

Answer：Hi，Dr. Drew. **Does it not appear to you in part that Casey suffers from histrionic personality disorder**?

QA20 的问句焦点是关于"QUESTION"的一类概念，答语的主体部分是一个含否定语义结构的疑问句。并且，答语没有重复利用问句的事件框架。WH-问句与否定答语之间仅存在焦点语义结构对应关系。

QA21：

Question：**How** is she?

Answer：**Not as an inmate**.

在该简短的对话中，答语中的语义结构"AS AN INMATE"直接对应问句的焦点语义图式性概念：方式。问答之间因而形成了"类－例"语义传承关系。答语中否定词 not 与其辖域内的焦点例示"AS AN INNMATE"合力表征了 how 的一个具体"方式"。否定的答语因而只例示了问句事件的焦点语义结构。

QA22：

Question：**Why** was the leadership too slow，do you think?

Answer：Maybe **they didn't have enough defined plan**.

在 QA22 中，问话人期望获得关于事件域"THE LEADERSHIP WAS SLOW"的存现理由。尽管答话人的语气不完全确定，但含有否定语义结构的话语同样表征了问句焦点 why 的一个例示，并且答语与问句的框架没有平行特征。该问答现象只有问句事件的焦点被语义定位。

QA23：

Question：**Where** was the failure?

Answer：And as I said unequivocally **they did not inform me**.

QA23 的问句焦点表示抽象的处所或位置，问话人实则询问"失败的原因"。答话人用否定的话语表征了问句事件与另一个事件"DID NOT INFORM

ME”之间有因果关联。答语在没有问句框架的“协助”下例示了问句的焦点 where。

QA24：
Question：Who did you shoot?
Answer：Nobody.

QA24 的答语表征了一个抽象的“空集”概念，其语义与问句的焦点 who 均具有典型的语义标记“+human”。答语与问句的焦点因此产生义域对应关系。否定语词“NOBODY”仅仅突显了问句焦点 who 在当前对话环境中的例示数量为零。答语仍被视为例示了问句焦点 who 的“类”特征。

本章使用的语料显示，唯问句事件的焦点语义被定位的对话现象出现频率较高，共有 803 例，占语料的 22.6%。其中包括 32 例问句焦点零例示答语和 22 例非合格的问句焦点例示。

5.6.5.2 唯事件框架例示

一个范畴的“类型”特征是该范畴中所有例示成员的抽象共性。一个范畴仅有一个例示体现了一种特殊的“类型－例示”范畴化关系。当否定答语部分或全部再现了问句的事件框架，但没有具体化表征问句的焦点，则否定答语唯独与问句在事件框架层面有语义映射关系，即答语只表征了问句事件的框架语义定位（如 QA25－QA30）。

QA25：
Question：What can you tell us about her successor, the current chief prosecutor, Carla Del Ponte?
Answer： I've never talked with her, I've been in rooms with her.

QA25 的否定答语只表明事件“I TALKED WITH HER”没有发生过，答语与问句有框架语义结构对应关系，答话人未能提供问句焦点 what 的具体实例。

QA26：

Question：**How** did her death affect your pregnancy?

Answer：I didn't think about being pregnant. I didn't think about anything.

该对话中问话人关注的问句事件域中行为要素"AFFECT"与事体（Being）要素"HER，YOUR PREGNANCY"之间的关联方式。但答话人基于答语与问句之间的框架结构语义对应否定了问句焦点与事体要素"BEING PREGNANT"之间的"AFFECT"关系。答语在框架层面表征了问句事件的语义结构。

QA27：

Question：**When** would you do this instead of a facelift?

Answer：Well，I wouldn't do either，but the facelift does more.

该对话的问句焦点概念化了问句事件域中行为要素"DO"的时间属性。答语人结束话语时仍未提供问句焦点 when 的确切例示义，但答语中否定的语义结构与问句的事件框架有语义对应。所以，该否定答语仅例示了与之配对的问句事件框架。

QA28：

Question：**Why**'d you go and make the rest of that（bleep）up?

Answer：（As Templeton）I didn't make anything up. We sat there having coffee.

QA28 的问话人追问关于问句事件域行为要素"GO，MAKE... UP"的原因。答话人并未根据问话人的语义期待阐释问句焦点的例示，而是通过否定答语在语义层面再次表征问句的事件域部分结构，即答语中的否定话语只表征了问句事件的框架语义结构。

QA29：

Question：**Where are** they sold?

Answer：They're not sold yet.

在 QA29 中，答话人基于问句的框架结构否定了问句事件“THEY ARE SOLD”的现实性，因此，问句焦点必然不会被具体例示。答语在语义层面只与问句事件的框架存在义域对应。

QA30：
Question：**Who has** a policy?
Answer：There's no policy.

同样，QA30 的答语在事件框架层面传承了问句的语义。答语没能表征疑问词 who 的例示成员。否定答语只是对话中问句事件框架的语义定位结果。

基于本章的语料统计可发现，否定答语只重复问句的事件框架，但不提供关于问句焦点具体例示的 WH-对话数量高居首位，共有 2 053 例，占对话总数的 57.9%。其中，否定说话人（含问话人）认知能力、对话态度/状态的例示有 729 个，占框架例示类对话的 35.5%。最常见的是否定事件及其焦点的答语，共计 1 205 例，占该小类的 58.7%。铺垫型答语有 119 个，是该类问答情形的 5.8%。由此可见，框架例示型答语在表征问句框架语义时，同时也消显了问句的焦点。

5.6.5.3　事件焦点－框架例示

在否定答语型 WH-对话中，事件焦点－框架例示指答话人不仅使用了问句的事件框架建构答语，问句焦点的实例也出现在否定答语中（如 QA31－QA36 中的粗体对应所示）。答语同时表征了问句焦点与框架的定位结果。

QA31：
Question：**What** were you thinking about?
Answer：Oh, I was thinking, “**I don't want this to end.**”

在 QA31 中，答语的语义框架与问句的事件域框架结构有相似特征，基于问答之间的框架语义传承关系，答语中的否定话语具体化了问句的焦点 what。该问答现象属于典型的问句事件焦点－框架语义例示型对话。

QA32：
Question：**How** would you characterize this moment in American history?

Answer：I wouldn't characterize it **as a crisis**; I would characterize it as a wake-up call because it goes beyond the presidency.

QA32 的问句焦点编码了问句事件域行为要素的“方式”特征。尽管答语中的粗体部分位于否定词语 not 的管辖范围，但仍然体现了问句焦点与答语之间的“类型－例示”语义范畴化关系。否定的语词仅揭示了答语中“as a crisis”是问句焦点的不合格例示。答话人在回答问话人问题焦点的过程中还重复了问句的框架语义结构，从而使得答语同时表征了问句事件焦点－框架的语义定位结果。

QA33：

Question：**Whom** will Jessica choose?

Answer：It will be devastating if we're not picked.

尽管 QA33 的答语没有直接陈述问句焦点 whom 的实例，但通过答语在框架层面与问句之间的部分语义类比特征（CHOOSE：PICK）可知，答语用被动语态的语法形式编码了问焦点的合格例示“WE”。答语体现了问句事件焦点与框架的语义定位结果。

QA34：

Question：**Where** does that happen?

Answer：Well, it is **nowhere**. It shouldn't happen **anywhere.**

从该对话中答语与问句之间的语义结构对应特征（WHERE：NOWHERE：ANYWHERE；THAT：IT；HAPPEN：HAPPEN）可以判断，否定的答语不仅体现了问句事件框架的语义定位结果，而且还与问句的焦点结成义域对应关系。

QA35：

Question：**Who**'s got the best-looking dad?

Answer：Oh, oh, I don't have the best-looking dad.

QA35 的问答之间呈现句法对称结构。尽管“I”是 who 的非合格例示，但基于问句与答语之间的焦点－框架句法共振，答语同时体现了问句事件的焦点与框架语义例示。

QA36：

Question：**Why** is that?

Answer：Well, the fact is **that we haven't focused like we need to on our educational system.**

在 QA36 中，答语建构了与问句相似的句法框架，并基于此框架详述了问句的焦点例示（由粗体部分表示）。

与问句事件的框架例示相比，表征问句事件焦点 - 框架语义定位的否定答语在本章语料中出现的频次略低，共计 323 例，占语料的 9.1%，主要体现为合格的例示型否定答语（206 例），占该小类的 63.8%，以问句焦点不合格例示和焦点零例示出现的答语用例各有 60 个和 57 个，两者共占焦点 - 框架语义定位的 36.2%。在该类问句事件的语义定位过程中，对话的焦点受到突显。

5.6.5.4 事件语义零例示

事件语义零例示的否定答语型 WH-对话指，答语中的否定话语表征了问句焦点被转移、移除或定位暂时中止的问答现象。答语既没有提供问句焦点的具体例示，也没有表明问句事件的框架语义被成功定位，如 QA37 - QA39 所示：

QA37：

Question：**How** is this going to do?

Answer：Oh I have no idea.

QA37 的否定答语表示，关于问句焦点例示的知识超过答话人目前拥有的知识范围。答话人由于认知能力不足①，问答之间没有焦点语义映射关系，答语也未使用问句框架的语言资源，对话中也因此没有出现问句事件的框架语义定位。

① 答话人否定自身的认知能力、对话态度或状态也许是故意为之，这不属于本节的讨论范围。

QA38：

Question：**Who** is Drew Peterson?

Answer：Oh，boy. You don't follow.

在 QA38 中，问话人希望问句焦点 who 被具体阐释，但答语中的否定话语表明答话人否定了问话人当前的对话状态。简短的答语中问句的焦点例示并未出现，问句事件的框架语义结构也没有被答语表征。

QA39：

Question：**When** are you going to be finished?

Answer：Don't know！

QA39 的否定答语文本有语气标记，答话人强调当前对话场景中问句的焦点没有例示。答语在一定程度上体现了答话人不积极的对话态度。问答之间更无框架义域对应关系。

本章的语料统计结果表明，问句事件的语义零例示情形出现频率较低，在语料中的数量最少，只有 368 例，占总数的 10.4%[①]。否定答语主要否定答话人的认知能力，共有 163 例，占该小类的 44.3%。答语否定说话人对话态度/状态、否定事件及其焦点，以及否定答语阻滞焦点例示出场的情形共有 205 例，合占该小类的 55.7%。问句的焦点在事件语义零例示定位型的对话未被突显。

5.6.6 小结

本节首先分析了英语否定答语型 WH-对话中问句焦点与问句事件之间的焦点－背景认知特征，然后探讨了问句焦点的定位类型和问答之间的焦点匹配情形（焦点一致与焦点不一致），以及问句事件的语义例示类型。英语否定答语型 WH-对话焦点定位的认知语义特征可由表 5.7 所示：

① 根据会话合作原则以及言语行为理论，在正常的会话交互活动中，会话活动参与者通常以合作的态度（参见第 5.7 节），积极推进会话活动的开展。具体在问答型对话中，问话者通常预设了受话者掌握所需要的信息，并且会合作地提供该信息。这也许部分地解释了为何在本章的语料统计中，问句事件的语义零例示情形出现频率较低。

表 5.7　否定答语型 WH-对话的认知语义特征

<table>
<tr><td rowspan="2"></td><td rowspan="2">焦点定位结果</td><td colspan="3" rowspan="2">否定答语与 WH-问句的关系</td><td colspan="4">WH-问句事件的语义例示类型</td><td colspan="2" rowspan="2">共计</td></tr>
<tr><td>事件焦点例示</td><td>事件框架例示</td><td>焦点-框架例示</td><td>零例示</td></tr>
<tr><td rowspan="8">否定答语型英语 WH－对话构式（3547）</td><td rowspan="2">焦点定位成功</td><td rowspan="2">焦点直接定位</td><td rowspan="2">合格例示（焦点突显）（焦点具体化）</td><td>非零例示</td><td>749</td><td>/</td><td>206</td><td>/</td><td>955（27%）</td><td rowspan="2">1 044（29%）</td></tr>
<tr><td>零例示</td><td>32</td><td>/</td><td>57</td><td>/</td><td>89（2.5%）</td></tr>
<tr><td rowspan="6">焦点定位不成功</td><td>焦点滞后定位</td><td>焦点滞显（焦点中止）</td><td>否定铺垫引出例示</td><td>/</td><td>119</td><td>/</td><td>95</td><td colspan="2">214（6%）</td></tr>
<tr><td rowspan="5">焦点定位无效</td><td>焦点消显（焦点悬置）</td><td>非合格例示</td><td>22</td><td>/</td><td>60</td><td>/</td><td>82（3.6%）</td><td rowspan="5">2 289（65%）</td></tr>
<tr><td rowspan="3">焦点消显（焦点转移）</td><td>否定对话态度</td><td>/</td><td>84</td><td>/</td><td>43</td><td>127（5.5%）</td></tr>
<tr><td>否定认知状态</td><td>/</td><td>123</td><td>/</td><td>41</td><td>164（7.2%）</td></tr>
<tr><td>否定认知能力</td><td>/</td><td>522</td><td>/</td><td>163</td><td>685（29.9%）</td></tr>
<tr><td>焦点消显（焦点移除）</td><td>否定事件</td><td>/</td><td>1 205</td><td>/</td><td>26</td><td>1 231（53.8%）</td></tr>
<tr><td></td><td colspan="4">共计</td><td>803（22.6%）</td><td>2 053（57.9%）</td><td>323（9.1%）</td><td>368（10.4%）</td><td colspan="2">3 547（100%）</td></tr>
</table>

从表 5.7 可见，英语否定答语型 WH-对话中，唯问句事件框架语义定位最常见，其次是唯问句事件焦点语义定位、问句事件语义零定位和焦点与框架双定位。否定答语对 WH-问句事件语义的定位表征具有如下的层级性特征：

唯事件框架语义定位（57.9%）＞唯事件焦点语义定位（22.6%）＞问句事件语义零定位（10.4%）＞焦点－框架语义定位（9.1%）

5.7　否定答语型 WH-对话构式的认知语用特征

根据 ESI 模型的观点，英语 WH-对话的焦点定位揭示了 WH-问句与答语之间的“类型－例示”范畴化关系。WH-问句与否定答语之间的句法共振效应和义域对应关系分别在对话句法和对话语义层面具体阐释了该类 WH-对话中焦点定位的“类型 - 例示”范畴化特征。在语用层面，否定答语型 WH-对话的焦点定位“类型 - 例示”范畴化关系则体现为说话人在当前话语空间的人际互动中，以问答两个事件的结构耦合特征为基础，构建了不同的人际合作[①]方式，即对话双方以句法共振和义域对应为语言手段，使否定答语表征的事件与问句事件产生不同的结构耦合度，从而映射了对话双方的人际合作特征。对话伙伴借此在语言交流中实现了不同层次的信息共享并达成了不同程度的对话共识。

5.7.1 否定答语型 WH-对话构式的用法特征

语言是基于用法的模型（Barlow，2000：xiii）。语法构式在其当前话语空间的用法事件（usage event）揭示了该构式在结构、使用和习得方面的知识（Langacker，2008：457）。在语言交际过程中，一个否定答语型 WH-对话构式与其他话语构式形成一个当前话语空间，体现了否定答语型 WH-对话构式在语言交际中的具体用法特征（参见图 4.65）。如图 4.65 表示，说话人（S1，S2）根据对话环境（setting）、对话目的等建构的否定答语型 WH-对话构式是当下实时（online）语言交际中的一个对话（言语）事件（current dialogic event），它和先前的构式用法事件（previous usage event）和之后即将发生的构式用法事件（anticipated usage event）构成一个对话片段场景。先前的构式用法事件是该对话的瞬时语境（transient context）。随着对话的不断拓展，否定答语型 WH-对话构式也为新的对话构式的识解提供背景知识。

否定答语型 WH-对话构式的用法特征如 QA2 所在的对话构式序列所示[②]：

对话场景：CNN 电视采访节目

时间：2002 年 10 月 29 日

主题：家庭生活

语体：口语

① 在语言交际中，即使 WH-对话中出现句法和语义层面的共享结构，答话人也未必在对话中与问话人建立合作关系，或显性合作关系。本节把对话合作界定为答语在句法和语义层面与问句有共享结构，WH-问句与否定答语之间由此体现出显性的“类型 - 例示”范畴化关系。本研究暂不涉足由话语隐含意义体现的更为复杂的合作与不合作问答情形。

② 本节仍用 QA 表示非 WH-对话的问答类型。

QA1 ─ （主持人）**Question**：What was the second question?
（被采访者）**Answer**：The second question, what are their thoughts on the death penalty for—for the situation?

QA2 ─ **Question**：**What** were your feelings before this incident for your ex-husband?
Answer：I had **no feelings.**

QA3 ─ **Question**：No love anymore?
Answer：None.

QA4 ─ **Question**：Now, **what** feelings do you have?
Answer：I guess I feel sorry for him.

QA5 ─ **Question**：Sorry for him?
Answer：Uh-huh.

QA6 ─ **Question**：Lin, before and after?
Answer：Before, I just know him as daddy. There was no really feelings because he was never there for feelings to be grown.

在该对话序列中，QA2 是否定答语型 WH-对话构式。QA2 和 QA1，QA3 - QA6 构成一个当前话语空间。QA1 是 QA2 的出场背景。对话构式 QA2 只瞬时存现于 QA3 出场之前。相对于其他对话构式（QA3 - QA6），QA2 具有临时的对话话语空间拓展功能。基于连续的否定话语构式，QA3 - QA6 引出与 QA2 焦点 what 有关的更多细节内容。在 QA2 中，答语与问句的事件框架形成句法共振（your：I；feeling：feeling；what：no①），并产生相应的义域对应关系。其对话焦

① QA1 答语中的“no”是问句焦点 what 的零例示。

点 what 概念化了与问句事件域中“FEELING”有关的特征 X。QA2 虽然转瞬即逝，但其语言资源被对话双方持续选用，QA2 的问句事件框架和焦点是 QA3－QA6 的建构基础，如该对话序列的对话图示所示（图 5.23）：

QA1	Question:			What	were	your	feeling	before this incident	for				
						your				ex-husband			?
	Answer:					I					had		
				no			feelings	.					
QA2	Question:			No							love		
										anyone			?
	Answer:			None									.
QA3	Question:	Now	,	what			feelings				do		
						you					have		?
	Answer:					I					guess		
						I	feel						
				sorry					for				
						him							
QA4	Question:			Sorry					for				
						him							?
	Answer:	Uh-huh	.										
QA5	Question:									Lin			,
		before and after											?
	Answer:	Before	,										
						I							
		just									know		
						him			as	Daddy			.
												There	
					was								
				no									
		really					feelings						
		because				he							
					was								
				never								there	
									for				
							feelings		to		be grown		.

图 5.23　QA2 所在对话序列的对话图示

（↓表示对话语篇的建构方向）

图 5.23 揭示了当前话语空间中 QA2 的问句事件图式结构具有能产性特征。QA2 的部分问句框架语言资源（your，feeling，what）和答语的框架信息（I，had，no，feelings）在交际过程中被说话人进行了细节微调认知处理，如 QA2 中的问句图式事件结构“YOUR FEELINGS WERE X”被拓展为 QA4 的事件框架“YOU HAVE FEELINGS X”。QA4，QA6 对话序列中还增补了对话的时空信息“NOW”“THERE”等。说话人在连续的否定话语用法事件驱动下，根据对话中共享的事件模板，逐渐建构起了一个由 QA1－Q6 组成的局部对话语篇。

5.7.2　否定答语型 WH-对话中的多重互动关系

当前话语空间中，一个否定答语型 WH-对话的问句事件结构通常被答话人再次使用，或在新的对话中被重复使用，使得对话序列中的话语结构呈现句法相似性，话语之间的语义具有类推性。单个否定答语型 WH-对话构式内部和该类对话构式与其他语法构式之间的结构互动，表明对话中说话人之间的人际互动介入了话语意义的推理过程。

根据 ESI 模型的认知语用观，人际互动是说话人达成对话共识的前提。一个否定答语型 WH-对话中的人际互动蕴含了认知主体（subject，简称主体，即说话人）与认知客体（话语[①]）（object，简称客体，即问句与答语）之间的多重互动关系（如图 2. 2 所示）。该类对话中的认知主体包括问话人（S1）与答话人（S2），而认知客体主要指问句（O1）和答语（O2）两个话语。根据语法构式形成的客观事件基础（王寅，2005；曾国才，2015a），认知主体与话语客体的互动同时反映了说话人对客观事件[②]的感知体验过程。

5. 7. 2. 1　互动关系中的客体特征

根据图 2. 2，否定答语型 WH-问答对话中基本的互动关系主要指语言与语言、人与语言、人与人之间的相互作用关系。

该类对话中的 SOSO 互动关系体现了话语的对话性特征，揭示了语言（问句）与语言（答语）之间的相互影响作用。在实际的话语交际中，话语与话语互为认知背景，形成意义识解链条。话语的意义通过对话形式表征。但是，这个特征无法在传统的静态单一话语分析模式中得到揭示。传统的话语分析模式对话语进行孤立的分析，割裂了话语与话语之间的联系，不能充分揭示语言交际中话语的动态变化特点。

此外，SOSO 互动关系把客体“O”具体体现为两个话语客体。在 SOSO 互动关系中，第二个层级主客关系（S2O2）并非机械地复制第一个主客关系（S1O1）的特征，而是体现了一种新型主客关系的建构。如 QA4 并非简单重复 QA2 的对话焦点，而是体现了问话人调整对话策略积极与答话人互动，以期获得问句焦点 what 的具体信息。因此，SOSO 互动关系中第一个主客关系是

① 对话中的认知客体还包括对话的物理场景等。根据认知语言学的“现实 - 认知 - 语言”的互动原则，话语（问句与答语）必定蕴含了认知主体与客观物理场景的互动特征。因此，本节重点关注话语作为认知客体与主体的互动关系。

② 根据认知语言学的隐喻观（Lakoff，1980）、转喻观（Bierwiaczonek，2013；曾国才，2015b）和体认观（王寅，2007），现实世界是虚拟世界的认知基础。认知主体对虚拟事件的理解也是以现实中发生的事件为认知基础的。此外，客观现实中的事件或基于客观现实而虚构的事件在本书中有别于发生在言语行为层面的语符编码事件和在心智层面对现实或虚拟世界进行概念化的事件。三者之间具有事件结构映射关系（曾国才，2015a）。

第二个主客关系形成的基础，并反映了语言与人的互动关系。两个主客关系都是一个对话单位中不可分割的部分。忽视或排除其中任何一个主客关系只能体现话语的独白性质，从而失去了话语的对话性特征。

5.7.2.2 互动关系中的主体特征

在图 2.2 所示的 SOSO 互动关系中，两个话语的互动编码了交际中的主体互动。交际中只有当问答双方的主体地位受到尊重时，说话人才真正拥有话语权并最终实现达成对话共识。但传统的单句话语分析模式中没有考虑听话人所说的话语，听话人在对话中的主体地位被忽略（只有听的权力）或被压制（对其话语、态度视而不见），对话中的关系主要体现为发话人（S1）－话语（O1）－听话人（S2）互动关系（SOS）。但在 SOSO 多重互动关系中，语言交际的主体有相同的发话权利，语言与认知主体形成（S1）－启动话语（O1）－听话人（S2）－应答话语（O2）－互动关系（SOSO），表明说话人之间的主体间性特征介入了话语的意义推理过程。

5.7.2.3 互动关系中的主体“博弈”

说话双方在 SOSO 互动关系中的主体地位突显与否关系到否定答语型 WH-对话的焦点定位成功与否。在该类典型的对话中，问话人通过问句表达了与他者沟通的意愿，期待与对话者形成互动，旨在还原或详述一个完整的事件结构，达到认识客观世界的目的。答话人则基于问话人的问题可理解性、言语行为有效性和态度真诚性等交往行为原则（Habermas，1979：2），并根据问句事件及其焦点的“类型－例示”范畴化关系对问句焦点进行信息定位。该类典型的对话过程突显了问话人在控制谈话过程，以期延续对话的主体主导地位；反之，对话的焦点被转移、悬置或移除，答话人试图控制对话过程，答话人的主体地位被突显。

（1）突显问话人的主体地位。

根据否定答语型 WH-对话的焦点定位 ESI 模型特征，对话中最理想的主体互动结果是问话人的主体地位受突显，答话人遵从“答是所问”的对话原则，问句与答语实现话语焦点一致，问句焦点被成功定位。在否定答语型 WH-对话中，问答焦点匹配一致主要由合格例示的否定答语和铺垫类否定答语表征的 WH-对话体现。

在合格例示性否定答语类（含零例示）WH-对话中，问话人表达可以理解的问句并通过答话人获得期望的问句焦点信息。答话人基于规范的社会人际关系真诚地提供真实的（符合事实）、可理解的答语。答话人直接提供答语的对话态度体现了答话人认同问话人的问话态度、问话方式，问话内容被答话人理解，从而积极回答问话人的提问。答话人对问话人的交往意愿具有遵从性、支持性[①]。问话人主导了整个对话。对话过程突显了问话人的主体地位。正如QA1－QA6的对话序列所示，答话人在问话人的反复追问下，耐心配合提供问句焦点的例示，尽管是问句焦点的零例示，对话在问话人的主导下推动着对话的进行。否定答语型WH-对话构式的不断使用拓展了当前的话语空间。

在铺垫型否定答语类WH-对话中，否定的话语无疑增加了问句焦点例示的出场背景信息。答语中起“铺垫或引导”作用的否定话语为问话人评估焦点例示的可靠性或适切性提供了更多的参照要素。然而，答话人假如提供过量的信息，就会增加问话人对问句焦点例示的认知识解的负担，延长对话实际结束的时间。答话人也就会有“过度”合作之嫌，未体现“直问直答”对话效果。该类别的WH-对话表示答话人通过“绕圈子”回答了问话人的提问，最终选择遵从问话人在对话中的话轮主导地位。对话在答话人“顺而从之”的交往策略下完成。WH-问句的焦点仍然被成功定位。问话人的主体地位受到认知突显。

（2）突显答话人的主体地位。

在本章所分析的语料里，焦点消显型（即焦点转移、焦点移除、焦点悬置，参见图5.22）WH-对话揭示了未受突显的问话人的主体特征。在话轮主导地位的“博弈”中，答话人积极突显自身的主体地位，否定的答语对对话双方建构积极的人际互动关系有消极作用。

在焦点转移和焦点移除型WH-问答对话中，问句和答语构成形式上的问答互动关系，但答语的焦点并非问句焦点的合格例示。否认包括否定（deny）和反（counter）预期（郭飞、王振华，2017：26）。在此类答语中，答话人没有践行问答之间的“类型－例示”范畴化关系原则，答话人力图压制问话人在话轮中的主体地位，而极力突显自身的主体特征，包括突显自身认知能力、对话态度/状态，或否定问话人的提问内容（即事件及焦点）合理性，从而转移或移除对话的焦点，偏离对话的方向。该类别的否定答语对建立积极的人际互动关系具有破坏或阻碍作用。

焦点悬置（否定合格例示的适切性）型WH-对话的否定答语也未体现问

---

① 答话人顺从问答交际的“直问直答”典型原则也许受主客观原因的影响，这不是本节关注的范围。

句焦点的成功定位。由于答话人否定了出现在答语中的焦点例示资质，问话人在对话结束时仍然“疑点未消”。对话过程主要突显了答话人为选择问句焦点例示付出的认知努力，即突显了答话人的主体地位，从而使问话人的主体地位未受突显。答语中的否定话语表明问答双方没有成功建立“答是所问”的主体互动关系。

5.7.3 否定答语型 WH-对话中的人际合作方式

在语言交际中，特定的事件是说话人之间达成对话共识的基础。问答之间的焦点一致表明对话双方的观点趋同，对话双方在人际互动中实现了人际合作，问话人获得期望的信息，增进了对客观世界的认识。答话人在回应问话人的过程中，也基于人际互动表达自己对客观世界的理解，期待问话人认可自己对客观世界的感知体验结果。

ESI 模型中的主客主多重互动观表明，话语之间的结构互动体现了人与人在互动中形成的人际合作特征。否定答语型 WH-对话中问答之间的句法共振效应和义域对应关系反映了问答两个事件在焦点和框架层面的耦合程度，从而在一定程度上揭示了双方的三种人际合作方式，包括完全人际合作，部分人际合作和无显性人际合作[①]。

5.7.3.1 完全人际合作

否定答语型 WH-对话中的完全人际合作主要体现为答话人积极提供问句焦点的例示，答语中的否定话语与问句的事件焦点（事件的 Being 或 Action 要素）与框架实现结构完全耦合（structural coupling），如图 5.24 所示。

① 特指无显性句法共振和语义映射表征的人际合作。

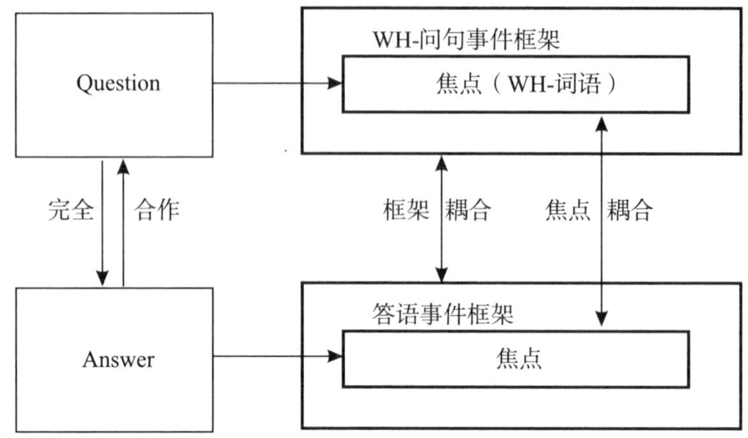

图 5.24　否定答语型 WH-对话中的完全人际合作与事件结构完全耦合特征

图 5.24 表征了问句与答语之间焦点和事件框架存在结构完全耦合（由图中对应的粗框表示）的否定答语型 WH-对话现象。此种情形下，答话人与问话人在 WH-问句的焦点定位过程中建立了积极的完全人际合作关系（由图中实体单向箭头表示）。问话人获得期望的疑问焦点信息。对话双方实现事件焦点与框架的信息共享，达成（临时）完全对话共识①，如 QA7 – QA10 所示：

QA7：

Question：**What** is the swimmer's nightmare?

Answer：The swimmer's nightmare is **not getting your suit on.**

QA7 的否定答语基于问答之间的句法共振②同时例示了问句焦点 what 和其框架"X IS THE SWIMMER's NIGHTMARE"的语义。问话人根据答语中例示性的否定话语补全了问句事件中缺失的事体（Being）信息，体现了说话人之间完全的人际合作关系。

QA8：

Question：**How** do you respond to that?

① 在一问一答的单个对话单位中，由于说话人可能受交际意图或对话目的影响，对话双方只在该对话单位中达成临时的共识。随着对话的进行，已达成的共识可能会被取消。

② 由问答之间的粗体表示焦点共振与相应的语义映射特征，画线部分则表示问答之间的框架共振和相应的义域对应关系，下同。

Answer：The way I respond to that is，**we did nothing different in this case from what we do in every case.**

QA8 的问句焦点 how 表征了事件域“YOU RESPOND TO THAT”的行为要素图式性信息。答语同时在句法和语义层面与问句形成对称特征，表明问话人与答话人针对问句的焦点和事件框架实现信息共享，问答双方此轮对话中达成了完全对话共识。

QA9：

Question：**Why** is that?

Answer：That is **because some people are not in touch with their feelings.**

QA9 的答语中由“because”起引的话语虽然含有否定的句法和语义结构，但却阐释了问句焦点 why 的具体信息。答语对问句框架资源的再利用进一步表明了问答双方在该次对话中的完全合作互动关系。

QA10：

Question：**Where** will it be at the end of 94? Jerry?

Answer：I do**n't** think it'll be **any higher or any lower.**

在该对话中，答语的粗体部分在语义层面阐释了问句焦点 where 的例示特征。根据对话场景中焦点的背景信息“AT THE END OF 94”和更多的当前话语空间信息，问话人可以对否定话语结构“NOT ANY HIGHER OR ANY LOWER”表征的焦点例示做出心智定位。答话人基于互动关系使用了问句的框架结构，直接回答了问话人的提问。说话人之间是完全合作型人际关系。

在实际的语言交际中，该类对话的完全人际合作方式还包括答语只成功例示问句的焦点语义，问答之间仅有焦点共振，答语只与问句事件焦点存在结构耦合的特殊情形，如图 5. 25 所示：

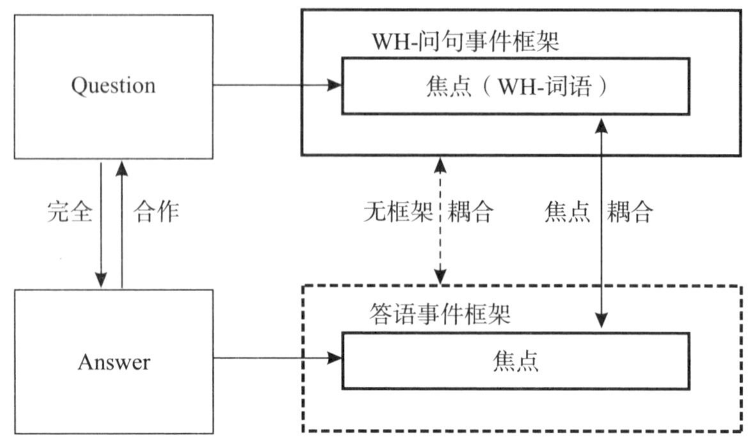

图 5.25　完全人际合作与问答两个事件的焦点结构完全耦合特征

根据 ESI 模型的认知语用观，在 WH-对话中，问话人启动对话的目的通常在于获取特定事件域中的事体（Being）或行为（Action）要素信息，从而在整体上认识一个事件的结构等特征。答话人只需针对问句的焦点提供合格的焦点例示，则可满足问话人的“合作期待”，从而有效解答问话人的“疑点”。因此，在否定答语型 WH-对话中，答话人即使没有使用问句的框架信息，但其否定的答语表征了问句焦点的具体实例，则答话人与问话人仍然共建了完全合作型对话关系。在图 5.25 表征的对话现象中，虽然答语与问句无共享框架（由图中虚框和虚线双向箭头表示），但答语与问句事件的焦点仍具有结构和语义映射特征。答话人在互动中遵从问话人的主体地位。双方通过积极合作形成一致观点，达成了对话共识，如 QA11 – QA15 所示：

QA11：

Question：**What**'s been the hardest part for you?

Answer：**Not being able to find all of them in a day**.

QA11 的答语在句法和语义层面只对应问句的焦点 what。通过否定的答语，问句的焦点信息被明示。答话人在未重复述及问句焦点的背景信息之情形下有效地回答了问话人的提问。该对话的“直问直答”过程体现了说话人之间完全合作的人际互动特征。

QA12：

Question：**How** is it like to work with her?

Answer：**No competition**.

QA12 的否定答语使事件域“IT IS LIKE X TO WORK WITH HER”中的行为方式信息“X”被具体化。并且，答语中略去了问句的框架信息。答话人通过“有的放矢”的应答策略解答了问话人的提问。很明显，答话人在与问话人的完全人际合作中结束了该轮对话。

QA13：

Question：**Why** is that?

Answer：Well，**you can't make generalizations**，first of all.

在 QA13 的答语中，短语结构 first of all 表明，否定的话语对问句焦点而言有极强的语义针对性，即答话人用含有否定语词的话语提供了问话焦点的第一个例示。虽然问句事件的框架信息在答语中没有出场，但答话人仍然提供了问话人期望获得的信息，说话人在一问一答过程中产生了完全合作型人际互动关系。

QA14：

Question：**Who** are you talking about?

Answer：**Nobody** in specific.

QA14 的否定答语作为问句焦点的零例示实现了问答之间的“类型－例示”范畴化关系。虽然问句的框架信息未能被答话人利用，问话人在与答话人的互动中仍然获取了问句事件域里“事件参与者”的例示信息。答话人在对话中采取了完全合作的对话策略。

QA15：

Question：**Where** was the failure?

Answer：And as I said unequivocally **they did not inform me.**

QA15 的答语中粗体部分作为一个整体信息单位表征一个事件“THEY

DID NOT INFORM ME”。该事件以转喻[①]的认知方式表明了问句事件域中“FAILURE”对应的“位置”，问句焦点 where 的例示被一个“事件”转指。尽管答语并未显性展示答语与问句事件框架的语义关联性，答语作为问句焦点的合格例示不置可否。问答双方仍然形成具有完全合作特征的主体互动关系。

完全人际合作型的否定答语型 WH-对话在本章收集的语料中出现 1 044 例，占全部对话语料的 29.4%。其中，问答之间只有焦点结构耦合的情形有 781 例，是该人际合作类型对话总数的 74.8%，而问句与答语在事件焦点和框架方面都有结构耦合的对话情形相对不突显，仅有 263 个用例，占完全合作型对话的 25.2%。

5.7.3.2 部分人际合作

否定答语型 WH-对话中的部分人际合作关系主要指答话人未能提供问话人期望的问句焦点具体信息，但答话与问句的事件框架信息有部分或全部的直接关联，体现为答语在句法层面与问句只产生框架共振和相应的义域对应关系，答语与问句事件仅在框架层面有结构耦合特征，如图 5.26 所示：

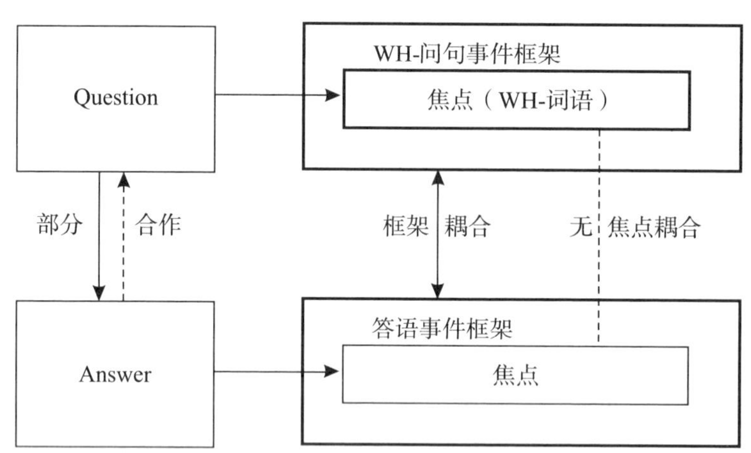

图 5.26　否定答语型 WH-对话中的部分人际合作与事件结构框架耦合特征

图 5.26 表示答话人利用问句的事件框架建构话语，但答语中的否定话语没有详述问句的焦点（图中用无箭头的虚线表示）。答话人言说的话语只与问话焦点的事件背景有一定程度的关联性（由对应的粗框和双向实线箭头表

① 关于转喻中整体指代部分，部分指代整体，整体指代整体的认知特征可参见 Bierwiaczonek（2013）和曾国才（2015b）。

示），对话双方的共享信息仅与问句的事件框架有关。说话人在人际互动中体现部分的人际合作（图中用单向的实线和虚线箭头表示）。此类对话中，问句事件域中的缺失信息未被答语填充，答语与问句事件无焦点结构耦合。对话结束时，问话人针对特定事件的“疑点”未消，如 QA16－QA20 所示：

QA16：

Question：**What is** the most difficult, the most problematic area of negotiations?

Answer：I don’t see any problem in the negotiations.

QA16 的问话人期望获得关于问句事件中“NEGOTIATIONS”的更多信息。答话人的话语也与此有关，问话人与答话人之间有建立人际合作的事件结构基础。然而，答话人围绕问句焦点的事件背景信息并未提供问句焦点 what 的具体例示。答语与问句仅有事件框架结构耦合特征。对话双方只实现了部分人际合作。

QA17：

Question：**How** will we ever get rid of them?

Answer：Well，we’re not going to get rid of them. That’s the point.

由于 QA17 的答话人否定了问话人所言事件“WE GET RID OF THEM”发生的可能性，同时就否定了答语中出现问句焦点例示信息的可能性。问答双方只针对问句焦点的框架展开了对话，说话人之间实现了部分人际合作。

QA18：

Question：Why’d you declare this—this big A-level warning?

Answer：Well，I didn’t declare it. I—I just gather data and the reason this earthquake was...

在 QA18 中，答话人也是停留在问句焦点的事件背景信息层面与问话人交谈。否定的话语与问话人期望获得的关于事件发生的原因无显性直接关系。问答之间仅存的框架共振刻画了问句与答语在事件框架层的结构耦合。答话人只与问话人建立起部分合作的人际关系。

QA19：

Question：**Where** do you expect this sort of uprising, if there is to be any, against Saddam Hussein to originate?

Answer：I'm not saying that there is going to be an uprising

由于 QA19 的答话人否认了与“UPRISING”关联的事件具有现实性，问句焦点 where 的例示在答语中则无出场必然性。答话人只谈论问句焦点的事件背景信息，使问答两个事件出现了框架耦合特征，答话人未能与问话人建构起积极的完全合作型互动关系。对话双方未针对问句焦点达成对话共识。

QA20：

Question：**Who**'s on first?

Answer：Never mind first. I want to know what's the fella's name on third base.

在 QA20 的否定答语中，语词“FIRST”再现了问句焦点的背景信息。由于它出现在 never 的语义辖域之内，同时也间接表明答话人认为问句的焦点设置不合理（即认为问话人“没有问到点子上”）。由此，问答话语之间出现事件框架结构耦合的情形。答语中非否定的话语则进一步说明答话人转移了对话的焦点。该对话中，答话人未与问话人展开完全合作以实现问句焦点 who 的例示定位。

否定答语型 WH-对话中的部分人际合作特征还包括答话人为问话人提供非合格焦点例示的人际互动情形。在此种情形下，即使答语中呈现了与问句焦点有结构对应关系的话语，但答话人“否定”了该话语作为问句焦点例示的适切性。问答之间的焦点匹配不一致源于问答两个事件之间无效的焦点结构耦合。最终，问话人无法通过答话人提供的焦点例示信息还原或描写一个完整的事件场景，对话双方未实现事件焦点信息共享，说话人之间未体现完全的人际合作，如图 5. 27 所示：

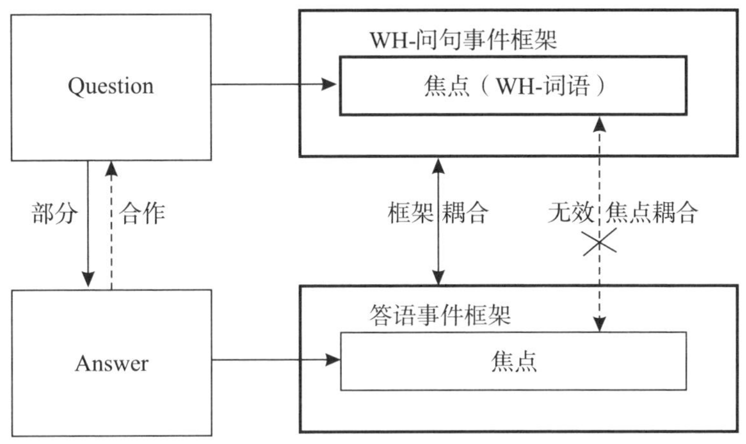

图 5.27　非合格例示的否定答语型 WH-对话中呈现的部分人际合作特征

图 5.27 表示，答语中出现了与问句焦点有结构对应的话语（如图中虚线双向箭头所示），但因答语中否定语词的“消解”作用，该话语失去了作为问句焦点合格例示的资格（用符号“×”表示），问答话语之间已经出现的焦点结构耦合属于无效耦合，对话双方未能建立完全合作型的主体互动关系（由单向虚线箭头表示）。QA21 - QA24 例示了此种对话情形中的互动关系特征。

QA21：

Question：**What** do—what do you believe, Jerry?

Answer：Well, I **do**n't believe **Donald**, you know, **done this.**

QA21 的否定答语以问句的焦点框架为背景（由画线部分表示）同时激活了两个概念空间：“DONALD (HAS) DONE THIS”和“DONALD (HAS) NOT DONE THIS”。与 WH-问句配对的紧邻答语多以肯定的陈述类话语为主（曾国才，2015c：68）。因此，在通常的问答情形下，QA21 的答语应表征第一个概念空间。但在此对话中，答话人不认同第一个概念空间的有效性而瞬时否定了其作为问句焦点例示的恰当性。问话人未获得疑问焦点的肯定与具体例示，双方仅实现部分人际合作。

QA22：

Question：**How** did you feel about that?

Answer：I didn't feel that **the judge was favoring one side or the other at all.**

QA22 的问话人期望答语具体表征事件域“YOU FELT ABOUT THAT”的“方式”信息。表面上，该答语也确实体现了 WH-词语的肯定语义例示（由答语中的粗体表示）。但答话人对该例示的主观否定评价表明答语里的肯定话语并非问话人期望的焦点具体信息[①]。对话双方实现部分人际合作。问话和答语呈现事件框架耦合现象。

QA23：

Question：**Which** is the real one?

Answer：Ooh，I don't know，which one's my size，Diane?

QA23 中说话人之间的合作基础是问句焦点的部分框架背景信息“ONE”。答语中与问句焦点平行的结构 which 只是重复表征了问句焦点的语符特征，但问句焦点的图式性“类型”概念在对话中仍然没有被实例化。答话人与问话人的互动呈现部分的人际合作特征。

QA24：

Question：**Who do** you think did this?

Answer：I—I don't know who did it.

与 QA23 类似，QA24 的答语只在语符层面重复表征了问句的焦点 who 和问句的框架结构，问话人通过答语无法获知 who 的具体例示信息。答话人与问话人虽然有合作的事件基础，但其合作没有促成问句焦点的例示出场。问答之间仍然仅仅体现了框架耦合特征。

在本章的语料中，非合格答语例示表征的部分人际合作型对话非常鲜见，只有 82 例。由铺垫型否定答语和否定认知能力、否定对话态度/状态、否定事件框架合理性的答语体现的部分人际合作型对话则相对较多，共有 2 053 例，占全部对话数量的 57.9%。其中尤以否定事件框架的答语最多，共 1 205 个，

① 在现实对话中，问话人也将根据对话场景的构成要素（说话人的互动、时空等）评估答语的质量，也即评价答语是否提供了问句焦点的具体信息。

占部分合作类的 48.1% 。

5.7.3.3 无显性人际合作①

否定答语型 WH-对话中的无显性人际合作尤指答话人与问话人只有对话形式，而无关于问句焦点及其框架信息的对话内容。问句与答语没有呈现事件结构耦合特征。该类对话情形中，答话人没有积极与问话人建构显性的合作型人际互动关系，如图 5.28 所示：

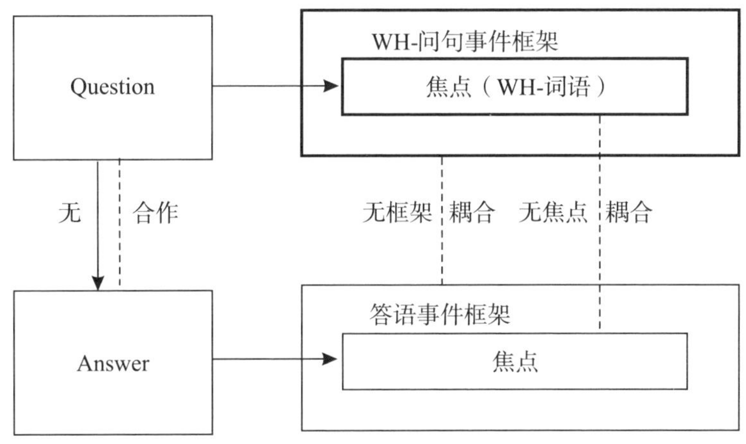

图 5.28 否定答语型 WH-对话中无显性人际合作与事件结构无耦合特征

图 5.28 表示，问句的焦点和事件框架抽象特征均未被答语具体定位（由图中无箭头的线条表示）。答话人只用与问句焦点和框架信息无关的话语回应问话人的提问。答话人未在人际互动中与问话人有显性合作以实现信息共享，如 QA25 – QA28 所示：

QA25：

Question：**What** could conceivably defuse this situation now?

Answer：I don't know.

在该轮对话中，答话人否定了自身可以提供问句焦点例示的认知能力。答语未能与问句的焦点和框架形成句法和语义结构对应特征。问答两个事件域之

① 不可否认，即使 WH-对话中没有句法共振和语义对应，对话双方也呈现人际合作特征，反之亦然。在本节研究范围内，无显性人际合作特征的对话特指基于语言手段未呈现人际合作特征的问答现象。本节暂未涉及非语言策略体现的人际合作型对话现象。

间无事件结构耦合，对话双方未实现针对问句焦点 what 的信息共享，说话人之间无显性的人际合作特征。

QA26：

Question：**How** would they like to have a police officer come in and bring the class to order?

Answer：Well，I don't—I don't really—Gabe，I don't think that's what's being discussed here.

QA26 的否定答语表示，问话人所言的事件及其焦点与当前话语空间无关。答语未能体现说话人之间形成针对疑问焦点 how 的合作型互动关系。

QA27：

Question：**Who** did it?

Answer：I'm not the person you have to ask that question.

在该对话中，答话人否定了自身的参与对话的主体地位，由此否定了问句焦点例示出场的可能性。问答之间无事件结构契合特征。很显然，答话人在当前对话场景中未与问话人建立起人际合作关系。

QA28：

Question：**Where** did you get this assignment?

Answer：No，no. Not to change them necessarily but get them to examine them，perhaps challenge them.

QA28 的答话人强烈否定问句事件及其焦点设置的适切性，并试图转移对话的焦点。答话人没有积极与问话人合作实现问答之间潜在的"类型－例示"范畴化关系。对话双方没有通过此轮对话达成临时共识。

经数据统计发现，无显性人际合作的否定答语型对话在本章使用的语料中出现频次最低，共有 368 例，仅占总数的 10.4%。

5.7.4 否定答语型 WH-对话中的语用共识观

哈贝马斯（Habermas，1979）的"普遍语用学"（Universal Pragmatics）

和以体验哲学为基础的“新认知语用学”（Neo-Cognitive Pragmatics）（王寅，2013）应为当今国内外语用学之前沿（王寅，2015）。哈贝马斯在奥斯丁（Austin，1962）的“言语行为”理论和格赖斯（Grice，1975）的“合作原则”之上提出了“普遍语用学”，其核心思想在于把言语行为（speech act）视为交际行为（communication act），提出交往理性和共识真值论的语用观，强调在主体间性中考察话语的意义。基于体验哲学与认知语言学建立起来的“新认知语用学”主张用语言背后的认知机制统一解释意义的语用推理过程。

ESI 模型基于问答话语之间的互动揭示了说话人之间的交往行为特征。对话中双方不同的人际合作方式反映了说话人对同一客观事件的不同认知体验结果。梅德明等（2011：84）以口译活动为例证，指出发言意义通过参与者主体之间的对话得以理解和重构。ESI 模型表明，否定答语型 WH-对话中问句焦点的意义是问话人与答话人互动协商的结果。在话语空间中，对话活动参与者通过一轮或多轮否定型对话可对特定问句的焦点具体信息进行认知定位，如 QA29 所在的当前话语空间中人际互动的特征所示：

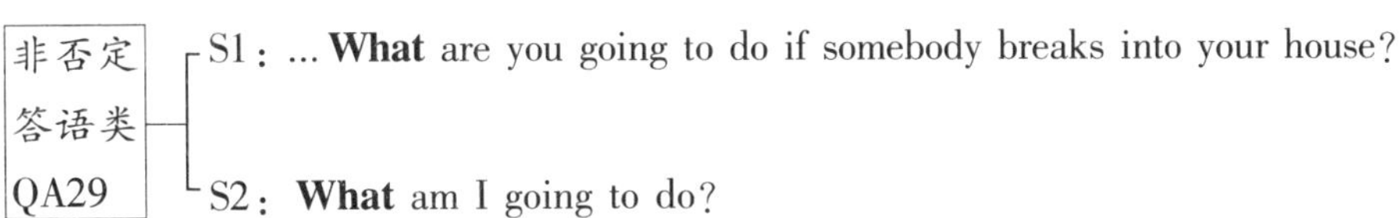

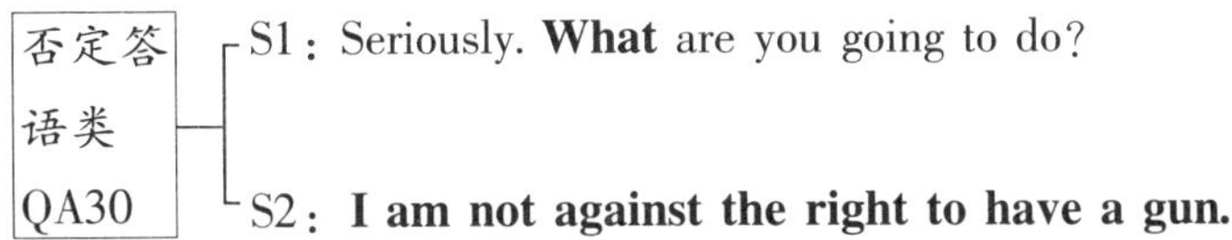

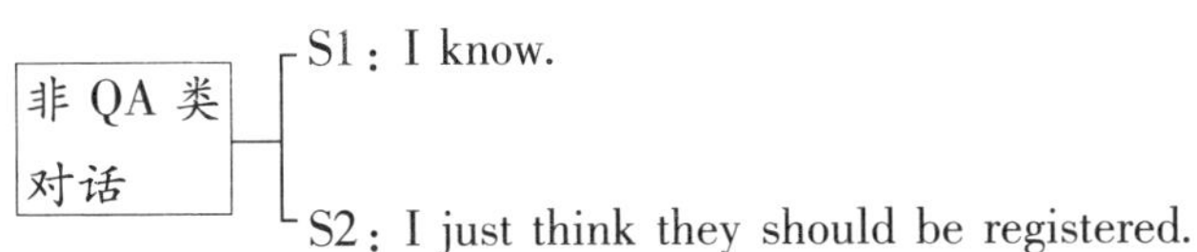

否定答语类 QA31

S1：But what would you do—you don't have a gun. **What** are you going to do?

S2：**I'm not going to announce** whether I do or do not，but **I'm not against people having guns.** But I want them registered and I want them licensed. That's my point of view.

在该对话序列中，S1（Speaker 1）和 S2（Speaker 2）经过四次意义协商最终实现 QA29 - QA30 的疑问焦点具体例示定位。

首先，在 QA29 中，S2 没有提供问句的焦点例示，而是把注意焦点转向问句的事件结构。对话双方在第一次对话中没有实现信息共享。S1 于是启动第二轮对话（QA30），并诚恳表达了与 S2 达成对话共识的意向。S2 则用非合格的例示性否定答语阐释了问句的焦点 what。该轮对话中，答话人与问话人形成部分合作的人际互动关系。为了与 S2 达成观点完全共识，S1 启动了第三轮对话（即非 QA 对话）。此轮对话中，S1 用陈述式话语表示认同 S2 在 QA30 中否定话语体现的立场。S2 改用肯定的语句继续阐释焦点例示定位的参照信息：THEY SHOULD BE REGISTERED。

第三轮对话结束时，S1 仍然没有获得 QA29 - QA30 中问句焦点 what 的具体信息。S1 继续启动第四轮对话，与 S1 协商疑问焦点 what 的具体意义。

在第四轮对话中，S1 增补了疑问焦点 what 的认知背景信息：YOU DON't HAVE A GUN，但 S2 还是没有肯定地直接回答 S1 的提问，而是通过连续两次否定建构自己的话语。此时，对话双方仍然只停留在部分合作的对话层次。但此刻过后，S2 基于自己先前的否定话语，提供了问句焦点的例示信息："I WANT THEM REGISTERED AND I WANT THEM LICENSED"，并用"THAT's MY POINT OF VIEW"明确表示 QA29 - QA30 的焦点被成功定位。QA31 的否定答语转而成为 QA29 - QA30 焦点例示出场的铺垫性话语。

S1 与 S2 在第四轮对话中终于建立起完全合作型互动关系。作为典型的否定答语型 WH-对话构式，QA30 的使用拓展了当前的话语空间，对话双方基于部分合作和完全合作的人际关系实现了信息共享。S1 和 S2 在"否定"的驱动下完成语言交际，体现了以"否定"为驱动的对话哲学思想。

5.7.5 小结

本节分析了否定答语型 WH-对话构式在当前话语空间中的用法特征，并阐释了该类对话中的 SOSO 多重互动关系。SOSO 互动关系表明，对话双方的主体互动方式体现了该类对话在语用层面的"类型 - 例示"范畴化关系，体现出问句与答语之间的事件结构耦合特征。否定答语型 WH-对话中的人际合作方式与事件结构耦合特征可用表 5.8 表示。

表 5.8　否定答语型 WH-对话中人际合作方式与问答事件的耦合特征

	否定答语的类型		WH-问句与答语之间的事件结构耦合程度和对话双方的人际合作方式				共计	
			事件焦点耦合	焦点-框架耦合	事件框架耦合	无耦合		
否定答语型英语WH对话构式（3547）	例示性否定答语	非零例示	749	206	/	/	955（27%）	1 044（29.4%）
		零例示	32	57	/	/	89（2.5%）	
		非合格例示	22	60	/	/	82（2.3%）	
	非例示性否定答语	否定铺垫引出例示	/	/	119	95	2 421（68.3%）	
		否定对话态度	/	/	84	43		
		否定认知状态	/	/	123	41		
		否定认知能力	/	/	522	163		
		否定事件	/	/	1 205	26		
共计			803（22.6%）	323（9.1%）	2 053（57.9%）	368（10.4%）	3 547（100%）	

完全人际合作　部分人际合作　无显性人际合作

如表 5.8 所示，该类对话中，问答中的事件焦点耦合和焦点－框架同时耦合映射了问答双方之间的完全合作型互动关系（如表中灰色无虚框范围所示）。非合格例示的否定答语体现了问答双方的部分合作型人际关系（如表中灰色虚线细框范围所示）。而在铺垫型否定答语、否定认知能力、否定对话态度/状态、否定事件框架信息合理性的答语中，既有部分合作型对话，也有无显性人际合作型对话（如表中灰色虚线粗框范围所示），均以前者情形居多。此外，部分人际合作型和无显性人际合作的对话主要体现为非例示性的否定答语类 WH-对话。

对本章封闭语料的统计分析进一步表明，在英语否定答语型 WH-对话的焦点定位中，对话双方的人际合作方式具有如下的层级性特征：

部分人际合作（60.2%）＞完全人际合作（29.4%）＞无显性人际合作（10.4%）

5.8 否定答语型 WH-对话构式的认知特征总结

以对话句法学（Du Bois，2014）和认知语言学中的构式语法理论（Langacker，1987，1991；Goldberg，1995，2006）为研究视角，否定答语型 WH-对话的总体认知特征体现为问句事件中焦点的意义定位 ESI 模型。本章研究表明，否定答语型 WH-对话的问句及其焦点与答语之间具有“类型－例示”范畴化关系。

基于问答之间的“类型－例示”特点，本章首先把 COCA 语料库中搜集到的 3 547 个口语类否定答语型 WH-对话分为例示性否定答语类和非例示性否定答语类。前者占语料总数的 31.7%，包括合格和非合格的例示性否定答语类，后者占总数的 68.3%，主要包括铺垫型否定答语、否认认知能力、否定对话态度/状态、否定问句事件和/或焦点等类型答语的对话。否定答语型 WH-对话中问话事件及其焦点与答语之间的“类型－例示”范畴化关系表明该类对话构式有如下的句法、语义和语用特征：

5.8.1 否定答语型 WH-对话构式的认知句法特征

在句法层面，否定答语有选择性地使用问句的语言资源，从而与问句形成不同程度的结构平行特征。问答之间的句法共享结构使得两个话语间产生了句法共振效应，进而体现了该类对话构式中问句与答语之间的“类型－例示”范畴化关系。在本章的封闭语料中，问答之间的句法共振包括事件焦点共振、事件框架共振、焦点－框架双共振和零共振，并呈现出如下的层级性特征：

事件框架共振（57.9%）＞事件焦点共振（22.6%）＞问答事件零共振（10.4%）＞事件焦点与框架双共振（9.1%）

5.8.2 否定答语型 WH-对话构式的认知语义特征

基于 ESI 模型，否定答语型 WH-对话的焦点在语义定位过程中出现了问答焦点一致和不一致两种情形，以及三种定位类型，包括直接定位、滞后定位和无效定位。问句焦点在其语义定位时有不同的突显程度，表现为焦点突显、焦点滞显和焦点消显。否定答语表征了问句焦点“类型”概念的语义例示结果，包括唯事件焦点语义例示、唯事件框架例示、事件焦点－框架例示、事件语义零例示，并具有层级关系：

唯事件框架语义定位（57.9%）＞唯事件焦点语义定位（22.6%）＞问句事件语义零定位（10.4%）＞焦点－框架语义定位（9.1%）

5.8.3 否定答语型 WH-对话构式中的认知语用特征

在语用层面，否定答语型 WH-对话的焦点定位“类型－例示”范畴化关系揭示了问答两个事件的结构耦合特征，映射了说话人在人际互动中形成不同的人际合作方式。说话人基于不同的人际合作类型，实现了不同层次的信息共享和达成不同程度的对话共识。本章的对话语料表明，在否定答语型 WH-对话的焦点定位中，问答双方的人际合作方式具有如下的蕴含等级关系：

部分人际合作（60.2%）＞完全人际合作（29.4%）＞无显性人际合作（10.4%）

本章根据 ESI 模型对否定答语型 WH-对话构式的句法、语义和语用特征做出了统一的概括解释，论证了 ESI 模型关于“否定”语言现象的阐释力，进一步揭示了以对话构式为基础的语篇建构和拓展机制，以及交际中以“否定”为驱动的对话哲学思想，从而丰富了新认知语用学视阈下的语言认知研究内容，拓展了语言哲学视野下的句法、语义和语用界面研究。本章的研究内容同时拓展了认知语言学中事件域认知模型的应用，丰富了图形－背景联结理论与认知定位理论的内涵，并在一定程度上为汉语否定答语型 WH-对话构式研究引入了新的研究视角。

6　对话构式语法框架下儿童对话中的话语省略现象初探

语言学研究经历了从语言系统到语言使用、从关注单一认知主体到主体互动的转向。当前的语言学研究正经历新一轮的转向，即“对话转向”（dialogic turn）（Dancygier，2017；Weigand，2017a；Zeng，2018c）。而把对话句法学（Du Bois，2014）、认知语法（Langacker，1987；1991；2008）和构式语法（Goldberg，1995；2006）结合起来的对话构式语法研究则体现了当前语言认知分析的前沿动态（Brône et al.，2014；Fried，2009；Nikiforidou et al.，2014；Sakita，2006；Weigangd，2017b；Zeng，2016a；曾国才，2017a，2017c）。

话语“省略”是人类语言交际中的普遍现象。本章把汉语健康儿童与对话伙伴（儿童或成人）在交际中出现的话语省略作为考察对象，在对话构式语法框架下分析对话中说话人“基于语言建构语言”的话语产出和互动机制。

6.1　“省略”的传统定义

基于汉语事实，黎锦熙（1951）在其著作《新著国语文法》中讨论了对话时的省略、自述时的省略、承前的省略。吕叔湘（1982）着重讨论了当前省略、承上省略、概括性省略。朱德熙（1982）在《语法讲义》中指出，省略是结构上必不可少的成分在一定条件下没有出现。章振邦（1983）认为，“省略”（ellipsis）是避免重复，突出新信息并使上下文紧密连接的一种语法手段；一般说来，只要不会损害结构或引起歧义，能省略的地方就应省略，并区分名词性省略、动词性省略、分句性省略。王力（2000）认为“比正常的句子形式所用的词较少就是省略法”。

6.2 “省略”现象面面观

基于前辈的研究，国内外学者深入考察了语言中的省略现象，其研究视角主要包括形式语言学、功能语言学和认知语言学，涉及语音、词汇、句法、语义、语用和语篇层面，如高丽桃（1994）分别讨论了汉语中省略句的句法、语义和语用特点，并区分“省略”和“隐含”现象。已有的国内研究成果涉及的研究内容包括省略的定义、类型、允准条件和运作机制等，采用了实证研究、对比分析、内省反思等方法，使用的语料包括汉、英、日、韩、俄等语言，旨在为语言研究与翻译、外语与对外汉语教学等领域提供理论启示和实践指导。

具体而言，生成语法框架下有代表性的研究成果包括：张天伟（2011）讨论了省略与零形式（zero）、成分缺失（missing object）、空语类（empty category）的区别，以及省略研究的两种路径（省略有结构和省略无结构），并在句法、语义、语用、语篇层面进行分层论述。李汝亚（2012）等通过实验考察了儿童语言中三种省略结构（“也是”“也+情态动词”以及空宾结构）的特征，着重分析了这三种结构的句法/语义跨模组运算过程，旨在为语法发育论提供证据。张天伟（2013）还基于英汉语料辨析了名词省略、谓词省略、截省句、空缺句、假空缺句、剥落句等省略结构的区别与联系，阐述了省略研究对外语教学的启示。李晓奇（2016）讨论了“NP1 + NP2”结构中“是”动词的省略，并认为省略是严格受到环境条件制约的语用现象，省略的条件主要有必有先行语、可还原、非重读和受句法环境严格制约。

在语篇与功能分析视角下，黄南松（1997）讨论了现代汉语叙事体语篇中的成分省略，侯家旭（2000）详细论述了省略的篇章衔接功能。杜道流（2000）则分析了会话语篇中省略的焦点控制及句法语义影响。侯家旭（2000）详细论述了省略的篇章衔接功能。夏军（2004）还结合系统论分析了语音层面、词汇层面、语法层面的汉语省略现象，阐述了语篇层面省略与指代、替换的区别，以及省略的衔接功能、经济功能、最优化功能和强调功能。曾常红（2007）从“是”字省略句的语表形式讨论了“NP1 是 NP2”和“NP 是 VP”两类“是”字句在语篇中的接续功能。李晓燕（2007）通过对《呐喊》和“Of Study”的原文及译文语篇中出现的省略现象进行数据对比、举例分析、汇总得出汉语多名词性省略、英语多动词性省略的结论，进而阐释了省略现象的定义、分类和功能。韩斌（2008）认为交际中的省略具有语境依赖性，省略可以发生在语言的句法、语音、词汇、语义等多个方面；省略是动态的语用现象；省略的恢复性（recoverability）成为省略表达的必要条件。李小军（2011）认为“（X）真是（的）”和“这/那个+人名”省略现象在语篇中的负面评价功能源于语用省略。金慧婷（2014）在篇章语言学视角下进行中韩主语省略对比研究。徐慧（2017b）通过英汉翻译对比把语篇中的省略分为名词性省略、动词性省略和小句性省略，探讨了省略的语篇衔接功能。

基于认知语言学视角，汪吉（2001）结合认知语用学分析了俄语口语对话中的省略现象，指出省略现象的句法空位和语义空位特征，认为词语信息、百科信息和逻辑信息是推导对话反应话轮中省略而隐含的会话含意。吴迪龙、赵燕（2010：70）采用理想认知模型，夏日光（2010：54）则运用图形－背景理论分析了话语的省略现象。张天伟、卢卫中（2012：25）则从概念转喻角度探讨了理解词语省略、句子省略、对话省略和语篇省略的认知机制，指出省略的认知参照点解读的本质是概念转喻机制。杨蕾达、赵耿林（2013：37）结合联结主义模型理论和 Lamb 的关系网络理论构建了省略的认知网络联结模式。唐卫平、赵耿林（2016）在对比省略研究的生成观和认知观之后，主张在认知理论框架下重新考察省略的回指性、先行词与省略部位的一致性、省略部位的句法地位、允准机制的适用性。而徐慧（2017a）结合认知突显和理想认知模型分析了省略现象。以构式语法为理论基础，张翼（2018）把英语中的省略结构作为研究对象，主张使用基线/加工模式统一解释英语中动词省略结构、共享成分省略结构和剥离省略结构的语义特征。

此外，截省句（sluicing）作为一种省略现象广受国内学者关注。该类省略句在形式上表现为一个疑问词（短语），但其内部句法结构体现了一个完整的疑问句。刘丽萍（2006）在形式语言学框架内把汉语截省句分为隐性和显性两类，并采用逻辑形式复制策略对之进行分析。邱春安（2010）把英语中的截省句分为合并截省句（merger sluicing）和萌生截省句（sprouting sluicing）。循环线性化（cyclic linearization）方案可以解释合并截省句的孤岛修复，而利用辖域平行（scope parallelism）条件则可解释萌生截省句为何不能修复孤岛。王成东（2010）在移位删略法的框架下，提出截省句的三种解释方案（动词短语前置说、分裂句说和焦点移位说），并认为汉语截省句中主目语位置的疑问词前需要“是”支持，附加语位置的疑问词前不一定需要“是”支持。罗敏（2010）基于语用学研究视角，尝试解决汉语截省句中“是”的问题以及孤岛修复之谜。傅玉（2014）基于“小句左缘”（left periphery of

CP）理论，解释了英汉语截省句在“萌生”（sprouting）特征方面的异同，并指出汉语特殊疑问词“谁”和“什么”截省句是“假截省”结构，而汉语短语类特殊疑问词截省句则类似英语中相应的截省结构，从而解释了“是”在假截省结构中存在的必要性。

再者，部分学者关注特定句式中出现的省略现象，如戚晓杰（1996）对兼语句、沈阳（1994）对祈使句中的省略现象分析。许汝民、张培成（1999）分析了“So do I”句式的省略句特征。王鹤凌（2007）和朱立霞（2018）描写了日语中省略现象的产生机制。

国外的语言省略现象研究则以生成语法理论框架下的成果居多，功能语言学和认知语言学理论视角下的研究成果相对较少，主要从间接允准机制（indirect licensing）、空代词（empty pronoun）或 LF 复制（logic form copy）和 PF 删除（phonological form deletion）等路径考察动词省略、谓语省略、截省句（sluicing）、剥落句（stripping）以及并列结构中的省略特征（参见张天伟、卢卫中，2012；唐卫平、赵耿林 2016）。

Thomas（1979）较早考察了省略现象中句法结构与语境之间的互动关系。Lobeck（1995）基于空范畴理论解释句法空位的条件和分布特征，主要分析了动 VP 省略、截省句、NP 中的省略等的允准和识别机制。Schwabe 等（2000）以英语、荷兰语、汉语等语言中的截省句为研究对象，讨论了通过逻辑式复制，语音删除等策略以解读省略结构的语义。Merchant（2001）主张省略部位的句法结构没有丢失，只是语音形式（PF）被删除了，省略结构的意义可通过先行词来恢复。与之相反，Culicover 等（2005）则认为省略部位没有语音形式之外的句法结构。Lobke（2010）简化省略的定义，认为省略即语音和语义的不匹配现象，并讨论了省略的允准和省略的可识别性。Van Craenenbroeck（2010）以分布在法国、比利时、荷兰等国家常见的方言为语料，基于空范畴理论和语音删除（PF deletion）方案讨论了截省句的形式与意义不组配特征。Phillips（2013）明确指出：省略是句法生成的，省略在本质上是回指的。Gengel（2013）和 Kluck 等（2015）进一步推进了生成语法框架内的省略研究，前者讨论了假空缺（pseudogapping）结构的话语焦点敏感性，并介绍了该类省略现象的句法实现策略：焦点移位（movement）与动词删除（deletion），后者基于生成语法和跨语言视角，阐述了插入语与省略现象的允准机制。Konietzko（2016）则聚焦剥落句（stripping）的省略允准机制研究，详述了该类省略情形中句法结构、信息结构和信息处理之间的互动关系。根据 Kubota（2017）的观点，句法中假空缺（pseudogapping）现象的本质是假动词短语的省略（pseudo-VP-ellipsis），而 An（2018）强调分析省略语境中相邻句法结构之间的层级性互动关系。

就研究方法而言论，国外多以语料库（如 Johnson，1994）和实验数据（如 Shapiro et al.，2003；Martin，2012）为基础展开分析。具有代表性的研究还包括：Tesak 等（1995）通过自建小型电报语料库用于跨语言的电报语篇省略研究。Kaan 等（2004）则采用 ERP 实验方法以证明省略部位存在不发音的句法结构。Martin 等（2009）使用了眼动跟踪法和速度－准确率追踪程序揭示省略的理解与记忆表征之间的关系。

上述研究表明，国内外学者以形式语言学、认知语言学和功能语言学等理论视角论及了语言各个层面的话语省略现象，但主要以“单句内的省略”研究为主，并突显省略的定义、分类和功能研究，儿童语言中的话语省略现象研究仍显不足。并且，在已有成果中鲜见以构式语法理论为研究视角，在语对层面分析话语省略现象的形义或形功配对体（即“对话构式”）特征。

6.3 ESI 模型视角下“省略”现象的认知特征

本章基于对话构式的 ESI 识解模型，结合说普通话的健康儿童与对话伙伴的会话语料，以分析儿童参与的对话中话语省略现象的认知特征（如图 6.1 所示，参见图 3.5）

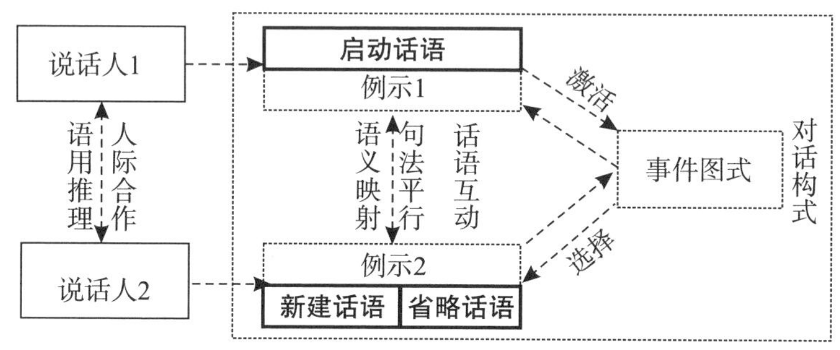

图 6.1 儿童参与的对话中“话语省略”的 ESI 识解模型

如图 6.1 所示，在儿童参与的对话中，典型的“对话构式”包含“启动话语”和“新建话语”两个部分。说话人 1 的启动话语激活了一个事件图式，启动话语为该图式的例示 1，说话人 2（自主或在说话人 1 的引导下）对该图式进行了例示（即例示 2），产生新建话语。基于交际场景和描述的事件，启动话语和新建话语形成“例示－(事件图式)－例示”关系，话语之间产生句法平行、语义映射，浮现“对话构式”。随着话轮的转换，在儿童与对话伙伴的话语互动中产生话语共振循环，不断浮现形义或形功配对的语对，即“对话构式”，对话中省略的话语与新建话语和启动话语之间的互动关系，如图6.2的对话节选所示。

@ID:CHI|5;00.|||male|||（儿童，5岁，男）

@ID:MOT|||female|||（母亲，女）

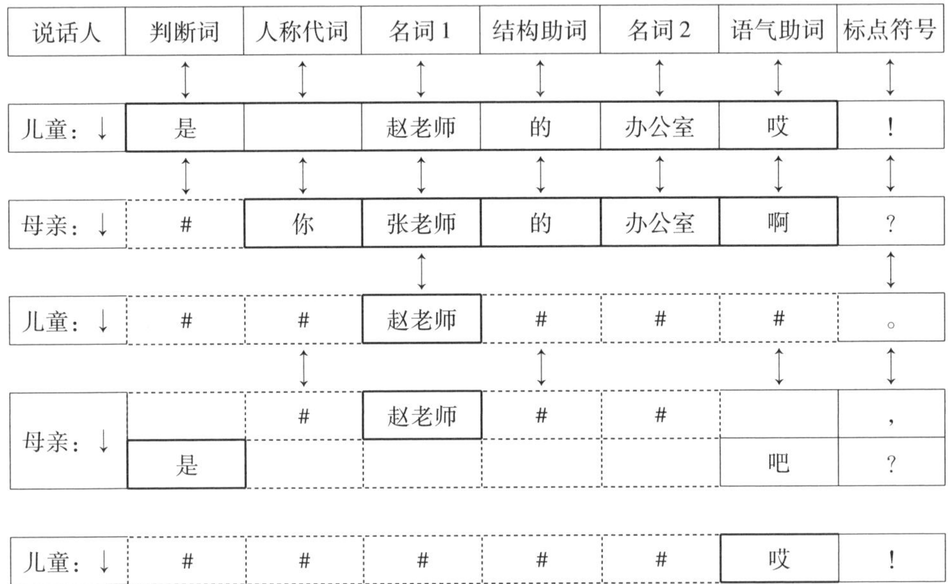

图6.2　儿童－成人对话中省略话语与其他话语互动时浮现的对话构式

（单向箭头表示话语建构方向；#表示省略的话语结构）

图6.2中儿童省略话语与其他话语互动中浮现的对话构式特征可概括如下：

在句法互动层面，儿童的启动话语“是赵老师的办公室哎！”激活了句法图式：判断词＋人称代词＋名词1＋结构助词＋名词2＋语气助词。母亲和儿童在话轮转换中选择性地以相应词类例示了该句法图式的部分结构，建构自己的话语，并与启动话语形成局部结构平行特征：“（是：是）；（赵老师：张老师）；（的：的）；（办公室：办公室）；（哎：啊：吧）”。启动话语与母亲和儿童新建的话语之间体现出不同的句法复杂度，话语与话语之间浮现句法层面的“例示－(图式)－例示”关系。因此，在句法层面，省略话语是图6.2中例示2的非显性结构。

在语义映射层面，儿童的启动话语激活了一个静态事件/场景图式："是 X 的 Y"。启动话语是此事件图式的原型（例示 1），母亲在首次话轮转换中有选择性地使用启动话语的语言资源（包括语词、句式等），形成建构话语。与启动话语相比，母亲的首轮话语省略了判断词"是"，并再次例示了该图式，即例示 2。在对话进行中，母亲和儿童分别用"张老师""赵老师"填充了该图式的 X 槽位，话语之间形成局部语义映射特征，体现了话轮转换中的话语语义传承关系。对话中未被填充的 Y 槽位映射了启动话语（例示 1）中相应位置的语义结构（即"办公室"），并与之形成语义隐性传承关系。该对话中，儿童和母亲用"X 槽位"转喻表征了图式"X 的 Y"的整体概念结构。

在语用层面，两人基于"发话 - 应答"言语行为图式展开认知协作。其中，事件的参与者角色由最初的"赵老师的办公室"被"张老师""赵老师"指代。儿童与母亲通过话语的局部句法平行和语义映射实现了有效的人际互动。儿童和母亲分别详述了同一事件图式，但详略度不同。两人描述的事件/场景基于浮现的"例示 -（图式）-（显性 + 非显性）例示"关系在主体互动中实现了结构耦合。

6.4 小结

本章简要述及了"省略"的传统定义，回顾了当前的"省略"研究动态，进而在对话构式语法框架下概述了儿童与对话伙伴在话语互动中浮现的"对话构式"的认知特征。基于 ESI 模型的理论观（参见 3.5 节），本章对话语"省略"现象的初步探究表明，在儿童参与的对话中"省略"的话语是事件图式的非显性例示。话语"省略"是说话人"基于语言建构语言"在话语建构过程产生的语言现象，即说话人（儿童或成人）以客观世界中的事件或场景为基础，在语言交际中基于浮现的局部、规约化、临时"对话构式"为单位建构和发展自己的话语。儿童在对话中的话语省略不是被动的、简单的、无意义的语言"删减"，而有其特定的认知机制。儿童的语言习得过程是儿童通过对话习得"对话构式及其网络"的过程。

7 结　语

本书在认知语言学“对话转向”研究背景下，论述了对话构式语法理论的语言学、体认哲学和后现代哲学中的“对话”与“互动”研究思想，并阐述了对话构式语法研究中关于意义的互动协商和多模态介入观、动态范畴化和层级性整合观、局部浮现和临时固化观、过程建构和选择性用法观。

为统一概括解释语言现象中的“对话构式”识解机制，本书结合对话句法学和认知构式语法理论，整合了认知语言学中的事件域认知模型（ECM）和图式－例示认知原则（SI），建构了对话构式的 ESI 识解模型，并以此作为语言认知研究中进行“对话”分析的理论框架。本书第 3 章着重介绍了基于 ESI 模型的对话构式识解策略。

为了论述该模型在“对话”认知分析中的具体应用，本书第 4 章讨论了英语中 WH-问答现象的“对话构式”ESI 模型特征，并强调 WH-问答对话的本质是人类认识客观世界的一种基本认知方式。

鉴于否定答语型的英语 WH-对话有突显的结构特征，本书第 5 章采用 ESI 模型，并结合 COCA 语料库中搜集的 3 547 个否定答语型 WH-对话，用定性和定量研究方法阐述了该类对话在句法、语义、语用层面的“类型－例示”范畴化关系，进一步论证 ESI 模型在语对层面对“否定”语言现象的解释力。

为阐述现代汉语“对话”中 ESI 模型的应用，笔者以普通话健康儿童与对话伙伴的会话为语料，在第 6 章初步探析了“省略话语”与相邻话语在互动中浮现的“对话构式”的认知特征，旨在分析句法、语义和语用层面儿童纵向的图式化概括能力和横向的语言创新拓展能力。基于 ESI 模型，本章认为儿童语言的习得即习得“对话构式”的过程；儿童与对话伙伴基于“图式－例示”认知原则详述同一事件场景，双方的话语互动分别为该事件图式的不同类型例示，而“省略”的话语在本质上为该图式的非显性例示。儿童与对话伙伴在语言交际中形成“启动话语－激活图式－选择资源－平行映射－提供例示－实现（话语）互动”的话语动态建构特征。

然而，在具体研究中，第 4 章和第 5 章局限于 WH-对话的一问一答研究，而未考察实际语篇中 WH-对话的自问自答、一问多答和多问一答等交际模式。此外，笔者对 WH-问答现象的类型划分尚有一定的主观性。同时，第 4 章和第 5 章的研究结论仅限于英民族的 WH-问答对话分析，而未揭示英语与其他语言（如汉语）在问答现象中的共性与差异性。在真实的语言交际中，问答式和陈述式的具体对话类型较多，ESI 模型的理论概括性有待在不同语言中通过不同类型的对话语料（尤其是陈述式对话）分析予以佐证。非学无以广才，非志无以成学，针对上述有待完善之处，笔者将在未来的语言认知研究中不断努力探索。

总之，基于用法的语言模型（Barlow et al.，2000：viii），对话句法和认知构式语法的理论整合为语言的认知研究开辟了新的疆域。对话构式语法理论阐明了话语意义的对话性和动态建构性特征。基于对话构式语法理论视角，自然语言问答式对话、陈述式对话乃至人工智能对话的认知机理和语言哲学思想等有待深入研究。对话构式语法把单句层面的构式研究上升到语对层面的话语分析，折射了语法构式的变异特征，体现了当前话语认知分析的前沿动态，即话语认知研究的对话构式语法分析进路。但作为一个年轻的理论，对话构式语法理论的普适性和解释力需要类型学、定性与定量的对话与互动研究视角来验证和完善，并结合传统会话分析所关注的要素（如社会、文化、性别、地位等），来分析对话中话语的意义。对话构式语法理论标示着当前语言学、认知语言学和构式语法研究中的“对话转向”，无疑为汉语对话的认知分析（如儿童对话中的话语“重复”现象）引入了新的研究范式。正如沈家煊先生（2019：488）所说，从汉语的事实出发，我们可以大大丰富“对话语法”的内涵。

参考文献

AN D H. 2018. On certain adjacency effects in ellipsis contexts [J]. Linguistic inquiry: 1 – 38.

AUER P, 2009. On-line syntax: thoughts on the temporality of spoken Language [J]. Language sciences, (31): 1 – 13.

AUER P, STEFAN P, 2011. Constructions: emerging and emergent [C]. Berlin/Boston: Water De Gruyter GmbH & Co. KG.

AUSTIN J L, 1962. How to do things with words [M]. Oxford: OUP.

AUTRY K S, 2014. Effects of licensed and unlicensed negation on the activation of negated Concepts [D]. Jonesboro: University of Arkansas.

BAKHTIN M M, 1981. The dialogic imagination: four essays [M]. Trans. Caryl Emerson and Michael Holquist. Austin/London: University of Texas Press.

BARLOW M, KEMMER S, 2000. Usage-based models of language [M]. Stanford: CSLI Publications.

BARWISE J, 1991. Review of laurence horn's a natural history of negation [J]. The Journal of Symbolic Logic, 56 (3): 1103.

BATET M C I, GRAU M L I, 1995. The acquisition of negation [J]. Atlantis, 17 (1/2): 27 – 44.

BIERWIACZONEK B, 2013. Metonymy in language, thought and brain [M]. Shelffield: Equinox Publishing Ltd.

BLANCO E, 2011. Composition of semantic relations and semantic representation of negation [D]. Dallas: University of Texas.

BLOOM L, 1970. Language development [M], Cambridge, MA: The M. I. T. Press.

BOHM D, 1996. On dialogue [C]. London: Routledge.

BOOGAART R, COLLEMAN T, RUTTEN G, 2014. Extending the scope of construction grammar [C]. Berlin: Mouton de Gruyter.

BOSANQUET B, 1911. Logic, or, the morphology of knowledge [M]. Oxford: Clarendon Press.

BRISARD F, 2002. Grounding: the epistemic footing of deixis and reference [C]. Berlin: Mouton de Gruyter.

BRÔNE G, ZIMA E, 2014. Towards a dialogic construction grammar [J]. Cognitive Linguistics, 25 (3): 457 -495.

BURGER J, CARDIE C, CHAUDHRI V, et al., 2001. Issues, tasks and program structures to roadmap research in question & answering [C] //Document Understanding Conferences Roadmapping Documents: 1 -35.

CARNIE A, 2007. Syntax: a generative introduction [M]. 2nd ed. Oxford: Blackwell: 44.

CHOI S, 1988. The semantic development of negation: A cross-linguistic longitudinal study [J]. Journal of Child Language, (15): 517 -531.

CHOMSKY N, 1957. Syntactic Structures [M]. The Hague: Mouton.

CHOMSKY N, 1965. Aspects of the theory of syntax [M]. Cambridge: MIT Press.

CHOMSKY N, 2013. Problems of projection [J]. Lingua, (130): 33 -49.

CIENKI A, 2015. Spoken language usage event [J]. Language and Cognition, (7): 499 -514.

COLLINGWOOD R G, 1940 [1998]. An essay on metaphysics [M]. Oxford: Clarendon Press.

COUPER-KUHLEN E, SELTING M, 2018. Interactional linguistics: an introduction to language in social interaction [M]. Cambridge: Cambridge University Press.

CROFT W, 1991. The evolution of negation [J]. Journal of Linguistics, (27): 1 -27.

CROFT W, 2001. Radical construction grammar: syntactic theory in typological Perspective [M]. Oxford: Oxford Unirersity Press.

CROFT W, CRUSE A D, 2004. Cognitive linguistics [M]. Cambridege: Cambridge Unirersity Press.

CUCCIO V, 2012. Is Embodiment All That We Need? Insights from the Acquisition of Negation [J]. Biolinguistics, 6 (3 -4): 259 -275.

CULICOVER P, JACKENDOFF R, 2005. Simpler Syntax [M]. Oxford: Oxford University Press.

DąBROWSKA E, DIVJAK D, 2015. Handbook of cognitive linguistics [C]. Berlin: Walter de Gruyter GmbH.

DAHLSTROM D, 2010. Negation and being [J]. Review of Metaphysics, 64 (2): 247 -271.

DANCYGIER B, 2017. The Cambridge handbook of cognitive linguistics [C]. Cambridge: Cambridge University Press.

DAVIDSON D, 1967. The logical form of action sentences [C] // N. Rescher. The Logic of Decision and Action. Pittsburgh: University of Pittsburgh Press: 81 -95.

DAVIES M, 2008 - 2015. The Corpus of Contemporary American English: 450 Million Words [OL]. http://corpus.byu.edu/coca/.

DEPPERMANN A, 2007. Grammatik und semantik aus gesprächsanalytischer sicht [M]. Berlin: Mouton de Gruyter .

DEPPERMANN A, 2011. Constructions vs. lexical items as sources of complex meanings: a comparative study of constructions with German Verstehen [C] //P. Auer & S. Pfänder. Constructions: emerging and emergent. Berlin: Mouton de Gruyter: 88 - 126.

DE RUITER J, 2012. Questions: formal, functional and interactional perspectives [C]. Cambridge: Cambridge University Press.

DOWTY D, 1979. Word meaning and montague grammar [M]. Dordrecht: D. Reidel Publishing Company.

DOWTY D, 1994. The role of negative polarity and concord marking in natural language reasoning [C] //Proceedings of Semantics and Linguistics Theory (SALT), (4): 114 - 144.

DU BOIS J W, 2003. Discourse and Grammar [C] //Michael Tomasello. The new psychology of language: Cognitive and functional approaches to language structure, vol. 2. Mahwah: Erlbaum: 47 - 87.

DU BOIS J W, 2007. The stance triangle [C] //Robert Englebretson (ed.), Stancetaking in discourse: subjectivity, evaluation, interaction. Amsterdam: Benjamins: 139 - 182.

DU BOIS J W, 2013. Representing discourse (manual script), Linguistics Department, University of California. Santa Barbara.

DU BOIS J W, 2014. Towards a dialogic syntax [J]. Cognitive Linguistics, 25 (3): 359 - 410.

DU BOIS J W, HOBSON P, HOBSON J, 2014. Dialogic resonance and intersubjective engagement in Autism [J]. Cognitive Linguistics, 25 (3): 411 - 441.

FASOLD R, 1990. The sociolinguistics of language [M]. Oxford: Basil Blackwell.

FELGENHAUER J, 2016. The negation of negation of subject [D]. Washington D. C.: Gonzaga University.

FILLMORE C J, KAY P, O'CONNOR M C, 1988. Regularity and idiomaticity in grammatical constructions: the case of let alone [J]. Language, 501 - 538.

FISCHER K, 2015. Conversation, construction grammar, and cognition [J]. Language and Cognition, (7): 563 - 588.

FOWLER A M, 2006. Negation in natural language processing [D]. Dallas: The University of Texas at Dallas.

FOX B, THOMPSON S, 2007. Relative clauses in English conversation: relativizers, frequency and the notion of construction [J]. Studies in Language, (31): 293 - 326.

FRIED M, ÖSTMAN J O, 2005. Construction grammar and spoken language: the case of pragmatic particles [J]. Journal of Pragmatics, (11): 1752 - 1778.

FRIED M, 2009. Construction grammar as a tool for diachronic analysis [J]. Constructions and Frames, 1 (2): 261 - 290.

GABBY D M, WANSING H, 1999. What is negation? [C] //Applied Logic (13). Dordrecht: Springer Science + Business Media.

GADAMER H G, 1976. Hegel's Dialectic: five hermeneutical studies [M]. Translated by P. Christopher Smith. London: Yale University Press.

GENGEL K, 2013. Pseudogapping and ellipsis [M]. Oxford: Oxford University Press.

GINZBURG J, SAG I, 2000. Interrogative investigations: the form, meaning and use of English interrogatives [M]. Stanford: CSLI Publications.

GIORA R, RAPHAELY M, FEIN O, LIVNAT E, 2014. Resonating with contextually inappropriate interpretations in production: the case of irony [J]. Cognitive Linguistics, 25 (3): 443-455.

GIVÓN T, 2001. Syntax: anintroduction [M]. Amsterdam/Philadelphia: John Benjamins Publishing Company.

GLEASON J B, 2001. The development of language [C]. MA: Allyn and Bacon.

GOLDBERG A, 1995. Constructions: a construction grammar approach to argument structure [M]. Chicago: The University of Chicago Press.

GOLDBERG A, 2006. Constructions at work: the nature of generalization in language [M]. Oxoford: Oxoford Unirersity press.

GRICE P, 1975. Logic and conversation [C] //P. Cole & J. L. Morgan. Speech Acts (Syntax and Semantics, Vol. 3). New York: Academic Press: 41-58.

GRICE P, 1989. Studies in the way of words [M]. Cambridge, MA: Harvard University Press.

GÜNTHNER S, BÜCKER J, IMO W, 2014. Grammar and dialogism: sequential, syntactic, and prosodic patterns between emergence and sedimentation [C]. Berlin: De Gruyter.

HABERMAS J, 1979. What is universal pragmatics? [C] //Communicative and the evolution of society. Boston: Beacon Press: 1-68.

HAEGEMAN L, 1995. The syntax of negation [M]. Cambridge: Cambridge University Press.

HALLIDAY K, HASAN R, 1989. Language, context and text: aspect of language in a social-semiotic perspective [M]. Oxford: Oxford University Press.

HALLIDAY K, 1994. An introduction to functional grammar [M]. London: Edward Aarnord (Publishers) Limited.

HAMBLIN C L, 1973. Questions in montague English [J]. Foundations of Language, 10 (1): 41-43.

HANCIL S, 2018. Discourse coherence and intersubjectivity: the development of final but in dialogues [J]. Language Sciences, (68): 78-93.

HILPERT M, 2014. Construction grammar and its application to English [M]. Edinburgh: Edinburgh University Press.

HORN L R, 1989. A natural history of negation [M]. Chicago and London: The University of Chicago Press.

HOVAV M R, DORON E, SICHEL I, 2010. Lexical semantics, syntax, and event structure [C].

Oxford/New York: Oxford University Press.

HU J, 2002. Prominence and locality in grammar: the syntax and semantics of wh-questions and reflectives [D]. Hongkong: City Unirersity of Hongkong.

HUDDLESTON R D, GEOFFREY K P, 2002. The Cambridge grammar of the English language [M]. Cambridge: Cambridge University Press.

HUMMER P, WIMMER H, ANTES G, 1993. On the origins of denial negation [J]. Journal of Child Language, (20): 607 -618.

IMO W, 2009. Where does the mountain stop? A granular approach to the concept of constructions-as-signs. Published online: http: //www. unimuenster. de/imperia/md/content/germanistik/lehrende/imo_ w/granularityandconstructions. pdf.

IMO W, 2015. Interactional construction grammar [J]. Linguistics Vanguard, 1 (1): 69 -77.

ISRAEL M, 2004. The pragmatics of polarity [C] //Horn & Ward. The Handbook of Pragmatics. Oxford: Blackwell: 701 -723.

JASZCZOLT K M, 2016. Meaning in linguistic interaction: semantics, metasemantics, philosophy of language [M]. Oxford: Oxford University Press.

JOHNSON F, 1994. A classification of ellipsis based on a corpus of information seeking dialogues [J]. Information Processing and Management, (30): 315 -325.

KAAN K, et al. , 2004. Gapping: electro physiological evidence for immediate processing of "Missing" verbs in sentence comprehension [J]. Brain and Language, (89): 584 -592.

KAMP H, REYLE U, 1993. From discourse to logic: introduction to model theoretic semantics of natural language, formal logic and discourse representation theory [M]. Dordrecht: Kluwer Academic Publishers.

KARTTUNEN L, 1977. Syntax and semantics of questions [J]. Linguistics and Philosophy, (1): 3 -44.

KAY P, CHARLES J F, 1999. Grammatical constructions and linguistic generalizations: the What's X Doing Y ? Construction [J]. Language, 75 (1): 1 -33.

KIM J B, 1995. The grammar of negation: A constraint-based approach [D]. Stanford: CSLI Publications.

KLIMA E S, BELLUGI U, 1966. Syntactic regularities in the speech of children [C] //Lyons, J. &Wales, R. J. Psycholinguistics papers: the proceedings of the 1966 Edinburgh conference. Edinburgh: Edinburgh University Press, 183 -207.

KLUCK M, OTT D, DEVRIES M, 2015. Parenthesis and ellipsi: cross-linguistic and theoretical perspectives [C]. Berlin/Boston/Munich: Walter de Gruyter Inc.

KONIETZKO A, 2016. Bare argument ellipsis and focus [M]. Amsterdam / Philadelphia: John Benjamins Publishing Company.

KUBOTA Y, LEVINE R, 2017. Pseudogapping as pseudo-VP-Ellipsis [J]. Linguistic Inquiry, 48 (2): 213-257.

LADUSAW W A, 1996. Negation and polarity Items [C] //Shalom Lappin. Handbook of contemporary semantic theory. Oxford: Blackwell: 321-341.

LAKOFF G, JOHNSON M, 1980. Metaphors We Live By [M]. Chicago: The University of Chicago Press.

LAKOFF G, 1987. Women, fire, and dangerous things: What categories reveal about the mind [M]. Chicago: The University of Chicago Press.

LAKOFF G, JOHNSON M, 1999. Philosophy in the flesh—the embodied mind and its challenge to western thought [M]. New York: Basic Books.

LANGACKER R W, 1987. Foundations of cognitive grammar: vol. I: theoretical prerequisites [M]. California: Stanford University Press.

LANGACKER R W, 1991. Foundations of cognitive grammar: vol. II: descriptive application [M]. California: Stanford University Press.

LANGACKER R W, 2001a. Discourse in cognitive grammar [J]. Cognitive Linguistics, 12 (2): 143-188.

LANGACKER R W, 2001b. What WH Means [C] //In Alan Cienki, Barbara J. Luka & Michael B. Simth (eds). Conceptual and Discourse Factors in Linguistic Structure. Stanford: CSLI Publications: 137-152.

LANGACKER R W, 2002. Remarks on the English Grounding System [C] //In Frank Brisard. Grounding: The Epistemic Footing of Deixis and Reference. Berlin: Mouton de Gruyter: 29-38.

LANGACKER R W, 2004. Remarks on Nominal Grounding [J]. Functions of Language, (11): 77-113.

LANGACKER R W, 2008. Cognitive Grammar: A Basic Introduction [M]. Oxford: Oxford University Press.

LANGACKER R W, 2009. Investigations in Cognitive Gramma [M]. Berlin: Mouton de Gruyter.

LANGACKER R W, 2012. Substrate, System, and Expression: Aspects of the Functional Organization of English Finite Clauses [C] //Mario Brdar, Ida Raffaelli, and Milena Žic Fuchs. Cognitive linguistics between universality and variation. Newcastle upon Tyne: Cambridge Scholars Publishing: 3-52.

LANGLOTZ A, 2015. Local meaning-negotiation, activity types, and the current-discourse-space model [J]. Language and Cognition, (7): 515-545.

LEECH G, 1983. Principles of pragmatics [M]. London/New York: Longman.

LEHNERT W, 1977. Human and computational question answering [J]. Cognitive Science, 1

(1): 47 -73.

LI W, 1992. A study of the negation structures of Chinese and English [D]. Washing ton D. C.: Georgetown University.

LIN J et al, 2003. The role of context in question answering systems [C] //In Processing of the 2003 Conference on Human Factors in Computing Systems. ACM: 1006 -1007.

LINELL P, 2006. Towards a dialogical linguistics [C] //The XII international Bakhtin conference: proceedings. Department of Languages, Jyväskylä, Finland: 157 -172.

LINELL P, 2007. Dialogicality in languages, minds and brains: is there a convergence between dialogismand neuro-biology? [J]. Language Science, 605 -620.

LINELL P, 2009. Rethinking language, mind, and the world dialogically [M]. New York: Information Age Publishing.

LINELL P, CHRISTINE M, 2014. Evidence for a dialogical grammar: reactive constructions in Swedish and German [C] //Grammar and dialogism sequential, syntactic, and prosodic patterns between emergence and sedimentation. Susanne Günthner, Wolfgang Imo, Jörg Bücker, J. Berlin/Boston: Walter de Gruyter: 79 -108.

LINELL P, 2017. Dialogue, dialogicality and interactivity [J]. Language and Dialogue, 7 (3): 301 -335.

LOBECK A, 1995. Ellipsis: functional heads, licensing, identification [M]. Oxford: Oxford University Press.

LOBKE A, 2010. The syntactic licensing of ellipsis [M]. Amsterdam: John Benjamins Pub. Co.

LODER L S, 2006. Early understanding of negation: the word "not" [D]. City of College Park: University of Maryland.

LOMBARD L B, 1986. Events: a metaphysical study [M]. London: Poutledge & Kegan Paul.

LU X, 2000. Disambiguation in sentential negation [D]. Rochester: University of Rochester.

MAC WHINNEY B, 2014. The CHILDES project: tools for analyzing talk (Electronic edition). Url: https: //childes. talkbank. org/browser/index. php? url = Chinese/Mandarin/

MARTIN A, MCELREE B, 2009. Memory operations that support language comprehension: evidence from verb-phrase ellipsis [J]. Journal of Experimental Psychology: Learning, Memory, and Cognition, (35): 1231 -1239.

MARTIN M et al, 2012. Event-related brain potentials index cue-based retrieval interference during sentence comprehension [J]. Neuroimage, (59): 1859 -1869.

MERCHANT J, 2001. The syntax of silence: sluicing, islands, and the theory of ellipsis [M]. Oxford: Oxford University Press.

MIESTAMO M, 2000. Towards a typology of standard negation [J]. Nordic Journal of Linguistics, (23): 65 -88.

MINTS G, 2006. Notes on constructive negation [J]. Synthese, 148 (3): 701 -717.

MOLDOVAN D, HARABAGIU S, PASCA M, et al., 2000. The Structure and performance of an open-domain question-answering system [C] //Proceedings of the 38th Meeting of the Association for Computational Linguistics (ACL -2000). Hong Kong: 563 -570.

MORRIS C W, 1938. Foundations of the theory of signs [C] //International encyclopedia of unified science. Chicago: Chicago University Press: 1 -59.

NIEUWLAND M S, KUPERBERG G R, 2008. When the truth is not too hard to handle: an event-related potential study on the pragmatics of negation [J]. Psychological Science, 19 (12): 1213 -1218.

NIKIFORIDOU K, MARMARIDOU S and MIKROS G, 2014. What's in a dialogic construction? A constructional approach to polysemy and the grammar of challenge [J]. Cognitive Linguistics, 25 (4): 655 -699.

NORMAN D A, 1972. Memory, knowledge and the answering of questions [C] //Center for human information processing: technical report 25. San Diego: University of California.

OBEN B, BRÔNE G, 2015. What you see is what you do: on the relationship between gaze and gesture in multimodal alignment [J]. Language and Cognition, (7): 546 -562.

ONISHI T, 2016. Understanding negation implicationally in the relevant logic [J]. Studia Logica, 104: 1267 -1285.

ÖSTMAN J O, 2005. Construction discourse [C] //Construction grammars: cognitive grounding and theoretical extensions. Amsterdam/Philadelphia: Benjamins: 121 -144.

PANTHER K U, THORNBURG L, 1999. The potentiality for actuality metonymy in English and Hungarian [C] //Panther & Radden. Metonymy in language and thought. Amsterdam: John Benjamin: 333 -357.

PHILLIPS C, PARKER D, 2013. The psycholinguistics of ellipsis [J]. Lingua, (151): 78 -95.

PUSTEJOVSKY J, 1991. The syntax of event structure [J]. Cognition, (41): 47 -81.

PUSTEJOVSKY J, 2019. From actions to events: communicating through language and gesture [J]. Interaction Studies, 19 (1 -2): 289 -317.

QUIRK R, et al, 1985. A comprehensive grammar of the English language [M]. London and New York: Longman.

RADDEN G, DIRVEN R, 2007. Cognitive English grammar [M]. Amsterndam/Philadelphia: John Benjamins Publishing Company.

RADDEN G, PANTHER K U, 2004. Studies in linguistic motivation [C]. Berlin: Mouton De Gruyter.

RAPPAPORT H H, LEVIN B, 1998. Building verb meanings [C] // M. Butt and W. Geuder. The projection of arguments: lexical and compositional factors. Stanford, CA: CSLI

Publications: 97 - 134.

RAPPAPORT H, DORON E, SICHEL I, 2010. Lexical semantics, syntax, and event structure [C]. Oxford: Oxford University Press.

RITTER E, ROSEN S T, 2000. Event structure and ergativity [C] // C. Tenny and J. Pustejovsky. Events as Grammatical Objects. Standford, CA: CSLI Publications: 187 - 238.

SACKS H, SCHEGLOFF E, JEFFERSON G, 1974. A simplest systematics for the organization of turn-taking for conversation [J]. Language, 50 (4): 696 - 735.

SAKITA T I, 2006. Parallelism in conversation: resonance, schematization, and extension from the perspective of dialogic syntax and cognitive linguistics [J]. Pragmatics and Cognition, (14): 467 - 500.

SANDU G, 1994. Some aspects of negation in English [J]. Synthese, 99 (3): 345 - 360.

SANTHOSH S, ALI J. 2012. Discourse based advancement on question answering system [J]. International Journal on Soft Computing, Artificial Intelligence and Applications, 1 (2): 1 - 12.

SAURY J M, 2009. The phenomenology of negation [J]. Phenomenology and the Cognitive Sciences, 8 (2): 245 - 260.

SCHANK R C, ABELSON R P, 1975. Scripts, plans, and knowledge [C] //Proceedings of the Fourth International Joint Conference on Artificial Intelligence. San Francisco: Morgan Kaufmann Publishers Inc: 151 - 157.

SCHEGLOFF E, SACKS H, 1973. Opening Up Closings [J]. Semiotica, (8): 289 - 327.

SCHWABE K, Zhang N (eds), 2000. Ellipsis in conjunction [C]. Tübingen : Niemeyer.

SHAPIRO S, et al, 2003. Charting the iime-course of VP-ellipsis sentence comprehension: evidence for an initial and independent structural analysis [J]. Journal of Memory and Language, (49): 1 - 19.

SILVA M, 2016. Two forms of exclusion mean two different negations [J]. Philosophical Investigations, 39 (3): 215 - 236.

SILVENNOINEN O O, 2018. Contrastive negation in English and finish: towards an interactional construction grammar account (Manuscript). Paris: ICCG10, 18 July. https://www.researchgate.net/publication/326446541.

SPERANZA J L, HORN L R, 2010. A brief history of negation [J]. Journal of Applied Logic, 8 (3): 277 - 301.

STOCK G, 1985. Negation: Bradley and Wittgenstein [J]. Philosophy, 60 (234): 465 - 476.

SWART H, 2010. Expression and interpretation of negation: an OT typology [M]. Dordrecht: Springer.

TALMY L, 1985. Lexicalization patterns: semantic structure in lexical forms [C] //T. Shopen.

Language typology and syntactic description. Cambridge: Cambridge University Press: 36 - 149.

TALMY L, 1988. Force dynamics in language and cognition [J]. Cognitive Science, 12 (1): 49 - 100.

TALMY L, 2000. Toward a cognitive semantics [M]. Cambridge, MA: The MIT Press.

TAYLOR J R, 1989. Linguistic categorization: prototypes in linguistic theory [M]. 2nd ed. Oxford: Oxford University Press.

TAYLOR JOHN, 2002. Cognitive grammar [M]. Oxford: Oxford University Press.

TESAK J, et al, 1995. Patterns of ellipsis in telegraphese: a study of six languages [J]. Folia Linguistica, (3): 297 - 316.

THOMAS A L, 1979. Ellipsis: The interplay of sentence structure and context [J]. Lingua, 47 (1): 43 - 68.

THOMSON A J, MARTINET A V, 1986. A practical English grammar [M]. Oxford: Oxford University Press.

TROUSDALE G, GISBORNE N, 2008. Constructional approach to English grammar [C]. Berlin: Walter de Gruyter.

UNGERER F, SCHMID H J, 1996. An introduction to cognitive linguistics [M]. London: Longman.

VAN CRAENENBROECK J, 2010. The syntax of ellipsis: evidence from Dutch dialects [M]. New York: Oxford University Press.

VENDLER Z, 1967. Linguistics in philosophy [M]. New York: Cornell University Press.

VERHAGEN A, 2005. Constructions of intersubjectivity: discourse, syntax, and cognition [M]. Oxford: Oxford University Press.

VERHAGEN A, 2007. Construal and perspectivisation [C] //D. Geeraerts & H. Cuyckens. Handbook of cognitive linguistics. Oxford: Oxford University Press: 48 - 81.

VIKNER C, 1994. Change in homogeneity in verbal and nominal reference [C] //C. Bache, et al. Tense, aspect and action: empirical and theoretical contributions to language typology. Berlin and New York: Mouton de Gruyter: 139 - 164.

VOLOSHINOV V N, 1973. Marxism and the philosophy of language [M]. New York: Seminar Press.

VOORHEES E M, 2002. The philosophy of information retrieval evaluation [C] //Proceedings of the the second workshop of the cross-language evaluation forum on evaluation of cross-language information retrieval systems: 355 - 370.

WEIGAND E (ed.), 2017a. The routledge handbook of language and dialogue [C]. New York and London: Routledge.

WEIGAND E (ed.), 2017b. Concepts of dialogue: considered from the perspective of different disciplines [C]. Berlin: Walter de Gruyter.

WHITEHEAD A N, 1978. Process and reality: an essay in cosmology [M]. New York: Macmillan Publishing.

WIDE C, 2009. Interactional construction grammar: contextual features of determination in dialectal Swedish [C] //Alexander Bergs & Gabriele Diewald (eds.), Context and constructions (constructional approaches to language). Amsterdam: Benjamins: 111 - 142.

ZEIJLSTRA H, 2007. Negation in natural language: on the form and meaning of negative elements [J]. Language and Linguistics Compass, 1 (5): 498 - 518.

ZENG G, 2016a. A cognitive approach to the event structures of WH-dialogic constructions [J]. Southern African Linguistics and Applied Language Studies, 34 (4): 311 - 324.

ZENG G, 2016b. Bookreview of handbook of cognitive linguistics [J]. Southern African Linguistics and Applied Language Studies, 34 (4): 371 - 373.

ZENG G, 2017. Bookreview: meaning in linguistic interaction: semantics, metasemantics, philosophy of language [J]. Interaction Studies, 18 (2): 299 - 302.

ZENG G, 2018a. Bookreview: subjectivity and perspective in truth-theoretic semantics [J]. Natural Language Engineering, 24 (5): 805 - 807.

ZENG G, 2018b. Bookreview: the routledge handbook of language and dialogue [J]. Discourse Studies, 20 (6): 813 - 815.

ZENG G, 2018c. The dialogic turn in cognitive linguistics studies: from minimalism, maximalism to dialogicalism [J]. Cogent Education , (5): 1 - 14.

ZIMA E, BRÔNE G, 2015. Cognitive linguistics and interactional discourse: time to enter into dialogue [J]. Language and Cognition, (7): 485 - 498.

巴赫金，1998. 巴赫金全集：第五卷 [M]. 石家庄：河北教育出版社.

布伯，1992. 人与人 [M]. 张见，等译. 北京：作家出版社.

布伯，2002. 我与你 [M]. 陈维纲，译. 北京：三联书店.

陈新仁，2011. 新认知语用学——认知语言学视野中的认知语用研究 [J]. 外语学刊，(2)：40 - 44.

杜道流，2000. 会话省略中的焦点控制及句法语义影响 [J]. 语言教学与研究，(04)：32 - 37.

段峰，2007. 认知语言学与文学翻译主体性研究 [J]. 外语学刊，(2)：64 - 67.

樊友新，2010. 从事件结构到句子结构 [D]. 上海：华东师范大学.

范子衿，王惠临，张均胜，2013. 中心语驱动短语结构语法研究综述 [J]. 现代图书情报技术，(4)：40 - 47.

冯柱，2015. 语法否定和语义否定 [J]. 外语学刊，(4)：44 - 48.

傅玉，2014. “小句左缘理论”框架下的英汉截省句对比研究 [J]. 外语教学与研究，(1)：3 - 18.

高丽桃，2004. 试论现代汉语省略句［D］. 呼和浩特：内蒙古师范大学.
高宣扬，2005. 后现代论——当代学术思想文库·高宣扬作品［M］. 北京：中国人民大学出版社.
高彦梅，2015. Du bois 的对话句法［J］. 语言学研究，(1)：79－91.
高彦梅，2018. 对话共鸣与衔接和谐［J］. 现代外语，(3)：320－332.
郭飞，王振华，2017. 巴赫金语言哲学思想视域中的马丁适用语言学［J］. 外语学刊，(3)：22－27.
郭霞，崔鉴，2010. 认知句法学初探［J］. 外语学刊，(5)：40－43.
哈贝马斯，1994. 交往行为理论第一卷——行为的合理性和社会合理化［M］. 洪佩郁，蔺青，译. 重庆：重庆出版社.
哈贝马斯，2001. 后形而上学思想［M］. 曹卫东，等，译. 南京：译林出版社.
韩斌，2008. 语言省略现象新解［J］. 重庆科技学院学报（社会科学版），(08)：165－166.
侯家旭，2000. 替代、省略与篇章衔接［J］. 山东外语教学，(4)：33－36.
胡建华，2007. 否定、焦点与辖域［J］. 中国语文，(2)：99－112.
胡开宝，李翼，2016. 机器翻译特征及其与人工翻译关系的研究［J］. 中国翻译，(5)：10－14.
胡庭山，孟庆凯，2015. 认知－功能视域下的对话句法：理论与应用［J］. 外语研究，(6)：17－21.
黄南松，1997. 省略和语篇［J］. 语文研究，(1)：10－17.
贾冠杰，2010. 自主诱导论与二语习得［J］. 外语与外语教学，(2)：1－5.
金慧婷，2014. 篇章语言学视角下的中韩主语省略对比研究［D］. 上海：上海外国语大学.
克里斯蒂娃，2013. 互文性理论对结构主义的继承与突破［J］黄蓓，译. 当代修辞学，(5)：1－11.
黎锦熙，1951. 新著国语文法［M］. 上海：商务印书馆.
李洪儒，2011. 说话人意义及其结构的研究维度——语言主观意义研究（一）［J］. 外语教学，(5)：16－20.
李庆平，刘明海，2009. 柯林武德的问答哲学及其意蕴［J］. 重庆工学院学报，(12)：92－96.
李汝亚，石定栩，胡建华，2012. 省略结构的儿童语言获得研究［J］. 中国语文，(3)：211－224.
李小军，2011. 表负面评价的语用省略——以构式“（X）真是（的）”和“这/那个＋人名”为例［J］. 当代修辞学，(4)：35－42.
李晓奇，2016. 现代汉语系词类动词的省略研究［D］. 北京：北京大学.
李晓燕，2007. 浅谈汉英语中省略现象之异同及其认知理据［J］. 中北大学学报（社会科学版），(1)：86－89.

廖美珍，2012. 目的原则和言语行为互动研究［J］. 外语学刊，（5）：23－30.

廖巧云，2006. 合作 关联 顺应模式再探讨［J］. 外语教学，（3）：20－23.

刘安全，2005. 否定焦点的确定对消除英语歧义的积极作用［J］. 西南民族大学学报，（6）：344－346.

刘利民，2007. 在语言中盘旋［M］. 成都：四川大学出版社.

刘利民，2014. 关于“主语”性质的理论思考——“主语”系列研究之一［J］. 外语学刊，（4）：70－77.

刘丽萍，2006. 汉语截省句［D］. 北京：北京语言大学.

刘龙根，1992. 否定语义辖域略论［J］. 解放军外语学院学报，（4）：33－39，45.

刘龙根，崔敏，2006. “元语言否定”的多维阐释［J］. 东北师大学报，（3）：100－104.

刘玉梅，2010. 构式语法研究的新进展——《构式与语言演变》评介［J］. 外语教学与研究，（4）：314－316.

刘正光，2011. 构式语法研究［M］. 上海：上海外语教育出版社.

刘兴兵，2015. 对话句法：理论与意义［J］. 外国语文，（6）：63－69.

罗敏，2010. 论截省句［D］. 重庆：四川外语学院.

陆俭明，2010. 汉语语法语义研究新探索［M］. 北京：商务印书馆.

吕叔湘，1982. 中国文法要略［M］. 北京：商务印书馆.

马克思，恩格斯，1972. 马克思恩格斯选集：第 1 卷［M］. 北京：人民出版社.

梅德明，2008. 现代句法学［M］. 上海：上海外语教育出版社.

梅德明，谌莉文，2011. 口译活动的语言游戏参与规则［J］. 外语教学，（2）：81－85.

木村英树，2008. 认知语言学的接地理论与汉语口语体态研究［C］//冯胜利. 当代语言学理论和汉语研究. 北京：商务印书馆：270－279.

牛保义，2011. 构式语法理论研究［M］. 上海：上海外语教育出版社.

牛保义，2013. 情境植入——认知语法研究的一条进路［J］. 外文研究，（4）：35－43.

戚晓杰，1996. 谈兼语的省略及其条件限制［J］. 世界汉语教学，（2）：38－40.

邱春安，2010. 英语截省句的孤岛研究［J］. 天津外国语学院学报，（3）：36－43.

冉永平，2013. 多元 1993 语境下英语研究的语用关注［J］. 外语教学与研究，（5）：669－680.

沈家煊，2019. 谈谈功能语言学各流派的融合［J］. 外语教学与研究，（4）：483－495.

沈阳，1994. 祈使句主语省略的不同类型［J］. 汉语学习，（1）：21－22.

石坚，王欣，张劲松，2011. 文化语境中的凯恩斯主义和新批评［J］. 西南民族大学学报，（9）：114－118.

石毓智，2001. 肯定和否定的对称与不对称［M］. 北京：北京语言文化大学出版社：22，85.

束定芳，2008. 认知语义学［M］. 上海：上海外语教育出版社.

索绪尔，1999. 普通语言学教程［M］. 高名凯，译. 北京：商务印书馆.

谭光辉，2015.“否定的辩证法”视野下的情节动力［J］.当代文坛，（6）：19－23.

唐卫平，赵耿林，2016.省略现象研究：反思与发展——省略认知观 VS 省略生成观［J］.外语教学，（3）：40－44.

田艳，2015.在线英译汉即时自动评分理论探索［J］.中国科技翻译，（1）：27－30.

汪吉，2001.对话中的省略和语用推理［J］.外语研究，（1）：59－62.

王成东，2010.汉语截省句的句法研究［J］.现代语文，（1）：45－48.

王初明，2011.基于使用的语言习得观［J］.中国外语，（5）：1.

王德亮，2017.对话句法：认知功能主义对会话分析的最新探索［J］.外国语，（2）：51－61.

王德亮，2018.论对话句法共鸣［J］.当代语言学，（2）：214－229.

王鹤凌，2007.关于由授受动词引起的省略现象的研究［D］.成都：四川大学.

王力，2000.中国现代语法［M］.北京：商务印书馆.

王树西，2005.问答系统：核心技术、发展趋势［J］.计算机工程与应用，（18）：1－3.

王天翼，2017.动态范畴化初探［D］.杭州：浙江大学.

王寅，1999.论语言符号象似性［M］.北京：新华出版社.

王寅，2001.语义理论与语言教学［M］.上海：上海外语教育出版社.

王寅，2005.事件域认知模型及其解释力［J］.现代外语，（1）：17－26.

王寅，2006.认知语言学与语篇连贯研究——八论语言的体验性：语篇连贯的认知基础［J］.外语研究，（6）：6－12.

王寅，2007.认知语言学［M］.上海：海外语教育出版社.

王寅，2009.主客主多重互动理解［J］.哲学动态，（1）：84－89.

王寅，2010.构式语法中的“图式－例示”原则——兼述图式范畴理论与汉语“属加种差”构词法［J］.英语研究，（1）：1－7.

王寅，2011a.构式语法研究：上卷［M］.上海：上海外语教育出版社.

王寅，2011b.构式语法研究：下卷［M］.上海：上海外语教育出版社.

王寅，2013a.新认知语用学—语言的认知－社会研究取向［J］.外语与外语教学，（1）：1－4.

王寅，2013b.体验哲学和认知语言学为语言哲学之延续——二十九论语言的体认性［J］.中国外语，（1）：18－25.

王寅，2013c.范畴三论：经典范畴、原型范畴、图式范畴——论认知语言学对后现代哲学的贡献［J］.外文研究，（1）：20－26.

王寅，2014a.语言哲学研究：上［M］.北京：北京大学出版社.

王寅，2014b.语言哲学研究：下［M］.北京：北京大学出版社.

王寅，2014c.后现代哲学视野下的体认语言学［J］.外国语文，（6）：61－67.

王寅，2015.语用学之理论前沿——简论普遍语用学和新认知语用学［J］.外国语文，（5）：

52－58.

王寅，曾国才，2016a. WH-问答构式的对话句法学分析（之一）［J］. 外语与外语教学，(1)：1－8.

王寅，曾国才，2016b. WH-问答对话构式的语义分析（之二）［J］. 外语教学，(2)：1－6.

王寅，曾国才，2016c. WH-问答构式的认知语用分析（之三）［J］. 中国外语，(3)：23－29.

王寅，等，2019. 基于体认语言学的英语教学法［J］. 外语界，(1)：44－52.

王治河，2006. 后现代哲学思潮研究（增补本）［M］. 北京：北京大学出版社.

完全，2009. 入场理论：认知语法的新进展［J］. 外国语，(6)：27－34.

魏在江，2008. 认知参照点与语用预设［J］. 外语学刊，(3)：93－97.

魏在江，2013. 语用预设与句法构式研究——以汉语不及物动词带宾语为例［J］. 外语学刊，(4)：63－67.

温宾利，2002. 当代句法学导论［M］. 北京：外语教学与研究出版社.

吴迪龙，赵艳，2010. ICM 视域下语义省略的认知解读［J］. 外语电化教学，(5)：70－73＋79.

伍雅清，1999. 否定与汉语 WH-词语的语义解释［J］. 现代外语，(4)：362－378.

夏军，2004. 现代汉语省略系统研究［D］. 太原：山西大学.

夏日光，2010. 省略的认知语言学研究与翻译教学［D］. 重庆：西南大学.

徐博，2011. 马尔库塞否定性思想研究［M］. 北京：社会科学文献出版社.

徐慧，2017a. 语言省略现象的界定及其相关认知研究路径探析［J］. 西华大学学报（哲学社会科学版），(1)：99－103.

徐慧，2017b. 汉英语篇中省略现象的对比研究［J］. 现代语文，(11)：135－137.

徐烈炯，1988. 生成语法理论［M］. 上海：上海外语教育出版社.

徐盛桓，2012. 从“事件”到“用例事件”—— 从意识的涌现看句子表达式雏形的形成［J］. 河南大学学报（社会科学版），(4)：137－144.

许汝民，张培成，1999. 论 So do I 句式的归属［J］. 外语研究，(4)：42－45.

亚里斯多德，1986. 范畴篇·解释篇［M］. 方书春，译. 北京：商务印书馆.

杨炳钧，2015. 从隐性范畴和渐变群的视角认识汉语动词的限定性［J］. 当代外语研究，(8)：6－10.

杨蕾达，赵耿林，2013. 省略的认知网络联结模式——一封电报引发的思考［J］. 外语研究，(05)：45－50.

袁野，2017a. 基于构式语法的书面及对话语篇分析框架［J］. 外语学刊，(2)：45－49.

袁野，2017b. 构式语法的理论、流派和应用［M］. 北京：高等教育出版社.

袁毓林，2005. 用动词的论元结构跟事件模板相匹配—— 一种由动词驱动的信息抽取方法［J］. 中文信息学报，(5)：37－43.

曾常红，2007. 现代汉语“是”字句的接续功能［J］. 汉语学报，（2）：47－56.
曾国才，2014a. 英语冠名构式中冠词的认知语义和句法特征［J］. 外语教学，（1）：12－16.
曾国才，2014b. 英语 WH-疑问构式双突显（FFG）语义认知模型分析［J］. 西安外国语大学学报，（2）：19－22.
曾国才，2015a. 语法构式的事件结构认知研究［J］. 西安外国语大学学报，（1）：38－42.
曾国才，2015b.《语言、思维和大脑中的转喻》介绍［J］. 当代语言学，（3）：372－374.
曾国才，2015c. 英语口语 WH-语对构式的 ESI 模型分析［D］. 成都：四川大学.
曾国才，2015d. 认知语言学前沿动态：对话句法学初探［J］. 现代外语，（6）：842－848.
曾国才，2017a. 英语 WH-对话构式的焦点信息定位模型研究［J］. 外国语文，（1）：60－66.
曾国才，2017b. 英语否定答语型 WH-对话构式的认知特征研究［D］. 上海：上海交通大学.
曾国才，2017c. 后现代哲学视野下的对话构式语法研究［J］. 当代外语研究，（4）：10－14.
曾国才，2019. 话语认知分析：从对话句法走向对话构式［J］. 外语学刊，（6）：7－12.
曾立英，2004. 否定句与深层结构、表层结构［J］. 湖北大学学报，（5）：572－574.
张道真，2002. 实用英语语法［M］. 北京：外语研究与教育出版社.
张华，2010. 符号入场问题及其哲学意义［J］. 哲学动态，（1）：52－57.
张克定，2009. 空间表达的认知语用解读［J］. 外语学刊，（2）：33－36.
张天伟，2011. 省略的定义和研究路径：理论与应用［J］. 外语研究，（6）：1－9.
张天伟，2013. 省略结构辨析及其对外语教学与研究的启示［J］. 外语电化教学，（151）：20－25.
张天伟，卢卫中，2012. 省略的认知转喻解读［J］. 天津外国语大学学报，（2）：25－30.
张翼，2018. 英语省略结构的构式语义研究：“基线/加工”模式的解释［J］. 外语研究，（3）：6－10.
章振邦，1983. 英语中的“省略”现象［J］. 外国语，（1）：9－16.
赵苗苗，2011. 论伽达默尔的问答逻辑［D］. 济南：山东师范大学.
赵振鲁，2011. 诠释学视域下柯林伍德的问答逻辑［D］. 济南：山东师范大学.
赵毅衡，2013. 广义叙述学［M］. 成都：四川大学出版社.
周长银，2010. 事件结构的语义和句法研究［J］. 当代语言学，（1）：33－44.
周光亚，1985. 英语传统语法的由来和发展［J］. 现代外语，（3）：1－5，12.
朱长河，朱永生，2011. 认知语篇学［J］. 外语学刊，（2）：35－39.
朱德熙，1982. 语法讲义［M］. 北京：商务印书馆.
朱怀，2011. 事件结构理论的起源与发展［J］. 外语学刊，（6）：82－85.
朱立霞，2018. 日语省略研究：回顾、思考与展望［J］. 外语研究，（4）：18－23.
左思民，2014. 论否定域和否定焦点：基于语用的考察［J］. 当代修辞学，（6）：1－13.